광고의 이해

광고의 이해

이혜갑 지음

이화출판

○ 책을 펴내며 ○

현대 사회에서 광고는 공기와도 같은 존재이다. 소비자들이 존재하는 모든 장소와 시간에 존재하기 때문이다. 현대인은 알게 모르게 광고로부터 많은 영향을 받는다. 자본주의 경제 체제에서 광고는 경제를 활성화시키는 윤활유 역할을 한다. 소비자들에게는 제품을 선택하는 데 도움을 주어 소비생활을 윤택하게 해준다. 그러나 반대로 광고는 소비자들을 설득할 수 있는 막강한 힘을 발휘해 소비자에게 존재하지 않던 욕구를 만들어 불필요한 제품을 구매하게 만들고, 소비 만능주의와 물질주의를 조장하며, 여성이나 노인과 같은 소수 집단에 대한 부정적인 고정 관념을 고착시킨다는 비판을 받기도 한다. 한편 광고는 소비자들에게 오락과 즐거움을 제공하기도 한다. 광고에 사용하는 음악과 기발한 스토리, 광고에 나오는 유명한 모델들의 모습은 사람들의 관심을 끌기에 충분하다. 이렇듯 다양한 기능을 수행하는 광고는 많은 사람들의 관심과 주목을 받는다.

효과 측면에서 광고가 예전 같지 않다는 우려의 목소리도 크다. 이러한 의심은 여러 가지 환경 변화에 기인하는데, 그중 가장 큰 요인은 매체 환경의 변화이다. 2000년을 전후로 유선 방송, 위성 방송, 인터넷, 모바일 매체 등 새로운 매체들이 대거 등장함에 따라 광고를 집행할 수 있는 매체의 수가 폭발적으로 증가했다. 광고 매체 수의 증가는 광고주들에게 매체 선택의 폭을 넓혀 긍정적으로 작용하기도 하지만 반대로 혼잡도를 가중시켜 광고가 소비자들의 눈과 귀에 노출되고 주목을 받을 수 있는 확률을 감소시키고 있다. 이와 같이 광고의 효과가 상대적으로 감소함에 따라 광고를 포함하는 다양한 커뮤니케이션 수단들을 활용하는 통합적 마케팅 커뮤니케이션의 중요성이 더욱 강조되고 있다. 또한 PR 활동, 판촉, 이벤트 등 소비자와 소통할 수 있는 광고 이외의 활동들이 예전보다 훨씬 더 많은 주목을 받으며 비중 있게 다뤄지고 있다.

그러나 이러한 우려나 경향에도 불구하고 광고는 여전히 마케팅 커뮤니케이션 활동 중 가장 효과가 큰 마케팅 설득 수단이다. 광고는 기업들이 채택하는 대부분의 촉진 믹스의 중심을 차지하고 있으며, 마케팅 커뮤니케이션 예산 중에서 가장 많은 예산이 광고에 할당된다. 이는 마케팅 커뮤니케이션 관련 산업들 중에 광고 산업이 가장 큰 규모를 차지한다는 점에서 알 수 있다. 특히 광고는 효과적인 커뮤니케이션 메시지를 만들어내고 표적 수용자들에게 이를 전달하는 통로를 선택하는 활동으로서, 모든 마케팅 커뮤니케이션 활동의 기본 작동 과정으로 기능한다. 무슨 메시지를 어떤 통로를 통해 전달할 것인가에 대한 의사 결정은 모든 마케팅 커뮤니케이션 활동의 핵심이기 때문이다. 통합적 마케팅 커뮤니케이션이 효과적으로 집행되기 위해서는 개별 마케팅 커뮤니케이션 수단들이 서로 유기적으로 연결되어야 한다. 그리고 이러한 유기적 통합의 전제는 각각의 마케팅 커뮤니케이션 수단들이 효과적으로 기획되어야 한다는 점이다. 통합적 마케팅 커뮤니케이션의 중요성에 대한 강조는 자칫 제네럴리스트generalist적인 시각만을 강조해 통합적 마케팅 커뮤니케이션 전략에 포함된 개별 분야는 허술하게 다루어질 가능성이 높다. 이러한 맥락에서 광고에 대한 깊이 있는 이해는 광고에 입문하고자 하는 학생들에게 매우 중요하다.

이 책은 광고에 대한 개론서로서 광고에 대해 일반적인 관심을 가지고 있는 사람들이나 광고 분야에 실무적·학문적 관심을 가지고 있는 학생들이 이해해야 할 기본적인 내용들을 다루고 있다. 이는 기존의 광고 개론서들이 광고 기획이나 제작 과정과 같은 광고 관리적인 측면에 초점을 맞추고 있는 것과 다른 점이라 할 수 있다. 이러한 목적에 따라 책의 내용은 7개의 부로 구성되어 있다. 1부는 광고에 대한 전반적인 이해와 관련된 내용이다. 광고는 무엇이며(1장) 광고의 종류와 기능은 무엇인지(2장)를 통해 광고의 정의를 살펴보고, 광고가 어떻게 탄생하고 발전해왔으며(3장), 광고 산업은 어떻게 구성되어 있는지(4장)를 설명했다. 2부는 마케팅과 관련된 내용으로 구성되어 있다. 광고는 마케팅 활동의 한 부분이기 때문에 마케팅에 대한 이해 없이는 광고를 이해하기 어렵다. 광고가 마케팅과 어떻게 연결되어 있는지 살펴보고 광고 전략 수립의 기초가 되는 마케팅 전략(5장)과 소비자 행동에 영향을 미치는 요인들(6장)에 대해 개괄적으로 설명했다. 3부는 커뮤니케이션 활동으로서 광고의 작동 과정에 대한 내용이다. 광고는 마케팅 활동이지만, 광고의 작동 방식은 커뮤니케이션이다. 광고는 소비자와의 커뮤니케이션 활동이기 때문이다. 광고 메시지가 소비자에게 전달되어 커뮤니케이션 효과를 발휘하는 과정을 커뮤니케이션 모형을 바탕으로 알아본 다음(7장), 광고 메시지가 어떤 과정을 거쳐 지각되고 기억되는지(8장), 그리고 어떻게 소비자들의 태도를 형성하는지(9장)에 대해 살펴보았다. 4부는 광고 캠페인 기획 과정에 관련된 내용이다. 광고 전략을 수립하는 전체적인 과정(10장)을 살펴보고, 광고 전략 수립의 기초가 되는 상황 분석과 목표 설정, 그리고 표적 청중의 정의(11장)에 대해 알아보았다. 5부는 광고 메시지 전략의 수립과 관련한 내용이다. 광고 목표가 세워지면 어떤 메시지를 어떻게 전달할 것인지에 대한 전략이 수립되어야 한다. 우선, 광고의 테마 메시지를 도출하는 방법과 크리에이티브 전략(12장)을 살펴보았다. 그리고 메시지 소구법과 광고 모델의 선택 방법(13장), 매체별 메시지 표현 방법(14장)과 같은 메시지 전술을 알아보았다. 6부는 광고 매체 전략과 관련된 내용으로 구성되어 있다. 매체 전략 수립 과정을 알아본 다음(15장) 광고 매체의 종류와 장단점(16장), 매체 믹스를 선택하는 과정과 이에 필요한 매체 효과 예측 방법(17장)을 설명했다. 7부는 광고 효과 조사와 관련된 내용이다. 광고 캠페인이 종료된 후 효과를 측정하기 위해 사용하는 다양한 방법(18장)들을 소개했다. 제목이 말해주는 것처럼 이 책은 광고를 전반적으로 이해하는 데 초점을 맞추었다. 따라서 광고와 광고 전략 수립 과정에 대한 전반적인 이해를 위해 각각의 주제에 대해 개괄적으로 쓰여졌다는 점을 밝혀둔다. 광고 이론이나 광고 전략에 대한 구체적 내용에 대해서는 이 책에서 다루고 있는 각 장의 주제와 관련되어 있는 각론서를 읽어야 할 것이다.

이 책은 그간 필자가 십수 년간 강의했던 내용을 뼈대로 삼아 다양한 전공 서적과 논문들을 참고해 집필했다. 멀리는 저자가 텍사스 오스틴 대학에서 처음 광고학에 입문했던 때부터 지금까지 읽고 참고했던 전공서들과 논문들을 참조했다. 집필에 참고한 서적들과 논문들은 참고문헌에 포함되어 있으며, 이 책에서 다루는 내용에 대해 더 깊은 이해를 원하는 독자에게 이러한 문헌들이 도움이 되기를 바란다.

2016년 2월

이혜갑

차례

3부 광고 커뮤니케이션

4부 광고 캠페인 기획 과정

5부 광고 크리에이티브

6부 광고 매체 전략

7부 광고 효과의 평가

1부

광고의 이해와 기본 개념

1장

광고란 무엇인가?

광고는 대중 매체를 통해 제품이나 서비스에 대한 정보를 알려 소비자들의 인지나 태도, 행동을 변화시키기 위해 전략적으로 고안된 설득 커뮤니케이션 활동이다. 설득 커뮤니케이션이란 메시지 수용자들의 태도나 행동을 변화시킬 목적으로 메시지를 전달하는 활동을 말한다. 광고는 홍보, PR, 퍼블리시티, 판촉 등 다른 설득 커뮤니케이션 활동들과 혼동되는 경우가 많다. 이들은 광고와 비슷한 활동이지만 설득의 방법과 목적이 다르다. 마케터는 이렇듯 다른 방법의 설득 커뮤니케이션 수단들을 보완적으로 사용함으로써 시너지 효과를 볼 수 있다. 커뮤니케이션의 효과를 극대화하기 위해서는 각각의 설득 커뮤니케이션의 목적과 방법에 대한 이해를 바탕으로 설득 수단들을 채택해야 한다.

1장에서는 광고의 정의를 바탕으로 광고가 어떤 특성을 가지며 다른 설득커뮤니케이션 활동과는 어떻게 다른지를 알아보겠다. 그리고 마케팅 활동으로서 광고는 마케팅과 어떤 관계가 있으며 마케팅 맥락상 어떤 위치에 있는지 살펴보고, 광고의 종류에는 어떤 것들이 있는지 알아보겠다.

1. 광고의 정의와 특성

광고는 목적이나 활동의 내용에 따라 다양한 모습을 가지고 있다. 활동의 목적 면에서 보면 광고는 마케팅 활동의 하나이다. 광고는 마케팅의 목표인 제품의 판매를 돕기 때문이다. 활동의 내용 면에서 보면 광고는 커뮤니케이션 활동이다. 광고는 광고주가 가지고 있는 제품에 대한 의미를 매체를 통해 소비자에게 전달하는 활동이기 때문이다.

이렇듯 제품에 대한 정보를 바탕으로 소비자들의 호의와 구매 의도를 끌어내기 위해 마케터는 다양한 커뮤니케이션 활동을 수행한다. 광고, PR, 판촉, 대인 판매와 같은 촉진 활동은 물론, 소비자들이 제품에 대한 정보를 얻게 되는 모든 접촉 통로를 통한 설득 활동들이 모두 커뮤니케이션 활동에 속하며 이들을 통틀어 마케팅 커뮤니케이션이라고 한다. 이와 같이 광고는 마케터가 소비자들을 설득해 제품에 대한 선호도를 가지게 하기 위해 사용하는 다양한 마케팅 커뮤니케이션 활동들 중의 하나이다. 다양한 활동 중에 가장 효과가 높을 것으로 기대되는 수단들을 조합해 마케팅 커뮤니케이션 활동을 하는 것이다. 마케팅 커뮤니케이션 활동들은 각각 그 기능과 활동 방법이 다르므로 마케터는 각각의 활동들이 가진 보완적 특성을 이용해 이들을 조합해 통합적으로 사용함으로써 설득 효과를 높이려고 한다.

그러면 광고는 다른 여러 가지 마케팅 커뮤니케이션 활동들과 어떻게 구별되는가? 일반적으로 광고는 다음과 같이 정의되고 있다.

> 광고는 사람들로 하여금 제품이나, 서비스, 혹은 아이디어를 채택하도록 설득하기 위해 대가를 지불한 대중 매체를 이용해 메시지를 전달하는 계획된 커뮤니케이션 활동이다(Bovee and Arens, 1992).

이러한 정의는 광고의 대상 범위와 특성을 매우 구체적으로 알려준다. 이를 바탕으로 광고의 특성들을 살펴보면 다음과 같다.

(1) 광고의 대상

광고는 지역 신문에 게재되는 구인 안내 광고부터 대기업이 집행하는 제품 광고와 기업 광고를 비롯해 공공 조직과 비영리 단체의 광고, 정치 광고에 이르기까지 다양한 목적으로 사용되고 있다.

정의가 제시하는 바와 같이 광고의 대상은 매우 포괄적이며, 상업적인 제품이나 서비스에 국한되지 않고 아이디어를 포함한다. 아이디어란 사람들이 가지고 있는 심리적 발상이나, 견해, 신념을 말하는 것이다. 광고의 대상으로서의 아이디어는 개인이나 조직이 이해 당사자들에게 전달하고자 하는 의견, 신념, 정책 등을 포함한다. 여기에는 기업이나 조직이 자신들과 관련된 사회적 이슈에 대한 입장을 제시하는 의견 광고, 대통령이나 국회의원 선거 출마자와 같은 정치 후보나 정당이 정견이나 정책을 국민들에게 제시하는 정치 광고, 비영리 조직이 사회적인 이슈에 대한 인지도를 높이거나 모금을 위해 집행하는 광고 등이 포함된다. 그러므로 광고의 대상은 마케팅의 목적인 교환 활동을 촉진하기 위해 대중 매체를 통해 행해지는 모든 커뮤니케이션 활동을 포함한다고 할 수 있다.

(2) 광고의 특성

앞에서 제시된 정의에 의하면 광고는 다음과 같은 특성들을 가진다.

① 지면이나 시간에 대한 대가 지불

광고는 대가가 지불된 설득 커뮤니케이션 활동이다. 광고주는 광고 메시지를 전달하기 위해 대중 매체에 일정한 요금을 지불하고 일정한 지면(인쇄 매체)이나 시간(방송 매체), 혹은 물리적 공간(옥외 광고)이나 사이버 공간(인터넷, 모바일 매체)을 구매한다. 예를 들어 지상파 텔레비전의 인기 시간대에 광고를 하기 위해서 광고주는 15초당 1,000만원 이상을 지불한다. 신문 광고나 인터넷 광고들도 광고주들이 해당 지면이나 인터넷 공간을 사용하기 위해 광고 요금을 지불해야 한다.

이러한 특성은 광고를 다른 설득 커뮤니케이션과 구분 짓는 가장 큰 특징 중의 하나이다. 예를 들어 PR 활동의 수단 중 하나인 퍼블리시티도 대중 매체를 통해 메시지를 전달하는 활동이지만 광고와 달리 지면이나 시간에 대해 직접적으로 대가를 지불하지 않는다. 퍼블리시티는 기업이 제품이나 서비스 혹은 기업에 대한 기사를 작성하고 이를 보도 자료로 대중 매체에 제공해 뉴스로 취급되도록 하는 활동이다. 퍼블리시티 활동의 결과로 보도 자료가 기사화되어도 기업이 기사가 게재된 지면이나 시간에 대해 직접적인 대가를 매체사에 지불하지는 않는다.

② 비개인적 메시지

광고는 불특정 다수의 표적 소비자에게 전달되는 메시지이다. 광고주는 효율적으로 메시지를 전달하기 위해 제품과 관련된 표적 소비자들이 가지고 있는 공통적인 핵심 욕구에 호소하는 메시지를 만들고 이를 대중 매체를 통해 되도록 많은 표적 청중에게 전달하려고 노력한다. 광고는 획일적인 메시지를 다수의 표적 소비자들에게 전달하는 비개인적인 커뮤니케이션 활동이라는 점에서 대인 판매와 구별된다. 대인 판매는 소비자와의 대면 접촉을 통해 제품에 대한 정보를 전달하고 설득하는 방법이다. 대인 판매는 일대일 커뮤니케이션을 바탕으로 소비자의 즉각적인 피드백을 받을 수 있기 때문에 메시지 수정이 용이하고 커뮤니케이션 효과가 상대적으로 높으나 비용과 시간이 많이 드는 단점이 있다. 광고는 대인 판매에 비해 커뮤니케이션 효과가 떨어지는 반면 다수의 소비자들에게 빠른 시간에 효율적으로 메시지를 전달하는 장점을 가지고 있다.

③ 메시지 스폰서 확인

소비자들은 광고 메시지를 전달하고자 하는 주체가 누구인지를 확인할 수 있다. 광고주들은 광고를 통해 제품명이나 기업명이 소비자들에게 확인되고 기억되기를 원한다. 이와 달리 퍼블리시티는 메시지의 출처가 매체인지 기업인지 확인하기 어렵다. 광고주나 제품명을 밝히지 않는 예외적인 광고를 티저teaser 광고라고 부른다. 티저 광고는 광고나 제품에 대한 소비자들의 주의나 호기심을 극대화하기 위해 전략적으로 사용하는 광고 형태이다.

④ 대중 매체 이용

광고는 메시지를 전달하기 위해 대중 매체를 사용한다. 대중 매체는 불특정 다수의 청중을 보유하고 있어 많은 표적 소비자들에게 메시지를 전달할 수 있기 때문이다. 광고주는 제품의 표적 소비자의 특성과 일치하는 청중을 보유한 매체를 전략적으로 선택해 광고를 집행한다. 전통적인 매체인 텔레비전, 신문, 잡지, 라디오는 물론이고 직접 우편, 옥외 광고, 인터넷 등이 포함된다.

⑤ 전략적으로 고안된 설득 메시지

광고는 전략적으로 고안된 설득 커뮤니케이션이다. 광고의 목적은 소비자나 잠재 고객에게 광고 메시지를 전달해 제품에 대한 소비자의 인식이나 태도, 행동 등을 변화시키는 것이다. 소비자를 효과적으로 설득하기 위해 광고주는 다양한 전문가 집단을 동원해 전략적으로 메시지를 고안하고 집행한다. 제품이나 서비스가 처해 있는 상황을 분석해 소비자와의 커뮤니케이션에 문제점이 있는지 파악하고 이를 해결할 수 있는 전략을 수립하고 전술을 수행한다. 또한 광고의 집행 효과를 측정해 광고의 커뮤니케이션 목표가 달성되었는지 평가하고 그 결과를 다음의 광고 캠페인 기획에 반영한다.

2. 광고와 마케팅

(1) 기업 활동과 마케팅

기업의 궁극적인 목표는 기업 활동을 통해 이윤을 남기는 것이다. 기업은 제품을 생산하고 판매해 충분한 이익을 남기려는 목적을 달성하기 위해 여러 가지 활동을 수행한다. 기업은 기업 활동에 필요한 재정을 확보하며, 제품 생산에 필요한 원자재를 구매한다. 또한 소비자들이 원하는 제품을 만들어내기 위한 연구 개발, 제품 생산과 관리에 필요한 유능한 인력을 고용하고 유지하기 위한 인사 관리, 효율적인 조직 관리 등을 통해 보다 많은 이윤을 남기도록 노력한다. 그리고 생산된 제품을 효과적으로 판매하기 위해 마케팅 활동을 한다. 이와 같이 마케팅은 기업이 이윤 추구라는 목적을 달성하기 위해 수행하는 다양한 활동 중의 하나이다.

① 통제 불가능한 변수

기업은 마케팅 활동을 수행하는 데 있어 여러 가지 환경 요인의 영향을 받는다. 환경 요인은 기업이 통제할 수 없는 것들로, 기업의 마케팅 활동에 기회와 위기를 제공한다. 기업이 마케팅 활동에 성공하기 위해서는 이러한 환경 요인들이 제공하는 기회를 활용하고 위기를 극복하지 않으면 안 된다.

기업의 마케팅 활동에 영향을 주는 환경 요인에는 인구 통계, 정치/법률, 문화, 경제, 기술, 자연적 환경 등이 있다. 예를 들어 최근 노인 인구의 증가는 유아용 기저귀 제품이나 보험 제품 그리고 여행 제품에 기회를 제공한다 (그림 1-1 참조). 건강에 대한 관심과 비만에 대한 염려와 같은 사회 문화적 인식의 변화는 건강 식품이나 스포츠 용품과 같은 제품군에 기회를 제공한다. 반면 최근의 출산율 저하와 같은 인구 통계적 변화는 유아 제품을 생산하는 기업들에게 위기를 제공하고 있다. 건강에 대한 인식 변화는 인스턴트 식품이나 서비스 제품에게는 위기 요인으로 작용한다. 경제 불황 또한 기업 활동에 위기를 제공한다.

그림 1-1.
노인을 표적으로 한 제품 광고

② 통제 가능한 변수

기업은 환경 요인들이 제공하는 위기를 극복하고 기회를 활용하기 위해 다양한 전략을 사용한다. 이러한 전략들은 기업 스스로 조정하고 관리할 수 있는 변수들이다. 기업은 자신의 제품을 선택하게 하기 위해 표적 소비자들이 매력적으로 인식할 수 있는 여러 가지 혜택을 제공한다. 이러한 혜택들을 전략적으로 결정하는 활동이 마케팅이다.

마케팅 활동은 제품product, 가격price, 유통place, 촉진promotion이라는 네 가지의 전략적 의사 결정 분야로 구성된다. 마케터는 표적 소비자들의 필요를 충족시킬 수 있는 제품을 만들고(제품 전략), 소비자가 지각하는 제품의 교환 가치와 기업의 이윤을 고려해 가격 수준을 결정하고(가격 전략), 그들이 원하는 장소나 경로를 통해 제품을 유통시킨다(유통 전략). 그리고 제품에 대한 정보를 다양한 커뮤니케이션 통로를 통해 소비자들에게 알리고 제품을 선택하도록 설득하는 활동(촉진 전략)을 수행한다. 이렇듯 마케터가 통제할 수 있는 네 가지 전략적 의사 결정 분야를 마케팅 믹스, 혹은 4Ps라고 부른다.

③ 촉진

촉진은 표적 소비자들에게 제품과 관련한 메시지를 전달하고 설득하는 전략적 활동을 말하는 것으로 넓게는 마케팅 커뮤니케이션이라고 부른다. 촉진은 다양한 마케팅 커뮤니케이션 활동들을 포함하는데 광고, PR/퍼블리시티, 판촉sales promotion, 대인 판매가 대표적인 예이다. 이 모든 촉진 활동의 궁극적인 목적은 공통적으로 소비자들에게 제품을 알리고 설득해 제품을 선택하고 구매하도록 하는 것이지만 각 활동의 기능과 방법은 다르다. 바꾸어 말하면 이들은 각각 다른 보완적인 장단점을 가지고 있다. 따라서 이들을 통합적으로 사용할 때 상승 효과를 이루어 커뮤니케이션 효과가 커진다. 조화로운 메시지 구조를 만들어낼 수 있도록 이 네 가지 커뮤니케이션 수단들을 보완적으로 통합하는 것을 촉진 믹스promotion mix라고 부른다. 각 촉진 활동의 특징은 다음과 같다.

a. 광고

앞에서 살펴본 바와 같이 광고는 대가를 지불하고 구매한 대중 매체의 지면이나 시간에 제품에 대한 메시지를 집행해 소비자들에게 전달하는 활동이다. 광고는 다른 촉진 수단에 비해 많은 사람들에게 메시지를 효율적으로 전달할 수 있다는 장점이 있다.

b. 퍼블리시티

퍼블리시티는 PR 수단 중의 하나로서 제품이나 서비스에 대한 정보를 보도 매체에 제공해 뉴스로 취급하게 하는 활동이다. PR은 피고용인, 자재 공급자, 주주, 정부, 노동조합, 시민 단체, 소비자, 매체 등 조직과 이해관계를 갖고 있는 다양한 공중들과 친선을 구축하고 유지하기 위해 수행하는 다양한 활동이다. PR 활동에는 퍼블리시티 외에도 공중의 주목을 끄는 이벤트를 수행하고 뉴스에 취급되도록 하는 프레스 행사press agentry, 공공 기관이나 입법, 규제 기관을 다루는 퍼블릭 어페어즈public affairs, 조직에게 이익이 될 수 있도록 정부 기관이나 입법 기관에 정보를 제공하고 설득하는 로비 활동

lobbying, 그리고 지역 관계 활동과 사내보 발행, 후원 활동 등이 포함된다.

다양한 PR 활동들 중에 마케팅 활동과 관련한 활동을 마케팅 PRmarketing PR이라고 한다. 마케팅 PR은 종래의 퍼블리시티가 확장된 분야이다. 마케팅 PR은 소비자와의 상호 작용을 다루는 활동으로 단순한 퍼블리시티 활동을 넘어 신제품 출시 지원, 기존 제품의 재포지셔닝 활동 지원, 특정 표적 집단 구축 지원, 제품과 관련해 발생한 공공 문제 해결, 기업 이미지 구축과 같은 활동들을 다룬다. 퍼블리시티는 광고처럼 대중 매체를 통해 청중에게 메시지를 전달하는 비개인 커뮤니케이션이다. 퍼블리시티는 제품과 관련한 기사를 대중 매체에 제공해 뉴스나 기사로 취급되도록 하는 활동이다.

광고와 PR 활동은 서로 상호 작용하도록 통합적으로 사용되는 경우가 많다. PR 행사PR agentry나 퍼블리시티 활동이 광고 캠페인의 한 부분으로 기획되기도 하며 PR 활동을 지원하기 위한 도구로 광고가 사용되기도 한다.

광고와 퍼블리시티는 매체 접근 방법, 신뢰도, 메시지 통제 면에서 다르다(표 1-1 참조). 우선 매체 접근 방법 면에서 볼 때, 광고가 매체사에 광고 지면이나 시간에 대한 비용을 지불하는 데 비해 퍼블리시티는 제품에 대한 기사나 시간에 대해 매체사에 직접적인 비용을 지불하지 않는다. 퍼블리시티는 제품이나 서비스에 대한 뉴스나 기사의 형태를 띤다. 기업이 뉴스 매체에 퍼블리시티를 위한 기사를 만들어 공급하면 매체는 뉴스 가치를 판단해

표 1-1. 광고와 퍼블리시티의 차이점

구분		광고	퍼블리시티
대가		지불	미지불
매체 통제력	시간	높음	낮음
	메시지 내용	높음	낮음
공신력 지각		낮음	높음
효율성		높음	낮음

게재 여부를 결정한다. 그러나 마케터가 게재된 기사에 대해 직접적인 대가를 제공하지는 않는다.

신뢰도 면에서는 퍼블리시티가 광고에 비해 우월하다. 소비자들은 광고의 상업적 의도를 잘 알고 있기 때문에 광고 메시지를 있는 그대로 받아들이지 않는 반면, 뉴스에서 다루는 제품 관련 정보는 신뢰하는 경향이 있다. 그러나 퍼블리시티는 광고에 비해 메시지 통제력이 훨씬 낮다. 우선 퍼블리시티 활동을 통해 제공된 보도 자료가 기사화될 확률은 매우 낮다. 또한 기사로 채택된다고 해도 원하는 시간에 기업이 원하는 내용의 메시지로 취급된다는 보장이 없다. 이에 비해 광고는 구매한 시간이나 공간에 원하는 대로 메시지를 게재할 수 있고, 메시지 집행 시기와 내용을 확실하게 통제할 수 있다는 장점을 가지고 있다.

광고와 퍼블리시티는 서로 보완해 사용하면 시너지 효과를 만들어낼 수 있기 때문에 통합적 마케팅 커뮤니케이션을 위해 사용되는 가장 핵심적인 수단이다.

c. 판촉

판촉은 짧은 기간 내에 제품의 판매를 증진시키거나 소매점의 방문 고객 수를 늘리기 위한 활동이다. 가격 할인, 견본, 쿠폰, 경연 대회, 경품, 리베이트 등이 여기에 포함된다.

광고와 판촉은 보완적으로 사용되는 경우가 많다. 경품이나 경연 대회와 같은 판촉 활동을 표적 청중에게 알리기 위해 광고가 사용되기도 하며 반대로 광고 캠페인의 효과를 높이기 위한 수단으로 판촉이 사용될 수도 있다. 이들을 함께 사용해 커뮤니케이션 효과를 상승시킬 수 있다.

광고와 판촉의 주된 차이점은 소구 방법과 제품 판매에 부가되는 가치에 있다. 광고는 장기간 동안 제품에 대한 소비자의 인지도와 이미지를 구축하고 태도에 영향을 주려고 노력하고, 판촉은 소비자의 즉각적인 행동에 초점을 맞춘다. 따라서 광고는 감정적 소구를 주로 사용하는 데 비해 판촉은 이성적 소구에 의존하는 경우가 많다. 또한 광고는 제품에 무형의 가치를 부여하려고 노력하는 데 비해 판촉은 가시적인 가치를 부여한다.

d. 대인 판매

대인 판매는 일대일 커뮤니케이션을 통해 고객에게 제품이나 서비스에 대한 정보를 전달하고 제품을 구매하도록 설득하는 활동이다. 대인 판매는 주로 산업재 촉진에 사용된다. 기업들이 생산 활동을 위해 사용하는 기자재, 컴퓨터 등의 경우 영업 사원이 기업의 구매 담당자를 직접 방문해 정보를 제공하고 구매를 권유하며 제품 사용법을 교육하기도 한다.

소비재의 경우 영업 사원이 도매상이나 소매상과 같은 중간상을 방문해 제품을 비치하도록 설득하거나, 잠재 소비자를 직접 방문해 판매하기도 한다. 화장품 영업 사원이 소비자들을 방문해 제품에 대한 정보를 전달하거나 직접 제품 사용법과 효과를 시연하는 것은 대인 판매의 대표적인 예이다. 주방용 플라스틱 용기 회사인 터퍼웨어Tupperware사는 소비재를 취급하지만 대인 판매를 주요 촉진 수단으로 사용하는 기업이다. 이 회사는 터퍼웨어 파티라는 소모임을 열어서 직접 잠재 고객들에게 제품 정보를 알리고 구매하도록 한다.

④ 마케팅 커뮤니케이션

마케팅 커뮤니케이션은 기업이 제품 마케팅을 위해 사용하는 모든 커뮤니케이션 수단들을 관리하는 활동이다. 마케팅 커뮤니케이션은 종래의 촉진 활동이 확장된 개념으로 광고, PR/퍼블리시티, 판촉, 대인 판매와 같은 전통적인 촉진 수단뿐만 아니라 이벤트, 후원, 전시회는 물론 매장 전시, 포장 등 소비자들이 제품 정보를 얻게 되는 모든 접촉점들이 포함된다.

현대의 광고 기획은 넓은 의미에서 마케팅 커뮤니케이션의 기획이다. 브랜드에 대한 정보, 이미지 등을 전달하기에 적합한 마케팅 커뮤니케이션 수단들을 동원하고 각각의 수단을 통해서 서로 보완적이면서 통합적인 메시지를 기획하는 것이다. 이렇듯 다양한 마케팅커뮤니케이션 수단들을 통해 전달되는 메시지들을 통합적으로 관리하는 것을 통합적 마케팅 커뮤니케이션이라고 한다.

3. 광고의 종류

광고의 범위는 매우 넓다. 광고의 종류는 광고의 대상, 내용, 집행 매체에 따라 다양하게 분류될 수 있다. 우선 광고는 상업적인 의도를 가지고 있는지의 여부에 따라 영리 광고와 비영리 광고로 구분될 수 있다.

(1) 영리 광고

영리 광고는 직간접적으로 제품이나 서비스를 판매할 목적으로 집행된다. 영리 광고는 취급 대상에 따라 제품 광고와 기업 광고, 소매점 광고로 나눌 수 있다.

① 제품 광고

제품 광고는 소비자가 일반적으로 접하는 대부분의 광고들로 개별 제품이나 서비스에 대한 정보를 전달한다. 제품 광고는 광고의 목표와 내용에 따라 1차 수요 광고와 2차 수요 광고로 분류할 수 있다.

a. 1차 수요 광고

1차 수요 광고의 목적은 광고 제품이 속해 있는 제품군의 수요를 증가시

그림 1-2.
1차 수요 광고

키는 것이다. 차별적 장점을 내세우는 일반적인 제품 광고와 달리, 1차 수요 광고는 제품군이 소비자들에게 제공하는 일반적인 혜택에 초점을 맞춘다. 1차 수요 광고는 주로 특정한 제품군과 관련되어 있는 협회나 조합 등이 전체 제품 수요를 촉진하기 위해 집행하는 경우가 많다. 축산업 협회가 집행하는 우유 소비 촉진 광고, 한돈자조금에서 집행한 국산 돼지고기 소비 촉진 광고는 해당 제품군에 대한 전체 수요를 증진시키기 위한 1차 수요 광고의 예들이다.

그러나 일반 브랜드에서도 전략적으로 1차 수요 광고를 사용하는 경우가 있다. 1차 수요 광고는 제품군의 전체 시장 수요를 증대시켜 브랜드 점유율만큼의 판매를 증진시키는 데 목적이 있으므로 주로 시장 선도자들이 사용한다. 코카콜라가 자신만의 차별점을 제시하기보다 전체 청량음료 시장의 증대를 꾀한다. 시장의 크기를 확대함으로써 높은 점유율만큼 매출을 올릴 수 있기 때문이다. 미국의 캔 수프 시장 점유율 1위인 캠벨 수프Campbell Soup는 '수프는 훌륭한 식품입니다Soup is good food'라는 슬로건을 사용해 제품군에 대한 수요를 확대하려고 노력했다.

그림 1-3.
기업 이미지 광고

b. 선택 수요 광고

선택 수요 광고는 특정 브랜드가 표적 소비자들에게 제공하는 차별적 혜택에 초점을 맞춘 광고이다. 대부분의 제품 광고는 선택 수요 광고로, 표적 소비자들로 하여금 광고 브랜드를 차별적으로 인식하고 선호하게 하려는 목적을 가지고 있다. 그렇게 하기 위해 제품 광고는 브랜드만이 가지고 있는 특유한 속성을 바탕으로 경쟁 브랜드보다 우월한 경쟁적 위치를 차지하려고 노력한다.

② 기업 광고

기업 광고는 제품에 초점을 맞추는 제품 광고와 달리 기업을 대상으로 삼는다. 기업 광고의 목적은 기업에 대한 인지도와 명성을 높이고, 공중과의 친선 관계를 구축하며, 의미 있는 사회적 활동과 기업을 동일시하게 만드는 것이다. 기업 광고는 전반적인 기업 이미지나 기업의 이해와 관련성이 있는 경제적 문제나 사회적 문제에 초점을 맞춘다. 기업 광고는 광고가 다루는 내용에 따라 다시 기업 이미지 광고와 기업 이슈 광고로 나눌 수 있다.

a. 기업 이미지 광고

기업 이미지 광고는 일반 공중의 마음속에 기업에 대한 차별적 이미지를 구축하거나 특정한 표적 집단(주식 투자가, 사원, 소비자, 자재 공급자, 잠재 투자가)들 사이에 호의적인 태도를 구축하기 위해 사용된다. 기업 이미지 광고는 기업 이슈 광고와는 달리 특정한 사회적 문제를 다루지 않으며 호의적인 태도와 수동적인 인정 이상의 어떤 행동을 공중에게 요구하지 않는다.

기업 이미지 광고는 기업의 우산 전략umbrella strategy[1]의 방편으로 집행되

1 기업 광고를 통하여 기업에 대한 호의도를 구축한 결과, 호의적인 태도가 기업에서 이후 출시하는 신제품에 자동적으로 전이되게 하는 전략.

기도 한다. 기업은 새로 시장에 소개할 브랜드의 판매를 돕기 위해 사전에 기업 이미지 광고를 집행한다. 기업 이미지 광고를 통해 구축된 호의적인 이미지가 신제품에 자동적으로 연계되도록 하는 것이 그 목적이다.

그림 1-4.
기업 이슈 광고

b. 기업 이슈 광고

기업 이슈 광고corporate issue advertising는 기업 활동에 영향을 줄 수 있는 사회적 이슈에 대해 입장을 표명해 여론을 움직이고자 할 때 사용하는 광고 종류이다. 이슈 광고는 사회적으로 논쟁이 된 문제에 대해 기업의 입장을 지지하는 내용을 담거나, 반대 입장을 비판하는 내용을 담기도 한다. 예를 들어 이랜드는 2007년 7월 이슈 광고를 집행해 비정규직 대량 해고와 관련해 불거진 사회적 논쟁에 대한 입장을 표명했다(그림 1-4 참조).

③ 소매점 광고

소매점 광고는 유통 채널상 소비자와 직접 접촉하는 매장들이 집행하는 광고를 말한다. 제품 광고가 특정한 제품에 대한 정보를 다루는 데 비해 소매점 광고는 소매점 자체에 대한 정보나 소비점이 취급하는 다양한 제품들에 대한 정보를 취급한다. 대부분의 소매점 광고는 소매점이 취급하는 제품의 가격이나 판매 정보, 판촉 행사 등을 다룬다. 가장 대표적인 예가 지역 할인 마트의 전단 광고이다. 또한 지역의 자영업 매장들이 영업이나 서비스 내용을 알리기 위해 집행하는 전단 광고도 소매점 광고에 속한다. 백화점이나 대형 할인 매장이 실시하는 판촉 행사를 지원하기 위해 집행하는 판촉 광고도

그림 1-5.
소매점 광고

소매점 광고의 한 종류이다. 이와 달리 소매점 자체에 대한 광고는 제품 광고처럼 소매점을 하나의 제품으로 취급해 매장에 대한 정보를 알리거나 매장 이미지를 구축하는 데 사용된다.

(2) 비영리 광고

비영리 광고는 이윤 추구를 목적으로 하지 않는 비영리 조직에 의해 집행된다. 정부와 정부 산하 기관이 자신들의 정책과 활동 사항을 국민에게 알리는 광고, 선거 입후보자가 유권자를 설득하기 위해 집행하는 정치 광고, 비영리 사회단체가 자신들이 행하는 사업의 사회적 필요성이나 모금 행사 등을 알리는 광고, 대학교와 같은 교육 기관이 집행하는 광고 등은 모두 비영리 광고에 포함된다.

공공 서비스 광고도 사회적 이슈에 대한 일반 공중의 인지도를 높이거나 태도와 행동을 변화시킬 목적으로 집행되는 비영리 광고이다. 음주운전 방지 캠페인, 약물 복용 방지 캠페인, 금연 캠페인 같은 공공 서비스 광고의 목적은 일반인들에게 사회적 문제의 중요성을 알리고, 행동 당사자들에게 해당 행동의 위험성을 경고해 그러한 행동을 하지 않도록 설득하는 것이다. 공공 서비스 광고는 주로 정부나 사회 공익 단체들이 집행한다. 공익 광고는 원칙적으로 무료로 집행된다. 우리나라에서는 한국방송광고진흥공사 산하 자율 기구인 공익광고협의회가 공익 광고를 다루고 있다. 방송을 통한 공익 광고는 무료이며 신문, 잡지를 통한 공익 광고는 할인 요금을 적용받고 있다. 또한 방송법은 지상파 텔레비전 방송의 경우 전체 방송 시간의 1,000분의 2 이상이, 기타 텔레비전 방송의 경우 1,000분의 0.5 이상이 공익 광고에 편성되도록 법제화하고 있다.[2]

---

2 방송법 시행령 제59조 3항의 1 참조.

한편 비영리 기관이나 개인이 사회적인 문제에 대해 의견을 제시하는 광고를 의견 광고라고 한다. 의견 광고opinion advertising는 논쟁 광고controversy advertising, 옹호 광고advocate advertising 등 통일되지 않은 다양한 이름으로 불린다. 의견 광고는 확인된 정보원이 메시지에 대한 대가를 지불하고 대중 매체를 통해 사회적으로 논쟁이 되고 있는 문제에 대한 정보를 제공하거나 자신의 관점을 제시하는 광고를 말한다. 의견 광고는 일반 광고와 달리 사회적으로 논쟁거리가 되고 있는 문제에 대한 입장을 밝힌다. 의견 광고의 목적은 사회적 이슈에 대한 올바른 정보 제공, 여론 변화, 지지자 확보, 모금, 입법 지원 등 매우 다양하다.

그림 1-6.
의견 광고

(3) 기타 광고

앞에서 설명한 종류 외에도 광고는 다양한 기준에 의해 분류된다. 전달되는 지역적 범위에 따라 지역 광고, 전국 광고, 국제 광고로 분류되기도 하며, 집행되는 매체에 따라 신문 광고, 텔레비전 광고, 잡지 광고, 라디오 광고, 인터넷 광고, 옥외 광고 등으로 나누기도 한다.

청중의 반응 방식에 따라 광고를 규정하기도 한다. 직접 반응 광고는 표적 소비자들에게 광고물에 제공된 수단을 이용해 즉각적인 반응을 독려한다. 직접 반응 수단에는 쿠폰, 응답 카드, 무료 전화번호, 인터넷 등이 포함된다. 홈쇼핑 채널 광고는 직접 반응 광고의 대표적인 예이다. 광고 화면에 제시된 전화번호를 이용해 소비자가 제품을 직접 구매할 수 있다는 특징을 가지고 있다.

형식에 따라 광고의 종류를 구분하기도 한다. 인포머셜informercial은 정

구인구직
긴급구인

그림 1-7. 안내 광고(줄광고)

보 위주의 광고로서 통상적으로 방송에서 집행되는 광고보다 시간이 길다. 지상파 방송의 광고의 길이는 대부분 15초로 매우 짧기 때문에 제품이나 서비스에 대한 정보를 충분히 담을 수 없다는 약점이 있으나 케이블 TV나 종편은 광고 시간의 제약이 상대적으로 적어 융통성 있게 광고 시간을 확보할 수 있다. 따라서 제품의 사용법이나 혜택에 대해 충분히 설명할 수 있다는 장점이 있다. 홈쇼핑 광고는 인포머셜이 확장된 광고 형태이다. 홈쇼핑 광고는 제품 정보를 제공하는 시간이 일반 프로그램처럼 길기 때문에 프로그램 길이 광고program length advertising라고 부른다.

안내 광고(혹은 줄광고)는 주로 개인이나 소규모 업자가 집행하는 짧은 메시지의 광고 형태로서 신문이나 온라인 혹은 무가지에서 사용된다. 안내 광고는 제품이나 서비스를 다루는 제품 광고와는 달리 구인, 구직, 부동산 소개와 관련한 내용을 다루며 계약 조건에 관한 내용을 제시하는 형태를 띤다.

요약

- 광고는 촉진 활동의 하나이며, 촉진은 마케팅 믹스의 한 종류이다.
- 마케팅 믹스는 제품, 가격, 유통, 촉진을 포함한다.
- 촉진 믹스는 효과적인 마케팅 커뮤니케이션을 위해 광고, 판촉, PR/퍼블리시티, 대인 판매를 선택적으로 통합한다.
- 광고는 광고의 대상, 내용, 집행 매체에 따라 다양하게 분류된다.

토의문제

1. 다른 설득 커뮤니케이션 활동과 광고의 차이는 무엇인가?
2. 특정한 제품을 선택해 그 제품이 사용하고 있는 촉진 방법들을 토의해보자.
3. 기업 광고와 공공 서비스 광고는 어떻게 다른가?
4. 텔레비전이나 신문에 집행되는 광고와 전단지 광고의 내용은 어떻게 다른가?

2장

광고의 기능과 역할

광고는 소비를 자극해 경제를 활성화시키는 윤활유 역할을 한다. 또한 제품이나 서비스에 대한 정보를 제공해 현명한 선택을 하게 함으로써 소비자의 삶의 질을 높인다. 마케팅적 관점에서 보면 광고는 소비자를 제품과 친숙하게 해 제품에 대한 거부감을 없애고 새로운 제품의 시장 진입을 돕는다. 이렇듯 광고는 긍정적인 역할을 수행하지만 사회 경제적으로 부정적 영향을 미친다는 비판을 받기도 한다. 사람들은 알게 모르게 수많은 광고에 노출된다. 소비자들의 주목을 얻기 위해 광고는 모든 공간과 시간에 깊숙이 침투해 있기 때문이다. 이에 따라 광고는 물질주의를 조장하고 불필요한 욕구를 만들어낸다는 비판을 받는다. 경제적으로는 제품의 가격을 올리고 신규 제품의 시장 진입을 방해한다는 비판을 받기도 한다.
2장에서는 우선 광고가 수행하는 기능들을 커뮤니케이션, 마케팅, 경제, 사회적인 측면에서 살펴보겠다. 아울러 광고에 대해 제기되는 비판들을 알아볼 것이다.

1. 커뮤니케이션 기능

제품이나 서비스는 정보의 전파 없이 소비자에게 도달할 수 없다. 광고는 표적 소비자들에게 제품이나 서비스에 대한 정보를 전달하고 설득해 제품이나 서비스를 선호하고 구매하게 하는 기능을 수행한다.

(1) 정보 전달 기능

광고의 가장 기본적인 기능은 소비자들에게 제품에 대한 정보 전달이다. 광고는 소비자에게 신제품뿐 아니라 기존 브랜드의 새로운 용도를 알리기도 하며 제품명, 제품의 성능이나 가격, 품질에 대한 객관적인 정보를 포함해 심리적 혜택이나 제품의 개성이나 이미지와 같은 정보를 제공한다.

광고는 제품에 대한 정보를 제공함으로써 소비자들에게 다양한 혜택을 제공한다. 광고는 소비자들에게 새로운 제품에 대해 알게 해 제품을 탐색하는 시간을 줄여준다. 그리고 광고 정보를 바탕으로 경쟁 제품을 비교해 현명한 구매를 할 수 있도록 도와줌으로써 궁극적으로 소비자들의 삶의 질을 높여준다.

광고는 비교적 저렴한 접촉 비용으로 다수의 청중에게 도달할 수 있는 효율적인 커뮤니케이션 형태이기 때문에 새로운 제품을 알리는 가장 중요한 촉진 수단으로 사용된다. 그러나 현대의 광고가 제품에 대한 정보를 제대로 전달하지 않는다는 비판도 있다. 광고의 속성상 일면적one-sided인 정보만을 전달하고 특히 최근에는 제품 이미지 구축에 치중해 제품의 가격, 판매처, 품질 등에 대한 객관적인 정보를 충분히 제공하지 않는다는 것이다.

이러한 비판에 대해 광고 옹호론자들은 광고 정보가 물리적 특성이나 가격뿐만 아니라 제품 이미지나 개성, 혹은 라이프 스타일을 포함한다고 주장한다. 광고의 표적 청중이 누구냐에 따라 그들이 원하는 정보가 통상적인 제품 정보일 수도 있고, 이미지나 라이프 스타일일 수도 있다. 예를 들어 고급 화장품이나 의류를 구매하고자 하는 소비자에게는 가격이나 원료 등과 같은 통상적 정보보다는 제품이 자신이 추구하는 이미지나 라이프 스타일과 부합하는지가 더 유용한 정보이기 때문이다.

(2) 설득 기능

광고의 기능은 제품 정보를 전달하는 데 그치지 않으며, 표적 소비자 사이에 브랜드에 대한 차별적 선호도를 구축해 궁극적으로 제품을 구매하도록 설득하는 것을 목표로 한다.

이러한 광고의 설득 기능은 마치 판매 사원이 소비자들을 설득하는 것과 같다. 판매 사원이 대면 커뮤니케이션을 통해 소비자가 해당 제품을 구매해야 하는 이유를 직접 설명한다면, 광고는 대중 매체를 통해 집단적으로 표적 소비자들을 설득한다. 대인 판매가 한 명의 고객을 대상으로 다양한 메시지를 전달하는 데 비해 광고는 다수의 고객을 대상으로 제품과 관련해 표적 소비자들이 공통으로 가지고 있는 필요와 욕구를 충족해줄 수 있는 메시지를 사용한다.

2. 마케팅적 기능

광고는 중요한 마케팅 수단의 하나이다. 마케팅의 목적은 제품과 서비스를 통해 소비자들의 필요와 욕구를 충족시키는 것이다. 이러한 마케팅 목적을 돕기 위해 광고는 다양한 기능을 수행한다.

(1) 부가 가치 부여 기능

기업이 제품에 부가 가치를 부여하는 방법에는 제품 혁신이나 품질 향상과 같이 물리적인 가치를 부여하는 것 외에 소비자의 지각을 변경하는 것도 포함된다. 광고는 소비자들의 지각에 영향을 줌으로써 제품에 부가 가치를 부여한다. 효과적인 광고는 브랜드를 품위 있고 세련된 것으로, 혹은 높은 품질로 보이게 한다.

광고는 브랜드가 가지고 있는 차별적 속성을 제시함으로써 브랜드에 대한 선호도를 구축하려고 노력한다. 기본적으로 브랜드의 차별성은 경쟁 제품과 다른 물리적 특성으로부터 개발될 수 있다. 그러나 제품이 차별적인 기능이나 성능을 가지고 있지 않거나, 소비자들이 차별적 속성에 대한 필요를 지각하지 못 하는 경우에는 물리적 특성으로 제품을 차별화하기 어렵다. 특히 최근에는 개발 수준이 평준화되어 일반적인 소비 제품들의 성능이나 품질이 매우 비슷해졌기 때문에 물리적 차별화가 어려워졌다. 이렇게 비슷한 가치를 가지고 있다고 지각되는 제품들을 등가 제품(等價製品: parity product)이라고 한다.

이렇듯 물리적으로 차별화하기 어려운 제품의 경우에는 제품이 가지고 있지 않은 특성, 즉 제품의 개성이나 이미지 등 심리적 특성을 개발해 차별적 속성으로 사용한다. 광고는 표적 소비자들이 추구하는 개성이나 이미지를 파악하고 이를 일관성 있게 전달함으로써 소비자들의 마음속에 제품의 차별적인 개성이나 이미지를 구축한다. 따라서 광고는 제품이 원래 가지고 있지 않던 새로운 가치를 제품에 부여한다.

예를 들어 맥주와 같은 제품 종류는 비슷한 맛과 향을 가지고 있어 물리적 특성으로 차별화하기 어렵다. 따라서 맥주 제품들은 광고를 통해 브랜드 이미지를 구축하려고 노력한다. 하이트의 '깨끗한' 이미지, 카스의 '남성적' 이미지, 카프리의 '순하고 상큼한' 이미지 등은 일관성 있게 오랫동안 광고 컨셉트를 활용한 결과이다. 사람들이 맥주를 마시는 것이 아니라 이미지를 마신다는 말은 광고의 부가 가치 부여 기능을 대변한다.

이미지 광고의 결과 제품은 마치 사람처럼 특유한 개성을 가지게 된다. 소비자가 특정한 제품을 떠올릴 때, 그 제품을 다른 제품과 다른 개성을 가진 제품으로 인식하는 것은 바로 이러한 이유에서이다. 미국 주류 시장에서 앱솔루트 보드카Absolute Vodka는 스웨덴제 무명 보드카 제품이었다. 그러나 제품의 병 모양을 중심으로 오랜 기간 동안 일관성 있는 주제의 광고 캠페인을 집행한 결과 앱솔루트는 매우 세련되고 고급스러운 이미지의 보드카로서 소비자들 마음속에 자리 잡게 되었다. 결국 광고는 제품 안에 존재하지 않는 가치를 개발해 브랜드에 부가시킴으로써 다른 브랜드와의 차별성을 소비자들에게 인식시키는 기능을 수행한다.

(2) 제품 컨셉트의 해석 기능

소비자는 특정 제품을 구매할 때 그 제품이 가지고 있는 물리적 기능의 차원을 넘어서는 혜택을 원한다. 하버드 경영대학의 테오도르 레빗Theodore Levitt이 말한 것처럼 사람들은 드릴을 사고 싶은 것이 아니라 구멍을 사고 싶은 것이다People don't want to buy a quarter-inch drill, they want to buy a quarter-inch hole. 사람들이 샴푸를 구매하는 이유는 깨끗한 머리카락을 유지하기 위한 위생적 차원을 넘어 아름다움을 유지해 타인의 인정을 받기 위한 것이며, 디지털카메라를 구매하는 이유는 단지 선명한 사진을 찍기 위해서가 아니라 중요한 인생의 순간을 추억으로 남기기 위해서이다.

광고는 바로 제품이 가지고 있는 물리적 특성이 소비자들에게 궁극적으로 어떤 가치와 혜택을 제공하는지를 해석해주는 기능을 수행한다. 성공적인 광고는 제품이 가지고 있는 차별적 속성이 소비자들이 추구하는 궁극적 가치와 어떻게 연결되어 있는지를 알려준다.

AT&T 사는 "손을 뻗어 정을 나누세요Reach out and touch someone" 캠페인을 집행해 성공을 거두었다. 이 캠페인은 전화를 통화 수단을 넘어 친지들과 정을 나누는 도구라고 해석함으로써 제품의 궁극적 가치와 혜택을 인식시키는 데 성공했다(그림 2-1 참조).

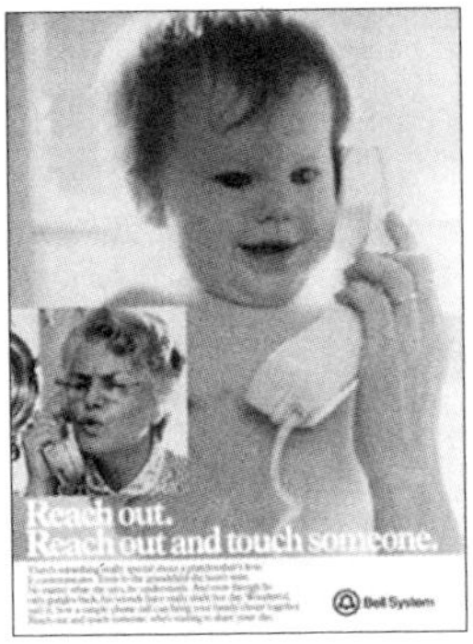

그림 2-1.
제품 컨셉트 해석 기능의 예

(3) 친숙하게 하는 기능

광고는 소비자를 제품과 친숙하게 해준다. 소비자들은 특정한 브랜드의 광고에 반복적으로 노출됨에 따라 제품명을 기억하고 가깝게 느낀다. 소비자들은 광고를 많이 하는 기업은 규모나 재정적인 면에서 튼튼하기 때문에 좋은 품질의 제품을 생산할 것이라는 믿음을 가진다. 결과적으로 소비자들은 제품에 대해 편안함과 안전함을 느끼고 쉽게 그 제품을 선택하게 된다.

(4) 거부감 제거 기능

소비자들은 새로운 제품을 구매할 때 그 제품이 보상을 줄 것인지를 평가한다. 광고는 제품을 사용함으로써 얻게 되는 혜택을 보여줌으로써 제품이 제공하는 보상을 대리 경험하게 해준다. 소비자들은 대리 경험을 통해 광고 제품이 자신이 가지고 있는 문제를 해결하거나, 욕구를 충족시켜주거나, 자신이 추구하는 개성이나 이미지를 구현하는 데 도움을 줄 수 있다는 보상의 확신을 가지고 거부감 없이 제품을 수용하게 된다.

(5) 브랜드 상기 기능

소비자가 이미 잘 알고 있는 브랜드들이 많은 비용을 들여 끊임없이 광고를 하는 이유는 소비자들의 기억 속에서 지워지지 않기 위해서이다. 수많은 브랜드들이 소비자의 선택을 받기 위해 경쟁하지만 소비자들은 소수의 브랜드만을 떠올린다. 광고는 소비자들의 구매 시점에 자신의 브랜드가 기억되게 하기 위해 반복적으로 메시지를 전달한다. 제품 구매 시점에 소비자들이 떠올리는 제품군을 고려 대상 제품군evoked set이라고 부른다.

소비자 사이에 인지도가 이미 확립되어 있는 브랜드가 고려 대상 제품군 내에 유지될 수 있도록 반복적으로 집행되는 광고를 리마인더 광고reminder ad라고 한다. 리마인더 광고는 이미 시장에서의 위치를 확립한 브랜드의 가치를 소비자들에게 재인식시키는 기능을 수행한다.

(6) 다른 마케팅 활동의 지원

광고는 다양한 마케팅 커뮤니케이션 활동의 하나로서 많은 경우 핵심적인 역할을 담당하지만 어떤 경우에는 다른 마케팅 커뮤니케이션 활동을 지원하는 도구로 사용되기도 한다. 예를 들어 백화점이나 할인 소매점의 가격할인 행사와 같은 판촉 활동을 알리기 위해 광고가 보조적으로 사용되기도 한다. 제품의 기능이나 가격의 변화와 같은 다른 마케팅 요소의 변화를 소비자들에게 알리거나 제품 포장의 형태를 알려주어 소비자가 매장 진열대 위의 제품을 쉽게 알아볼 수 있게 하는 것도 광고의 중요한 기능 중 하나이다.

3. 경제적 기능

광고와 경제는 상호 작용적 관계에 있다. 한 국가의 경제가 발전할수록 광고 산업의 규모도 커진다. 2014년 우리나라의 전체 광고 매출액은 9조 7,576억원(국내 총생산 1,485조의 0.66%)이었는데, 이는 2000년도의 5조 8,530억원 수준(국내 총생산 517조)에서 1.7배 증가한 것이다. 경제 발전은 광고 산업을 발전시키고 광고 산업의 성장은 다시 경제를 활성화시킨다.

광고의 경제적 기능에 대해서는 서로 다른 견해가 존재한다(Albion, 1983). 시장 지배력학파는 광고가 제품 가격에 대한 소비자들의 관심을 다른 데로 분산시켜 광고를 많이 하는 제품이 시장을 지배한다고 주장한다. 이에 반해 시장 경쟁학파는 광고가 소비자의 가격 민감성을 높이고 경쟁을 자극한다

표 2-1. 광고의 경제적 역할에 대한 두 관점

	광고=시장 지배력	광고=정보
광고 기능	광고는 소비자의 선호도와 취향에 영향을 주고 제품 속성을 변화시키며 경쟁 제품으로부터 제품을 차별화시킨다.	광고는 제품 속성에 대해 소비자들에게 알려주지만 소비자들이 그런 속성에 대해 가치를 부여하는 방식을 변화시키지는 않는다.
소비자 구매 행동	소비자들은 브랜드에 충성심을 갖게 되어 가격에 덜 민감해지고 광고 제품에 대한 대체품을 덜 지각한다.	소비자들은 가격에 더 민감해져 가장 가치 있는 제품을 구매한다. 오로지 가격과 품질 간의 관계만이 제품 탄력성에 영향을 미친다.
진입 장벽	신규 진입자는 기존의 브랜드 충성도를 극복해야 하며 상대적으로 더 많은 광고 비용을 지출해야 한다.	광고는 소비자들에게 제품 속성을 전달할 수 있기 때문에 새로운 브랜드의 시장 진입을 가능하게 한다.
산업 구조와 시장 지배력	기업들은 시장 경쟁과 잠재 경쟁자로부터 격리된다. 그 결과 산업 집중도가 증가해 기업에 더 많은 재량권을 주게 된다.	소비자들은 경쟁 제품들의 혜택을 쉽게 비교할 수 있어 경쟁이 증가한다. 효율적인 기업들은 살아남는다. 비효율적인 기업들이 떠나고 신입자들이 나타난다. 산업 집중에 대한 효과는 불명확하다.
시장 활동	기업들은 높은 가격을 책정하고 품질이나 가격 차원에서 경쟁하지 않을 가능성이 있다. 혁신이 줄어들 수 있다.	정보를 더 많이 갖게 된 소비자들은 가격을 낮추고 품질을 개선하도록 기업에 압력을 가한다. 새로 진입한 기업을 통해 혁신이 촉진된다.
시장 성과	높은 가격과 과도한 이익이 광고주들에게 발생해 더 많은 광고를 하도록 자극을 준다. 완전 경쟁 조건에 비해 성과는 제한적이다.	산업 내 가격이 감소한다. 경쟁과 효율성이 증가함에 따라 이윤에 대한 효과는 불명확하다.

고 주장한다. 이러한 관점의 차이에 따라 두 학파는 광고가 세부적인 경제 요인에 미치는 영향에 대해 다른 주장을 제시한다(표 2-1 참조).

(1) 신제품의 시장 진입

시장 경쟁학파는 광고가 새로운 제품이 시장에 진입하는 데 도움을 준다고 주장한다. 기존의 제품들이 이미 경쟁하는 시장에 신제품이 진입하기는 매우 어렵다. 광고는 신제품의 이름과 속성을 소비자에게 인지시켜 신제품 구매를 돕는다. 대중에게 빠른 시간에 제품을 알릴 수 있는 광고가 없다면 소비자들이 신제품에 대해 알기는 어려울 것이다.

그러나 시장 지배력학파는 광고가 오히려 신제품의 시장 진입을 방해한다는 입장이다. 시장에 이미 자리 잡고 있는 선도 브랜드들은 막대한 광고 비용을 들여 제품 충성도를 강화시킨다. 충성도 높은 시장에서 신제품이 선도 브랜드와 경쟁하기는 매우 어렵다. 시장에 진입하기 위해서는 기존 브랜드에 비해 더 많은 예산의 광고를 집행해야 하기 때문이다. 막대한 광고비용은 중소 규모 업자들에게 큰 부담이 되기 때문에 신제품의 시장 진입에 장애 요소로 작용한다.

(2) 제품 가격

시장 경쟁학파는 광고가 제품의 가격을 낮춘다고 주장한다. 광고를 많이 하는 기업은 그렇지 않은 기업에 비해 생산과 유통에서 신속히 규모의 경제를 이루기 때문이다. 이는 결과적으로 제품 단위당 생산 비용을 줄여 제품 가격을 낮춘다.

그러나 시장 지배력학파는 광고를 많이 할수록 높은 광고비가 제품 가격에 반영되어 소비자들에게 전가된다고 주장한다. 광고 비용은 소비자가 지불하는 제품 가격에 포함된다. 그러나 이는 연구 개발, 원자재, 제조, 유통 등과 같은 여러 가지 비용 중의 하나일 뿐이다. 일반적으로 광고로 인해 수요가 늘어나면 제품 가격이 떨어지며, 광고가 중단되면 수요가 떨어져 제품 판매가 일어나지 않거나 적은 양의 제품을 생산·유통하기 위해 더 많은 비용이 들기 때문에 제품 가격이 높아진다. 광고와 제품 가격의 관계에 대한 연구들에 의하면 가격에 대한 광고의 영향은 광고의 종류에 따라 다르게 나타난다. 소매점 광고의 경우에는 광고가 증가하면 가격 경쟁이 증가해 결국 소비자 가격이 상대적으로 떨어지는 것으로 나타났다(Frith and Mueller, 2003). 반면 전국적으로 집행되는 브랜드 광고는 가격을 올린다.

(3) 제품 간 경쟁

시장 경쟁학파는 광고가 품질 경쟁을 부추겨 전반적으로 제품의 품질을 높인다고 주장한다. 광고를 통해 보다 많은 정보를 획득한 소비자는 제품 가격을 낮추고 품질을 개선하도록 기업에 압력을 행사하며, 품질이 불량한 제품이 시장에서 빨리 제거되도록 한다는 것이다.

반대로 시장 지배력학파는 광고를 통해 브랜드 충성도를 구축하는 소수의 기업들이 시장을 과점하거나 독점하게 된다고 주장한다. 이로 인해 제품 간 경쟁이 사라지기 때문에 기업들은 제품의 품질 개선을 위해 노력하지 않는다는 것이 그들의 주장이다.

4. 사회적 기능

(1) 소비자 교육 기능

광고는 소비자들에게 신제품을 소개하고 사용법을 알려준다. 광고를 비판하는 이들은 광고가 특성상 제품에 대한 불완전한 정보를 제공할 수밖에 없기 때문에 소비자들이 합리적인 선택을 할 수 없다고 주장한다. 반면 옹호론자들은 비록 광고가 일면적인 정보를 제공하지만, 소비자는 개별 제품의 광고가 제공하는 불완전한 정보들을 취합해 전체적인 시장 정보로 사용한다고 주장한다. 장기적으로 소비자는 이런 과정을 거쳐서 광고의 속성과 소비 시장 체제를 이해하고 합리적인 소비 의사 결정을 하게 된다는 것이 그들의 주장이다.

(2) 문화 반영 기능

광고 메시지는 제품에 대한 정보를 제공할 뿐만 아니라 그 시대의 문화를 반영한다. 반복적인 광고 노출을 통해 사람들은 장기적으로 광고에 반영되어 있는 문화적 메시지의 영향을 받는다. 광고는 사람들의 일상 언어와 의식주 문화에 영향을 준다.

광고를 비판하는 이들은 광고가 제품에 대한 욕구를 창출하기 위해 새로운 문화를 만들어냄으로써 사회적 통제 수단으로 발전해왔다고 비판한다. 광고가 새로운 문화와 가치를 만들어내는지 아니면 문화를 단순히 반영하는지에 대해서는 논란이 이어지고 있지만 광고 옹호론자들은 광고가 소비자들이 이미 가지고 있거나 잠재되어 있는 문화를 발굴해 사용할 뿐이라고 주장한다.

5. 윤리적 문제

현대인들은 알게 모르게 수많은 광고에 노출되어 있다. 경쟁이 심화되어 혼잡도가 높아짐에 따라 광고주들이 소비자의 주목을 받기 위해 모든 공간과 시간에 광고 메시지를 배치함에 따라 소비자들은 부지불식간에 광고의 영향을 받을 수밖에 없다. 광고 비판가들은 반복적인 광고 노출이 사람들의 소비 행태나 심리 상태에 부정적인 영향을 미칠 수 있다고 주장한다. 이들의 입장은 광고의 부적절한 내용, 광고에 반영된 문화적인 요소들이 누적적으로 소비자들에게 비치는 심리적인 영향과 윤리적으로 문제되는 제품의 광고에 대한 우려에 집중되어 있다.

(1) 광고 내용에 대한 비판

① 허위, 기만적인 광고

광고는 허위, 과장이 많다는 비판을 받는다. 광고의 허위나 기만적인 내용은 소비자들을 오도해 심리적, 경제적 손해를 끼칠 우려가 높다. 2014년

1월 1일 시행된 우리나라 표시 광고의 공정화에 관한 법률 시행령에 따르면 허위 과장 광고는 사실과 다르거나 지나치게 부풀려 광고하는 것으로, 기만 광고는 사실을 은폐하거나 축소하는 방법으로 광고하는 것으로 규정되어 있다. 그러나 이런 광고들이 모두 기만적이라고 판단하는 태도는 성급하다. 광고는 본질적으로 소비자를 설득할 목적으로 제품이나 서비스에 대해 어느 정도 과장된 내용의 메시지를 포함할 가능성이 높기 때문이다.

객관적인 증거로 내용을 증명하기 어려운 과장이나 최상급 표현에 의존한 광고를 기만 광고와 구별해 허풍 광고puffery advertisement라고 한다. 허풍 광고의 특징은 객관적인 사실 정보에 기초하기보다는 주관적인 의견을 포함하며, 제품의 특성이 아닌 포괄적인 품질을 비교급으로 표현하는 것이다. 이성적인 소비자라면 그러한 주장을 문자적으로 받아들여 사실이라고 믿지는 않을 것이다. 예를 들어, 미국의 전국광고협의회(NAD: The National Advertising Division)는 "미국인이 가장 좋아하는 파스타America's Favorite Pasta", "미국인이 가장 사랑하는 커피America's Best Loved Coffee", "세상에서 제일 편한 구두The Earth's Most Comfortable Shoes", "더 좋은 재료. 더 좋은 피자Better Ingredients. Better Pizza"와 같은 문구를 사용한 광고들을 기만 광고가 아닌 허풍puffery 광고로 판정했다(Gurnani and Talati, 2008). 미국의 FTC(Federal Trade Commission: 연방 상거래위원회)에 의하면 합리적인 소비자reasonable consumer의 관점에서 봤을 때 광고의 표현이나 생략에 소비자들을 오도할 현저한 가능성이 있으며, 이러한 광고로 인해 물질적인 손해가 발생했을 때 기만 광고가 성립한다.[1]

② 불쾌한 광고

광고 비판가들은 많은 광고가 소비자의 지능을 무시하고 세속적이며, 소

1 미국 연방상거래위원회 홈페이지 참조.

비자들의 기분을 상하게 하거나 불쾌하게 만든다고 주장한다. 어떤 광고는 소비자에게 강압적인 자세로 제품 구매를 요구하며, 소비자의 주목을 끌기 위해 선정적인 메시지를 공공연히 전달하기도 한다. 공공장소에서 세속적이거나 선정적인 광고에 노출되는 소비자들은 당혹감과 불쾌감을 느낀다. 예를 들어, 여성 위생용품과 같이 매우 개인적으로 사용되는 제품의 광고나 노출이 심한 성적인 내용을 포함하는 광고에 공개적인 장소에서 노출될 경우 소비자는 당혹감과 불쾌감을 느낄 수 있다.

(2) 광고의 심리적 측면

① 시장 조종

자유 경제 시장의 중요한 특징 중 하나는 소비자가 스스로의 자유 의지로 제품을 선택한다는 점이다. 그러나 광고 비판가들은 광고의 막강한 설득력이 이러한 자유를 침해할 수 있음을 우려한다. 광고는 사람들이 광고에 노출되지 않았다면 하지 않을 행동을 하게 하는 힘이 크다는 것이다. 광고주들은 고도로 발전된 과학적인 조사 기법을 동원해 소비자의 내재된 동기와 욕구를 파악하고, 첨단 마케팅 기법을 이용해 어떤 메시지를 어떻게, 어떤 매체를 통해 언제 전달할 것인지를 고안한다. 이렇게 정교하게 기획된 광고는 막강한 힘을 발휘해 소비자가 자신의 의지와 상관없이, 혹은 의지에 반해 제품을 구매하게 한다는 것이 비판가들의 주장이다.

② 고정 관념의 영속화

광고는 짧은 시간이나 제한된 지면에 제품 정보를 효율적으로 전달해야 하기 때문에 광고 기획자들은 일반인들이 특정 집단에 대해 가지고 있는 부정적인 고정 관념을 여과 없이 광고에 반영하는 경향이 높다. 예컨대 여성은 성적 대상물이나 수동적인 인물로, 남성에 비해 열등한 집단으로 묘사되기도 하며 노인은 병약하게 묘사되는 경우가 많다. 광고는 소수 집단에 대한 부정적 관념을 반복적으로 사용함으로써 사람들이 가지고 있는 고정 관념을 강화하고 영속화시킨다는 비판을 받는다.

③ 불필요한 필요의 창출

광고는 소비자에게 불필요한 제품을 구매하게 해 재화를 낭비하거나 잘못 사용하게 만든다는 비판을 받는다. 광고 비판가들은 갈증을 해소하기 위해 청량음료를 마시며, 기분전환을 위해 커피를 마시고 담배를 피우는 소비 행위가 광고를 통해 만들어진 불필요한 필요라고 주장한다. 그러나 이러한 비판에 대해 광고 옹호자들은 광고가 사람들이 브랜드를 전환하는 데 기여할 뿐이며 새로운 필요를 창출하지는 않는다고 주장한다.

④ 공포감이나 불안감에 호소하는 광고

광고는 제품에 대한 사실적 정보를 바탕으로 소비자가 시장에서 구매할 수 있는 제품에 대해 정보를 제공한다는 전제하에 시장을 더 완전하게 만든다. 그러나 광고가 암시적이고 감정적인 소구에 국한된다면 소비자가 이성적으로 제품을 비교하고 선택하는 것을 방해해 시장을 불완전하게 만든다.

많은 광고가 소비자를 설득하기 위해 부정적 감정에 호소한다. 대표적인 예가 공포 소구와 죄책감 소구를 이용한 광고들이다. 이들은 육체적 고통이나 사회적 소외감, 제품을 사용하지 않을 때 생길 수 있는 후회나 죄책감에 호소한다. 광고 비판가들은 이러한 광고들이 소비자에게 누적적으로 정서적 혼란이나 불안감을 줄 수 있다고 주장한다.

⑤ 물질주의 조장

광고는 과도한 물질주의를 조장한다는 비판을 받아왔다. 사람들이 제품을 소비하고 소유하는 것은 당연하지만 소비는 삶의 수단일 뿐 목적이 될 수는 없다. 그런데 광고는 소비 촉진을 위해 제품을 소비자가 추구하는 궁극적 가치로 연결하려고 노력한다. 광고는 사람들이 궁극적으로 추구하는 욕구인 자존감, 소속감, 행복감 등이 제품 소비를 통해서 이루어질 수 있다는 메시지를 지속적으로 전달한다. 이런 광고에 반복적으로 노출된 소비자들은 제품의 구매와 소유로 모든 문제가 해결될 수 있다는 잘못된 가치관을 가지게 될 우려가 있다고 비판가들은 주장한다.

(3) 어린이 대상 광고

어린이들은 아직 인지 능력이 충분히 발달하지 않아 광고 메시지에 오도될 가능성이 높다. 특히 어린이들은 텔레비전이나 모바일과 같은 영상 매체에 많이 노출되기 때문에 수많은 광고로부터 잘못된 영향을 받을 수 있다. 이들은 판단 능력이 부족하기 때문에 광고 메시지의 상업적 의도를 이해하지 못하며, 광고 메시지를 매체 컨텐츠와 구별하는 능력이 부족하다. 이러한 현상은 연령이 낮을수록 더 뚜렷하다.

최근 출산률의 감소로 인해 자녀의 수가 감소함에 따라 어린이들의 소비 지출이 증가하고 있다. 이에 따라 장난감이나 청량음료 및 스낵류와 같은 어린이 제품뿐 아니라 컴퓨터, 핸드폰, 게임기를 포함한 전자 기기 등의 주요 소비자로 부상한 어린이를 표적 청중으로 삼는 광고가 증가하고 있다.

어린이를 표적으로 하는 광고들은 여러 가지 측면에서 우려의 대상이 되고 있다. 첫째, 광고의 제품군이 인스턴트 음식이나 청량음료 등과 같은 고지방, 고당분 식품으로 구성되어 있어 어린이의 건강에 부정적인 영향을 끼친다. 영국에서 실시한 연구에 의하면 어린이 광고의 95%가 고지방, 고당분, 고염분 식품이었으며(Ford, 1999), 우리나라의 연구에서도 어린이 시간대의 광고 중 71.2%를 차지하는 식품 광고가 대체로 식사 대용품, 가공식품, 군것질류 등 어린이들의 건강에 좋지 않은 영향을 끼칠 수 있는 식품들이었다

(이혜갑, 1991). 둘째, 어린이 광고들은 광고 제품을 소유하거나 사용하는 것이 바람직하다는 내용을 전달함으로써 어린이들의 정체성 형성에 악영향을 끼칠 수 있다. 광고하고 있는 제품을 소유하는 것이 바람직하거나 경쟁에서 이기는 것이며, 친구들로부터 인기를 모을 수 있다는 메시지는 그 제품을 소유하지 못하는 어린이들에게 상대적인 박탈감을 주고, 부정적인 자아 이미지를 형성할 수 있다. 셋째, 어린이나 청소년을 대상으로 한 광고물, 특히 여자 어린이를 표적으로 한 광고들은 비현실적인 여성의 이미지를 보여줌으로써 어린이들에게 자신의 몸매에 대한 불만을 유발해 궁극적으로 낮은 자존감과 정체성을 가지게 한다. 육체적인 매력을 강조하는 광고에 장기적으로 노출된 어린이, 청소년들은 사회적으로 바람직한 사람이 되기 위해 자신의 몸매를 개선하고 육체적 매력을 향상시키는 데만 집착하게 된다는 것이다(Hill, 2011).

(4) 해로운 제품의 광고

담배나 술 등은 사회적으로 문제가 되는 제품으로 인식되어왔다. 이들은 사용자의 건강과 생명뿐만 아니라 다른 사람들에게도 직간접적으로 나쁜 영향을 미친다. 따라서 이러한 제품을 대상으로 한 광고는 사회 윤리적으로 많은 비판을 받고 있다.

담배는 건강에 나쁜데도 담배 광고는 흡연 행위를 바람직한 것처럼 묘사한다. 이런 식의 광고는 특히 어린이나 청소년에게 흡연에 대한 잘못된 인식을 심어 이들이 흡연을 시작하는 데 기여한다고 비판가들은 주장한다.

주류 제품도 마찬가지로 과도하게 소비할 경우 소비자들의 건강을 해치고 다른 사람들에게도 영향을 미친다. 많은 사회적 범죄나 사고가 음주로 인해 발생하며 음주운전으로 인한 인명 피해도 많기 때문이다. 그럼에도 불구하고 주류 제품의 광고는 주류 소비가 사람들을 즐겁고 행복하게 하며,

사람들의 교제를 돕는다는 메시지를 전달한다. 주류 광고에 누적적으로 노출된 어린이나 청소년들은 주류 제품을 긍정적으로 인식하고, 이른 연령대에 음주를 시작하게 된다는 것이 비판하는 측의 주장이다.

요약

- 광고는 다음과 같은 다양한 기능을 수행한다.
  - 소비자들에게 정보를 전달하고 설득하는 기본적인 기능.
  - 제품에 부가 가치를 부여하고, 컨셉트를 해석해주는 등 판매를 돕는 마케팅적 기능.
  - 소비를 촉진하며 제품의 가격, 신제품의 시장 진입, 시장 경쟁에 영향을 주는 경제적 기능.
  - 소비자를 교육하고 문화를 반영, 전수하는 사회적 기능.
- 광고는 윤리적 측면이나 소비자 심리에 끼치는 영향력에 대한 비판을 받기도 한다.

토의문제

1. 사람들이 광고에 대해 회의적으로 생각하는 것들은 무엇인지 토의해보자.
2. 기만 광고와 허풍 광고의 차이는 무엇인가?
3. 광고에서 특정 집단의 고정 관념을 사용하는 이유를 생각해보자.
4. 담배나 술 광고 이외에 사회 윤리적으로 문제시되는 광고는 어떤 것들이 있으며, 그 이유는 무엇인지 토의해보자.
5. 광고의 경제기능적 역할에 대한 두 가지 다른 관점에 대해 비판적으로 토론해보자.

3장

광고의 역사

사전적 의미에서 보자면 광고는 사람들의 주의를 끌고 무엇인가를 널리 알리는 도구이다. 이런 맥락에서 광고는 인류가 사회적인 활동을 시작했을 때부터 존재했을 것이라고 추정된다. 그러나 오늘날 우리가 경험하고 있는 방식의 현대적인 광고는 19세기 후반부터 본격적으로 나타났다.
현대적인 광고는 산업 혁명을 배경으로 대중 매체와 함께 발전했다. 따라서 광고 산업의 발전 과정과 그 배경을 이해하기 위해서는 서구의 광고 역사를 살펴볼 필요가 있다. 3장에서는 먼저 서구의 광고 역사를 중심으로 광고가 어떻게 사회적인 제도로 자리 잡았으며 시대적 환경 변화에 따라 내용과 기능이 어떻게 변화해왔는지를 살펴본 다음, 우리나라의 광고 역사를 간략히 알아보겠다.

1. 서구의 광고 역사

광고의 역사는 발전 배경과 내용에 따라 여섯 가지 시대로 나누어 설명할 수 있다. 여섯 가지 시대는 인쇄술 이전 시대(1450년 이전), 초기 인쇄 시대(1450~1840년), 광고 산업 확장기(1841~1900년), 광고 산업 확립기(1901~1919년), 과학적 발전기(1920~1945년), 통합과 성장기(1946~현재)이다.

(1) 인쇄술 이전 시대(1450년 이전)

구텐베르크가 활판 인쇄술을 발명한 것은 인류 문명사의 최대 사건으로 일컬어진다. 활판 인쇄술의 발명은 광고의 역사에도 매우 중요한 사건임에 틀림없다. 신문과 같은 대중 매체가 등장할 수 있는 계기가 되었고, 대중 매체의 등장으로 인해 광고가 발전할 수 있는 장이 마련되었기 때문이다.

활판 인쇄술이 발명되기 이전에도 원시적인 형태의 광고가 존재했다. 오늘날의 광고와는 다른 형태지만 사람들에게 무엇인가를 알린다는 의미에서 광고의 원조라고 할 수 있다. 이집트인들은 파피루스를 이용해 판매 메시지와 포스터를 만들었다. 폼페이의 유적에서는 상업 메시지와 정치 캠페인 전시물들이 발견되기도 했다. 벽화나 바위를 이용한 그림도 원시적인 광고 형태의 하나이다.

인쇄술 발명 이전 중세 시대에 존재했던 광고의 세 가지 형태는 상표와 간판, 공시원town criers이다. 이 당시의 상표는 매우 원시적인 형태로, 물건을 만든 사람의 정체를 확인하기 위해 문자나 그림을 표시하는 정도였다. 간판은 주로 상점이나 주막을 알리는 수단으로 사용되었다. 이 시대의 사람들은 대부분 글을 읽지 못했으므로 간판은 상점의 성격을 확인할 수 있는 매우 단순한 형태의 그림이나 상징물 같은 것들을 보여줬다. 공시원은 한 마을의 자치회의나 법원에 의해 고용되어 길거리나 마을 어귀에 서서 공지 사항을 큰 목소리로 전하는 사람들이었다. 이들은 마을의 여관이나 식당에 고용되어 지나가는 행인들을 끌어들이는 역할을 하기도 했다. 이들은 사람들의 주목을 끌기 위해 특이한 의상을 입거나, 핸드벨 같은 것을 울리기도 했다.

(2) 초기 인쇄 시대(1450~1840)

1456년 구텐베르크가 활판 인쇄술을 발명한 것은 인류 문명의 발전에 기념비적인 사건이다. 활판 인쇄술을 통해 대중 매체의 효시인 책자와 신문들이 발행되기 시작하면서 광고가 실릴 수 있는 대중적인 매체가 생겨났다. 기록에 의하면 최초의 광고는 1472년 영국의 한 성당 문에 붙여진 기도문 책을 알리는 광고문이었다고 한다.

① 신문의 등장

본격적으로 광고를 실을 수 있는 신문들이 등장하기 시작한 것은 1600년대 중반 이후부터였다. 세계 최초의 일간지인 「라이프치거 자이퉁Leipziger Zeitung」이 1660년 독일에서 발행된 것을 필두로 영국에서는 1702년에 「데일리 커런트Daily Courant」, 프랑스에서는 「주르날 드 파리Journal de Paris」, 미국에서는 1783년 「펜실베이니아 패킷 앤 데일리 어드버타이저The Pennsylvania Packet & Daily Advertiser」[1]가 발행되었다.

② 미국 광고 산업의 발전

18세기 이후 광고 산업은 미국을 중심으로 발전했다. 유럽에 비해 미국에서 광고 산업이 더 발전한 것은 매체가 발전할 수 있는 환경이 더 잘 마련되었기 때문이다. 유럽에서 신문에 의해 형성된 정부와 종교에 대한 부정적인 여론에 위협을 느낀 왕정들은 신문 산업의 발전을 억제하는 장치들을 마련했다. 예를 들어 영국에서는 신문 산업을 억제하기 위해 1712년 정간물 광고에 대한 인지세법Stamp Act이 통과됐다. 이 법은 신문 페이지당 1펜스와 광고 1건당 1실링의 세금을 별도로 부과하는 이중과세법이었다. 이 법으로 인해 신문 발행인들의 세금 부담은 높아졌고 결과적으로 신문 가격이 올라갔다. 또한 광고를 많이 실을수록 더 많은 세금이 부과되었기 때문에 신문사들은 광고를 많이 싣지 못했다. 이 법은 1853년에서야 폐지되었다.

1 광고주advertiser의 원래 의미는 뉴스를 전달하는 사람이다. 미국 신문 제호에 포함되어 있는 어드버타이저는 광고주가 아니라 뉴스 전달자를 의미한다.

한편 미국에서는 유럽에서 유입된 새로운 이민자들로 인해 새로운 사회의 사회 경제 정보에 대한 수요가 급격히 증가했으며 이러한 수요를 충족시키기 위해 많은 신문들이 발간되었다. 최초의 신문 광고는 1704년 「보스턴 뉴스레터The Boston News Letter」에 실린 부동산 광고문이었다. 이 광고문의 내용은 롱아일랜드의 오이스터 베이 지역Oyster Bay, Long Island의 부동산 구매자를 찾는 것이었다.

(3) 광고 산업 확장기(1841~1900)

1840년부터 1900년까지는 여러 가지 사회 문화적 환경으로 광고 산업이 급속도로 발전한 시기이다.

① 페니 프레스의 등장

페니 프레스Penny Press의 등장은 미국 광고 산업의 견인차 역할을 했다. 당시 미국은 유럽으로부터 많은 이민자들이 유입됨에 따라 새로운 사회에 대한 정보 수요가 크게 증가했다. 또한 산업 혁명으로 인해 제품 유통 형태에 많은 변화가 나타났다. 이러한 환경에서 1833년 9월 벤자민 데이Benjamin Day는 새로운 신문 공급 방식으로 「뉴욕 선The New York Sun」이라는 신문을 발행하기 시작했다. 기존의 신문들이 신문 구독료에 의존했던 것과는 달리 이 신문은 광고비를 주 수입원으로 삼았다. 광고를 적극적으로 유치해 광고 수입을 높이고 독자들이 부담하는 구독료를 획기적으로 낮추었다. 또한 독자들이 신문을 직접 구매할 수 있는 가판 방식을 도입해 판매량을 높였다. 신문 1부당 가격을 6센트에서 1페니로 낮추고 유통망이 확대됨에 따라 이 신문의 발행 부수는 1837년 30,000부에 달해 최대 신문으로 자리 잡았다. 이는 신문 매체가 소위 '대중 매체'로 자리 잡은 것은 물론 광고가 대중 매체의 주 수입원이 되는 계기가 되었다.

② 산업 혁명

산업 혁명도 광고 산업의 발전에 큰 기여를 했다. 산업 혁명은 생산과 유통방식의 변화를 가져왔다. 이전까지 물품들은 대부분 가내 수공업을 통해서 소량으로 생산되고 주로 개인 간의 물물 교환을 통해 유통됐다. 한 제품의 생산자는 다른 제품의 소비자로, 생산자와 소비자의 구별이 분명하지 않았다.

그러나 산업 혁명 이후 제품들이 대량으로 생산되기 시작하자 제품 공급량이 지역의 수요를 초과하게 되었다. 또한 제품 제조 공장이 주거 지역과 떨어진 지역에 세워짐에 따라 판매자와 구매자의 물리적 거리가 멀어졌다. 이에 따라 제품 공급업자는 지역 시장에서 소화할 수 없는 잉여 제품을 판매하기 위해 멀리 떨어져 있는 소비자에게 제품 정보를 알리고 소비를 촉진할 필요가 생겼다. 제조업자들은 소비자에게 제품을 알리기 위한 수단으로 광고를 활용하기 시작했다.

한편 그동안 수동으로 소량 인쇄되던 신문이 산업 혁명 이후 증기 윤전기를 이용해 대량으로 발행되기 시작했다. 당시까지 책이나 신문은 소량 발행되어 가격이 높았기 때문에 엘리트층의 전유물이었다. 그러나 증기 윤전기는 신문 매체를 새로운 단계로 들어서게 했다. 신문의 발행 부수가 많아지고 가격이 낮아져 독자수가 증가함에 따라 더 많은 광고가 고객들에게 도달할 수 있게 되었고 이는 신문의 인쇄 가격을 더 낮추는 결과를 가져왔다.

③ 전국 광고의 등장

당시의 광고는 대부분 제품에 대한 단순한 설명이 나열된 안내 광고classified ad 혹은 줄광고의 형태를 띠고 있었으며 제조업자가 위치한 지역을 중심으로 집행된 국지적인 광고였다.

그러나 19세기 후반 우체국 시스템과 전국적인 철도 교통망이 개발됨에 따라 신문이나 잡지가 지방으로 배달될 수 있게 되었다. 이에 따라 광고도 전국적으로 전달되었다. 전국적인 광고가 가능해지자 광범위한 지역의 소비자 사이에 광고 제품에 대한 선호도가 구축되기 시작했다. 전국적인 광고가 등장하기 전에는 특정 제품에 대한 선호도가 확립되지 않았기 때문에 소비자들은 소매상이 제공하는 제품을 구매할 수밖에 없었다. 따라서 유통 구조상 소매상들이 시장 지배력을 가지고 있었으며 개별 브랜드에 대한 선호도는 구축되어 있지 않았다.

전국 광고가 가능하게 되자 소비자 사이에 특정 브랜드에 대한 선호도가 개발되기 시작했고 중간상들은 이들의 수요에 맞추기 위해 소비자가 원하는 브랜드를 취급하지 않을 수 없게 되었다. 전국 광고의 등장으로 제품명에 대한 인지와 선호가 제품 판매의 중요한 요소가 되기 시작했다. 이는 유통 구조상 시장 지배력이 중간상에서 제조업자로 이동하게 되는 계기가 되었다.

④ 광고 대행사의 발전

신문 산업이 발전함에 따라 광고 지면을 중개하는 매체 중개업자(media broker 혹은 space broker)가 생기기 시작했다. 초기의 신문들은 기사 부족으로 채워지지 않는 공란을 그대로 발행하는 경우가 많았다. 이에 매체 중개업자들은 공란을 싼 값으로 구매하고 광고주에게 이익을 붙여 판매하기 시작했다. 광고 역사상 최초의 매체 브로커는 1843년 미국 필라델피아에서 중개 사업을 시작한 발리 팔머Volney Palmer로 기록되어 있다.

초기의 매체 브로커는 점차 발전된 형태로 진화했다. 조지 로웰George P. Rowell은 신문의 공란을 싼값에 통째로 구매한 후 이를 분할 판매해 이윤을 증대시켰다. 그는 광고주가 광고 집행 후 광고비를 지불하지 않는 경우 매체 브로커가 광고비를 대납하는 광고 지불 보증제를 처음으로 도입하기도 했다.

⑤ 현대적인 광고 대행사의 출현

경쟁이 치열해지면서 매체 브로커들은 더 많은 광고주를 확보하기 위해 지면 중개 외에도 광고 문구나 그림을 작성해주는 종합적인 서비스를 제공하기 시작했다. 1868년 앤더블유에이어앤손N. W. Ayer & Son은 다양한 광고 서비스를 제공하기 시작한 최초의 종합 광고대행사로 자리 잡았다. 이들은 매체 지면 중개 외에 광고 카피를 작성하고 광고물을 제작해주는 서비스를 제공했다. 또한 광고 업계 최초로 공개 계약 제도Open Contract System을 채택했다. 당시 매체 브로커들은 신문사의 광고 지면 요금을 공개하지 않았기 때문에 광고주들의 불신을 사고 있었다. 이러한 불만을 해소하기 위해 이 대행사는 신문사가 제시하는 광고 요금을 공개하고 광고주들이 신문사에 직접 광고 요금을 지불하게 했다. 그리고 대행사는 광고 대행에 대한 보상으로 신문사로부터 광고 요금의 15%에 해당하는 커미션을 받았다. 이러한 제도의 도입은 매체사 중심의 광고 중개업이 광고주 중심의 광고 대행사로 변모하는 계기가 되었다. 또한 이 제도는 광고 대행사들에 의해 관행적으로 받아들여져 광고 산업의 보상 제도로 자리잡았다.

이상의 획기적인 제도를 채택한 결과 이 대행사는 몽고메리 워드 백화점Montgomery Ward Department Store, 워너메이커 백화점John Wanamaker Department Stores, 싱거 재봉틀Singer Sewing Machines, 폰즈 화장품Pond's Beauty Cream과 같은 대규모 광고주들을 유치했다.

⑥ 광고에 대한 불신

광고 산업이 확장됨에 따라 여러 가지 사회적인 문제가 야기되었다. 소비자들을 현혹해 오도하는 광고들로 피해 사례가 많이 발생했다. 이러한 현상은 특히 건강식품과 약품 광고에서 두드러졌는데, 허위 광고로부터 소비자를 보호하는 법적 장치가 마련되어 있지 않아 속수무책이었다. 피해자가 속출하면서 광고는 사회적으로 비판의 대상이 되기 시작했다.

(4) 광고 산업 확립기(1901~1919)

광고에 대한 불신이 팽배해지자 광고 업계에서는 체계적으로 광고를 규제하기 위한 노력을 기울이기 시작했다. 미국광고대행사협회American Association of Advertising Agencies(1917), 전국 광고주협회Association of National Advertisers(1914)와 같은 기관들이 설립되어 자율적으로 광고 산업을 규제하기 시작했다. 또한 1914년에는 미국연방상거래위원회(Federal Trade Commission: FTC)가 설립되어 불공정 거래 규제의 일환으로 허위 광고를 법적으로 규제하기 시작했다. 또한 같은 해에 발행부수검증공사(The Audie Bureau of Circulation: ABC)가 설립되어 인쇄 매체들이 발표하는 발행 부수를 검증해 공표하기 시작했다.

① 광고 창작의 혁신기

a. 정보 전달의 시대에서 설득의 시대로

20세기에 들어서면서 광고 업계는 많은 변화를 겪었다. 광고 산업이 확장되어 현대적인 광고 대행사들이 활동하고 제품이 소비자로부터 선호도를 구축하고자 노력함에 따라 광고는 제품 정보를 알리는 수준을 넘어 설득의 기능에 초점을 맞추기 시작했다. 광고물은 공지문의 차원을 넘어 보다 창의적인 문구와 그림을 포함하기 시작했고, 그 결과 새로운 카피와 디자인 기법들이 개발되었다.

b. 카피 기법의 발전

광고의 설득 기능이 중요해지면서 새로운 광고 기법들이 도입되기 시작했다. 광고 대행사들은 카피 라이팅의 전문성을 인식하게 되면서 능력 있는 카피라이터를 영입하기 시작했고, 유명한 카피라이터를 중심으로 새로운 카피 기법들이 개발되었다.

• 직설적 카피: 20세기 초기에 광고 산업의 환경은 매우 비호의적이었다. 앞에서 설명한 바와 같이 허위, 과장 광고로 인해 소비자들이 피해를 입자 광고는 사회적인 불만의 대상이 되었다. 이러한 상황에서 존 파워스John E. Powers를 중심으로 한 카피라이터들은 광고가 제품에 대한 뉴스여야 한다는 전제하에 제품과 관련한 사실만을 과장 없이 제시하는 직설적 카피straightforward copy 기법을 사용하기 시작했다. 이 카피 기법은 단순한 언어를 사용해 과장을 피하고 헤드라인의 글자수를 최소화하고, 디자인이나 비주얼을 사용하지 않는 것을 원칙으로 삼았다.

그림 3-1.
이유 제시 카피

• 이유 제시 카피: 이유 제시 카피reason-why copy 기법은 로드앤토마스Lord & Thomas 대행사를 중심으로 사용되었는데 그 전제는 광고가 판매 사원의 역할을 대신한다는 것이다. 따라서 광고는 판매 사원들이 소비자를 설득하듯 경쟁 제품이 아니라 광고 제품을 선택해야 하는 이유를 소비자들에게 설득력 있게 제시해야 한다는 것이다. 그렇게 하기 위해 광고는 제품이 가지고 있는 차별적 특성에 초점을 맞춘다. 이 기법에서는 헤드라인에서 제품의 차별적 속성과 혜택을 제시하고 바디 카피에서 그러한 혜택이 가능한 이유를 제시한다(그림 3-1 참조).

그림 3-2.
슐리츠 맥주 광고

• 선점 주장: 선점 주장preemptive copy은 경쟁 제품들도 가지고 있는 일반적인 특성을 가장 먼저 주장함으로써 소비자들의 마음을 먼저 차지하는 카피 기법이다. 이 기법은 당대의 유명한 카피라이터였던 클로드 홉킨즈Claude Hopkins가 처음 사용했다. 그는 슐리츠 맥주Schulitz Beer 광고 카피를 구상하기 위해 맥주 공장을 방문했다가 맥주병을 뜨거운 스팀으로 세척하는 것을 목격하고 이에 착안해 카피를 작성했다. 이러한 세척법은 다른 맥주 회사들도 모두 사용하고 있

그림 3-3.
초기 비교 광고

었으나 광고를 통해 슐리츠 맥주만이 그러한 공정을 채택하는 것으로 각인되어 소비자들로의 호의를 선점하게 되었다(그림 3-2 참조).

• 기타 카피: 앞에 제시된 카피 기법 외에, 제품 자체가 아니라 광고의 분위기에 초점을 맞추어 소비자들에게 제품을 구매하고 싶은 욕망을 불러일으키는 분위기 카피atmosphere copy가 등장했으며, 유명인 광고와 비교 광고의 초기 형태도 이 시기에 처음 나타났다(그림 3-3 참조).

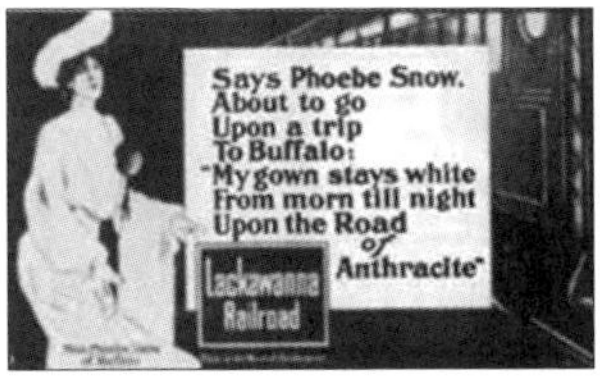

그림 3-4.
컬킨스가 디자인한 광고

c. 디자인의 발전

광고 크리에이티브의 발전은 광고 디자인 분야에서도 나타났다. 이 시대 이전의 광고는 대부분 안내문 형식이었으며 기껏해야 제품 모습을 보여주는 것이 전부였다. 그러나 광고의 설득 기능이 중요해지면서 광고에서 소비자들의 눈길을 끌 수 있는 디자인의 중요성이 인식되기 시작했다. 특히 어니스트 엘모 컬킨스Earnest Elmo Calkins와 같은 사람들이 광고 디자인의 발전에 앞장섰다. 이 당시 제작된 광고들은 안내문 형태의 광고와 다르게 비주얼과 카피 그리고 제품명을 효과적으로 배치하며 레이아웃을 중요하게 다루기 시작했다(그림 3-4 참조).

(5) 과학적 발전기(1920~1945)

① 라디오의 등장

1920년대부터 50년대까지는 광고 산업이 다양한 방면에서 기술적으로 발전한 시기이다. 우선 인쇄 매체 위주의 광고 산업에 라디오가 처음 등장했다. 1920년 최초의 라디오 방송국인 KDKA가 피츠버그에 개국한 이래

1929년 612개의 라디오 방송국이 전파를 송신했다. 1933년에는 미국 가정의 라디오 보유율이 55%를 넘어섰으며, 1938년에 이르러서는 광고 매출액 면에서 라디오가 잡지를 추월하게 되었다. 이후 1950년대에 텔레비전이 등장하면서 본격적인 방송 광고의 시대가 열렸다.

② 과학적 마케팅 조사와 소비자 분석

1920년대 미국의 경제 대공황은 광고 산업에 큰 영향을 미쳤다. 1929년 35억불에 달했던 미국의 총 광고 매출액은 1933년에 15억불로 가라앉았다. 이렇게 극심한 불경기로 인해 기업들이 광고 예산을 감축함에 따라 광고 대행사 간의 광고주 유치를 위한 경쟁이 심해졌다. 대행사들은 기존의 광고주를 유지하고 새로운 광고주를 유치하기 위해 새로운 서비스를 개발하기 시작했는데, 마케팅 및 소비자 조사가 그중 하나였다.

그 결과 광고 대행사 내에 마케팅 조사 전담 부서가 생겨났으며 대행사에서 조사를 담당하던 인력들이 독립적인 조사 회사를 설립하기도 했다. 예를 들어 조지 갤럽George Gallup은 1932년 영앤루비캄Young & Rubicam 대행사의 조사 본부장으로 취임해 광고 조사계의 선두자가 되었으며 1939년에 수용자 조사 회사Audience Research Institute를 설립했다. 한편 1923년에는 인쇄 광고 조사 회사인 스타치 사Daniel Starch & Staff Research Co.도 설립되었다.

표 3-1. 미국 방송 매체의 발전

연도	발전
1920	KDKA 최초 라디오 방송국
1922	최초 라디오 광고(New York)
1922	Federal Radio Commission 설립
1926	최초 전국 네트워크 라디오 설립 : NBC
1929	612개 라디오 방송국
1938	라디오 광고비 잡지 추월
1950	텔레비전 상업 매체로 출현

③ 정치 광고 출현

정치 분야에서 대중 매체를 통해 광고가 처음 사용된 것은 1916년 대통령 선거에서였다. 당시 공화당 전당 대회에서 대통령 후보였던 루스벨트Franklin Delano Roosevelt는 새터데이 이브닝Saturday Evening을 비롯한 몇몇 잡지에 처음으로 정치 후보 광고를 집행했다. 그리고 같은 해 치러진 대통령 선거 캠페인에서도 본격적으로 정치 광고가 활용되면서 이후 선거전에서 빼놓을 수 없는 캠페인 도구가 되었다. 1930년 미국의 광고 전문 잡지인「애드버타이징 에이지Advertising Age」는 "정치 캠페인은 거의 광고 캠페인화 되었다"고 했다. 1952년 대통령 선거에서는 처음으로 텔레비전 광고가 아이젠하우어Dwight D. Eisenhauer 후보에 의해 사용되었다.

(6) 통합과 성장기(1946~현재)

1946년 이후 광고 산업은 새로운 도약기로 접어들었다. 마케팅의 접근 방법이 소비자 중심으로 전환됨에 따라 광고도 소비자들의 욕구를 반영하는 메시지로 바뀌기 시작했으며, 제품 자체에 대한 정보 전달의 차원을 넘어 제품을 하나의 인격체로 확립시키는 광고의 시대로 발전했다.

① 마케팅 컨셉트의 출현

미국은 1950년대 이후 최대의 소비자 시장을 경험하게 되었다. 제2차 세계대전과 한국 전쟁이 끝나면서 소비 시장이 활기를 되찾았다. 군수 산업이 소비재 산업으로 전환되고 군에서 제대한 젊은이들이 가정을 이루면서 그동안 억제되었던 소비 심리가 되살아났다. 제품에 대한 수요가 증가함에 따라 판매자 시장Seller's Market이 형성되었다. 기업들은 늘어나는 소비자들의 수요에 맞추기 위해 더 많은 제품을 생산하기 위해 노력했다. 그러나 1960년대에 이르러 판매자 시장은 종지부를 찍었다. 욕구가 채워지면서 소비자들은 제품 선택에 매우 까다로워졌다. 공급이 수요를 초과하고 시장은 포화 상태에 이르러 구매자 시장buyer's market으로 전환되었다.

이러한 시장 변화에 따라 몇몇 선도 기업들은 소비자의 필요와 욕구 충족을 마케팅 목표로 삼기 시작했다. 이렇듯 기업이 소비자의 필요와 욕구에 초점을 맞추는 시장 접근법을 마케팅 컨셉트marketing concept라고 한다. 마케팅 컨셉트는 단순히 품질이 좋은 제품을 대량 생산하는 것이 아니라 세분화된 시장을 선택해 그들의 욕구를 충족시키는 데 초점을 맞춘다.

② 광고 크리에이티브의 발전

1950년대 이후 마케팅 컨셉트가 중요한 마케팅 관리 철학으로 자리를 잡으면서 광고도 마케터 중심에서 소비자 중심적인 메시지로 전환되기 시작했다. 1950년대의 브랜드 이미지 시대를 필두로 빅 아이디어를 제시하는 혁신적인 크리에이티브 기술이 채택되기 시작했다.

a. 브랜드 이미지 시대(1950년대)

• 데이빗 오길비: 브랜드 이미지는 오길비앤매더Ogilvy & Mather 대행사의 창설자인 오길비David Ogilvy에 의해 주도되었다. 오길비는 소비자들이 원하는 것은 제품 자체가 아니라 그들이 추구하는 이미지이며 모든 광고는 소비자에 대한 정보를 포함하고 있어야 한다고 주장하며 모든 개별 광고는 제품의 이미지에 대한 장기적인 투자라고 했다. 그가 만들었던 광고들은 오랜 기간 동안 일관성을 유지함으로써 브랜드 이미지를 구축하는 데 성공했다. 예를 들어 그가 만든 호도웨이 셔츠Hathaway shirt 광고는 일관성 있는 이미지를 장기간 사용한 결과 무명의 와이셔츠 브랜드를 일약 고급 브랜드로 자리 잡게 했다(그림 3-5 참조).

• 레오 버넷: 레오 버넷Leo Burnett은 광고 이미지 시대의 또 다른 개척자

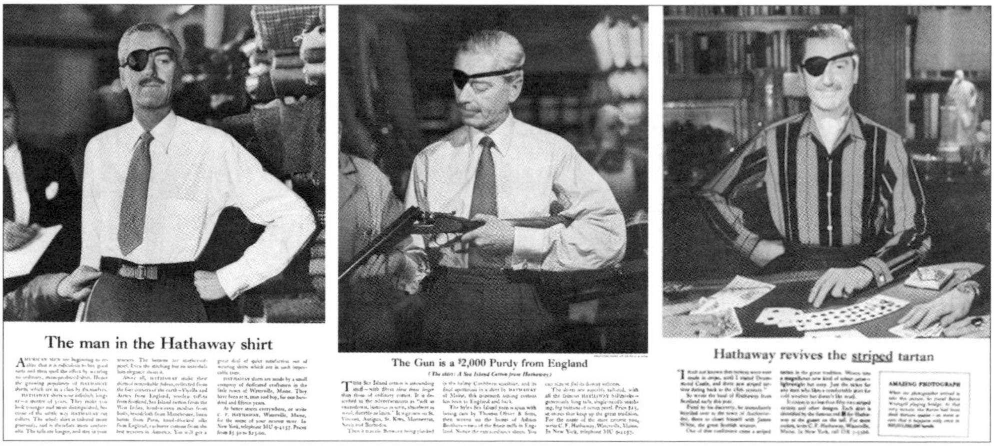

그림 3-5.
호도웨이 셔츠 광고

라고 할 수 있다. 레오 버넷 대행사의 창시자인 그는 광고가 따뜻함과 감정의 공유, 경험을 바탕으로 제품이 가지고 있는 "고유의 드라마inherent drama"를 포함해야 한다고 주장했다. 그가 만든 광고들은 단순하면서도 매우 강력한 직감적인 이미지를 포함하고 있다.

그의 대표작은 이미지 광고의 고전 중의 하나인 말보로 담배 광고이다. 말보로 담배 광고는 1955년 캠페인이 시작된 이래 일관성 있게 서부 사나이를 보여줌으로써 남성적인 이미지를 구축하는 데 성공했다.

그림 3-6.
말보로 담배 광고

b. 크리에이티브의 혁명

윌리엄 번박William Bernback은 크리에이티브의 혁명을 주장한 광고인이다. 그는 "법칙이란 파괴하기 위해 존재하는 것이다. 기억에 남을 만한 것은 결코 공식으로부터 나오지 않는다"고 주장하며, 당시로서는 매우 획기적인 광고 스타일을 도입해 성공을 거두었다.

그의 대표작은 폭스바겐 광고 캠페인이다. 폭스바겐 광고는 당시의 전형적인 자동차 광고와는 전혀 다른 형태와 내용으로 사람들의 주목을 끌었다. 당시 대부분의 자동차 광고들은 자동차의 크기,

사치스러운 라이프 스타일 등을 강조하고 있었다. 이에 비해 폭스바겐의 광고는 매우 간결한 스타일로 여백을 많이 사용했으며 헤드라인과 카피의 내용도 매우 세밀하고 실제적이었다. 광고 포맷 또한 다른 광고들과는 다르게 단순한 비주얼을 전체 지면의 2/3 이상 차지하게 여백과 함께 상단에 배치하고 그 아래에 간결한 헤드라인을 배치했다. 또한 최초로 3단 바디 카피를 사용했다(그림 3-7 참조). 이러한 양식은 후에 잡지 광고의 전형적인 포맷의 하나로 자리 잡기도 했다.

그림 3-7.
폭스바겐 비틀 광고

폭스바겐 광고의 가장 큰 특징은 인쇄 광고의 3대 요소인 헤드라인과 비주얼, 그리고 바디 카피의 내용이 서로 잘 어우러져 시너지 효과를 내는 것이다. 헤드라인은 호기심을 최대한 불러일으키고, 비주얼은 그런 헤드라인을 지원하며, 바디 카피는 헤드라인에서 야기된 호기심을 충족하는 데 부족함이 없도록 쓰였다. 폭스바겐은 이 광고를 바탕으로 판매에서도 큰 성공을 거두었으며, 그때 구축된 폭스바겐의 작고 실용적이라는 이미지는 거의 60년이 지난 지금까지도 살아 있다.

c. 포지셔닝 전략의 등장(1970년대)

알 리스Al Ries와 잭 트라우트Jack Trout가 1972년 미국의 광고 업계지인 「애드버타이징 에이지Advertising Age」에 '포지셔닝 시대Positioning Era'라는 글을 기고한 이후 마케팅 세계는 포지셔닝의 시대로 접어들었다. 포지셔닝이란 수많은 브랜드로 혼란스러운 소비자들 마음속에 특정 브랜드를 위치시킴으로써 다른 브랜드와 차별화시키는 것을 말한다. 광고는 포지셔닝의 유용한 도구로 사용되기 시작했다.

- 세븐업 캠페인: 세븐업이 집행했던 언콜라Uncola 캠페인은 최초로 포

그림 3-8.
에이비스 광고

지셔닝 전략을 이용해 소비자들의 마음 속의 특정한 위치를 차지한 고전적인 예이다. 세븐업은 1967년에 이 캠페인을 집행해 청량음료 시장에 대한 소비자들의 지각 지도를 완전히 바꾸었다. 이전에 소비자의 인식에는 청량음료라는 단일 제품군만 존재했다. 그러나 이 캠페인 이후 그들의 마음은 콜라와 비콜라 제품으로 갈라졌다고 할 수 있다. 한쪽에 콜라가 있다면 반대쪽에는 콜라가 아닌Uncola 세븐업이 존재한다는 인식을 심어줌으로써 소비자들의 지각을 바꾼 것이다.

• 에이비스 캠페인: 에이비스Avis는 거꾸로 시장에서의 위치를 이용해 캠페인에 성공했다. 에이비스는 업계에서 2위라는 점을 이용해, "에이비스는 승용차 대여 업계에서 2위에 불과합니다. 그런데 우리 차를 빌려야 하는 이유는 무엇일까요?Avis is only No.2 in rent a cars. So Why go with us?"라는 호기심을 부추기는 헤드라인과 이를 지원하는 비주얼을 사용해 소비자의 관심을 끌었다. 바디 카피에서 에이비스는 자신들이 2위이기 때문에 1위가 되기 위해 누구보다도 더 열심히 서비스를 위해 노력한다고 설명해 헤드라인에서 유발된 궁금증을 해소해주고 있다.

d. 사회적 마케팅 컨셉트의 출현 (1980~90년대)

1970년대 이후 소비자 운동이 활발해짐에 따라 기업의 사회적 책임에 대한 요구가 높아지기 시작했다. 소비자가 장기적인 소비자 복지에 대한 관심을 가지게 된 것이다. 이에 따라 기업들은 단기적인 혜택보다는 소비자들의 장기적인 복지에 초점을 맞추어 마케팅 활동을 펼치기 시작했다. 이러한 마케팅 접근 방법을 사회적 마케팅 컨셉트societal marketing concept라고 부른다. 사회적 마케팅은 소비자와 사회의 복지를 유지, 향상할 수 있도록 표적 시장의 필요와 욕구 및 관심을 파악하고 만족시키는 것을 목적으로 하는 마케팅 접근 방법이다.

이렇듯 사회적 마케팅 컨셉트가 나타남에 따라 이를 지원하는 광고 캠페인들이 등장했다. 예를 들어 맥도날드는 포장 용지를 재활용지로 바꾸고 이를 소비자들에게 알리는 캠페인을 집행했다. 세제 제품은 수질 오염 방지 캠페인을, 청량음료 제품은 병과 캔을 수거해 재활용하는 캠페인을 실시했다.

e. 통합적 마케팅 커뮤니케이션의 중요성 대두 (1990년~현재)

1990년대 이후는 통합적 마케팅 커뮤니케이션의 시대라고 할 수 있다. 통합적 마케팅 커뮤니케이션이란 마케터가 소비자들에게 메시지를 전달하는 모든 접촉점에서 일관된 하나의 목소리를 내는 것을 말한다. 1990년대 이후 새로운 매체들이 속속 등장함에 따라 매체 시장은 다매체 다채널 시대로 변화했다. 우리나라에서도 1990년대에 민영 방송과 연계된 지역 방송이 새로 탄생한 것은 물론 케이블 방송과 위성 방송이 등장했고 최근에는 종합 편성 채널(종편)이 도입되었다.

한편 1990년대 초반부터 등장하기 시작한 인터넷은 기존의 매체들과는 성격이 매우 다른 광고 매체로 자리 잡고 있다. 인터넷은 상호 작용이 가능한 매체로서 전통적인 광고의 사용법을 바꾸어 놓았다. 전통적인 매체를 통한 광고의 효과가 심리적인 단계의 커뮤니케이션에 머물렀다면, 인터넷을 통한 광고 효과는 심리적 커뮤니케이션 단계를 넘어 구매 행동까지 이어지며 그 범위를 확장시켰다. 이렇듯 다양한 매체의 등장은 매체 내용의 전문성으로 이어져 청중의 세분화를 이루었다. 새로운 매체들은 매우 세분화된 청중을 보유하고 있으며, 컴퓨터나 휴대 전화 등 개인 매체를 매개로 개인별 맞춤 정보를 제공할 수 있다.

매체 환경이 급변하는 가운데, 20세기 후반에 이르러 소비재 제품들은 품질이나 기능 면에서 차별화가 힘들 정도로 비슷해졌다. 이에 따라 소비자들에게 제품의 차별성보다는 제품 가격이 더 민감한 요소로 대두되었다. 이러한 시장 상황의 변화에 따라 기업들은 가격 할인을 중심으로 한 판촉 활동에 집중했다. 그 결과 광고 메시지는 제품의 차별성을 주장하지만 판촉을 통해서는 값싼 제품이라는 서로 다른 메시지를 전달하는 결과를 낳았고, 결국 기업들이 오랜 시간 구축해왔던 제품 이미지들이 훼손되었다.

브랜드 가치의 추락을 경험한 기업들은 브랜드 자산의 중요성을 재인식하게 되었다. 이들은 잃어버린 브랜드 자산의 회복을 위해 소비자들과의 커뮤니케이션 접촉점에서 전달되는 메시지들이 일관성을 유지해야 함을 깨달았다. 이에 따라 각각의 기능을 보완해 시너지 효과를 일으키는 매체들을 선택하고, 각 매체를 통해 전달되는 메시지를 통합적으로 운용해 전체적으로 하나의 목소리를 내는 통합적 마케팅 커뮤니케이션이 매우 중요한 전략적 개념으로 등장하게 되었다.

2. 우리나라의 광고 역사

우리나라의 근대 광고는 19세기 말 근대 신문의 등장과 함께 나타나기 시작했다. 기록에 의하면 우리나라 최초의 광고는 구한말인 1886년 「한성주보」에 처음 등장했다. 이후 「독립신문」을 비롯한 주요 신문과 잡지들이 창간되면서 광고 활동도 증가했다(신인섭 1986). 일제 강점기에도 신문과 잡지를 통한 광고 활동은 활발하게 이어졌다. 그러나 본격적으로 현대적인 광고가 등장한 것은 해방 이후 한국 전쟁이 끝나고 복구기를 거쳐 실질적인 산업화 시대에 들어서면서부터라고 할 수 있다.

따라서 여기서는 실제적인 우리나라의 현대 광고 역사가 시작한 1950년대부터 ① 광고 산업 태동기(1950-60년대), ② 광고 산업 정착기(1970년대), ③ 광고 산업 확장기(1980년대), ④ 광고 산업 질적 성장기(1990년대 이후)로 나누어 각 시기의 발전 과정을 살펴보겠다.

(1) 광고 산업 태동기(1950~60년대)

6·25 전쟁의 결과 전국이 피폐해진 1950년대 우리나라의 경제 규모는 매우 작았다. 국민의 1인당 총생산액(GNP)은 100불 미만에 불과했으며 제품 생산이나 소비 수준은 매우 낮은 상태였다. 따라서 광고 산업 또한 체계적으로 형성되어 있지 않았다.

1950년대에는 매체 산업의 수준도 매우 열악했다. 신문과 잡지 및 라디오가 대중 매체의 주를 이루었다. 1955년에는 57개의 신문이 발행되고 있었는데, 이들의 총 발행 부수는 170만 부에 불과했으며 1967년도에 200만 부에 이르렀다. 1961년에 발행된 정기 간행물의 수는 1,567종이었다.

라디오는 1964년에 172만대가 보급되어 있었다. HKLZ TV가 1956년에 최초로 민간 상업 방송으로서 텔레비전 방송을 시작했으나 1959년 2월 화재로 소실되고 말았다. 최초의 라디오 광고는 1959년 부산문화방송에서 시작되었으며 1960년대 중반에 이르러 동아방송, 동양방송, 문화방송이 라디오 광고를 시작했다.

1963년 KBS-TV가 상업방송을 하면서부터 명실상부한 텔레비전 광고가 시작되었다. 그러나 당시의 텔레비전 보급률은 매우 낮아 광고의 효과는 미미했다. 1969년의 텔레비전 보급 대수는 22만대에 불과했다. KBS에 이어 1964년에는 TBC-TV가, 1969년에는 MBC-TV가 개국되어 광고 방송을 하기 시작했다.

본격적인 광고 대행사는 그때까지 출현하지 않았다. 1960년대 말에 극장에서 상영되는 광고를 제작하는 프로덕션 회사가 나타나기 시작했다. 전문적인 광고 인력이나 광고 대행사가 개발되지 않았기 때문에 당시의 광고물은 제품명과 제품 외양 전시에 초점을 맞추는 단순한 형태였다. 극장 광고 외에는 사진을 쓰는 경우도 드물었으며 대부분 일러스트레이션을 사용했다(신인섭, 1986). 광고의 내용 또한 소비자의 혜택보다는 제품명 인지와 제품 기능과 사용법에 대한 설명 등이 주를 이루어 현대적인 광고 카피 기법이 등장하지 않은 상태였다(그림 3-9, 3-10 참조).

그림 3-9.
아모레 화장품 TV 광고

(2) 광고 산업 정착기(1970년대)

1970년대에는 우리나라의 광고 산업이 모양을 갖추고 본격적으로 발전하기 시작했다. 국가 경제가 서서히 성장하면서 소비재 산업도 모양을 갖추기 시작했다. 우리나라의 1인당 GNP는 1971년 285불에서 1979년 6배에 가까운 1,662불로 증가했으며 GNP 성장률은 최소 5.7%(1972년)에서 최고 14.1%(1973년과 1976년)에 이르렀다. 경제 성장과 더불어 시장에 식품, 음료, 텔레비전, 냉장고, 전화기, 의류, 신발 등 온갖 제품이 쏟아져 나왔다(한국광고학회, 1995). 광고 시장도 급성장해 1971년에 127억원이었던 광고비가 1979년에는 2,186억원으로 15배 이상 증가했다.

한편 이 시기에 외국의 소비재들이 수입되기 시작해 외국 제품의 광고가 등장하기 시작했다. 1968년에 코카콜라가, 1969년에는 펩시콜라가 수입되기 시작했다. 이러한 외국 제품의 도입으로 인해 선진 마케팅과 광고 기법이 국내에 소개되기 시작했으며 우리나라에 현대적인 광고 산업이 정착하는 계기가 되었다. 이 시기에는 우리나라 기업들도 해외로 진출하기 시작했다. 이에 따라 국내 기업도 해외에 광고를 집행하기 시작했다. 대한항공은 1976년 처음으로 오길비앤매더 광고 대행사를 통해 국제 광고를 집행했다.

그림 3-10.
OB맥주 광고

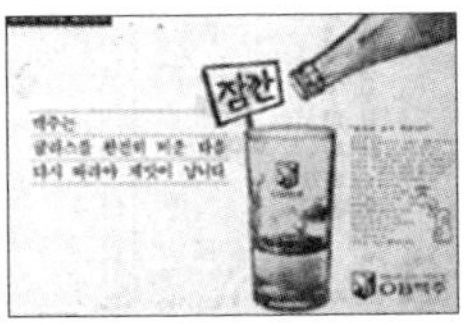

외국 기업의 한국 진출에 영향을 받아 국내에도 광고 대행사가

등장하기 시작했다. 1969년 1월에는 코카콜라의 영향을 받아 동아일보와 OB 그룹이 공동 투자해 만보사를 창설했다. 그 뒤를 이어 1973년에는 제일기획, 1974년에는 연합광고, 1978년에는 럭키그룹의 인하우스 대행사로 희성산업이 각각 설립되었다.

그림 3-11.
코카콜라 광고

코카콜라와 같은 미국 기업의 한국 진출은 우리나라 광고의 크리에이티브 분야에도 상당한 영향을 미쳤다. 소비자 조사를 바탕으로 광고 컨셉트를 정하고 광고 계획에 따라 일관성 있게 광고를 집행하는 광고 캠페인 방법이 소개되었으며 광고 제품 자체의 속성보다 소비자 편익이나 공익적 이슈에 기반을 둔 광고 기법들이 나타나기 시작했다(그림 3-11 참조).

그림 3-12.
OB맥주 광고

이렇듯 외국 광고의 영향을 받아 우리나라의 광고들도 점차 제품의 기능적인 측면을 직접적으로 제시하는 광고에 소비자 편익을 제시하는 감성적 카피 기법을 도입하기 시작했다. OB 맥주의 '친구는 역시 옛친구 맥주는 역시 OB' 캠페인은 제품의 속성을 알리기보다는 제품이 제공하는 소비자 혜택을 보여주며 큰 성공을 거두었다(그림 3-12 참조).

(3) 광고 산업 확장기(1980년대)

1980년대는 우리나라의 광고 산업이 획기적인 변화를 맞이한 시기였다. 1980년 초반에 있었던 정부의 언론 통폐합 조치는 광고 산업에 많은 영향을 미쳤다. 언론 통폐합 조치의 일환으로 1981년에 한국방송광고공사가 설립됨에 따라 이전까지 각 방송사가 직접 운영하던 광고 영업을 한국방송광고공사가 위탁을 받아 대행하게 되었다. 모든 지상파 텔레비전과 라디오 방송의 광고 시간을 한국방송광고공사를 통해서만 구매할 수 있게 됨으로써 2012년 2월 방송 광고 판매 대행 등에 관한 법률이 제정될 때까지 방송 광고 영업의 독점 체제가 구축되었다.

한편 1987년에는 노태우 정권의 6·29 선언에 따라 언론기본법이 폐기되고 정기간행물의 발행이 자유화되면서 일간 신문의 수가 1988년 30개에서 1992년 100개가 넘었으며 전체 정기 간행물의 수는 1988년의 2,400여종에서 7,000여종으로 폭증했다. 또한 신문 면수도 자유화되어 1일 12면, 1주 6일 발행에서 1993년에는 32면에서 40면을 발행하는 중앙지가 생겼다. 이에 따라 인쇄 매체 광고 표현의 공간이 넓어져 전면 광고와 2면 크기 광고가 나타났다. 1981년 텔레비전 칼라 방송의 시작은 광고 제작 관련 업계에 큰 영향을 미쳤다. 가구 대비 칼라 텔레비전 보급률은 1981년에 100만대가 조금 넘었으나 1991년에는 920만대로 74%에 이르렀다(한국광고학회, 1995).

1980년대의 경제적 도약과 더불어 1986년과 1988년에 아시안게임과 올림픽을 치르면서 우리나라의 소비 시장은 급속도로 발전하고, 이에 따라 광고 시장도 크게 확대되었다. 우리나라 광고 시장은 1970년 국내 총광고비 127억에서 연평균 36.6% 신장되어 1980년에는 2,753억원, 1987년에는 9,274억원, 1990년에는 2조원을 넘었다(한국광고업협회, 1995). 그 결과 한국 광고 시장은 규모 면에서 세계 10위권, 아시아에서는 일본 다음인 2위로 부상했다. 광고 시장이 확대됨에 따라 광고 대행업도 활기를 띠었다. 해태그룹은 코래드, 현대그룹은 금강, 롯데그룹은 대홍, 태평양그룹은 동방을 각각 하우스 에이전시로 출범시켰다(신인섭, 1986).

국내 제품 시장과 광고 시장의 개방으로 인해 선진 마케팅 기법과 광고 전략이 국내에 소개되기 시작했다. 우리나라의 광고 시장은 해외의 국내 광고 시장 개방 압력에 따라 1980년대 후반부터 개방되기 시작했다. 1987년에는 광고 시장이 부분적으로 개방되어 외국 광고 회사에 대한 투자 상한 비율이 49%로 허용되였다. 이에 따라 코래드는 미국의 오길비앤매더 사와 70 대 30의 투자 비율로 합작 회사를 설립했다. 이후 다국적 광고 대행사들은 초기에는 업무 제휴, 지분 참여, 합작의 형태로 진출했으며, 1991년에는 광고 시장이 완전 개방되었다. 이에 따라 제이 월터 톰슨J. Walter Thompson은

표 3-2. 광고 시장 초기의 외국 광고 회사 국내 진출 현황

합작 형태	회사명	인가일	국내 광고 회사	외국 광고 회사	투자 비율(%)
단독 투자	제이월터톰슨 코리아	1993.6.4		J.Walter Thompson	100
합작 투자	제일 보젤	1989.11.13	제일기획	Bozell(미)	70:30
합작 투자	덴쯔 영 앤드 루비컴 코리아	1989.11.13	오리콤	HDM Far East Holding Co(미) DYR Inc.(미)	51:24.5:24.5
합작 투자	맥켄 에릭슨	1990.3.21	크리월드애드	McCann-Erickson Marketing Inc.	49:51
합작 투자	디디비 니드햄 DIK 코리아	1991.6.3	대홍기획	DDB Needham Worldwide Inc.(미) DIK(일)	51:24.5:24.5
합작 투자	레오버넷 선연	1993.5.27	선연	Leo Burnett Worldwide Inc.(미)	50:50
지분 투자	코래드	1989.1.28	코래드	Ogilvy & Mather Worldwide Inc.(미)	70:30
지분 투자	서울광고기획	1990.6.14	서울광고기획	Darcy Masium Benton & Bowles Inc.(미)	80:20

출처: 한국광고업협회(2001).

최초로 100% 독립적인 회사 형태로 국내에 진출했다(표 3-2 참조). 다국적 광고 대행사들이 국내에 진출함에 따라 1994년에는 외국에서 제작된 텔레비전 광고가 국내에서 최초로 방영되기도 했다.

한편 1989년에는 방송 광고 심의 기준이 완화되어 외국 모델이 광고에 등장하기 시작했으며, 1993년에는 외국에서 제작한 텔레비전 광고(IBM 기업 광고)가 처음 방송되기도 했다(신인섭, 1986).

(4) 광고 산업의 질적 성장기(1990년대 이후)

우리나라의 광고 기법은 1980년대 후반을 거쳐 1990년대에 들어서면서 더욱 발전했다. 1990년대에는 '고객이 왕이다'라는 소비자 중심의 마케팅 컨셉트가 도입되면서 광고에도 세분 시장, 시장 차별화, 소비자 혜택 등의 전

그림 3-13.
소비자 중심주의를 표방한 1990년대 광고

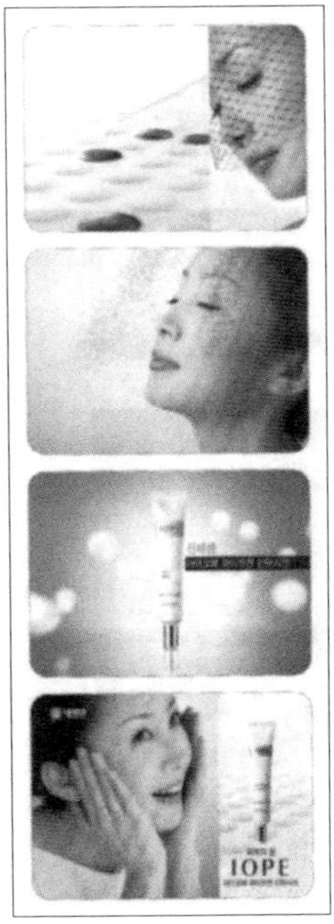

그림 3-14.
아이오페 광고

략들이 정밀하게 반영되기 시작했다.

이에 따라 소비자의 필요와 욕구가 무엇인지를 파악하고 이를 충족시키기 위한 마케팅 전략을 기반으로 세분 시장의 소비자 편익에 초점을 맞춘 전략적 광고 캠페인들이 등장하기 시작했다. 예를 들어, 태평양화학의 아이오페는 화장품 업계 최초로 시장 세분화 전략에 따라 경쟁 브랜드들과는 다르게 제품의 표적 소비자인 높은 연령대의 광고 모델을 사용하기 시작했다(그림 3-14 참조). 아모레 트윈엑스는 'X세대'라 불리는 20대 남성 고객의 심리적 특성을 파악해 '나를 알 수 있는 건 오직 나'라는 슬로건을 사용한 캠페인을 집행하기도 했다.

한편 1990년대에는 광고 캠페인이라는 개념이 도입되었다. 하나의 광고물을 반복해서 집행해왔던 종래의 캠페인과는 달리, 캠페인 기간 동안 동일한 컨셉트를 바탕으로 복수의 광고를 집행하는 캠페인이 실시되기 시작했다. 예를 들어 신세기통신의 017 광고는 어디서든지 통화를 할 수 있다는 일관성 있는 컨셉트를 바탕으로 동일한 모델을 사용해 지하철 편, 비행기 편, 해상 편의 광고물을 집행했다.

한편 1990년대에는 우리나라에서도 사회적 마케팅 컨셉트가 도입되어 환경 문제나 기아 문제, 아동 복지 문제와 같은 사회적 이슈를 다루는 광고들이 등장했다. 유한킴벌리의 '우리강산 푸르게' 캠페인은 환경 문제를 다룬 가장 대표적인 광고의 예이며, 아모레 트윈엑스의 '소말리아의 눈물' 캠페인도 아프리카의 기아 문제를 다루었다(그림 3-15 참조).

우리나라의 광고 산업은 1990년대 후반 IMF 경제 위기를 맞아 크게 위축되었지만 2000년대 이후 다시 회복되어 지속적인 성장을 이루어왔다. 특히 1990년대에는 다매체 다채널 시대에 들어서면서 광고 산업의 지평이 크게 넓어졌다. 1991년에는 SBS 민영 방송을 비롯한 지역 방송들이 개국해 지상파 방송의 채널이 증가했으며, 1995년에는 케이블 방송이, 2002년에는 위성 방송이 출범함에 따라 방송 채널이 대폭 증가했다. 한편 1990년대 중반 이후에는 인터넷이 급속도로 보급되면서 확장된 광고 효과 기능을 갖춘 매체로 자리잡았다. 인터넷을 통한 광고 매출액은 2013년 현재 전체 광고 시장의 20%를 상회하고 있다. 더불어 최근에는 모바일 매체가 등장해 인터넷을 통한 광고 시장은 더욱 확장되고 있다. 이렇듯 광고를 집행할 수 있는 매체가 늘어나고, 인터넷과 모바일 매체와 같은 새로운 특성의 매체들이 등장함에 따라 소비자들에게 접근할 수 있는 통로가 크게 증가했으며, 이들 매체 청중의 세분화로 광고주들이 세분화된 표적 청중에게 맞춤 메시지를 정교하게 제공할 수 있는 환경이 조성되고 있다. 그러나 한편으로는 매체의 폭증으로 인해 통로가 다양해진 마케팅 커뮤니케이션이 통합적으로 관리되어야 한다는 목소리가 커지고 있다.

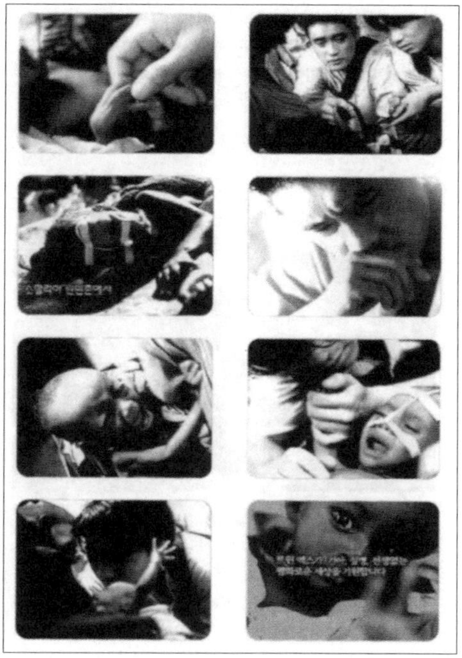

그림 3-15. 아모레 트윈엑스 '소말리아의 눈물' 광고 (1994)

표 3-3. 2012-14년 매체별 총 광고비

구분	매체	광고비(억원)			성장률(%)		구성비(%)	
		'12년	'13년	'14년(F)	'13년	'14년(F)	'13년	'14년(F)
방송	지상파TV	19,307	18,273	18,700	-5.4	2.3	19.1	18.8
	라디오	2,358	2,246	2,200	-4.8	-2.1	2.3	2.2
	케이블/종편	13,218	13,825	13,800	4.6	-0.2	14.4	13.9
	IPTV	235	380	450	61.7	18.4	0.4	0.5
	위성TV	130	151	150	16.2	-0.7	0.2	0.2
	DMB	168	124	110	-26.3	-11.1	0.1	0.1
	SO	655	712	720	8.7	1.1	0.7	0.7
	방송 계	36,071	35,712	36,130	-1.0	1.2	37.2	36.3
인쇄	신문	16,543	15,447	14,900	-6.6	-3.5	16.1	15.0
	잡지	5,076	4,650	4,450	-8.4	-4.3	4.8	4.5
	인쇄 계	21,620	20,097	19,350	-7.0	-3.7	21.0	19.4
인터넷	검색	12,950	13,210	13,600	2.0	3.0	13.8	13.7
	노출형	6,590	6,820	7,130	3.5	4.5	7.1	7.2
	인터넷 계	19,540	20,030	20,730	2.5	3.5	20.9	20.8
모바일		2,100	4,600	7,750	119.0	68.5	4.8	7.8
OOH	옥외	3,463	3,549	3,600	2.5	1.4	3.7	3.6
	극장	1,540	1,708	1,750	10.9	2.5	1.8	1.8
	교통	4,102	4,388	4,400	7.0	0.3	4.6	4.4
	OOH 계	9,105	9,645	9,750	5.9	1.1	10.1	9.8
제작		5,418	5,810	5,862	7.2	0.9	6.1	5.9
총계		93,854	95,893	99,572	2.2	3.8		

출처: 한국광고총연합회(2015). (단위 : 억원)

요약

- 광고의 역사는 광고 매체의 발달과 산업 발전에 따라 여섯 가지 시대로 나눌 수 있다.
- 광고의 여섯 가지 시대는 ①인쇄술 이전 시대(1450년 이전), ②초기 인쇄 시대(1450~1840년), ③광고 산업 확장기(1841~1900년), ④광고 산업 확립기(1901~1919년), ⑤과학적 발전기(1920~1945년), ⑥통합과 성장기(1946~현재)이다.
- 광고는 대중 매체와 함께 발전해왔다.
- 광고의 커뮤니케이션 기능은 초기 정보 전달에서 설득으로 발전해왔으며 마케팅 환경이 변하면서 그 내용도 변화해왔다.

토의문제

1. 광고주와 매체사가 광고 대행사를 이용하게 된 이유는 무엇인가?
2. 광고와 대중 매체는 서로 어떤 영향을 주고받았는가?
3. 최근 새로운 매체의 출현이 광고에 미친 영향은 무엇인가?
4. 광고를 통한 브랜드의 발전은 제조업자와 중간상, 소비자 간의 관계에 어떤 영향을 주었는가?

4장

광고 산업

광고는 마케팅 목표의 달성을 돕는 커뮤니케이션 활동으로, 다양한 산업과 관련을 맺는다. 광고주는 효과적으로 광고를 계획하고 집행하기 위해서 마케팅 커뮤니케이션 전문가 집단인 광고 대행사를 동원한다. 광고 대행사는 효과적인 광고를 기획하기 위해 조사 기관을 동원해 시장 조사와 소비자 조사를 실시하고, 제작 전문가나 제작 회사의 도움을 받아 광고물을 제작한다. 광고 제작이 이루어지면 매체 기획 전문가나 매체 전문 대행사에게 매체 기획을 의뢰한다. 매체 기획이 이루어지면 매체 구매 담당자나 매체 구매 전문 대행사를 통해 광고 매체의 지면이나 시간을 구매한다. 매체 구매가 이루어지면 매체사는 광고 대행사와의 계약에 따라 정해진 일정에 맞춰 광고를 집행한다.

이렇듯 광고가 기획되고 집행되는 과정에서 다양한 집단이 개입하며 많은 전문가들이 동원된다. 4장에서는 광고의 기획과 제작 및 집행과 관련되어 있는 주요 당사자인 광고 대행사, 광고주와 매체사를 살펴보겠다. 또한 광고 산업을 지원하는 역할을 하는 마케팅 및 매체 조사 기관에 대해 알아보겠다.

광고 대행사를 비롯해 광고주와 매체 산업은 광고 산업의 3대 핵심 당사자이다. 광고주는 광고 활동의 원천 역할을 한다. 이들은 자신의 제품이나 서비스에 대한 정보를 소비자들에게 알리고 설득할 목적으로 광고 캠페인의 실시 여부를 결정하고, 광고 대행사에게 광고 캠페인의 기획과 제작을 의뢰한다. 광고 대행사는 광고주의 의뢰를 받아 광고 캠페인을 기획하고 광고를 제작하며, 광고를 집행할 매체를 선정하고 집행한다. 매체사는 광고 대행사와의 계약에 따라 정해진 시간에 광고를 집행한다. 이들은 광고 집행 과정에서 다양한 산업의 지원을 받는다. 광고 기획 과정상 필요한 다양한 정보를 수집 분석하는 마케팅 조사 회사, 광고 제작을 전문적으로 담당하는 광고 제작 회사, 매체 기획을 위한 매체 청중 조사를 담당하는 매체 조사 회사, 광고 매체 기획과 매체 구매를 전문적으로 다루는 매체 대행사들이 광고 산업을 지원한다.

1. 광고주

광고주는 광고 활동이 시작되는 원천으로 전체적인 광고 기획과 집행 과정을 관리한다. 이들의 목적은 자신의 제품이나 서비스에 대한 정보를 소비자들에게 전달하고 설득해 제품을 판매하는 것이다.

광고주는 광고 대행사를 선정하고 광고 집행 과정의 대행을 의뢰한다. 이들은 광고 캠페인의 전 과정을 통제한다. 광고 캠페인의 실시 여부를 결정하며 광고 대행사가 기획한 광고 계획안을 승인한다. 또한 광고 집행에 필요한 예산을 승인하고 관리하는 역할을 한다.

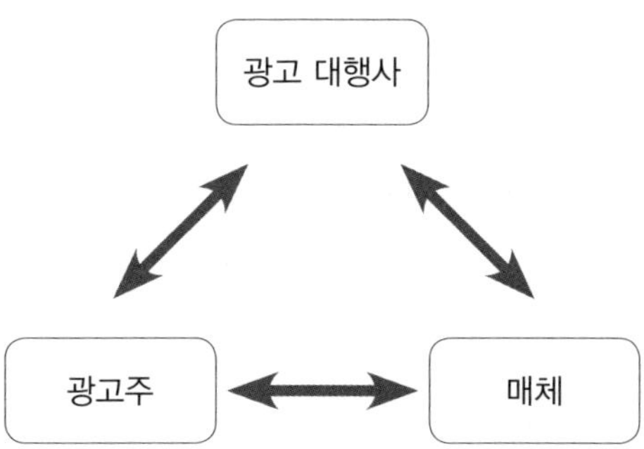

그림 4-1.
광고 산업의
주요 당사자들

표 4-1. 우리나라 광고주 업종별 구성비(2013년)

업종	광고주 수	광고주 구성비	광고 집행비	광고 집행비 구성비	평균 광고 집행비
기초재	3	1	500	0	167
식품	36	9	74,796	10	2,078
음료 및 기호 식품	11	3	156,577	21	14,234
제약 및 의료	20	5	47,959	6	2,398
화장품 및 보건 용품	18	4	65,500	9	3,639
출판	22	5	4,528	1	206
패션	18	4	9,279	1	516
산업기기	3	1	7,000	1	2,333
정밀기기 및 사무기기	3	1	0	0	0
가정용 전기전자	11	3	26,228	4	2,384
컴퓨터 및 정보 통신	3	1	2,633	0	878
수송기기	6	2	118,940	16	19,823
가정용품	11	3	4,562	1	415
화학 공업	10	2	15,519	2	1,552
건설, 건재 및 부동산	31	8	32,127	4	1,036
유통	33	8	13,741	2	416
금융, 보험 및 증권	34	8	138,992	19	4,088
서비스	70	17	19,055	3	272
관공서 및 단체	39	9	6,628	1	170
교육 및 복지 후생	31	8	6,777	1	219
전체	413	100	777,934	100	6,364

출처: 한국광고총연합회.

광고주는 형태에 따라 제조업체, 유통업체, 기관 등으로 구분할 수 있다. 2012년 광고 집행비 구성비가 가장 높은 업종은 음료 및 기호 식품(21%)이었다. 금융, 보험 및 증권이 두 번째로 높았으며(19%), 수송기기(16%)와 식품(10%)이 그 뒤를 이었다. 한편 광고주 수의 구성비로 볼 때는 서비스 업체

(17%)가 가장 많았으며, 식품과 관공서 및 단체가 두 번째로 많았다(9%). 그 뒤를 이어 건설, 건재 및 부동산(8%), 유통(8%), 금융, 보험 및 증권(8%), 교육 및 복지 후생(8%) 업체의 순으로 이어졌다(표 4-1 참조).

2. 광고 대행사

광고 산업의 핵심은 광고 대행사다. 광고 대행사가 수행하는 가장 주된 역할은 전문적인 지식과 기술을 바탕으로 마케팅 커뮤니케이션에 필요한 다양한 서비스를 광고주에게 제공하는 것이다. 두 번째 역할은 광고주와 매체 사이에서 광고주를 대신해 광고 메시지를 기획하고 제작해 매체를 통해 집행하는 것이다. 광고 대행사가 제공하는 광고 관련 서비스를 좀 더 구체적으로 요약하자면 아래와 같다.

- 광고주의 제품이나 서비스를 조사해 제품이 자체적으로 가지고 있는 고유의 장단점이나 경쟁 제품에 대비한 장단점을 파악한다.
- 제품이나 서비스가 속한 현재와 미래 시장을 분석한다.
- 유통 및 판매 요인과 그들의 작동 방법에 대한 정보를 제공한다.
- 제품이나 서비스에 대한 정보를 소비자에게 효과적으로 전달하기 위해 사용할 수 있는 모든 매체와 수단에 대한 정보를 제공한다.
- 광고 캠페인 계획을 작성하고 광고주에게 제안한다.
- 광고물을 제작한다.
- 광고를 집행할 매체의 지면과 시간을 구매하며 광고 집행을 확인한다.

광고는 마케팅 커뮤니케이션 믹스 중 가장 중요한 수단이다. 광고주는 광고 캠페인을 집행할 필요가 있는 경우 광고를 직접 제작할 것인지 아니면 대행사를 고용할 것인지를 결정해야 한다.

(1) 광고 대행사를 이용하는 이유

기업이 자체적으로 광고를 기획하고 집행하는 경우도 있지만 대부분의 경우 광고 대행사를 고용한다. 광고주들이 광고 대행사를 이용하는 이유, 즉 대행사를 고용해 얻을 수 있는 장점은 다음과 같다.

① 객관성

광고 대행사는 스스로 제품 개발에 투자하지 않기 때문에 객관적인 관점을 제공할 수 있다. 제품 개발에서부터 마케팅에 이르기까지 각 과정에 관련된 업무 담당자들은 자신의 부서의 이해관계 때문에 주관적으로 시장을 판단할 가능성이 높을 뿐만 아니라 조직 내에서의 이해관계상 객관적인 의견을 제시하지 못할 가능성이 높다. 이에 반해 광고주에게 대행사 직원을 고용하거나 해고할 수 있는 인사권이 없으므로 광고 대행사는 그들이 시장을 잘못 판단하거나 소비자를 잘못 이해했을 때 내부 관련자들에게서 기대할 수 없는 충고를 해줄 수 있다.

② 전문성

광고 대행사는 경험이 풍부한 마케팅 커뮤니케이션 전문가들을 통해 광고 활동에 대한 맞춤형 관리를 해준다. 이들은 전문 지식과 경험을 집대성해 효과적인 광고를 제작하고 광고 캠페인을 기획한다. 광고 대행사의 제작 부서에는 카피라이터와 미술가, 영상 연출가와 같이 일반 기업에서는 찾아볼 수 없는 특수 분야의 전문가들이 활동하고 있다. 업무의 특성상 이들의 근무 문화는 일반 기업과는 다르다. 예컨대 일반 기업에서 적용되는 고정된 근무 시간과 드레스 코드, 시간 외 근무에 대한 제한 같은 것들을 광고계에 근무하는 제작자들에게 강요하기는 힘들다.

한편 매체 기획 전문가들은 광고 매체의 특성에 대한 지식은 물론 광고 예산의 범위 내에서 가장 효과적인 매체 조합을 선택하는 데 필수적인 전문 지식을 갖추고 있다. 그 외에도 광고 대행사에는 마케팅 기획과 광고 기획 전문가들이 있다. 이들은 고객 기업의 제품이나 서비스가 처한 상황을 분석해 마케팅 전략과 광고 전략을 제시한다. 마케팅과 광고 기획 서비스를 위해 광고 대행사들은 자체적으로 시장 조사 전문가로 구성된 마케팅 조사팀을 보유한 광고 대행사도 있다. 종합 광고 대행사는 PR 전문가, SP(Special Promotion) 전문가 등 일반 기업들이 자체적으로 고용하기 어려운 전문가들을 보유하고 있어 기업이 원하는 다양한 마케팅 커뮤니케이션 활동에 대한 지원을 맞춤으로 제공할 수 있다.

(2) 광고 대행사의 종류

광고 대행사는 제공하는 서비스의 종류와 범위에 따라 종합 광고 대행사와 전문 광고 대행사로 나눌 수 있다. 종합 광고 대행사가 마케터 커뮤니케이션 활동에 필요한 거의 모든 분야의 서비스를 제공하는 데 비해 전문 광고 대행사는 특수한 분야의 서비스만을 제공한다.

① 종합 광고 대행사

종합 광고 대행사는 마케팅 커뮤니케이션과 관련한 다양한 서비스를 제공한다. 종합 광고 대행사가 제공하는 서비스는 크게 광고 분야 서비스(ATL: Above The Line)와 비광고 분야 서비스(BTL: Below The Line)로 나눌 수 있다. 광고 분야 서비스는 광고 기획, 제작, 매체 선정 및 집행, 조사 등이며 비광고 서비스 분야는 홍보, 판촉, 이벤트, 전시, 직접 마케팅 등을 포함한다. 종합 광고 대행사가 이렇듯 다양한 서비스를 제공하기 때문에 광고주는 필요에 따라 마케팅 커뮤니케이션과 관련한 모든 서비스를 받을 수 있다. 그러나 광고주에 따라서 별도의 커뮤니케이션 활동을 위해 판촉, PR 등과 관련한 별도의 전문 회사를 이용하기도 한다.

종합 광고 대행사는 소유 형태에 따라 독립 광고 대행사와 인하우스 대행사in-house agency로 구분된다.

a. 독립 광고 대행사

독립 광고 대행사는 특정 기업의 간섭을 받지 않고 활동하는 독립적인 기업으로, 광고주의 이해와 관계없이 객관적인 관점으로 광고 기획에 접근하고 창의적으로 작업을 수행할 수 있다. 더욱이 이들은 광고를 자동적으로 수주할 수 있는 모기업이 없기 때문에 광고주를 유치하기 위해 각고의 노력을 기울인다. 이러한 요소는 독립 광고 대행사가 보다 창조적으로 활동할 수 있는 동기를 제공한다. 세계적으로 유명한 대행사들은 대부분 독립 광고 대행사들이기도 하다.

b. 인하우스 광고 대행사

광고 대행사가 광고주에게 여러 가지 이점을 제공하지만 마케터 스스로 광고 작업을 하는 경우도 있다. 이러한 기업들은 기업 내에 광고 부서를 보유하거나, 인하우스 대행사를 통해 광고 서비스를 받는다.

인하우스 대행사는 기업이나 그룹에 속해 있으면서 계열 기업들을 위해 광고를 대행하는 회사이다. 이들은 그룹 외의 다른 기업의 광고를 수주하기도 하지만, 모기업의 공급자나 유통업자들을 위한 광고를 대행하는 경우가 훨씬 많다. 인하우스 대행사는 모든 역량을 모기업에 집중시키므로 광고주의 필요에 효과적으로 부응할 수 있다.

기업들이 자체적으로 광고 부서나 인하우스 대행사를 운영하는 데는 몇 가지 이유가 있다. 첫 번째 이유는 일반 경비를 줄이는 것이다. 자체 광고 부서를 운영하는 기업은 광고를 직접 제작해 광고 대행사에 비용을 지불하지 않음으로써 광고 비용을 줄일 수 있다. 우리나라의 많은 대기업들이 그룹 내에 인하우스 대행사를 보유하고 있는데, 그 이유 중의 하나는 계열 기업들이 지출하고 있는 막대한 광고비를 그룹 내로 끌어들일 수 있기 때문이다. 두 번째 이유는 광고주로서 더 집중적인 서비스를 받을 수 있기 때문이다. 독립 광고 대행사는 다양하고 많은 광고주들을 관리하는 데 시간과 노력을 분산시킬 수밖에 없는 반면, 인하우스 대행사는 모기업의 제품과 서비스에 집중할 수 있기 때문에 제품과 시장, 소비자들에 대해 더 심층적인 분석을 시도할 수 있을뿐더러 상대적으로 시간적인 여유를 가질 수 있다. 인하우스 대행사는 모기업의 계열사를 위주로 광고 대행을 하기 때문에 이들에게 즉각적인 서비스를 제공할 수 있다. 광고주 입장에서는 대행사의 인력이나 시간을 얻기 위해 다른 광고주와 경쟁할 필요가 없다.

그러나 인하우스 대행사는 광고 대행사 간 경쟁이 많지 않아 광고 기획이나 제작의 창의성이 떨어질 위험이 크며 독립 광고 대행사가 제공하는 객관성을 확보하기 어렵다. 모기업이나 계열 기업의 내부 권력관계나 정책, 관점에 영향을 받아 광고가 소비자보다 기업 중심적으로 만들어질 가능성이 있다.

② 전문 광고 대행사

종합 광고 대행사들이 다양한 커뮤니케이션 서비스를 제공하는 것과 달리 전문 광고 대행사는 특정한 전문 분야에 집중해 서비스를 제공한다. 이들은 종합 광고 대행사에 비해 규모는 작지만, 단일 분야에만 집중해 해당 분야에 대한 전문성이 높다는 장점이 있다.

a. 광고 제작 회사

광고 제작 회사는 보통 두세 명에서 10여 명으로 구성된 소규모 대행사로 크리에이티브 부티크creative boutiques라고도 부른다. 이들은 제작 부분에만 집중하며, 아이디어 발상과 크리에이티브한 광고 제작에 초점을 둔다. 따라서 이러한 대행사들은 매체 기획이나 조사, 광고 기획과 관련한 서비스를 제공하지 않는다. 이들은 통상적으로 광고주와 계약을 맺고 일하지만 때에 따라 다른 광고 대행사의 의뢰를 받아 제작 업무를 수행하기도 한다.

b. 매체 대행사

제작된 광고를 어떤 매체 믹스를 통해 집행할 것인지를 기획하고, 계획대로 매체를 구매해 광고 집행을 하는 일은 매우 복잡한 작업이다. 더욱이 매체의 종류와 수가 나날이 증가함에 따라 광고주나 광고 대행사가 제한된 인력만으로 전문적인 매체 계획을 수립하고 매체를 구매하는 작업은 점점 어려워지고 있다.

이러한 매체 시장의 변화에 따라 매체 대행사media services들은 매체 계획과 구매에 초점을 맞추어 전문적인 서비스를 제공한다. 매체 대행사는 서비스의 대상이나 업무의 종류에 따라 미디어렙media representative과 매체 구매 전문 대행사media buying service로 구분할 수 있다.

• 미디어렙: 미디어렙은 매체사를 대행해 매체에 실릴 광고를 수주하는 업무를 수행한다. 대부분의 대중 매체사들은 광고 수주를 위해 직접 광고 부서를 두고 있으나 매체사에 따라서 영업 규모나 법률적 제한으로 인해 미디어렙media representative에 광고 영업을 맡기기도 한다.

우리나라에서는 지상파 방송의 경우 방송광고판매대행법[1]에 의한 대행업자만 광고 시간을 판매할 수 있다. 이에 따라 한국방송광고진흥공사와 미

---

1 **방송광고판매대행 등에 관한 법률** (약칭: 방송광고판매대행법) [시행 2012.5.23.] [법률 제11373호, 2012.2.22., 제정]
제5조(방송광고의 판매대행) ① 지상파방송사업자, 지상파방송채널사용사업자 또는 종합편성방송채널사용사업자는 광고판매대행자가 위탁하는 방송광고 외에는 방송광고를 할 수 없다. 다만, 대통령령으로 정하는 방송광고에 대해는 그러하지 아니하다.

디어크리에이트라는 두 회사가 지상파 텔레비전과 라디오 채널들을 대행해 방송 광고 시간을 판매하고 있다. 한국방송광고진흥공사는 KBS와 MBC를 비롯해 EBS, 지역 MBC, 경인방송, 경기방송, CBS, 불교방송, 평화방송, 극동방송, 원음방송, YTN라디오, TBS-eFM, 부산영어방송, 광주영어방송의 광고 판매를 담당하고 있다. 한편 미디어크리에이트는 SBS와 SBS 제휴 지역 방송을 비롯해 OBS 경인방송의 광고 판매를 대행하고 있다.

• 매체 계획 및 구매 전문 대행사: 매체 대행사가 매체를 대신해 광고 시간이나 지면을 판매하는 것과는 달리, 매체 구매 전문 대행사는 광고주를 대신해 광고주가 필요한 광고 시간이나 지면들을 매체사들로부터 구매하는 역할을 담당한다. 최근 들어 매체 계획 및 구매 전문 대행media planning and buying services에 대한 수요가 높아지고 있는데 그 이유는 첫째, 매체 선택의 범위가 넓어짐에 따라 효과적인 매체를 선택하는 작업이 점점 더 어려워지고 있기 때문이다. 매체 시장은 지상파 방송과 인쇄 매체 등으로 이루어졌던 종래의 단순한 형태에서 인터넷, 위성 방송, 종편, 모바일 매체 등 광고를 집행할 수 있는 매체가 다양해지고, 한 매체 내에서도 매체 비히클media vehicle[2]의 수가 기하급수적으로 증가했다. 이에 따라 다양한 매체 종류와 비히클들의 존재와 특성을 이해하고 효과적인 매체 계획을 수립해 매체를 구매하는 작업에 더 높은 전문성이 요구되고 있다.

둘째, 전문성 있는 매체 부서를 유지하는 비용이 매우 높아지고 있다. 전문적인 매체 계획의 필요성이 커짐에 따라 매체 전문가들에 대한 수요도 늘어나고 있다. 개별적인 기업이나 광고 대행사가 단독으로 다양한 매체에 대한 매체 전문가들을 다수 확보해 전문적인 매체 대행 부서를 운용하는 것의

2 매체 종류와 매체 비히클 : 신문, 잡지, 라디오, 텔레비전과 같은 매체군을 매체 종류라고 하며 조선일보, 동아일보, SBS 8시 뉴스, 여성동아와 같이 광고가 집행되는 구체적인 매체를 매체 비히클이라고 한다.

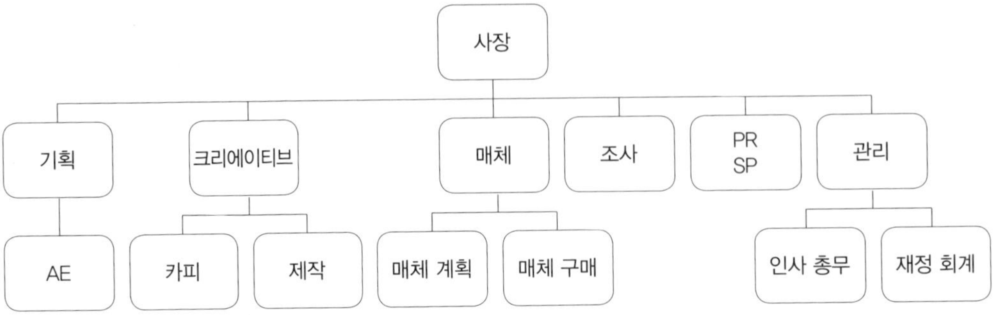

그림 4-2.
광고 대행사 조직도

경제적인 효율성이 떨어지고 있다. 따라서 매체 전문가들로 이루어진 매체 전문 대행사를 이용함으로써 인력 운용은 물론 매체 집행 면에서 효율성을 더욱 확보하고자 하는 것이다.

셋째, 매체 구매 대행사는 저렴한 비용으로 매체를 구매할 수 있다. 매체 구매 전문 대행사는 여러 광고주의 매체 구매를 함께 수행하여 가지는 막강한 구매력을 바탕으로 매체 가격에 대한 협상력을 발휘할 수 있기 때문이다. 특히 중소 규모 대행사는 매체 협상력이 높은 전문 서비스를 이용함으로써 보다 좋은 조건에서 매체를 구매할 수 있다.

최근 우리나라에서도 매체 시장의 다변화로 매체 계획의 중요성이 커짐에 따라 매체 구매 전문 대행사들이 등장하고 있다. 2010년을 전후로 덴츠미디어코리아, 제니스옵티미디어코리아, 그룹엠코리아, 캐러트코리아 등의 매체 계획 및 구매 전문 대행사들이 설립되어 활동하고 있다.

c. 기타 전문 분야 대행사

광고 캠페인은 광고 이외에 홍보, 판촉과 같은 다양한 마케팅 커뮤니케이션 활동을 포함한다. 대부분의 대규모 종합 광고 대행사들은 이러한 활동을 지원하는 부서를 두고 자체적으로 활동 계획을 수립한다. 그러나 이러한 분야의 인력을 효율적으로 유지할 수 없는 중소 규모의 광고 대행사들은 특정 마케팅 커뮤니케이션 분야를 전문적으로 담당하는 대행사의 도움을 받을 수밖에 없다. 광고 활동을 지원하는 전문 분야 대행사에는 홍보 대행사, 직접 마케팅 대행사(DM), 판촉 대행사, 이벤트 및 스포츠 마케팅 대행사, 포장 및 구매 시점 마케팅 전문 회사 등이 포함된다.

(3) 광고 대행사 조직

종합 광고 대행사는 광고주의 다양한 마케팅 커뮤니케이션 요구에 부응하기 위해 다양한 서비스를 제공하고 있다. 이러한 필요에 따라 광고 대행사는 대체로 다음과 같은 부서로 조직되어 있다(그림 4-2 참조).

① 기획 부서

기획 부서는 광고 대행사와 광고주 사이에서 조정자 역할을 수행하면서 광고 캠페인의 기획을 담당한다. 기획 부서는 AE(Account Executive)들로 구성되어 있다. 이들은 광고 대행사의 자원을 활용해 광고주의 요구를 충족시키는 역할을 수행한다. 따라서 이들은 외부적으로는 광고주의 의견이나 주문 사항을 대행사의 관련 담당자에게 전달하고 광고 기획과 집행 관리를 조정한다. 한편 내부적으로는 광고주의 필요에 따라 내부의 전문가들을 동원해 광고 기획팀을 구성하고 이들의 의견을 실무적으로 통합하고 조정·관리한다.

AE의 가장 중요한 임무는 광고 캠페인의 기획을 주도해 광고 기획서를 작성하는 것이다. 이들은 광고 대행사 내부에서 기획과 관련된 여러 전문 부서의 의견을 통합해 캠페인 전략을 수립하고 기획서를 작성한다. 효과적으로 기획 업무를 수행하기 위해서 AE는 우선 마케팅과 광고에 대한 전문적 지식을 바탕으로 한 광고 제품과 제품군에 대해 깊이 있는 이해와 통찰력, 크리에이티브 원칙과 매체 계획은 물론 기타 마케팅 커뮤니케이션 분야에 대한 전반적인 지식을 두루 갖추어야 한다.

② 제작(크리에이티브) 부서

제작 부서는 광고를 제작하는 전문가들로 구성된다. 이들은 크리에이티브 전략을 수립하고 그것을 구체화하는 크리에이티브 전술을 고안해 광고를 제작한다. 전형적인 크리에이티브 부서는 카피라이터, 그래픽 디자이너, 일러스트레이터, 영상 연출가와 감독 등으로 구성되어 있다. 카피라이터는 광고 카피를 작성하며 그래픽 디자이너와 일러스트레이터는 광고 표현 아이디어를 구상하고 제작한다. 영상 연출은 영상 광고의 기획과 연출을 감독하고 제작한다. 일반적으로 광고 캠페인은 다양한 매체를 사용하기 때문에 각 분야의 제작 담당자들을 필요로 한다. 따라서 이들은 특정 광고 캠페인의 제작 업무를 수행하기 위해 팀을 이루어 작업한다.

③ 매체 부서

매체 부서의 역할은 특정한 캠페인의 매체 계획을 수립하고, 수립된 계획에 따라 각종 매체를 구매하는 것이다. 따라서 매체 부서는 매체 계획자와 매체 구매 전문가로 구성된다. 매체 계획자는 각종 광고 매체의 특성과 장단점 및 매체 구매 방식 등에 대해 전문적인 지식을 갖추고 있다. 이들은 광고 메시지를 표적 청중에게 가장 효율적으로 전달하기 위해 예산 범위 내에서 최적의 메시지 노출 효과를 발휘할 수 있는 매체 조합을 선택하는 매체 기획을 담당한다.

한편 매체 구매 전문가들은 매체 계획자들이 수립한 구체적인 계획에 따라 매체와 접촉해 광고 가격을 협상하고 광고가 집행될 시간과 공간에 대한 계약을 체결한다. 또한 매체 구매가 이루어진 후에는 계약 내용에 따라 광고가 집행되었는지를 확인하고, 매체사와 광고주 사이에서 광고비를 결제한다.

④ 조사 부서

광고 캠페인을 기획하기 위해서는 기본적으로 소비자와 시장에 대한 조사가 필요하다. 조사 부서는 AE나 기획팀의 의뢰에 따라 광고 캠페인 기획에 필요한 소비자와 시장에 대한 1차 조사를 수행한다. 1차 조사는 광고 캠페인 기획에 필요한 정보를 수집하기 위해 직접 조사 방법을 고안하고 실제로 조사를 실시하는 것으로서, 이미 조사된 자료를 수집해 정보로 사용하는 2차 조사와 구별된다. 광고 기획과 집행 과정에서 이루어지는 조사는 사전 조사와 기획 과정상 조사, 사후 조사로 나눌 수 있다. 사전 조사는 광고 기획 단계 초기에 실시하는 것으로, 제품 소비자 및 표적 시장에 대한 조사가 주를 이룬다. 사전 조사 단계에서는 시장 세분화를 위해 소비자들의 필요와 욕구를 파악하고, 커뮤니케이션 효과 단계상 표적 소비자들이 처해 있는 위치와 과거에 집행된 광고 캠페인, 경쟁 제품의 광고의 커뮤니케이션 효과 등을 조사한다. AE나 기획팀은 광고 캠페인을 기획하는 초기 단계에 광고 기획에 필요한 1차 조사를 조사 부서에 의뢰한다. 기획 과정상의 조사는 주로 광고 기획 과정에서 추출된 광고 컨셉트나 제작된 후보 광고 안들에 대한 효과 조사로 이루어진다. 이러한 조사를 통해 광고 컨셉트의 유용성을 검토하고, 제작된 후보 중에서 가장 효과가 높을 것으로 기대되는 광고물을 선정한다. 사후 조사는 광고 캠페인이 종료된 후에 광고 캠페인이 의도한 목표를 달성했는지 측정하기 위해 수행하는 조사이다. 조사 부서는 조사의 목적에 따라 설문 조사, 실험, 포커스 그룹 인터뷰 등의 방법을 사용한다.

⑤ PR 부서

통합적인 마케팅 커뮤니케이션 차원에서 PR 활동은 광고 캠페인의 일부분을 구성하는 경우가 대부분이다. 따라서 규모가 있는 대행사들은 광고 캠페인을 지원하기 위해 자체적으로 PR 부서를 보유하고 있다. 이들은 광고 캠페인 계획에 따라, 혹은 광고주의 요구에 따라 광고 캠페인을 지원하는 PR 활동을 기획하고 집행한다. 광고 대행사 내에 PR 부서가 없는 경우에는 광고주가 PR 대행사와 별도로 계약을 맺고 PR 활동을 수행한다. 광고 대행사에 속한 PR 부서의 주 업무는 제품이나 서비스 혹은 해당 광고주에 대한 정보와 관련한 퍼블리시티 활동이다. 주로 제품/서비스에 대한 뉴스 기사를 작성해 매체사에 배포하는 업무를 수행하며 관련 이벤트를 기획하고, 매체 관계 PR 업무를 담당한다.

⑥ SP 부서

SP는 Special Promotion의 약자로서 SP 부서는 광고, PR 이외의 비광고 활동, 즉 대중 매체를 통한 광고 이외의 활동을 다룬다. 이들은 광고 캠페인의 필요에 따라, 혹은 광고주의 요구에 따라 서비스를 제공한다. 이들은 통합적 마케팅 커뮤니케이션 차원에서 동원되는 다양한 촉진 수단들을 기획하고 관리하는 기능을 수행한다. 판촉sales promotion, 옥외 광고, 이벤트 활동 등이 여기에 포함된다.

(4) 광고 대행사의 보상 제도

광고 대행사는 광고주를 위해 대행한 광고 업무에 대해 주로 세 가지 방법으로 보상을 받는다. 보상 방법은 광고 대행사가 수행하는 업무의 성격에 따라 결정된다. 광고 대행사가 광고를 기획, 제작하고 매체에 집행하는 모든 과정을 대행하는 경우에는 매체사로부터 광고비의 일정 비율에 해당하는 커미션을 받는다. 그러나 제품 관련 팜플렛과 브로셔 제작이나 PR, SP활동과 같이 매체 집행이 포함되지 않는 경우에는 광고주와의 계약에 따라 마크업mark-up이나 피fee 제도를 통해 보상을 받는다.

① 커미션

커미션은 광고 산업에서 전통적으로 사용해온 보상 방법이다. 커미션 제도는 19세기 후반 미국의 최초 종합 광고 대행사인 앤더블유에이어스앤 손스N.W. Ayers and Sons가 공개 계약 제도open contract system를 도입하면서 매체사로부터 광고 집행액의 15%에 해당하는 커미션을 받기 시작한 것에서 유래했다. 현재 세계적으로 통용되고 있는 커미션율도 이때부터 채택되어 내려온 것이다. 광고주가 광고 대행사에게 광고 집행을 의뢰하면 광고 대행사는 광고 업무를 광고주를 대리해 수행하고, 이에 대한 보상으로 광고주가 매체사에 지급한 광고비의 일정 비율의 커미션을 매체로부터 받는다. 예를 들어 커미션율이 15%라면 광고주가 대행사를 통해 1,000만원에 해당하는 광고를 매체에 집행한 경우, 광고 대행사는 매체사로부터 15%에 해당하는 150만원을 대행 수수료로 받게 된다(그림 4-4 참조).

세계적으로 적용되고 있는 광고 커미션율은 15% 수준이다. 이는 앞에서 설명한 바와 같이 매체사와 광고 대행사 사이에 관습적으로 정해진 것이다. 그러나 이러한 커미션 자동 지급 체계는 자칫 광고 대행사로 하여금 불필요하게 고가의 매체를 사용하게 하거나 과도한 광고 집행을 유발할 수 있다. 이에 따라 최근에는 대안적인 보상 체계가 도입되고 있다.

새롭게 도입되고 있는 방법은 차등 커미션 제도와 성과에 바탕을 둔 커미션 제도이다. 차등 커미션 제도는 초기 매체 집행액 한도에 대한 커미션율을 정하고 이후 발생하는 매체 집행 증가분에 대해 낮은 커미션율을 적용하는 방법이다. 우리나라의 한국방송광고진흥공사는 지상파 방송에 대해 차등

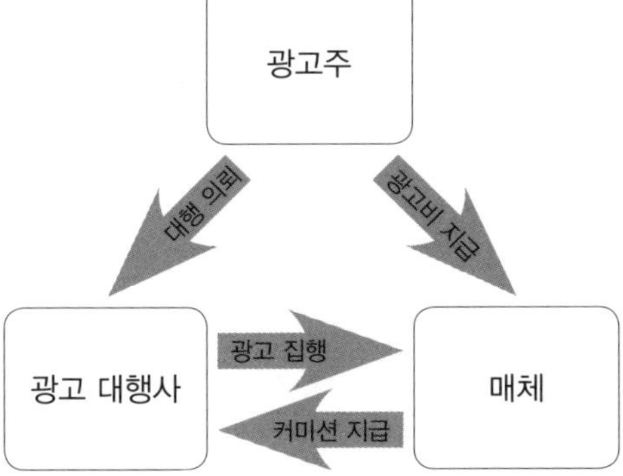

그림 4-4.
커미션 지급 구조

커미션율을 적용하고 있다. 성과에 바탕을 둔 커미션 제도는 말 그대로 광고 캠페인을 통해 거둔 성과의 수준에 따라 커미션율이 적용되는 방식이다.

우리나라의 커미션율은 매체 종류에 따라 다르게 적용되고 있다. 인쇄 매체는 15%선을 유지하고 있다. 그러나 방송 매체의 경우에는 방송광고판매대행에 관한 법률상 지상파 방송 사업자와 지상파 방송 채널 사업자는 광고판매 대행액의 13%에서 16% 사이의 커미션을 광고 대행업자에게 지불해야 한다.[3] 이를 바탕으로 한국방송광고진흥공사는 각 광고주의 월간 신탁액을 기준으로 수수료율을 차등 적용하고 있다. 지상파 텔레비전은 최초 2억원 이하분에 대해서는 12%, 2억원 초과 8억원 이하분에 대해서는 11%, 8억원 초과분에 대해서는 9.3%의 수수료를 적용하고 있다. 한편 라디오는 신탁액의 구분 없이 일률적으로 13%를 적용하고 있다. 그 외에 케이블 텔레비전은 15% 정도, 인터넷은 20%, 옥외 광고는 약 3-10% 정도의 커미션율을 적용하고 있다.

② 마크업

광고 대행사는 매체에 집행되는 광고 기획 업무 이외에도 다양한 서비스를 광고주에게 제공한다. 예를 들어 제품 팜플렛이나 브로셔 제작, 퍼블리시티, 판촉물 제작을 포함한 판촉 업무 등이 여기에 속한다. 이러한 업무들은 매체 집행과 관련이 없기 때문에 커미션이 적용되지 않는다. 따라서 광고 대행사는 광고주에게 커미션에 상응하는 비용을 기본 경비에 추가로 청구

---

3 **방송광고판매대행 등에 관한 법률 시행령**
제11조(방송광고 수수료) ① 방송사업자는 법 제16조 제1항에 따라 광고판매대행자에게 다음 각 호의 구분에 따른 범위에서 방송광고의 수탁수수료(이하 "수탁수수료"라 한다)를 지급해야 한다. 〈개정 2014.3.24.〉
1. 지상파방송사업자 및 지상파방송채널사용사업자: 광고판매대행자가 판매한 방송광고판매액의 100분의 13 이상 100분의 16 이하.
2. 종합편성방송채널사용사업자: 광고판매대행자가 판매한 방송광고판매액의 100분의 15 이상 100분의 19 이하

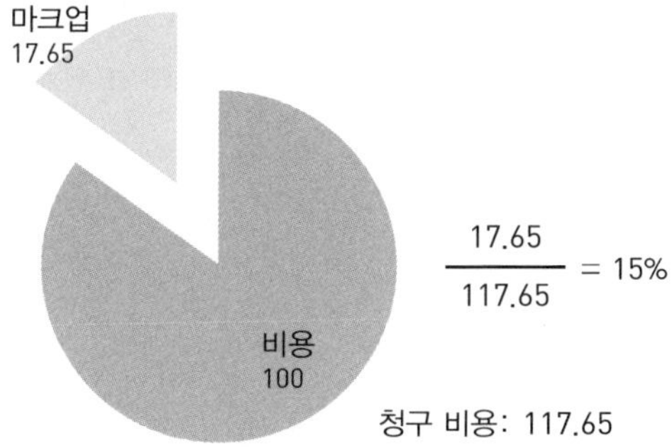

그림 4-5.
마크업의 예

한다. 통상적으로 마크업mark-up 비율은 기본 비용의 17.65%이다. 이는 기본 비용과 마크업을 포함한 전체 청구 비용의 15%에 해당하는 것으로, 대행사의 15% 커미션을 보장하기 위해 정해진 요율이다(그림 4-5 참조). 예를 들어 팜플렛 제작 비용이 100만원이라고 한다면, 마크업 17만 6,500원을 추가해 총 117만 6,500원을 광고주에게 청구한다. 마크업 17만 6,500원은 전체 청구비용 117만 6,500원(100만원+17만 6,500원)의 15%에 해당한다. 이렇게 함으로써 광고 대행사는 15% 커미션을 다른 서비스에서도 보장받을 수 있다.

③ 피

피fee 방식은 광고 캠페인 기획이나 집행에 참여하는 대행사 직원의 업무에 대한 시간당 혹은 프로젝트당 보수를 책정하는 방식이다. 피 방식은 광고 대행사와 광고주 간의 신뢰에 바탕을 둔 보상 방식이다. 광고주는 프로젝트에 참여한 대행사의 직원들이 프로젝트에 사용한 시간을 정확하게 기록해 그에 대한 보수를 청구할 것이라는 믿음을 전제로 피를 지불한다.

광고 캠페인이 소규모일 때 대행사는 피 방식을 적용함으로써 최소한의 보상을 보장받기도 한다. 광고 캠페인의 규모와 프로젝트에 투여되는 대행사의 인력과 시간은 비례하지 않는다. 규모가 작은 캠페인이라도 광고를 기획하기 위해서는 대규모 캠페인과 마찬가지로 AE와 광고 제작자, 매체 기획자와 같은 인력과 시간을 필요로 한다. 소규모 광고 캠페인의 경우 단지 매체 집행에 대한 커미션만을 적용한다면 대행사가 매체로부터 받는 보상은 매우 적다. 이 경우 대행사는 공정한 보상을 확보하기 위해 커미션 외에 피를 요구하기도 한다.

3. 매체

대중 매체는 광고를 운반하는 수단이자 광고 메시지를 소비자들에게 전달하는 통로 역할을 한다. 따라서 매체 산업을 빼고 광고 산업을 논할 수 없다. 광고는 운반 수단인 매체에 실려 소비자들에게 노출되어야만 광고의 기능을 수행하기 때문이다. 거꾸로 매체 산업 역시 광고 없이는 존재하기 힘들다. 광고는 매체 산업의 재정적 공급원이기 때문이다. 역사적으로 광고 산업과 매체 산업은 서로 떼려야 뗄 수 없는 공생 관계를 유지해왔다. 대중 매체의 성공 여부는 효과적인 광고 매체로서 자리 잡을 수 있느냐에 달려 있다고 해도 과언이 아니다. 이는 새롭게 등장하는 매체에 매우 중요한 사안이다. 새로운 매체가 광고 매체로서 자리 잡기 위해서는 충분한 청중을 확보해 광고주로부터 노출 효과가 높은 매체로 인정받아야 하는 것이다.

매체에는 두 가지 종류의 소비자가 있다. 첫 번째 소비자는 구독자나 시청자와 같은 매체 내용을 소비하는 청중이다. 매체사는 자신의 표적 청중에게 어필할 수 있도록 매체 내용을 개발한다. 그 내용을 소비하기 위해 접근하는 청중의 규모가 클수록 광고 매체로서의 외적 가치는 높아진다. 두 번째 소비자는 광고주이다. 대부분의 대중 매체는 광고를 주요 수입원으로 삼고 있다. 광고주를 많이 확보해 광고를 유치할수록 더 많은 재원을 확보할 수 있으므로, 충분한 광고주 확보는 매체의 생존을 결정짓는다고 할 수 있다. 매체사들은 광고주들에게 어필하기 위해 청중의 규모를 늘리는 것은 물론, 광고가 보다 큰 효과를 볼 수 있도록 광고 효과에 유리한 매체 환경을 만

표 4-2. 2013년 매체별 총 광고 매출액 구성비

매체		유형	구성비(%)
방송	텔레비전	지상파	19.1
		케이블/종편	14.4
		IPTV, 위성TV, DMB, SO	1.4
		텔레비전 계	34.9
	라디오	라디오	2.3
인쇄		신문	16.1
		잡지	4.8
		인쇄계	20.9
인터넷		검색	13.8
		노출형	7.1
		인터넷 계	20.9
모바일		모바일	4.8
옥외 광고		옥외	3.7
		극장	1.8
		교통	4.6
		옥외 광고 계	10.1
제작			6.1
총액		95,893억	100%

들기 위해 노력한다.

우리나라의 매체사들은 유형별로 방송, 인쇄, 인터넷, 모바일, 옥외 광고사로 구분될 수 있다. 방송 매체는 전파 송출 방식에 따라 지상파 TV, 라디오, 케이블/종편, IPTV, 위성TV, DMB 등으로 구성되어 있으며 인쇄 매체는 신문과 잡지로 구분된다(표 4-2 참조). 매체별 광고 매출액 구성비로 볼 때 2013년 현재 지상파 방송의 광고 매출액이 전체 광고 매출의 19.1%로 가장 큰 광고 매체로서의 비중을 차지했다. 그 다음으로 신문 16.1%, 케이블/종편

14.9%, 검색형 인터넷 13.8%의 순으로 이어졌다. 검색형과 노출형을 합친 인터넷 매체는 20.9%로 전체 인쇄 매체의 구성비(20.9%)를 앞지르고 있어 최근 모바일 매체도 급성장을 보이며 새로운 광고 매체로 각광 받고 있음을 알 수 있다.

4. 광고 산업 관련 회사 및 조직

(1) 조사 회사

조사 회사는 광고 활동이 원활하게 이루어지도록 지원하는 역할을 한다. 조사 회사는 시장과 소비자 및 매체에 대한 정보를 수집해 광고 산업에 제공한다. 이들은 다루는 분야에 따라 마케팅 조사 회사와 매체 조사 회사로 구분된다.

① 마케팅 조사 회사

마케팅 조사 회사는 소비자, 시장, 유통 등의 마케팅과 관련된 다양한 조사 서비스를 제공한다. 이러한 서비스 중 광고와 관련한 조사는 광고 전략 수립 과정상 필요한 소비자 조사와 시장 조사, 광고 효과 조사 등이다. 소비자 조사에는 주로 광고 제품이 속해 있는 제품군 시장의 구조 조사, 제품 구매 및 사용 행태에 대한 조사 등이 있다. 조사 회사는 광고주나 광고 대행사의 의뢰에 따라 제품 구매 및 사용 행태에 대한 맞춤 조사를 수행한다.

한편 광고 효과 조사는 광고물에 대한 사전 효과 조사와 사후 효과 조사로 구분된다. 사전 효과 조사에는 컨셉트 개발 조사, 카피 테스트, 광고 시안 반응 조사가 있으며 사후 조사에는 커뮤니케이션 효과 조사가 있다.

② 매체 조사 회사

매체 조사 회사는 매체 수용자에 대한 정보를 수집해 제공한다. 광고주와 광고 대행사가 매체 계획을 세우기 위해서는 매체 수용자 크기에 대한 자료가 필요하다. 그러나 개별 광고주나 광고 대행사가 수많은 매체 비히클의 수용자 크기와 특성에 대한 조사를 정기적으로 실시하는 것은 비용과 노력 면에서 거의 불가능하다. 따라서 매체 조사 회사는 복수의 광고주와 광고 대행사 그리고 매체사와 계약을 맺고 연합 조사syndicated research를 실시해 매체 수용자에 대한 정보를 업계에 제공한다.

매체 조사는 매체의 특성에 따라 다른 조사 방법이 필요하며, 크게 인쇄 매체 조사와 방송 매체 조사로 구분된다.

a. 인쇄 매체 조사 회사

인쇄 매체의 수용자 조사는 크게 발행 부수 조사와 열독률 조사의 두 가지로 구분할 수 있다. 발행 부수는 인쇄되어 독자들에게 전달되는 신문이나 잡지의 부수를 말하는 것으로, 각 인쇄 매체의 잠재적인 수용자 크기를 알려준다. 우리나라에서는 한국 ABC협회(The Korea Audit Bureau of Circulation: 매체량 공사기구)에서 신문, 잡지, 뉴미디어 등 매체사에서 자발적으로 제출한 부수 및 수용자 크기를 표준화된 기준을 바탕으로 객관적인 방법으로 실사해 공표하고 있다. 광고주와 광고 대행사들은 인쇄 매체 광고 취급고에 따라 정해진 일정한 연간 회비를 지불하고 협회에 가입해 발행 부수 자료를 사용할 수 있다.[4]

열독률은 전체 청중에 개별 인쇄 매체를 읽는 사람들의 비율을 말한다. 열독률 조사는 인쇄 매체 수용자 조사를 전문으로 하는 조사 회사들이 인쇄 매체사나 광고 대행사의 의뢰에 따라서, 혹은 연합 조사의 형태로 실시한다.

---

4 한국 ABC협회(http://www.kabc.or.kr)

예를 들어 한국리서치사는 매년 정기적으로 3회씩 전국 시급 이상 도시에 거주하는 남녀(11~59세) 독자를 대상으로 일간지, 주간지, 월간지의 열독률을 조사해 광고 업계에 제공하고 있다.[5]

b. 방송 매체 조사 회사

방송 매체 조사의 대표적 회사는 텔레비전 시청률 조사 회사이다. 텔레비전 시청률은 표적 청중 중 특정 프로그램을 시청한 사람들의 비율을 말한다. 우리나라에서는 TNmS사와 AGB닐슨 미디어리서치사가 시청률 조사를 하고 있다.

시청률 조사 회사들은 전국에서 추출된 대규모 가구 패널을 대상으로 조사를 실시한다. 이들은 시청률 조사를 위해 피플미터라는 기계를 표본에 추출된 패널 가구의 텔레비전 수상기에 부착하고 텔레비전 시청 시간과 시청 채널 등에 대한 데이터를 수집한다. 또한 패널 가구의 텔레비전 시청자들로 하여금 가구 구성 개인별 시청 여부를 입력기에 입력하도록 해 프로그램이나 광고의 전체 시청률은 물론 인구 통계 집단별 시청률의 분석이 가능하다.

(2) 기타 관련 기업과 서비스

이외에도 다양한 종류의 회사들이 광고주의 다양한 마케팅 커뮤니케이션 욕구를 충족시키기 위해 존재한다. 대형 종합 광고 대행사들은 광고 이외의 커뮤니케이션 서비스를 자체적으로 제공하지만 이러한 서비스를 제공할 규모나 능력을 갖추지 못한 중소 규모의 대행사들은 관련 기업의 도움을 받는다. 이러한 회사에는 PR 대행사, 인터넷/모바일 광고 회사, 이벤트/프로모션 회사, 옥외 광고 회사, DM 전문 대행사, 모델 에이전시 등이 있다.

---

5 한국리서치(http://www.hrc.co.kr/renewal/marketing/media.asp)

(3) 광고 산업 관련 단체

광고 산업 관련 단체들은 광고 산업을 발전시키기 위해 관련 기업들이 자율적으로 설립한 단체들이다. 이들 중 가장 중심적인 역할을 하는 단체는 한국광고총연합회이다. 한국광고총연합회는 광고 산업 및 광고 문화 발전을 도모하기 위해 자율적으로 조직된 사회단체로서 한국광고주협회, 한국광고산업협회, 한국PR협회를 비롯해 각종 광고 매체 관련 협회들로 구성되어 있다. 이 단체는 광고 산업의 발전을 도모하기 위해 광고 산업 관련 조사, 광고 관련 교육 사업을 비롯해 하도급분쟁조정위원회를 운영하고 있다.[6]

한편 한국광고주협회는 광고주의 권익을 보호하기 위해 광고주들이 자율적으로 결성한 단체로서 마케팅 활동 관련 각종 규제, 법률, 제도, 관행의 시정 요구와 정책을 건의하며, 광고 효과를 극대화하고자 하는 다양한 환경 조성 사업을 시행하고 있다.[7]

---

6 한국광고총연합회(http://www.kfaa.org)

7 한국광고주협회(http://www.kaa.or.kr)

요약

- 광고 산업은 광고주, 광고 대행사, 매체사로 이루어져 있다.
- 광고 대행사는 소유 형태에 따라 독립 광고 대행사와 인하우스로 구분된다.
- 광고 대행사는 서비스의 범위에 따라 종합 광고 대행사와 전문 광고 대행사로 나누어진다. 전문 광고 대행사에는 제작 회사와 매체 대행사가 있다.
- 광고 산업을 지원하는 조사 회사의 종류에는 마케팅 조사 회사와 매체 수용자 조사 회사가 있다.

토의문제

1. 종합 광고 대행사와 제작사와 매체 대행사가 제공하는 서비스의 종류는 어떻게 다른가?
2. 인하우스 광고 대행사의 장점과 단점은 무엇인가?
3. 광고 대행사가 보상을 받는 방법에는 어떤 것들이 있는가?
4. 마크업 방법에 의한 보상은 어떻게 산출되는가?
5. 우리나라 지상파 텔레비전 광고에 적용되고 있는 커뮤니션율에 대해 말해보자.
6. 매체 대행사에는 어떤 종류가 있으며 각각의 기능은 어떻게 다른가?

2부

광고와 마케팅

5장

광고와 마케팅 관계

광고는 소비자와의 커뮤니케이션 임무를 수행한다. 광고는 소비자에게 정보를 전달해 제품에 대한 선호도를 구축해 그 제품을 구매하도록 설득함으로서 마케팅의 목표인 판매를 돕는다. 그러나 광고 활동만으로 판매가 이루어지지는 않으며, 다른 마케팅 활동들과 연계되어 통합적으로 사용되어야 한다. 광고는 소비자가 제품을 구매하게 하는 여러 마케팅 요소 중의 하나이기 때문이다. 마케팅은 기업이 제품의 판매를 돕기 위해 수행하는 전략적 활동이다. 마케팅 활동의 다양한 전략과 활동들은 개별적인 목적과 기능을 가지고 있다. 마케팅 활동이 효과적으로 이루어지기 위해서는 각각의 마케팅 활동들이 전략적으로 연계되어 사용되어야 한다. 이러한 맥락에서 광고도 다른 마케팅 활동들과 통합적으로 집행되어야 한다.
5장에서는 광고가 전체 마케팅 활동의 맥락에서 어떤 역할을 수행하며, 다른 마케팅 활동들과 어떻게 연결되는지를 알아볼 것이다. 우선 마케팅의 정의와 마케팅 활동의 종류를 살펴본 다음, 마케팅 관리 철학과 접근 방법들을 알아보고 마지막으로 통합 마케팅을 살펴보겠다.

1. 마케팅의 정의

기업은 궁극적 목적인 이윤 추구를 위해 다양한 활동을 수행한다. 이들은 기업 활동을 위해 자금을 유치하고 인력을 관리하고 제품을 생산해 판매한다. 보다 많은 이윤을 남기기 위해 각 분야의 활동이 효율적으로 이루어지도록 관리하는 한편 제품 판매가 효과적으로 이루어지도록 다양한 마케팅 활동을 한다. 이렇듯 마케팅은 기업이 제품을 판매하고 이윤을 남기기 위해 수행하는 다양한 활동 중의 하나이다.

그렇다면 마케팅이란 무엇인가? 마케팅에 대한 정의는 시대에 따라 조금씩 변화해왔다. 우선 미국 마케팅 협회가 제시한 정의의 변천을 살펴보면 1960년대에는 "생산자로부터 소비자에게 이르는 제품과 서비스의 흐름을 관리하는 활동"이었다. 그러나 1985년에 마케팅에 대한 정의는 "개인과 조직이 지각한 욕구와 필요와 목적을 충족시킬 수 있는 교환을 창출하기 위해 아이디어, 제품 및 서비스에 대한 발상, 가격 결정, 촉진, 유통을 계획하고 집행하는 과정"으로 수정됐다. 2004년에는 "조직의 기능으로 가치를 창조하고 이를 고객에게 소통·전달하며 조직과 그 이해 당사자들에게 이익이 되도록 고객 관계를 관리하는 일련의 과정"이라고 했으며 2013년에는 다시 "소비자와 고객과 사회에 가치 있는 제공물을 창조하고 소통·전달하며 교환하는 활동"[1]이라고 새롭게 정의를 내렸다.

이러한 마케팅에 대한 정의를 살펴볼 때 마케팅 활동의 내용과 범위에 대한 관점이 시대에 따라 변화하고 있음을 알 수 있다. 초기의 정의가 제품과 서비스의 흐름을 관리하는 유통 과정에 초점을 맞추었다면 1980년대의 정의는 개인과 조직의 욕구와 필요 충족에 초점을 맞추고 그 대상을 영리적 목적을 가진 기업에서 모든 조직과 개인으로 확장시켰다. 이에서 발전한 2004년의 정의는 고객을 위한 가치를 강조했고 2013년에는 마케팅 믹스에 제한을 두지 않고 소비자, 고객, 사회 전반에 가치를 창조하는 제공물의 교환에 초점을 맞추고 있다. 한편 한국마케팅학회는 "조직이나 개인이 자신의 목적을 달성시키는 교환을 창출하고 유지할 수 있도록 시장을 정의하고 관

1 미국마케팅협회(https://www.ama.org/AboutAMA/Pages/Definition-of-Marketing.aspx)

리하는 과정"이라고 마케팅을 정의하고 있다(한국마케팅학회, 2002).

이렇게 볼 때 마케팅은 개인이나 조직에게 가치 있는 것을 교환할 수 있도록 도와주는 활동이다. 마케팅 활동의 주체는 기업에 국한되지 않고 개인과 조직을 모두 포함한다. 이 장에서는 주로 기업들이 집행하는 광고 활동을 다루고 있기 때문에 보다 구체적인 마케팅 활동을 이해하기 위해 1985년에 미국마케팅협회에서 제시한 정의를 바탕으로 마케팅 활동을 설명할 것이다. 이 정의에 의하면 마케팅은 제품 및 서비스에 대한 발상(제품 전략)과 가격 결정, 유통, 촉진을 전략적으로 계획하고 집행하는 활동이다. 이러한 전략들에 의해 제시되는 한 묶음의 혜택을 소비자들에게 제시함으로써 소비자들 사이에 제품에 대한 선호도를 구축하고, 이를 바탕으로 제품을 구매하게 하는 것이 기업의 마케팅 활동의 목표라고 할 수 있다.

(1) 마케팅 믹스

위의 정의에서 살펴본 바와 같이 기업은 소비자들의 욕구를 충족시키기 위해 전략적으로 구성된 한 묶음의 혜택을 제공한다. 이렇게 제공되는 전략적 혜택의 조합을 마케팅 믹스 혹은 4Ps라고 부른다. 마케팅 믹스는 제품product 전략, 가격price 전략, 유통price 전략, 촉진promotion 전략으로 이루어져 있다.

① 제품 전략

마케터는 소비자들이 기꺼이 자신의 재화와 교환할 가치가 있는 제품을 개발해야 한다. 소비자들은 제품을 물리적인 사물뿐 아니라 다양한 속성과 서비스로 이루진 한 묶음의 혜택으로서 자신의 욕구를 충족시키거나 문제를 해결해주는 것으로 보기 때문이다. 제품의 품질, 제품명, 디자인, 포장, 사후 서비스와 같은 것들이 그러한 묶음을 구성하는 요소들이다. 이렇듯 한 묶음의 혜택을 제공하는 제품을 제공하기 위해 사용하는 전략 수립에는 다음과 같은 사항들이 고려된다.

a. 제품 생명 주기

제품은 시장에 진입해 쇠퇴할 때까지 몇 단계의 과정을 거친다. 이러한 과정을 제품 생명 주기라고 하며 이는 도입기, 성장기, 성숙기, 쇠퇴기의 단계로 구성되어 있다.

도입기는 제품이 시장에 소개되는 시기이다. 이 단계에서는 소비자들이 제품에 대해 잘 모르기 때문에 제품의 판매 성장 속도가 느리고 판매량에 비해 촉진 비용이 상대적으로 많이 들어간다. 또한 제품 가격이 상대적으로 높고 제공하는 혜택은 적은 상태이다.

마케팅 전략 면에서 도입기에는 제품명이나 제품 혜택에 대한 인지도를 구축하고 소비자들로 하여금 제품을 시도해보게 하는 전략이 필요하다. 유통업자 및 소매업자들로 하여금 제품을 진열하도록 독려해야 하는 이 시기에 광고는 제품 인지도를 높여 기본적인 수요를 창출하는 역할을 한다.

성장기는 시장에서 제품이 신속하게 수용되는 시기이다. 도입기가 성공적이라면 성장기에 들어서면서 제품 판매가 늘어나고 판매량 증가에 따라 단위당 비용이 감소하며 이윤이 증가한다. 또한 경쟁 제품들이 시장에 새로

그림 5-1.
제품 생명 주기

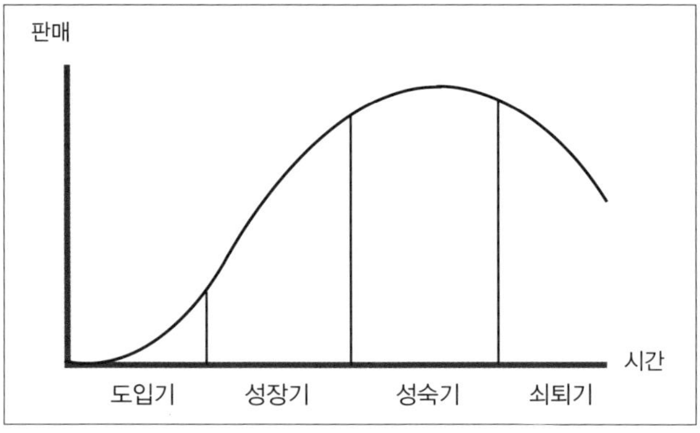

진입하면서 경쟁자의 수도 증가한다. 새로운 경쟁자들이 시장에 진입하고 경쟁이 증가함에 따라 마케터는 시장 세분화를 바탕으로 특정한 세분 시장을 겨냥해 전략적으로 제품의 차별화를 이루어내야 한다. 이 시기의 광고는 제품의 차별적 속성을 소비자들에게 인지시켜 확신감을 구축하고 충성 구매자 확보에 도움을 주어야 한다.

성숙기에는 경쟁이 더욱 늘고 대부분의 잠재 고객들이 제품을 시도한 결과 판매 성장 속도가 느려진다. 경쟁 제품들이 가격을 낮추고 마케팅 커뮤니케이션 활동을 증가시키는 이러한 상황에 대처하기 위해 마케터는 제품 차별화를 더욱 강화하고 마케팅 믹스의 변화를 주어야 한다. 광고는 광고 경쟁 상황에서 주목을 받을 수 있도록 특유하고 극적인 방법으로 메시지를 제시해야 한다. 광고 노출 빈도를 높여 소비자들이 구매 시점에 제품을 기억할 수 있도록 하는 한편 판촉 활동과 같은 다른 촉진 활동을 연계시켜 광고의 효과를 높인다.

쇠퇴기에는 점차 제품 판매가 줄어들고 결국 시장에서 제품이 사라지게 된다. 제품 판매 감소에는 기술적 변화, 소비자의 취향 변화, 경쟁 증가 등 여러 원인이 있다. 쇠퇴기에 들어서면 마케터는 제품이 시장에서 사라지기 전에 최대한 이윤을 남길 수 있는 전략을 사용한다. 마케팅 활동을 줄여 마케팅 비용을 줄이면서 판촉 등을 활용해 남은 기간 동안 재고를 최대한 줄이려고 노력한다. 따라서 이 시기의 광고는 주로 판촉 활동을 지원하고 판

표 5-1. 생명 주기 단계적 특성과 광고 목표

특성	도입기	성장기	성숙기	쇠퇴기
판매	저조	급성장	최고	쇠퇴
비용	고비용	평균	저비용	저비용
이윤	손해	증가	감소 시작	감소
경쟁자 수	소수	증가	감소 시작	감소
광고 목표	인지도	인지, 흥미	제품 차별화, 소비자 혜택 강조	판촉 지원

촉의 내용과 기간 등을 소비자에게 알리는 역할을 한다.

b. 제품명

제품명은 브랜드를 구성하는 다양한 요소 중 소리낼 수 있는 언어적 부분을 말한다. 브랜드는 특정한 판매 업자의 제품이나 서비스를 규명하고 경쟁 제품명과 구별할 목적으로 만든 것으로 제품명, 기호, 상징, 디자인 전체를 통칭한다. 한편 등록 상표trademark는 법적으로 보호를 받는 브랜드나 브랜드의 일부(브랜드 명이나 브랜드 마크)를 말한다.

성공적인 제품명은 품질을 보장하는 메시지를 전달한다. 바람직한 제품명은 우선 특유한 정체성을 가지고 있어 경쟁 브랜드와 뚜렷하게 구별되며 제품의 혜택과 품질을 전달하고 제품이 추구하는 이미지와 조화를 이루어야 한다. 제품명은 제품 컨셉트를 전달해야 하며 최소한 제품의 기본적인 속성과 모순되지 않아야 한다. 제품명이 제품 컨셉트와 관련성이 없는 경우에는 광고를 포함한 촉진 활동을 통해 제품과 관련된 의미를 제품명에 부여해야 한다. 예를 들어 LG는 'Life is Good.'이라는 슬로건을 광고에 일관성 있게 사용함으로서 소비자들에게 의미 없는 제품명에 새로운 의미를 부여하는 데 성공했다(그림 5-2 참조). 한편 제품명은 단순하고 명확해 발음하고 기억하기 쉬워야 한다.

그림 5-2. LG전자의 'Life is good' 슬로건 광고

c. 브랜딩

브랜딩branding은 차별적인 제품명과 이미지를 사용해 소비자들 마음속에 제품의 정체성을 구축하는 과정을 말한다. 브랜딩의 목적은 시장에서 차별적인 위치를 구축함으로써 충성 고객을 유인하고 유지하는 것이다. 이런 목적을 달성하기 위해 마케터는 마케팅 커뮤니케이션 활동을 동원하며, 특히 일관된 테마를 가진 광고 캠페인이 주로 사용된다.

d. 제품 포장 디자인

포장은 제품을 보호하고 운반할 뿐 아니라 제품을 알리는 매우 중요한 커뮤니케이션 수단이기도 하다. 수많은 경쟁 제품들이 제품 진열대를 차지하고 있는 소매점 환경에서 제품 포장은 하나의 메시지로 볼 수 있다. 제품 포장은 주목을 끌고 브랜드 이미지를 제시해 중요한 정보를 제공하며, 실제로 소비자들이 제품에 대해 가지고 있는 이미지는 제품 포장의 모양인 경우가 많다. 이렇듯 포장 디자인은 브랜드 이미지와 제품 정체성의 핵심이다.

소비자들은 제품 진열대에 놓여 있는 제품을 보고 제품을 구매한다. 따라서 광고의 중요한 기능 중의 하나는 제품의 모습을 알려주는 것이다. 제품 진열대의 제품 포장은 소비자들에게 구매 시점에 광고에서 보았던 제품을 회상시켜 주는 기억 단서로서의 기능을 수행한다. 광고 수단으로서 제품 포장은 소비자들의 주목을 끄는 것은 물론 제품을 식별해주는 역할을 수행한다.

② 가격

마케터는 제품의 교환 가치를 결정해 소비자들에게 제시해야 한다. 제품의 가격은 제품의 생산과 마케팅 비용뿐만 아니라 마케터가 기대하는 이윤의 수준에 의해 결정된다. 가격에 대한 소비자들의 심리적인 요인들도 가격 결정에 영향을 준다. 가격은 소비자에게 제품의 품질 수준을 제시하기 때문

그림 5-3.
제품 가격 고지 광고

이다.

따라서 제품 가격은 제품의 특성이나 시장 상황에 따라 표적 소비자들이 가장 매력적으로 느낄 수 있는 선에서 전략적으로 결정되어야 한다. 가격 전략에는 고가 전략market skimming, 저가 전략penetration pricing, 복수 가격 전략(복수 제품 구매 시 할인), 홀수 가격 전략(심리적 가격 전략, 예: 1999원), 판촉 가격(가격 할인), 미끼 가격 전략 등이 있다.

광고는 제품이 그 가격만큼의 가치를 제공하고 있음을 소비자들에게 알려주는 역할을 한다. 이에 따라 가격 전략은 광고 전략에 직간접적인 영향을 준다. 제품의 가격은 결국 제품 이미지를 결정하는 요소 중의 하나이기 때문에, 가격 전략을 통해 추구하는 제품 이미지가 광고에서도 전달될 수 있도록 메시지 전략과 매체 전략에 반영되어야 한다(그림 5-3 참조).

③ 유통

유통 전략은 제품을 어떤 경로를 통해 판매할 것인지에 대한 의사 결정이다. 소비자의 욕구를 충족시키는 훌륭한 제품을 제조해도 제품을 전달하고 서비스를 제공하는 통로가 부족하면 판매가 제대로 이루어질 수 없다. 제품이 제조업자로부터 소비자들에게 이동하는 통로에 관여하는 개인이나 조직을 유통 채널distribution channel이라고 한다. 유통 채널 상에서 제품을 이동시키는 중간자 역할을 하는 당사자들을 중간상이라고 하며 여기에는 도매상, 소매상 등이 포함된다.

마케터는 단순히 대상 제품을 어떻게 소비자에게 이동시킬지를 고려하는 것이 아니라 소비자들이 원하는 구매 통로를 파악해야 한다. 예를 들어, 전통적으로 소매업자를 통해 제품을 구매하던 소비자들이 요즈음은 인터넷이나 홈쇼핑 채널, 모바일 쇼핑몰 등을 통해 제품을 구매한다. 마케터는 이러한 유통 환경의 변화와 구매처에 대한 소비자 욕구를 파악해 유통 전략을 세운다.

광고 전략은 유통 전략과 매우 밀접하게 연계되어 있다. 유통 전략은 크게 집중적 유통 전략, 선택적 유통 전략, 배타적 유통 전략으로 구분된다. 집중적 유통 전략은 소비자가 어디에서든 제품을 구매할 수 있게 가능한 많은 종류의 소매점을 통해 제품을 유통시키는 전략이다. 이 전략은 주로 광범위하게 소비되며 구매 빈도도 높은 제품에 사용된다. 선택적 유통 전략은 전문점이나 양판점을 통해 제품을 판매하는 전략이다. 가전 제품과 같이 구매 빈도가 높지는 않지만 제품의 특성이나 가격이 중요한 구매 영향 요인인 제품에 사용된다. 소비자가 전문점에서 다양한 제품을 비교해보기를 원하기 때문이다. 배타적 유통 전략은 집중적 유통 전략과 반대되는 전략으로 소수의 유통점을 통해 제품을 판매하는 전략이다. 승용차나 보석류, 고가 화장품, 고급 의류 제품의 경우 유통점의 희소성을 통해 고급 이미지를 전달하려고 한다.

유통 전략은 제품이 추구하는 이미지와 관련성이 높다. 따라서 유통 전략에 따라 광고 메시지의 내용과 매체의 선택이 달라진다. 선택적 유통 전략이나 배타적 유통 전략을 사용하는 경우에는 제품이 추구하는 이미지에 상응하는 광고 메시지가 작성되어야 하며, 이미지에 부합하는 매체가 선택되어야 한다. 예를 들어 전문점을 통해 유통되는 고급 화장품 광고는 고품질 이미지를 전달하는 메시지를 고급 이미지의 매체에 집행해야 한다.

④ 촉진

소비자들과의 커뮤니케이션 활동을 촉진이라고 한다. 촉진의 목적은 표적 청중에게 제품에 관한 정보를 전달해 마케팅 목표를 달성하도록 지원하는 것이다. 촉진 활동에는 광고를 비롯해 홍보, 판촉, 대인 판매가 있다. 마케터는 마케팅 목표 달성을 가장 효과적으로 지원할 수 있도록 복수의 촉진

그림 5-4.
푸시 전략과 풀 전략

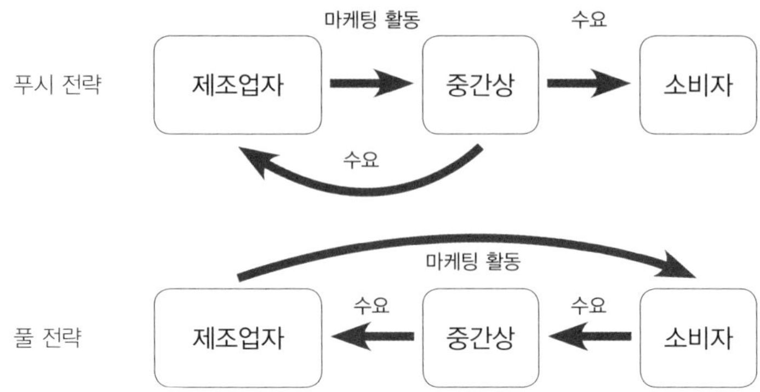

활동들을 선택해 커뮤니케이션 활동을 수행한다. 소비재 마케터들은 주로 광고와 홍보, 판촉 등을 사용한다. 산업재 마케터들은 소비재 마케터들과는 달리 주로 대인 판매에 의존한다. 이렇게 전략적으로 선택된 촉진 활동들의 조합을 촉진 믹스라고 부른다.

촉진 전략에는 풀 전략pull strategy과 푸시 전략push strategy이 있다(그림 5-4 참조). 풀 전략의 목표는 소비자 사이에 제품에 대한 수요를 자극해 그들로 하여금 중간상들에게 제품을 구비하도록 압력을 넣게 하는 것이다. 소비자들의 욕구를 파악한 소매상들은 상위 중간상에게 해당 제품을 구비하도록 요구하고 상위 중간상은 제조업자에게 제품을 요구하게 된다. 풀 전략은 소비자 사이에 수요를 촉발시키는 것이므로 소비자들과 직접 접촉할 수 있는 대중 매체를 통한 소비자 광고가 가장 중요한 촉진 수단으로 사용된다. 소비재의 촉진 믹스에서는 광고와 판촉의 비중이 대인 판매나 홍보에 비해 상대적으로 크다.

푸시 전략은 제조업자가 유통 채널상 가장 가까이 있는 중간상(예: 도매상)에게 제품을 판매하도록 독려하는 전략이다. 도매상은 제품을 판매하기 위해 소매상에게 제품을 권유하고 소매상은 다시 소비자들에게 제품을 구매하도록 설득한다. 푸시 전략은 주로 산업재 마케터들이 사용하는 전략으로서 광고보다는 대인 판매를 사용한다. 제조업자의 영업 사원들이 중간상을 방문해 제품을 비치하도록 설득한다. 산업재를 위한 촉진 믹스에서는 대인 판매와 중간상 판촉의 비중이 광고나 홍보에 비해 높다.

1950년대 중반 미국의 포드 자동차는 포드의 2세대 브랜드로 헨리 포드의 아들 이름을 딴 엣셀Edsel이라는 승용차를 출시했다(그림 5-5 참조). 이 승용차는 당시로서는 최첨단이었던 안전 바퀴와 자동 브레이크 같은 공학 기술을 채택한 제품으로 칭송을 받았다. 제품 개발비로만 2억 5천만 달러가 투자되었으며, 런칭과 함께 인쇄 매체와 방송 매체에 3천만 불에 달하는 막대한 광고비가 집행되었다. 그러나 2년 후 포드 자동차는 3억 5천만 불의 손해를 보고 엣셀을 시장에서 철수시켰다.

그림 5-5. 엣셀 광고

천문학적인 비용을 들인 광고가 잘못된 것일까? 그렇지 않다. 포드가 집행한 개별 광고들은 효적인 카피와 레이아웃을 사용했고 당시로서는 혁신

광고 성공 사례 : 폭스바겐

폭스바겐은 미국의 광고 역사상 가장 성공한 브랜드 중 하나다. 이 브랜드는 1960년대에 독일에서 수입되었는데, 당시 집행되었던 폭스바겐의 광고 시리즈는 하나의 스타일로 자리 잡을 정도로 매우 창의적이었다. 폭스바겐 광고는 간결하면서 광고의 크리에이티브 요소인 헤드라인, 비주얼, 바디 카피가 서로 긴밀한 상승 작용을 일으키도록 만들어졌다. 폭스바겐의 마케팅적 성공은 광고만으로 이루어진 것은 아니다. 그들은 1960년대의 미국 소비자 시장의 변화를 파악하고 전략적으로 제시한 마케팅 믹스로 소비자들에게 어필했다. 1960년대 초 도시 거주 미국인들이 도심 지역에서 교외로 이주함에 따라 각 가정에서는 두 번째 승용차가 필요했다. 근거리용 승용차로 소형이면서 경제적인 폭스바겐 비틀은 그러한 필요에 꼭 맞는 제품이었다. 마케팅 믹스 중 제품과 가격이 소비자들의 필요에 부응했고, 이와 더불어 이러한 제품 컨셉트를 매우 크리에이티브하게 소비자들에게 전달한 광고가 그 성공을 다진 것이다.

그림 5-6. 폭스바겐 광고

적인 광고 디자인을 사용했다. 그렇다면 무엇이 잘못된 것일까? 제품이 생산되기 전 마케팅 조사부는 잠재 고객들을 대상으로 조사를 실시했다. 조사 내용은 '승용차 구매자들은 이 차를 구매하기를 원하는가?' '이 승용차에 끌리는가?' '이 승용차가 필요한가?' '이 가격을 지불하고 구매할 의향이 있는가?' 등이었다. 1954년 1차 조사 결과는 별로 긍정적이지 않았다. 1956년 2차 조사의 결과는 더 부정적이었다. 그러나 최고 경영자들은 이러한 조사 결과를 무시했다. 그들은 제품 품질에 대해 자신만만했고, 3천만 불 예산의 광고를 집행하면 전국 대리점망을 통해 엣셀을 유통시킬 수 있다고 믿었던 것이다. 다른 마케팅 활동이 연계되지 않은 광고 전략은 실패할 수밖에 없다는 것을 보여주는 사례이다.

2. 마케팅 관리 철학의 변화

기업들은 시장에 접근하는 데 있어 시장의 성격과 제품 특성에 따라 다른 접근 방법을 채택하게 되는데, 이러한 방법의 뒤에 깔린 입장이나 철학을 마케팅 관리 철학이라고 한다. 마케팅 관리 철학에는 생산 컨셉트production concept, 제품 컨셉트product concept, 판매 컨셉트selling/sales concept, 마케팅 컨셉트marketing concept, 사회적 마케팅 컨셉트societal marketing concept 등이 있다(표 5-2 참조).

(1) 생산 컨셉트

생산 컨셉트는 가장 오래된 컨셉트로 기업 활동의 초점을 제품 생산에 맞춘 것이다. 이 관리 철학은 소비자들이 널리 유통되는 저가 제품을 선호할 것이라고 믿는다. 생산 컨셉트 지향적인 기업은 제품 생산량을 늘이고 가격

표 5-2. 마케팅 관리 철학의 활동 초점

마케팅 관리 철학	활동 초점
생산 컨셉트	생산 효율성
제품 컨셉트	제품 품질 향상
판매 컨셉트	소비자 저항을 극복하기 위한 공격적 촉진
마케팅 컨셉트	소비자 필요와 욕구 충족
사회적 마케팅 컨셉트	개인과 사회의 복지를 구현할 수 있는 소비자 필요와 욕구 충족

을 낮추기 위해 생산 효율성을 높이고 유통망을 넓히는 데 주력한다. 이 컨셉트는 수요가 공급을 초과하는 판매자 시장일 때나 제품 가격이 너무 높아 이를 낮추기 위해 생산성을 개선할 필요가 있을 때, 혹은 소비자가 가격에 대해 민감해 가격이 아닌 다른 차별점에 관심을 가지지 않는 경우에 적용될 수 있다.

(2) 제품 컨셉트

제품 컨셉트는 소비자들이 최고의 품질과 성능 및 기능을 갖춘 혁신적인 제품을 선호할 것이라는 점을 전제로 한다. 이 관리 철학은 소비자들이 경쟁 제품들의 품질을 구별할 수 있는 능력을 갖추고 있으며 같은 값이면 품질이 가장 좋은 제품을 구매할 것이라고 믿는다. 따라서 이 관리 철학을 지향하는 기업은 우수한 제품을 생산하고 개선하는 데 모든 노력을 기울인다. 그러나 제품 컨셉트에 치중하는 기업은 소비자의 필요보다는 제품 개발에만 초점을 맞출 위험이 높다.

(3) 판매 컨셉트

판매 컨셉트는 소비자들이 수동적인 존재로, 그대로 놔두면 제품을 구매하지 않기 때문에 적극적인 설득이 필요하다는 점을 전제로 한다. 따라서 이 관리 철학을 바탕으로 마케팅 활동을 하는 기업은 소비자들을 교육시키고 설득하는 공격적인 판매 촉진 활동에 주력한다. 이 관리 철학은 소비자들이 권유를 받지 않고는 잘 구매하지 않는 제품에 적절하다. 보험 상품, 백과사전, 상조 서비스 등 소비자들이 일상적으로 구매하지 않는 제품군에 적용된다. 또한 모금이나 후원 또는 정치 캠페인과 같은 비영리 활동 분야에서도 흔히 사용된다.

(4) 마케팅 컨셉트

마케팅 활동들이 성공하기 위한 첫 번째 조건은 소비자들의 욕구를 파악하는 것이다. 이렇게 파악한 소비자의 욕구를 충족시키기 위해 마케팅 활동을 통합적으로 운용하는 소비자 중심의 마케팅 관리 철학을 마케팅 컨셉트라고 한다.

마케팅 컨셉트를 바탕으로 하는 마케팅 활동은 표적 소비자의 필요와 욕구를 충족시키는 데 목표를 둔다. 마케팅 컨셉트의 전제는 첫째, 소비자들을 필요와 욕구에 의해 집단화할 수 있다는 것이며 둘째, 소비자들이 자신의 필요와 욕구 충족에 가장 근접한 브랜드를 구매할 것이라는 점이다. 이러한 전제하에 성공적인 마케팅을 위해서 소비자의 필요와 소비 행위에 영향을 주는 심리적, 사회적 요인들을 이해할 필요가 있다. 마케터는 마케팅 조사를 통해 소비자와 지속적으로 접촉해야 한다. 마케팅 컨셉트의 요소들은 아래와 같다.

① 소비자 중심주의

마케팅의 목표는 소비자들의 필요와 욕구를 충족시키는 것이다. 수많은 등가 제품들이 경쟁하는 상황에서 잠재 고객의 욕구에 맞추어지지 않은 제품은 소비자들의 외면을 받을 수밖에 없다.

② 이윤 중심주의

기업은 소비자들이 기꺼이 지불할 수 있는 올바른 가격의 제품을 제공하면서 적정한 이윤을 남겨야 한다.

③ 통합적 활동

마케팅 컨셉트를 채택한 기업들은 기업의 모든 자원이 동일한 목표에 맞추어져야 성공할 수 있다는 것을 이해한다. 기업의 다양한 활동들은 소비자의 필요를 충족시키는 데 초점을 맞추어야 한다.

(5) 사회적 마케팅 컨셉트

사회적 마케팅 컨셉트는 마케팅 컨셉트와 마찬가지로 소비자의 욕구와 필요에 초점을 맞추는 관리 철학이다. 그러나 사회적 마케팅 컨셉트는 단기적인 소비자의 이익보다는 장기적인 소비자의 복지에 초점을 맞춘다. 기업의 사회적 책임성이 점점 중요해짐에 따라 소비자들은 기업이 단기적인 이윤 추구를 넘어 장기적인 사회 복지에 기여하기를 기대하게 되었다. 환경보호나 사회 복지와 같은 장기적인 문제에 관심을 가지고 실천하는 기업들은 소비자 사이에 신뢰와 호의를 구축하게 되고, 이러한 신뢰와 호의가 제품 판매로 연결된다.

따라서 사회적 마케팅 컨셉트를 채택하는 기업들은 사회적으로 문제가 되는 사안들을 해결하는 마케팅 전략을 사용하거나 이를 제품 전략이나 촉진 전략에 적용하려고 노력한다. 어떤 주방 세제가 강력한 세정력을 가지고 있지만 수질 오염을 유발한다면 단지 소비자의 필요 충족에만 충실할 뿐 사회적 복지에는 부정적인 기여를 하는 셈이다. 따라서 사회적 마케팅 컨셉트

그림 5-7.
사회적 마케팅 컨셉트 광고 활동의 예

를 채택하는 기업은 두 가지 복지, 즉 소비자 복지와 사회적 복지를 모두 충족시킬 수 있는 제품을 개발하며 이를 바탕으로 마케팅 활동을 한다. 유한킴벌리가 집행한 '우리강산 푸르게' 캠페인은 사회적 마케팅 컨셉트의 대표적 예이다(그림 5-7 참조).

3. 마케팅 컨셉트와 광고 전략

각각의 기업들이 채택하는 마케팅 관리 철학은 앞에서 살펴본 바와 같이 시장과 제품의 특성에 따라 다르지만, 현대 기업들이 일반적으로 지향하는 마케팅 관리 철학은 마케팅 컨셉트라고 할 수 있다. 대부분의 기업들이 소비자 중심주의를 채택하고 소비자의 필요와 욕구를 충족시키는 데 목표를 두는 이유는 소비자들의 필요와 욕구가 매우 다양해져 기업 중심적인 마케팅 활동으로 제품을 판매하는 것이 불가능해졌기 때문이다.

소비자 중심주의의 관점에서 광고는 소비자의 필요와 욕구 충족에 초점을 맞춘다. 따라서 광고 활동은 소비자를 이해하는 데서 시작한다. 광고를 통해 무슨 말을, 어떤 방법으로, 언제 어디에서 전달할 것인지와 관련한 모든 의사 결정은 표적 소비자에 대한 조사를 통해 수집된 정보를 바탕으로 전략적으로 결정된다.

한편 광고는 표적 청중과 커뮤니케이션하는 가장 효율적인 촉진 방법이다. 광고 투자 수준은 이윤 목표와 관련되어 있다. 통합적인 활동의 관점에서 광고 전략은 다른 모든 마케팅 믹스와 연계되어 통합적으로 수립되어야 한다(표 5-3 참조).

표 5-3. 마케팅 컨셉트의 광고 전략적 함의

마케팅 컨셉트 요소	광고에 대한 전략적 함의
소비자 중심주의	소비자의 필요와 욕구를 충족시키는 메시지 전달 카피와 표현 방법이 소비자에 대한 이해를 바탕으로 결정
소비자 조사	표적 청중을 대상으로 정보에 기초해 광고 의사 결정 (광고 카피, 매체 선택)
이윤	광고는 표적 청중과 커뮤니케이션하는 가장 효율적인 방법. 광고 투자의 수준은 이윤 목표와 관련이 있음
통합적 마케팅 전략	광고는 다른 마케팅 믹스 요소들과 연계되어야 함

4. 시장 접근 전략

마케터는 제품의 특성이나 시장의 특성에 따라 어떻게 시장에 접근할지를 결정한다. 시장 접근 전략은 대량 마케팅mass marketing, 제품 차별화 마케팅product differentiated marketing, 표적 마케팅target marketing으로 나눌 수 있다.

(1) 대량 마케팅

대량 마케팅은 전체 제품군을 하나의 시장으로 보고 단일 제품으로 전체 시장을 표적으로 삼는 마케팅 활동이다. 대량 마케팅은 전체 시장에 속하는 소비자의 필요나 욕구가 동일하다고 판단하거나, 소비자의 필요나 욕구의 차이보다는 전체 소비자가 제품군에 대해 가지는 공통적인 필요에 초점을 맞춘다. 세분 시장들의 이질적인 욕구를 바탕으로 제품을 차별화하지 않는다는 관점에서 비차별화 마케팅이라고도 부른다.

대량 마케팅의 장점은 단일 제품으로 하나의 통합된 시장을 위해 제품을 생산하고 마케팅 활동을 하므로 생산, 재고, 수송, 마케팅, 광고 비용 등을 절감할 수 있다는 것이다. 또한 하나의 시장과 제품에 초점을 맞추므로 효율적으로 마케팅 관리를 할 수 있다. 그러나 소비자의 필요나 욕구 또는 취향의 다양성을 무시하기 때문에 세분 소비자 시장의 존재를 간과할 가능성이 높다. 또한 전체 소비자들을 만족시킬 수 있는 하나의 제품을 개발하는 것은 매우 어려운 일이기도 하다.

1960년대까지 코카콜라는 코카콜라사의 단일한 브랜드였다. 회사는 코카콜라라는 하나의 브랜드로 전체 청량음료 시장의 소비자 욕구를 충족시키려고 했던 것은 당시 소비자들의 욕구나 취향이 현재와 같이 다양하지 않았으며 시장 세분화와 차별화라는 개념이 도입되기 전이었기 때문이다.

(2) 제품 차별화 마케팅

제품 차별화 마케팅은 시장에 존재하는 다양한 소비자들의 욕구를 모두 충족시키기 위해 다양한 제품으로 각각의 세분 시장에 접근하는 마케팅 접근 방법이다. 따라서 기업은 전체 시장에 존재하는 세분 시장들을 파악한 후 각각의 시장이 가지고 있는 욕구와 필요를 충족시키기 위한 제품을 개발해 별도의 마케팅 믹스 전략을 사용한다.

코카콜라사는 1960년대에 들어서면서 청량음료 시장의 소비자 욕구가 다양해짐을 파악하고 새로운 브랜드들을 출시하기 시작했다. 1963년에 출시한 다이어트 청량음료인 탭Tab을 필두로 다이어트 코크, 라이트 코크, 과일 맛 청량음료인 환타, 무색 음료인 스프라이트, 기능성 음료인 파워에이드를 비롯해 수십 개의 브랜드를 소개했다. 코카콜라사의 이런 전략은 청량음료 시장의 소비자들의 세분화된 욕구들을 충족시키고자 하는 제품 차별화 마케팅의 대표적인 예라고 할 수 있다.

한편 미국 지엠GM 자동차 회사의 기업 모토는 "모든 소비자의 주머니 사정, 용도, 개성에 맞는 제품을 생산하는produces a car for every purse, purpose and personality" 것이었다. 이에 따라 지엠은 저가에서부터 고가에 이르는 다양한 용도의 차량들을 소비자들의 취향에 맞추어 생산해왔다. 또한 나이키Nike는 조깅, 축구, 농구, 테니스는 물론 펜싱, 에어로빅과 같은 특수한 스포츠를 포함한 모든 종류의 스포츠화를 판매하고 있다. 피앤지P&G의 세제 라인에는 열 개 이상의 브랜드가 포함되어 있는데 각각의 브랜드는 별도의 세분 시장을 겨냥하고 있다.

우리나라의 현대자동차 역시 소비자들의 다양한 경제 수준, 용도, 개성에 맞게 다양한 종류의 차량을 판매하고 있다. 롯데칠성의 경우에도 어린이부터 성인에 이르는 다양한 층의 소비자들에게 어필하는 청량음료를 개발해 판매하고 있다.

제품 차별화 마케팅 접근법은 각각의 세분 시장의 욕구에 부응하기 때문에 전체 시장의 욕구를 충족시킬 수 있다는 장점이 있다. 그러나 모든 세분 시장을 표적으로 삼기 때문에 연구 개발, 광고 및 마케팅 노력에 많은 비용이 요구된다. 또한 마케팅 활동이 분산되어 비효율적으로 관리될 가능성이 높다. 따라서 이러한 접근 방법은 마케팅 능력이나 재정적 능력을 갖춘 대기업만이 채택할 수 있는 방법이다.

(3) 타겟 마케팅

타겟 마케팅은 소수의 세분 시장의 필요와 욕구를 충족시키고자 하는 마케팅 접근 방법이다. 타켓 마케팅은 선정된 세분 시장의 소비자가 가지고 있는 필요와 욕구에 초점을 맞춘다는 점에서 현대 마케팅 관리 철학인 마케팅 컨셉트와 맥락을 같이한다. 따라서 타겟 마케팅은 마케팅 컨셉트를 바탕으로 활동하는 대부분의 마케터들이 채택하고 있는 접근 방법이다.

타겟 마케팅은 동질의 욕구를 가진 세분 시장에 초점을 맞추는 마케팅 활동이다. 타겟 마케팅 과정은 시장 세분화, 표적 시장 선택, 포지셔닝의 단계로 이루어져 있다.

① 시장 세분화

마케팅 전략 수립의 출발점은 표적 시장을 규명하는 것이다. 표적 시장을 정확하게 규명해야만 그들의 필요와 욕구를 충족시킬 수 있는 다양한 마케팅 활동 전략을 제시할 수 있기 때문이다.

표적 시장을 규명하기 위한 첫 번째 단계는 시장 세분화이다. 시장 세분화란 제품군의 전체 시장을 동질의 필요나 욕구를 가진 하부 시장으로 구분하는 것이다. 현대 소비자들은 매우 다양한 필요와 취향을 가지고 있다. 따라서 전체 소비자의 욕구를 하나의 마케팅 전략으로 충족시키기는 거의 불가능하다.

마케터는 제품군에 대한 소비자들의 욕구가 어떻게 분화되어 있는지를 분석해 우선 전체 세분 시장들을 파악해야 한다. 시장 세분화에서 주의할 점은 서로 다른 욕구의 소비자들을 구분하는 것은 물론 세분화된 개별 시장의 크기가 이윤을 남길 수 있을 정도로 충분해야 한다는 것이다. 소비자 시장을 세분화한 후에는 세분 시장이 어떤 소비자들로 구성되어 있는지를 규명해야 한다. 각 세분 시장의 소비자들이 누구인지를 파악함으로써 그들에게 접근할 수 있는 전략을 수립할 수 있다.

시장 세분화의 목적은 마케팅 활동의 초점을 맞출 시장을 선택하는 것이다. 마케터는 시장 세분화 과정을 통해 가장 이윤이 높은 세분 시장을 선택할 수 있다. 또한 제품 시장의 특성을 파악하고 제품을 선택된 세분 시장에 효과적으로 포지셔닝할 수 있다. 시장을 세분화함으로써 마케터는 표적 소비자를 명확히 규정하고, 그들의 특성을 정확하게 파악할 수 있다. 표적 시장을 명확하게 정의함으로써 마케팅 노력과 비용의 낭비를 줄이고, 정교한 마케팅 전략을 개발할 수 있다.

시장을 동일한 욕구를 가진 소비자들로 세분화하기 위해서 다양한 변수들이 사용된다. 마케터는 동질의 욕구를 가진 소비자들을 집단화하고, 이질적인 욕구를 가진 소비자들을 최대한 분리시킬 수 있는 변수를 선택해야 한다. 시장 세분화 변수에는 인구 통계 변수, 심리적 변수, 행동 변수, 소비자 혜택 변수 등이 있다.

a. 인구 통계 변수에 의한 시장 세분

인구 통계 변수는 통계적으로 인구를 분류할 때 사용하는 변수로, 시장 세분화를 위해 가장 기본적으로 사용된다. 인구 통계 변수에는 성, 연령, 생명 주기, 교육 수준, 소득 수준, 종교, 거주 지역 등이 포함된다.

성(性)은 시장을 세분화하는 데 사용되는 가장 기본적인 변수 중의 하나이다. 제품 특성상 의류, 화장품, 위생 용품, 건강식품 등은 성별에 따라 시장을 세분화할 수 있는 대표적인 제품군이다. 같은 제품군 내에서 성별로 제품을 세분화할 수도 있다. 화장품의 경우 남성, 여성 화장품 시장이 별도로 존재한다. 잡지 시장도 특정한 성의 독자들을 표적 청중으로 삼는 경우가 많다. 특히 최근에는 제품 선택에 있어 여성의 영향력이 점차 커짐에 따라 전통적으로 남성을 표적으로 마케팅 활동을 하던 제품들이 여성 시장을 포함하거나 그 비중을 높이고 있다. 승용차와 주류 시장에서도 여성을 표적으로 하는 광고가 많아지고 있는 추세이다.

많은 소비재 시장이 연령대에 따라 구분될 수 있는데, 이는 연령대 변화에 따라 욕구가 변화하기 때문이다. 화장품의 경우 색조 화장품은 주로 젊은 연령층을 위한 제품이라면 기능성 화장품은 높은 연령층을 위한 제품이다.

가족 크기도 매우 중요한 시장 세분화 변수이다. 주택, 승용차와 같은 제품의 구매는 가족 크기의 영향을 받는다. 가정용품의 크기나 구매 단위도 그렇다. 특히 최근에 가족 크기가 작아짐에 따라 가정용품이나 식품의 판매 단위가 작아지고 있다.

생명 주기는 소비자가 사용하는 제품군의 범위를 정해준다. 사람들은 몇 단계의 인생 과정을 거치는데, 각 단계마다 필요가 달라진다. 소비자들은 각 단계에서 그들의 필요를 충족시킬 수 있는 다른 종류의 제품군을 원하기도

하지만 생명 주기 단계를 거치면서 같은 제품군에서도 다른 특성의 제품을 원하게 된다.

교육 수준이나 소득 수준과 같은 사회적 변수도 소비자의 제품 사용에 영향을 미친다. 이 변수들은 소비자들이 속하거나 속하기를 원하는 준거 집단을 결정하며, 준거 집단의 가치관이나 규범들은 소비자 행동에 영향을 미친다. 소비자들은 자신의 준거 집단이 수용하는 제품이나 제품군을 구매하는 경향이 있기 때문이다. 준거 집단은 사람들이 자신의 가치관이나 행동 양식을 결정하는 데 준거틀로 삼는 사회 집단을 말한다(6장의 '준거 집단' 참고).

지리적 변수는 소비자 특성을 규정하는 매우 유용한 변수이다. 거주 지역은 사람들의 소득 수준을 알려주는 대리 지수로 사용될 수 있다. 같은 지역에 거주하는 소비자들은 비슷한 사회 경제적 수준을 가지고 있기 때문에 비슷한 필요와 욕구를 가진다. 미국에서는 이러한 거주 지역의 소비자 특성 차이를 이용하기 위해 우편 번호를 시장 세분화하는 수단으로 사용하기도 한다. 또한 도시 지역과 농촌 지역 거주자들은 생활 방식이나 가치관이 확연히 구분된다. 대도시와 중소 도시도 마찬가지이다. 시장을 지리적인 위치에 따라 세분할 수도 있다. 각 지역의 언어와 식습관과 같은 하부 문화는 마케팅 전략적으로 매우 중요한 요소이다.

b. 심리적 변수에 의한 시장 세분

심리적 변수는 사람들이 가지고 있는 심리적인 특성과 관련한 변수들이다. 심리적 변수들이 중요하게 다루어지는 이유는 소비자들의 욕구나 취향이 다양해짐에 따라 인구 통계 변수만으로 시장을 효과적으로 세분화하기 어렵기 때문이다. 같은 인구 통계 집단 내에도 다양한 심리적 특성을 가진 집단들이 존재한다. 예를 들어 20대 후반의 대졸 여성이 모두 같은 취향이나 욕구를 가지고 있다고 할 수 없다. 이들은 비록 동일한 인구 통계 집단에 속해 있지만 개인적으로 다른 취미나 취향을 가지며, 라이프 스타일도 다르다. 따라서 그들이 원하는 제품의 종류나 브랜드가 다를 수밖에 없다. 심리적 변수는 특히 소비자들이 이미지나 개성을 중요하게 여기는 제품의 시장 세분화에 더욱 중요하다.

라이프 스타일은 대표적인 심리적 변수이다. 라이프 스타일을 이용한 시장 세분화가 표적 청중에 대해 보다 풍부한 정의를 제공하기 때문이다. 광고 크리에이티브 측면에서 소비자의 라이프 스타일은 광고의 톤을 정하고, 표적 청중의 활동과 관심에 초점을 맞추어 표적 소비자들이 광고에서 자신의 모습을 발견하게 한다.

라이프 스타일을 측정하기 위해서는 소비자들의 활동activity, 관심interest, 의견opinion과 관련한 항목들을 조사한다. 활동은 사람들이 여가 시간에 어떤 일로 소일하는지와 관련된 사항이다. 여가 활동 면에서, 어떤 사람은 스포츠 활동을 즐기는가 하면 어떤 사람은 독서를 즐기며, 어떤 사람들은 음악 감상을 즐기거나 직접 연주를 하기도 한다. 비슷한 여가 활동을 하는 사람들은 비슷한 욕구를 가지고 비슷한 종류의 제품군과 브랜드를 필요로 할 것이다.

관심은 소비자들이 어떤 일에 가치나 관심을 두는가와 관련된다. 예를 들어 사람에 따라 일과 가정 중에 가정을 더 중요시하는 사람이 있는가 하면 일을 더 중요시하는 사람도 있다. 정치 문제에 관심이 높은 사람이 있는가 하면 문화 생활에 관심이 높은 사람도 있다.

의견은 사회적인 이슈들에 대한 사람들의 판단적 사고를 의미한다. 정치적으로 보수적인 사람들과 자유주의적인 사람들이 있다. 여성의 사회 활동을 옹호하는 사람도 있고, 반대하는 사람들도 있다. 사회적인 이슈들에 대해 비슷한 생각을 가진 사람들은 비슷한 가치관을 가진다. 이러한 가치관은 제품 구매에 영향을 미친다.

라이프 스타일에 따라 소비자들을 분류하기 위해서는 먼저 라이프 스타일의 세 가지 요인, 즉 여가 활동, 관심, 의견과 관련한 다양한 진술문을 개발해야 한다. 그리고 소비자가 진술문에 응답하게 한 다음 통계적으로 비슷한 라이프 스타일을 가진 사람들을 분류한다.

c. 행동 변수에 의한 시장 세분

행동 변수는 소비자들이 제품을 사용하는 정도나 상황과 관련한 변수이다. 우선 제품 사용량은 시장을 세분화하는 데 가장 기본적으로 사용되는 변수이다. 대부분의 마케터들은 제품 사용량이나 빈도가 가장 높은 시장에 관심을 가지게 마련이지만, 세분 시장의 구조적 특성을 고려해 그렇지 않은 시장을 표적으로 삼기도 한다.

소비자들은 제품의 사용량에 따라 대량 사용자heavy user, 중규모 사용자medium user, 소량 사용자light user, 비사용자non-user로 구분된다. 실무 원칙에 의하면 한 제품군의 소비자 중 20%의 대량 사용자들이 80%의 소비를 한다고 한다. 그만큼 대량 사용자들은 매출의 상당 부분을 차지하기 때문에 마케터들이 중요하게 여긴다. 그러나 대량 사용자 시장에는 시장 선도자 그룹이 존재하기 때문에 이들과 경쟁하기 위해서는 많은 마케팅 비용이 들게 마련이다. 따라서 중소 규모 마케터들은 전략적으로 중규모 혹은 소량 사용자 시장을 세분 시장으로 선택할 수 있다. 비사용자 시장도 마케팅 전략에 따라 표적 시장으로 선택될 수 있다. 예를 들어 디카페인 커피, 알코올이 포함되지 않은 맥주 등은 비사용자들을 표적 시장으로 삼은 제품들이다.

제품 사용 상황은 제품이 사용되는 용도를 가리킨다. 같은 제품군 내에서도 사용 상황에 따라 다른 제품이 구매될 수 있다. 예를 들어 손목시계 시장은 사용 상황에 따라 일반 시계 시장, 결혼 예물 시계 시장, 스포츠용 시계 시장 등으로 나눌 수 있는데, 이는 소비자들이 같은 시계라도 사용 용도에 따라 다른 종류의 제품을 구매하기 때문이다.

혜택	인구 통계 변수	행동 변수	심리 변수
경제성	남성	대량 사용자	높은 자율성 가치 지향적
치질환 예방	대가족	대량 사용자	보수적
미백	10대 및 청년	흡연자	사교적, 활동적
맛	어린이	향을 좋아하는 소비자	자기 몰입, 쾌락 추구

표 5-8. 소비자 혜택에 의한 치약 시장 세분화의 예

d. 소비자 혜택에 의한 시장 세분

제품이 가지고 있는 물리적 특성보다는 소비자들이 제품을 통해 얻고자 하는 혜택을 바탕으로 시장을 세분화하는 방법이다. 미국의 한 연구에 의하면 치약 구매자들이 추구하는 혜택들은 치약의 맛과 향, 치아 미백, 충치 예방, 경제성 등이다(표 5-8 참조). 마케터는 소비자가 추구하는 혜택으로 시장을 세분화하고 소비자의 욕구에 따라 마케팅 전략을 수립할 수 있다(Russell, 1963).

e. 세분 변수의 효과적인 사용

앞에서 설명한 바와 같이 시장을 세분화하는 데는 여러 가지 변수들이 사용된다. 이들 중 각 세분 시장의 욕구를 가장 차별적으로 구별하는 변수를 선택하는 것이 매우 중요하다. 효과적으로 시장을 세분하기 위한 원칙들은 다음과 같다.

• 측정 가능성: 시장 세분화가 되었을 때 각 세분 시장의 크기를 측정할 수 있어야 한다. 소비자 크기를 가늠할 수 있어야 매출과 이윤의 규모를 예측할 수 있기 때문에 마케팅 활동 계획을 효과적으로 세울 수 있다.

• 충분한 크기: 세분 시장의 규모가 충분한 매출을 올릴 수 있고 이윤을 남길 만큼 커야 한다. 사용하는 세분 변수가 많을수록 세분 시장의 크기는 작아진다. 세분 변수를 많이 사용할수록 소비자들의 욕구를 더 세밀하게 구분해 효과적으로 마케팅 활동을 할 수 있지만, 세분 시장의 크기는 점점 작아지기 때문에 매출이 충분치 않아 이윤을 남기지 못할 가능성이 높아진다. 따라서 2~3개 정도의 세분 변수를 사용하는 것이 적절하다.

• 도달 가능성: 시장이 세분화되어도 해당 세분 시장의 소비자에게 제품과 관련한 정보를 효율적으로 전달할 수 있는 통로가 있어야 한다. 세분화된 시장에 효과적으로 도달할 수 있는 매체나 커뮤니케이션 수단이 없다면 표적 소비자에게 제품에 대한 정보를 효과적으로 전달할 수 없기 때문에 시장 세분화의 목적인 효율적인 마케팅 활동이 불가능하다.

② 시장 선택

시장 세분화가 이루어지면 표적 시장을 선택한다. 표적 시장을 선택하기 위해 마케터는 여러 기준을 바탕으로 각 세분 시장의 장단점을 분석해야 한다. 규모나 시장의 구조 같은 평가 기준들을 적용해 세분 시장을 선택한다.

a. 시장 규모

세분 시장의 잠재력 분석에서 가장 중요한 변수는 시장 규모이다. 각각의 세분 시장이 보유하고 있는 전체 매출 규모나 시장 점유율을 분석하고 이들의 변화 트렌드를 검토해 각 시장의 기본적인 이윤 창출 규모를 파악한다.

세분 시장의 현재 혹은 잠재 매출 규모가 클수록 이윤을 더 많이 창출할 가능성이 높다.

b. 시장의 구조 및 경쟁

시장의 크기만으로 시장을 선택하는 것은 위험성이 크다. 대부분의 마케터들은 규모가 큰 세분 시장을 표적으로 삼기 때문에 시장 크기가 클수록 시장 선도자가 시장을 지배하고 있을 가능성이 크며, 경쟁 브랜드의 수도 더 많다. 시장 선도 브랜드가 존재하고 경쟁 브랜드가 많을수록 더 많은 마케팅 비용이 소요된다. 따라서 마케터의 재정 능력과 마케팅 능력을 고려해 각 세분 시장에서의 마케팅 활동의 용이성과 마케팅 비용 및 이윤 창출 가능성 등을 판단해 시장을 선택해야 한다.

③ 포지셔닝

세분 시장이 선택되면 선택 시장의 소비자들 마음속에 제품을 포지셔닝한다. 포지셔닝이란 소비자의 심리적 공간상의 특정한 위치에 제품을 전략적으로 위치시키는 것을 말한다.

a. 제품 포지션

포지셔닝은 경쟁 제품들이 소비자들의 마음속에 특정한 공간을 차지하고 있다는 것을 전제한다. 하나의 제품이 소비자의 마음속에 경쟁 제품에 대비해 차지하고 있는 추상적 공간을 제품 포지션이라고 한다. 제품들은 소비자들의 지각에 따라 서로 다른 경쟁적 위치에 있다. 제품 포지션은 제품이 원래부터 차지하고 있는 공간이 아니라 마케팅 활동에 노출된 소비자들이 해당 제품을 어떻게 보고 느끼느냐에 의해 결정된다. 따라서 마케터는 소비자들의 심리적 공간 속 어디에 제품을 위치시킬 것인지를 전략적으로 결정하고, 목표를 달성하기 위해 마케팅 활동을 통합적으로 집행한다. 마케터가 의도한 대로 제품이 지각되도록 마케팅 활동을 조율하는 활동을 제품 포지셔닝이라고 한다.

이미 확립되어 있는 제품의 위치를 전략적 계획하에 다른 위치로 변경하는 것을 재포지셔닝이라고 한다. 성공적인 재포지셔닝을 위해서는 마찬가지로 소비자들이 새롭게 수립된 위치의 제품으로 지각할 수 있도록 제품 전략, 가격 전략, 유통 전략, 촉진 전략을 비롯한 모든 마케팅 활동을 통합적으로 운영해야 한다.

포지셔닝의 성공 여부는 소비자들의 마음속 특정한 위치를 선점하는 데 달려있다. 예를 들어 미국의 미켈롭Michelob 맥주는 "미켈롭은 일류입니다First class is Michelob."라는 광고 캠페인을 통해 고가 맥주로 포지셔닝하는 데 성공했다. 미켈롭이 최초의 고가 제품은 아니었으나 표적 소비자의 마음속에 제품을 위치시킨 첫 번째 제품이었던 것이다.

그림 5-9.
포지셔닝 맵의 예

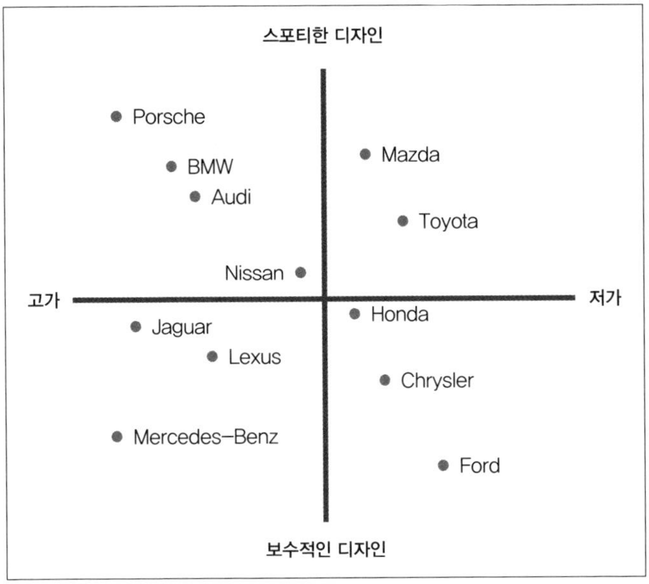

b. 경쟁자에 대비한 위치 결정

포지셔닝을 위해서 전략적으로 다양한 방법이 사용될 수 있다. 어떤 방법을 사용할 것인가를 결정하는 요소는 제품이 가지고 있는 경쟁 우위적 차별점이다. 제품이 어떤 차별적 요소를 가지고 있는지에 따라 포지셔닝 방법을 채택할 수 있다. 예를 들어 외제 승용차 지각 지도에서 포르쉐Porsche는 고가이면서 스포티한 승용차로 포지셔닝되어 있다. 비엠더블유BMW와 벤츠Mercedes-Benz는 모두 고가의 승용차지만 BMW는 젊음을 상징하는 승용차로, 벤츠는 상대적으로 보수적인 디자인의 승용차로 포지셔닝되어 있다(그림 5-9 참조).

c. 포지셔닝 전략의 종류

• 제품 속성에 의한 포지셔닝: 제품이 가지고 있는 물리적 차별점을 사용하는 방법이다. 이러한 전략은 제품이 경쟁 제품에 비해 월등한 차별적 속성을 지니고 있을 때 가능하다. 마케터는 전략적으로 경쟁 제품의 분석과 소비자 분석을 통해 소비자들이 중요하게 받아들일 수 있는 속성을 개발해 제품에 추가하고, 마케팅 활동을 통해 이를 소비자들에게 집중적으로 전달함으로써 경쟁 제품과 다른 위치에 제품을 포지셔닝할 수 있다.

예를 들어, 초기의 김치냉장고는 상단 개폐형 제품이었다. 상단 개폐형 김치냉장고의 불편함을 파악한 마케터들은 서랍식 김치냉장고를 개발해 상단 개폐형 제품과는 다른 새로운 제품으로 포지셔닝했다.

• 가격을 이용한 포지셔닝: 가장 많이 사용되는 포지셔닝 전략 중의 하나이다. 기존 시장에 존재하는 일반 제품들과 차별화해 포지셔닝하기 위해 전략적으로 고가 전략을 사용하는 경우는 흔하다. 고가 전략을 사용함으로써 경쟁 브랜드에 비해 고급 품질의 제품으로 인식시킨 사례들은 하겐다즈 아이스크림, 하이네켄 맥주, 앱솔루트 보드카, 에비앙 생수, 롤렉스 시계, 벤

츠 등 일반 소비재에서부터 쇼핑재, 고가 내구재에 이르기까지 다양하다.

반대로 저가 포지셔닝으로 성공한 예도 많다. 할인 소매점으로 세계적으로 성공을 거둔 월마트Wal-mart가 가장 좋은 예이다. 저비용 항공사도 일반 항공사에 비해 낮은 가격을 이용해 포지셔닝한 대표적 예이다. 우리나라에서는 진에어, 제주항공, 부산항공 등이 대한항공이나 아시아나 항공에 비해 낮은 요금의 항공사로 포지셔닝되어 있다.

• 소비자 혜택에 의한 포지셔닝: 소비자들이 제품을 통해 얻고자 하는 궁극적 혜택을 바탕으로 포지셔닝하는 전략이다. 예를 들어 치약 시장의 경우, 소비자들은 세분 시장에 따라 다른 혜택을 제품으로부터 얻고자 한다. 세부 시장을 살펴보면 소비자들이 원하는 혜택에 따라 치질환 예방을 위한 치약, 미백 치약, 맛과 향을 위한 치약, 저가 치약 등으로 나뉜다.

• 사용 상황에 의한 포지셔닝: 제품이 사용되는 특수한 상황을 이용해 일반 제품들과 차별하는 전략이다. 기능성 음료인 게토레이는 체내 흡수율이 빠르다는 점을 이용해 운동 후에 마시는 음료로 포지셔닝하는 데 성공했다. 또한 존슨앤존슨Johnson & Johnson과 같은 회사는 베이비 샴푸나 로션 등 유아들이 사용하는 제품으로 포지셔닝되어 있었으나, 출생률 저하로 인해 유아 시장의 크기가 줄어들자 제품의 재포지셔닝을 통해 새로운 시장을 개척했다. 베이비 샴푸는 머리를 자주 감는 사람들을 위한 제품으로, 베이비 로션은 피부가 약한 사람들이나 청소년들이 사용하는 제품으로 재포지셔닝한 것이다.

• 경쟁 브랜드에 대비한 포지셔닝: 시장 내에서 제품이 차지하고 있는 위치를 이용해 경쟁 브랜드와 차별화하는 포지셔닝 전략이다. 예를 들어 미국의 렌탈카 업체인 에이비스는 시장 점유율 2위라는 점을 이용해 "우리는 2위

이기 때문에 더욱 열심히 할 수밖에 없습니다.We're number two, so we try harder."라는 광고 캠페인을 집행해 성공했다. 시장 선도자인 허츠Hertz에 대항해 소비자들 마음속에 각인되어 있는 2위 브랜드라는 점을 포지셔닝에 사용한 경우이다. 세븐업은 1970년대에 언콜라Un-Cola 캠페인을 대대적으로 집행했다. 청량음료 시장의 모든 브랜드들이 유색 음료인데 비해 무색 음료라는 점을 부각시켜 콜라 브랜드들의 반대편에 위치한 브랜드로 포지셔닝하는 데 성공했다.

그림 5-10.
사용자에 의한 포지셔닝의 예

• 사용자에 의한 포지셔닝: 제품을 사용하는 소비자 집단을 차별점으로 사용하는 포지셔닝 전략이다. 제품의 특성상 사용자 집단이 경쟁 제품과 특유할 경우 사용할 수 있다. 예를 들어 기능성 화장품은 연령대가 높을수록 사용 빈도가 높은 제품이다. 따라서 높은 연령대의 소비자들을 위한 제품으로 포지셔닝함으로써 표적 시장을 명확히 규명해 마케팅에 성공할 수 있다. 대부분의 화장품이 낮은 연령대의 모델을 사용하는 데 비해 기능성 화장품은 연령대가 높은 모델을 사용해 주름 제거 및 노화 방지와 같은 기능을 알리고 명확하게 제품의 표적 시장과 목적에 맞춰 일반 제품과 확실하게 차별화된 제품으로 포지셔닝하는 것이다.

• 다른 제품군에 대한 포지셔닝: 일반적으로 포지셔닝 전략은 동일 제품군에 속한 경쟁 브랜드들에 대비해 수립된다. 동일 제품군 내의 제품들이 동일한 소비자 욕구를 충족시키기 위해 경쟁하기 때문이다. 그러나 동일 제품군의 제품들만이 동일한 욕구를 충족시키는 것은 아니다. 다른 제품군의 제품들이 같은 소비자 욕구를 충족시키는 경우도 적지 않다. 예를 들어 소비자들의 외식 욕구 충족을 위해 다양한 제품군이 경쟁한다. 피자 브랜드들

은 동일 제품군에 속한 브랜드들과 경쟁하고 있지만, 햄버거나 치킨 같은 다른 제품군과도 경쟁한다. 서로 다른 제품군들이 동일한 소비자 욕구를 충족시키기 때문이다. 따라서 동일 제품군 내의 제품들에 대비해 포지셔닝하기보다 동일한 욕구를 충족시키는 다른 제품군에 대비해 포지셔닝할 수도 있다. 예를 들어 맥도날드 햄버거는 1996년에 순쇠고기 햄버거 가격인 900원으로 다른 외식 제품군을 이용할 수 없다는 점을 알리는 '천 원으로 뭘 먹지?'라는 광고를 통해 다른 제품군에 대비한 포지셔닝 전략을 수행했다. 한편 암앤해머Arm & Hammer 베이킹 소다는 제빵 재료인 원래의 제품 용도와는 전혀 다른 주방 세척 용품, 구강 미용 용품, 치약 칫솔과 같은 탈취 관련 제품군에 포지셔닝하고 있다.

• 개성, 이미지에 의한 포지셔닝: 제품 자체의 물리적 속성으로 차별화하기 어렵거나 소비 특성상 제품의 이미지나 개성이 중요한 경우, 제품 속성보다는 마케팅 커뮤니케이션에 의해 외부적으로 부여된 개성이나 이미지를 이용해 포지셔닝한다. 말보로 담배는 미국 카우보이를 상징물로 사용해 경쟁 브랜드들과 다른 제품으로 포지셔닝하는 데 성공했다. 1993년 우리나라 맥주 업계에서 2위를 차지하고 있던 조선 맥주는 '깨끗한 맥주 하이트'라는 캐치프레이즈로 깨끗한 이미지를 사용해 다른 브랜드와 이미지 차별화에 성공했다.

• 서비스 차별화에 의한 포지셔닝: 제품이 제공하는 차별적 서비스를 바탕으로 포지셔닝하는 전략이다. 예를 들어 도미노 피자는 빠른 배달 서비스를 다른 피자 제품과 차별화했다. 한편 싱가폴 항공은 싱가폴 전통 의상을 착용한 스튜어디스들이 다른 항공사에 비해 월등한 기내 서비스를 제공한다는 점을 이용해 포지셔닝했다. 월마트는 저가 소매점이 인적 서비스가 약하다는 점을 고려해 피플 그리터people greeter 제도를 도입해 다른 저가 소매

점들과 차별화하는 전략을 사용했다.

d. 포지셔닝 전략의 성공 요건

앞에서 살펴본 바와 같이 제품 포지셔닝을 위해서 다양한 방법들이 채택될 수 있다. 그러나 포지셔닝 전략이 성공하기 위해서는 다음과 같은 조건들이 충족되어야 한다.

첫째, 한 가지 차별점을 선택해야 한다. 소비자에게 어필할 수 있는 한 가지 장점을 선택해, 그 장점과 관련한 최고의 제품으로 포지셔닝해야 한다.

둘째, 포지셔닝에 사용되는 장점은 소비자와 관련성이 있어야 한다. 특히 소비자들의 욕구나 불만 사항을 해결하면 성공할 가능성이 높다. 예를 들어 앰엔앰M&M 초콜릿은 "앰엔앰은 손에서 녹지 않고 입에서 녹습니다M&M melts not in your hand, but in your mouth."라는 슬로건을 이용해 경쟁 제품과 차별적으로 포지셔닝했다. 앰엔앰은 초콜릿을 집어 먹을 때 손에서 녹는 불편함을 해결하고자 하는 소비자들의 욕구와 관련성이 높은 장점으로 포지셔닝에 성공할 수 있었다. 반면, 싱가포르의 웨스틴 스탬퍼드 호텔Westin Stamford Hotel은 "세계에서 가장 높은 호텔 The Tallest Hotel in the World"이라는 슬로건으로 경쟁 호텔들과 차별적인 포지셔닝을 시도했지만 실패했다. 호텔의 높이는 호텔 이용객의 욕구와 관련성이 크지 않기 때문이다.

셋째, 포지셔닝은 통합적인 마케팅 활동이다. 효과적인 포지셔닝이 이루어지기 위해서는 단지 마케팅 커뮤니케이션뿐만 아니라 제품 개발, 가격 책정, 유통 전략, 촉진 전략이 통합적으로 연결되어야 한다. 앰엔앰이 포지셔닝에 성공한 것은 제품 전략을 통해 소비자의 불편함을 해결하는 제품을 개발하고 그에 기반을 둔 연관 마케팅 커뮤니케이션 활동을 했기 때문이다.

5. 통합적 마케팅 커뮤니케이션

통합적 마케팅 커뮤니케이션은 장기간 동안 브랜드의 표적 소비자들에게 전달되는 다양한 마케팅 커뮤니케이션 수단을 통합적으로 운용해 브랜드에 대한 일관된 이미지를 구축하고 궁극적으로 바람직한 브랜드 자산을 구축하는 활동이다. 통합적 마케팅 커뮤니케이션은 고객에게 메시지를 전달할 수 있는 모든 잠재적인 통로를 고려해 표적 소비자들이 잘 받아들일 수 있는 커뮤니케이션 방법을 활용한다. 통합적 마케팅 커뮤니케이션의 목표를 달성하기 위해 기업은 모든 소비자 접촉점을 통해 전달하는 메시지들을 조율·통합해 명확하고 일관된 메시지를 전달해야 한다. 통합적 마케팅 커뮤니케이션은 곧 소비자에게 "한 목소리"를 내는 것이다(그림 5-11 참조).

(1) 통합적 마케팅 커뮤니케이션의 배경

소비자들에게 통합된 하나의 목소리를 내야 한다는 주장은 최근에 대두된 것은 아니었다. 그러나 마케팅 환경 변화에 따라 소비자들과의 접촉점을 통해 전달되는 메시지들을 통합적으로 관리하는 전략이 점점 더 중요하게 되었다. 이렇듯 통합적인 목소리를 내는 것이 중요해진 배경은 다음과 같다.

그림 5-11.
통합적 마케팅
커뮤니케이션

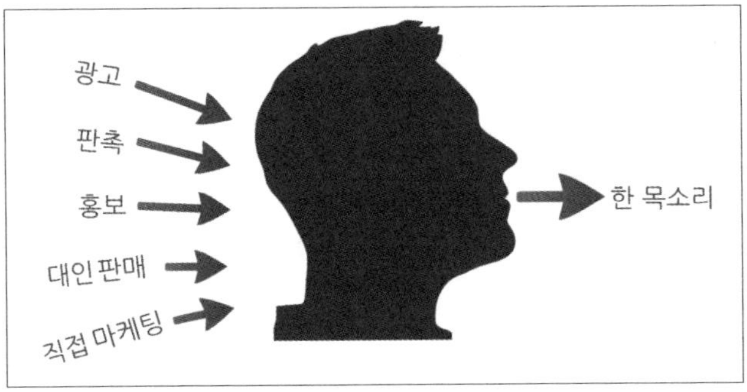

1990년대 이후 경쟁이 심해지면서 대부분의 소비 제품들이 등가 제품화되었고, 이에 따라 소비자의 가격 민감성이 높아지게 되었다. 소비자들은 같은 가격에 더 많은 가치를 제공하는 제품을 원했다. 이러한 시장 상황 변화에 맞추어 마케터들은 가격 할인 중심의 판촉 활동에 치중하게 되었다. 그 결과 광고나 홍보를 통해 오랫동안 공들여 구축해왔던 제품의 이미지가 추락하게 되었다. 광고나 홍보 채널을 통해서 제공하는 제품 메시지(고급 품질, 고급 이미지 등)와 판촉을 통해 제공하는 메시지(저가, 할인 등)가 서로 충돌해 제품에 대한 일관된 메시지를 제공하는 데 실패했기 때문이다. 소비자들은 제품에 대해 광고에서 말하는 것과는 다른 싸구려 제품 이미지를 갖게 되었다. 이는 소비자와 장기적으로 호의적인 관계를 맺고 브랜드 충성도를 얻으려는 마케터들에게 실패를 안겨주었다.

이러한 실패를 경험한 마케터들은 다양한 통로를 통해 전달되는 메시지가 서로 달라서는 추구하는 제품의 가치를 구축할 수 없다는 것을 깨닫게 되었다. 원하는 제품 이미지를 재건하기 위해서는 각종 커뮤니케이션 접촉점을 통해 전달되는 제품 관련 메시지들이 일관성이 있게 한 목소리를 내야 한다. 소비자가 커뮤니케이션 접촉점을 통해 노출되는 각각의 메시지는 결국 누적적으로 제품에 대한 이미지를 구축하는 데 영향을 주기 때문이다.

(2) 통합적 마케팅 커뮤니케이션 수단

마케터가 소비자들과 커뮤니케이션할 수 있는 다양한 접촉점들은 모두 마케팅 커뮤니케이션 수단이라고 할 수 있다. 소비자가 다양한 통로를 통해 습득한 크고 작은 정보들이 제품에 대한 이미지를 만들어가며 궁극적으로 브랜드 자산을 구축하게 된다. 따라서 소비자들이 특정 제품과 관련해 정보를 얻는 모든 통로들은 마케터가 관리해야 할 커뮤니케이션 수단들이다. 광고나 홍보/퍼블리시티 같은 전통적인 촉진 활동 외에도 친구 및 친지의 구전 메시지, 제품 포장, 소매점의 실내 장식 및 제품 진열 방법, 영업 사원의 태도, 구매 후 주변 사람들의 평가와 구매 후 서비스 등이 모두 포함된다. 이런 접촉점들을 통해 전달되는 크고 작은 정보들은 모두 브랜드에 대한 인식과 이미지를 구축하는 데 기여하기 때문이다(표 5-4 참조).

표 5-4. 마케팅 커뮤니케이션의 수단들

<table>
<tr><th colspan="2">마케팅 커뮤니케이션 수단(소비자 접촉점의 형태)</th></tr>
<tr><th>비대면 접촉(일방형)</th><th>대면 접촉(쌍방형)</th></tr>
<tr><td rowspan="5">대중 매체 광고
홍보 및 PR
구매점 촉진
중간상 촉진

장소 광고
옥외 광고
영화, 비디오, 항공

소비자 판촉

판촉
포장</td><td>대인 판매

직접 반응 광고
우편, 전화, 인포머셜</td></tr>
<tr><td>개입형 접촉, 일방형과 쌍방형</td></tr>
<tr><td>이벤트 마케팅 및 스폰서쉽 전시</td></tr>
<tr><td>고객 주도 쌍방형 접촉</td></tr>
<tr><td>전자 상거래
고객 서비스</td></tr>
</table>

(3) 통합적 마케팅 커뮤니케이션의 목표

통합적 마케팅 커뮤니케이션의 목표는 궁극적으로 통합된 브랜드 자산을 구축해 표적 소비자들의 행동에 영향을 미치는 것이다. 브랜드 자산이란 제품이 브랜드명을 통해 얻는 다양한 이익을 말한다. 다시 말해서 제품나 서비스가 자신의 브랜드명을 가지고 있기 때문에 얻게 되는 마케팅 효과를 의미한다.

브랜드 자산은 브랜드 마케팅에 대한 장기간의 투자 결과이다. 브랜드 자산의 구축은 단지 브랜드 이미지와 관련한 커뮤니케이션 효과만이 아니라 제품 판매 효과로 나타난다. 브랜드 자산이 제대로 구축되면 브랜드 대한 소비자 선호도가 증가해 구매가 증가하고, 결과적으로 시장 점유율, 수익률과 같은 구체적인 이익이 발생한다.

① 브랜드 자산의 구축

소비자의 기억 속에 호의적인 연상을 구축하고 브랜드명에 대한 신뢰를 구축해 구매로 유도하는 것이 브랜드 자산 구축의 궁극적인 목표이다. 브랜드 자산을 구축하는 데 가장 밑바탕이 되는 요소는 브랜드 인지도와 브랜드 호의도이다.

② 브랜드 인지도와 호의도 창출

브랜드 자산은 브랜드에 대한 지식을 기반으로 하며 그중 가장 기초적인 것은 브랜드명이다. 브랜드 인지도란 잠재 소비자들이 브랜드명을 기억하고 그 브랜드가 어떤 종류의 제품이라는 것을 알 수 있는 능력을 말한다. 브랜드명에 대한 넓은 인지도를 바탕으로 브랜드에 대한 호의를 구축할 수 있다.

소비자가 주의를 기울이고 주목하는 모든 수단들은 브랜드 인지도를 구축하는 기반이다. 광고와 퍼블리시티와 같은 전통적인 촉진 수단은 물론이고 공항에서 사용하는 카트에 새겨진 브랜드명, 스포츠 후원 활동을 통해 운동 경기 펜스에 노출되는 브랜드명, 선수들의 운동복에 새겨진 브랜드명과 같은 것들 하나 하나가 모두 브랜드 인지도를 구축하는 데 기여한다. 따라서 소비자들 사이에 브랜드 인지도를 구축하기 위해 소비자들에게 브랜드명을 노출시킬 수 있는 다양한 수단들을 전략적으로 조합해 사용해야 한다.

브랜드 인지도는 호의적인 연상을 구축하기 위한 전제 조건이다. 브랜드 연상이란 소비자의 기억에서 브랜드와 연결되어 브랜드명에 의해 활성화되는 기억을 말한다. 예를 들어 맥도날드는 황금색 아치, 즐거움, 재미와 같은 아이콘을 연상시킨다. 이렇듯 브랜드와 연결되어 있는 연상들이 긍정적이며 호의적일수록 브랜드에 대한 호감도가 높아진다. 따라서 브랜드에 연결되어 있는 연상들은 다른 브랜드들과 구별되는 독특하고 강력하며 호의적이어야 한다. 브랜드와 연결될 수 있는 연상의 종류에는 제품의 특성, 소비자 혜택, 가격, 개성, 유명인 등이 포함된다.

이렇게 호의적이고 강력한 연상들을 브랜드에 연결하기 위해서는 다양한 소비자 접촉점들을 통해 제공되는 정보들을 통합적으로 관리해야 한다.

(4) 통합적 마케팅 커뮤니케이션 수단의 믹스

개별 접촉을 통해 제공되는 정보들은 브랜드 인지도와 호의도를 구축하는 데 기여하기 때문에 통합적 마케팅 커뮤니케이션은 전통적인 촉진 매체를 포함해 다양한 커뮤니케이션 수단들을 사용한다. 그러나 제품에 대한 메시지가 통합되어 상승 효과를 보기 위해서는 커뮤니케이션 수단들이 일관성과 보완성이라는 원칙하에 전략적으로 선택되어야 한다.

① 일관성

통합적 마케팅 커뮤니케이션 전략은 소비자들과 접촉할 수 있는 다양한 커뮤니케이션 수단들을 사용한다. 각각 다른 커뮤니케이션 수단을 통해 제시된 정보들은 서로 다른 방식으로 입력되어 복수의 기억 재생 루트를 형성하고 결과적으로 기억을 향상시킨다. 이러한 원칙을 부호화 가변성 원칙 Encoding Variability Principle이라고 한다(Shimp and Andrew, 2013).

각각의 커뮤니케이션 수단을 통해 전달되는 메시지나 제품에 대한 의미는 일관성을 갖추어야 한다. 일관성은 복수의 커뮤니케이션 수단을 통해 전달되는 정보가 일관되게 서로의 의미를 강화시키는 것을 말한다. 각각의 수단을 통해 일관된 메시지가 전달됨으로써 브랜드 이미지가 일관성과 응집력을 갖추게 된다. 새로운 정보가 소비자들의 머리 속에 저장되어 있는 정보와 일관성을 가질 때 더 쉽게 브랜드와 연결되어 기억될 수 있다.

② 보완성

통합적 마케팅 커뮤니케이션 전략에 선택되는 수단들은 서로 보완성이 있어야 시너지 효과를 발휘할 수 있다. 보완성이란 한 커뮤니케이션 수단의 강점이 다른 수단의 약점을 보완하는 것을 말한다. 각각의 커뮤니케이션 수단들은 커뮤니케이션 효과 측면에서 장단점을 가지고 있다. 따라서 서로 보완적인 기능을 수행하는 수단들을 조합해 시너지 효과를 볼 수 있다.

텔레비전 광고는 혼잡도가 매우 높고 시간이 짧기 때문에 브랜드 인지도를 높이는 단순 수단으로 사용되는 경우가 많다. 이러한 약점을 보완하기 위해 텔레비전 광고의 내용을 이용한 라디오 광고나 인쇄 광고를 동시에 집행해 브랜드 인지도를 확장하고 제품에 대한 이해도를 높일 수 있을 것이다. 예를 들어 텔레비전 광고의 음성 부분을 라디오 광고에 그대로 사용함으로써 추가 비용을 많이 들이지 않으면서 연상 작용을 일으켜 텔레비전 광고의 효과를 볼 수 있다. 텔레비전 광고에서 사용한 시각적 아이콘은 판촉에 사용하거나 매장의 진열대에 구매 시점 촉진point of purchase 수단으로 사용함으로써 기억 재생 수단으로 활용할 수도 있다.

(5) 통합적 마케팅 커뮤니케이션에서 광고의 역할

통합적 마케팅 커뮤니케이션의 맥락에서 광고는 커뮤니케이션 믹스의 한 요소일 뿐이다. 기업은 광고 이외에도 대인 판매, 홍보나 PR, 그리고 다양한 소비자 촉진을 통해 소비자들과 커뮤니케이션할 수 있기 때문이다.

통합적 마케팅 커뮤니케이션 수단 중에서 광고는 여러 가지 강점과 약점을 가지고 있다. 대인 판매는 많은 영업 사원들의 시간과 노력을 필요로 하기 때문에 비용이 많이 드는 데 비해 광고는 대중 매체를 사용하므로 훨씬 낮은 비용으로 소비자들에게 도달할 수 있다. 그러나 대인 판매는 소비자와 직접 커뮤니케이션해 복잡한 정보를 전달하고 즉각적인 피드백을 받을 수 있어 맞춤 메시지를 전달할 수 있고 소비자의 구매를 끌어낼 수 있다는 장점이 있다.

인터넷 광고를 제외한 광고는 구매까지 효과를 미칠 수 없다는 단점이 있다. 일반적인 광고의 효과의 범위는 브랜드 인지도를 높이고 호의적인 태도를 구축하는 것이다. 따라서 광고가 제품에 대한 인지도와 호의도를 구축한 이후에는 판촉을 광고의 보완 수단으로 사용해 소비자들로 하여금 제품을 시도해보게 하는 것이 효과적이다.

한편 소비자들은 편향되어 있다는 생각에 광고 메시지를 믿지 않는 경향이 있다. 이러한 경우 마케터는 퍼블리시티나 PR 캠페인 등 제품에 대한 메시지를 보다 신뢰성 있는 매체를 통해 기사화해 전달함으로써 광고의 약점을 보완할 수 있다. 광고 기획 과정 중 광고가 담당한 역할을 평가하는 것은 기업의 커뮤니케이션 믹스에서 중요한 부분이다. 광고 기획자는 마케팅 커뮤니케이션 수단들이 서로 보완해 제품의 판매를 도울 수 있도록 커뮤니케이션 계획을 수립해야 한다.

요약

- 광고는 마케팅 활동의 하나로서, 촉진 활동에 포함된다.
- 광고가 성공하기 위해서는 다른 마케팅 활동들과 연계되어 계획되어야 한다.
- 마케팅 관리 철학에는 생산 컨셉트, 제품 컨셉트, 판매 컨셉트, 마케팅 컨셉트, 사회적 마케팅 컨셉트가 있다.
- 마케팅 접근 전략에는 대량 마케팅, 제품 차별화 마케팅, 타겟 마케팅이 있다.
- 타겟 마케팅의 실행은 시장 세분화, 시장 선택, 포지셔닝의 단계를 거친다.
- 통합적 마케팅 커뮤니케이션이란 브랜드에 대한 통합된 이미지를 구축하기 위해 소비자와의 다양한 접촉점을 통해 하나의 목소리를 내는 것이다.

토의문제

1. 마케팅 목표와 광고 목표는 어떻게 연결되는지 토의해보자.
2. 광고에 마케팅 전략이 잘 반영된 예를 들어보자.
3. 마케팅 컨셉트인 소비자 중심주의가 제대로 반영된 제품의 예를 들어보자.
4. 판촉의 결과 브랜드 이미지가 손상된 브랜드의 예를 들어보자.
5. 통합적 마케팅 커뮤니케이션에 성공한 브랜드의 예를 들어보자.
6. 맥주나 청량음료와 같은 특정 제품군의 브랜드들이 어떻게 포지셔닝되어 있는지 지각 지도perceptual map를 이용해 토론해보자.
7. 샴푸 시장은 소비자 혜택 변수로 어떻게 세분화될 수 있을지 토론해보자.
8. 물리적 특성으로 포지셔닝에 성공한 제품의 예를 들어보자.

6장

소비자 청중의 이해

광고의 궁극적인 목표는 소비자에게 제품을 구매하도록 설득하는 것이다. 효과적인 설득을 위해서 광고 기획자가 가장 먼저 해야 할 일은 소비자를 이해하는 것이다. 소비자가 어떤 필요와 욕구를 가지고 있는지, 어떤 내외적 요인들이 제품 구매 행동에 영향을 주는지, 구매 의사 결정에 영향을 주는 사람들은 누구인지와 같은 표적 소비자의 행동에 대한 이해 없이는 효과적으로 메시지 전략을 세울 수 없다. 광고는 소비자가 제품을 인지하고, 호의적인 태도를 가지게 하는 매개적인 커뮤니케이션 목표를 가지므로, 표적 소비자들이 가장 공감할 수 있는 메시지를 그들의 언어와 사용 매체를 통해 전달해야 광고 효과를 극대화할 수 있다.
6장에서는 광고 전략 수립의 뿌리가 되는 소비자 행동에 대해 살펴보고자 한다. 우선 구매 행동에 영향을 미치는 요인들을 살펴보고, 구매 의사 결정 과정을 알아보겠다.

1. 소비자 구매 행동에 영향을 미치는 요소

소비자가 제품을 구매하는 과정에서 다양한 요인들이 구매 의사 결정에 영향을 미친다. 환경적으로는 소비자가 속해 있는 문화나 사회적 집단들이, 개인적으로는 소비자 개인의 인구 통계적 특성들과 심리적 요인들이 소비자들의 구매 결정에 영향을 미친다(그림 6-1 참조).

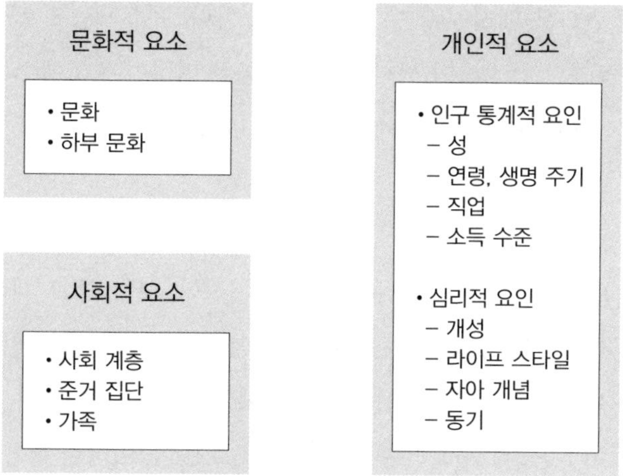

그림 6-1.
소비자 행동에 영향을 미치는 요소들

(1) 문화적 요소

① 문화

소비자가 속한 사회 구성원들이 공유하는 관습, 가치관, 라이프 스타일, 도덕 등의 복합체인 문화는 소비자 행동에 막대한 영향을 끼친다. 같은 문화권에 속한 소비자들은 동질의 신념과 가치, 규범을 가지기 때문에 구매 행동에서도 비슷한 행태를 보인다. 여기에서 규범이란 사회적인 상호 작용을 통해 학습되는 것으로서, 특정한 행동을 규정하거나 금지하는 규칙이다. 규범의 뿌리를 이루고 하나의 문화를 특징짓는 핵심 가치에는 소속감, 흥분, 삶의 즐거움, 따뜻한 관계, 자아 성취, 타자로부터의 존중, 성취감, 안전, 자아 존중 등이 있다. 광고는 제품이 소비자들에게 제공하는 궁극적인 가치를 파악해 이를 핵심 테마로 사용할 수 있다.

문화는 고정되어 있는 것이 아니라 시대의 흐름에 따라 변화한다. 따라서 광고 기획자들은 문화의 변화에 민감해야 한다. 문화의 변화는 시장에서 소비자 행동 변화의 신호이기 때문이다. 예를 들어, 여성의 사회 참여 증가는 소비자들의 구매 행동에 큰 영향을 주었다. 이에 따라 관련 제품의 광고들은 이러한 변화를 메시지에 반영했다. 승용차나 주류 제품의 광고에 여성 모델이 사용자로 등장하며 사회적으로 성공한 여성이 광고에 많이 등장하게 된 것은 이러한 문화적 변화를 반영한 예라고 할 수 있다.

② 하부 문화

하나의 문화는 다양한 하부 문화로 나누어진다. 지역, 종교, 세대 등은 하부 문화를 형성하는 중요한 변수이다. 각각의 하부 사회는 그들만의 문화적 유산을 가지며 이로 인해 각 하부 문화권에 속하는 소비자들은 다른 하부 문화권의 소비자들과 구별되는 행동 패턴을 보인다. 이러한 행동 패턴에는 성적 역할gender role, 의상, 음식, 놀이, 태도, 동기, 공간 사용, 언어의 의미 등이 포함된다.

하부 문화는 마케팅과 광고 전략 수립에 매우 중요한 요소로, 시장 세분화가 하부 문화를 규명하는 과정이라고 해도 과언이 아니다. 이는 동일한 하부 문화권의 소비자가 언어나 의식주 등 생활에서 유사한 문화를 공유하기 때문이다. 이들은 유사한 필요와 욕구를 가지며, 결과적으로 비슷한 제품군과 브랜드를 사용한다.

하부 문화의 파악은 제품 차별화의 출발점이라고 할 수 있다. 마케터는 소비자 조사를 통해 표적으로 삼고 있는 하부 문화 집단의 가치, 의사 결정 과정, 구매 행동, 동기 등을 이해해야 한다. 표적 소비자들의 하부 문화를 제대로 이해함으로써 그들의 언어와 가치관, 행동 양식을 반영하는 광고 전략을 수립할 수 있다.

(2) 사회적 요소

① 사회 계층

한 사회에 속한 사람들은 모두 특정 사회 계층의 일원이다. 사회 계층은 사회 경제적인 공통의 특성을 바탕으로 분할된 사회 집단들로서 사회 계층화에 의해 만들어진다. 사회 계층화는 존경이나 명예의 위계를 만들어 구성원들에게 순위를 매기고 위치시키는 것을 말한다.

통상적으로 사회 계층은 소득, 교육, 직업과 같은 사회 경제적 요인들을 바탕으로 상류층, 중류층, 하류층 등으로 분류될 수 있다. 같은 사회 계층에 속한 구성원들은 유사한 가치와 규범, 행동 양식을 공유한다. 따라서 이들은 구매 행동에 있어서도 비슷한 행태를 보인다.

② 준거 집단

사회적 집단은 사회 체계의 기본적인 단위이다. 사회적 동물인 인간은 어느 집단에건 속해 있기 마련이며 소속 집단은 개인에게 강력한 영향을 끼친다. 사람들이 속해 있는 사회 집단은 작업을 수행하고 목표를 달성하고 생존을 돕는 것은 물론 구성원들에게 위안과 즐거움을 주기도 한다. 사람들은 자신이 속한 집단의 가치관을 다른 집단에 비해 더 중요하게 여기며 집단 구성원들의 행동 양식을 따른다. 따라서 사회 집단의 행동 양식은 구성원의 일반적인 행동뿐만 아니라 구매 행동에도 영향을 미친다. 이렇듯 사람들이 살아가는 데 있어 가치관이나 행동 양식의 준거틀 역할을 하는 사회 집단을 준거 집단이라고 한다.

사람들이 속해 있는 준거 집단은 1차 준거 집단, 2차 준거 집단, 동경 집단 aspirational group 등으로 나눌 수 있다. 1차 준거 집단은 접촉의 빈도나 구성원 간의 친밀성이 매우 높은 집단이다. 가족이나 학생 집단, 직장 동료 집단이 여기에 속한다. 2차 준거 집단은 구성원 간의 접촉 빈도나 친밀성이 상대적으로 낮으며 집단의 구조가 느슨하다. 관심사가 같은 사람들이 모인 동호회나 동창회, 사교 클럽 등이 여기에 속한다.

광고에는 준거 집단뿐만 아니라 유명 연예인이나 스포츠 스타 등의 준거인이 널리 사용된다. 사람들은 이들을 동경해 그들의 행동을 모범으로 삼아

흉내 내려는 경향이 있다. 광고는 표적 소비자들이 동경하는 유명인이 제품을 사용하는 모습을 보여줌으로써 소비자들로 하여금 같은 행동을 하도록 유도한다.

동경 집단은 자신이 현재 속해 있지 않지만 미래에 속하기를 원하는 준거 집단이다. 이러한 동경은 권력이나 지위, 명예, 경제력에 기반을 둔 것이다. 마케터들은 동경 집단에 진입해 자신의 지위를 높이려는 소비자 집단의 욕망에 호소한다. 이러한 이유로 의류와 화장품, 고급 승용차 광고들은 성공한 기업인이나 사회적 지위를 바탕으로 한 컨셉트를 사용하는 경우가 많다.

③ 가족

가족은 어렸을 때부터의 사회화에 가장 큰 영향을 주는 요인으로서 제품에 대한 태도나 구매 행동에 지대한 영향을 미친다. 가족원 간의 관계는 다

표 6-1. 전통적인 가족 생명 주기 범주와 특성

생명 주기 범주	특성
젊은 독신 young singles	35세 이하 독신. 사회생활 초년생으로 소득 수준이 낮지만 재정 부담이 낮고 가처분 소득 수준이 높음.
신혼 newly married	자녀가 없는 신혼부부. 맞벌이 소득으로 가처분 소득 수준이 높음.
풀 네스트 I full nest I	6세 이하 자녀가 있는 부부. 육아 경비로 인한 소득의 압박이 높음.
풀 네스트 II full nest II	6–12세 자녀가 있는 부부. 부모의 소득 상승으로 재정 상태가 개선됨. 맞벌이 부부의 자녀들은 가정에 혼자 있음.
풀 네스트 III full nest III	10대 청소년 자녀가 있는 부부. 가족의 재정 상태가 지속적으로 개선됨. 자녀들이 파트타임 일을 하기도 함. 교육비가 증가함.
빈 둥지 I empty nest I	자녀들이 분가해 독립. 부모는 계속 직업을 가지고 경비 감소로 인해 저축 수준이 가장 높아지고 최고의 가처분 소득을 가짐.
빈 둥지 II empty nest II	가장이 은퇴함에 따라 소득 수준이 급감함. 부부가 연금에 의존함.
외로운 생존자 solitary survivor	소득이 낮고 의료 서비스의 필요가 증가함.

른 어떤 집단보다 더 가깝고 강하게 감정적으로 연결 되어 있으며, 소비를 공유하고 의사 결정을 함께 하는 것이 가족 생활의 특징이기 때문이다.

가족 구성원들은 소비를 함께 하기 때문에 제품군이나 브랜드 구매 의사 결정에 함께 참여한다. 어린이들은 식품 구매에 영향을 미친다. 승용차 구매에서는 부부가 브랜드 결정에 함께 영향을 미친다.

전통적으로 한 가족의 생명 주기도 마케팅 전략적으로 큰 의미를 가진다(표 6-1 참조). 하나의 가족은 여러 단계의 생명 주기를 거치는데, 놓여 있는 단계에 따라 다른 형태의 소비가 일어난다. 예를 들어 갓 결혼한 신혼부부의 소비 행태는 아이가 있는 부부와는 다를 것이다. 자식들이 모두 출가해 노부부만으로 구성된 가족은 자식과 함께 사는 가족과 구매하는 제품군의 종류와 제품 단위가 다르다(Wells and Gubar, 1966).

(3) 개인적 요소

① 인구 통계 변수

인구 통계 변수는 사람들을 통계적으로 분류할 때 사용하는 변수로서 연령, 성, 직업, 교육 수준, 소득 수준과 같은 변수들이 여기에 포함된다.

성은 마케팅에서 가장 기본적이면서도 확연한 차별화 변수이다. 제품의 용도나 기능에 따라 성별 사용이 확연히 구분되거나 한쪽 성의 사용도가 다른 성에 비해 현저히 높은 제품은 성이 제품 시장을 구분하는 매우 중요한 변수로 사용될 수 있다. 예를 들어 여성 개인 위생 용품은 성별로 확연히 구분되는 제품군이다. 화장품 같은 제품군은 여성이 주로 사용하는 제품군이었지만 최근에는 남성 소비자들이 증가함에 따라 성이 시장을 세분화하는 중요한 변수로 사용된다.

연령은 마케팅에서 가장 많이 사용되는 세분화 변수이다. 우선 소비자들의 동기와 관심을 대변할 수 있는 가장 중요한 변수이기 때문이다. 소비자들의 연령대는 대체로 유년기(0-5세), 어린이 및 청소년기(6-19세), 청년기(20-34세), 중년기(35-49세), 장년기(50-64세), 노년기(65세 이상)로 나눌 수 있다. 각 연령대의 소비자들은 다른 제품군을 필요로 한다. 예를 들어 유년기에 속한 어린이들은 유아 용품과 장난감 등을 필요로 하지만 노년기에 속한 소비자들은 의료 기기 및 서비스, 여행 상품, 보험 상품 등을 필요로 한다. 동일한 소비자일지라도 생명 주기 단계를 거치면서 사용하는 브랜드가 달라진다.

한편 직업과 소득, 교육 수준도 소비자들의 구매 행동에 영향을 미치는 매우 중요한 요소들이다. 유사한 직업군에 속한 소비자들은 비슷한 제품군과 브랜드를 구매한다. 예를 들어 블루칼라 직업 종사자들과 화이트칼라 직업 종사자들은 행동 양식이 다르기 때문에 다른 종류의 제품을 소비한다. 소득 수준과 교육 수준은 구매력과 직접적인 관련이 있다. 소득 수준이 높을수록 고가의 제품을 구매하고 구매력이 높아 마케터들에게 가장 중요한 표적 시장이다. 교육 수준은 소득 수준과 높은 상관 관계가 있다. 교육 수준이 높을수록 소득 수준이 높기 때문에 구매력이 높다.

② 심리 도식 변수

심리 도식 변수psychographics는 사람들의 내적인 삶의 방식을 형성하는 모든 심리적 변수를 말한다. 특정한 소비자 집단의 특성을 단순히 인구 통계적으로 구분하기는 어려우므로, 마케터들은 심리 도식적 변수를 추가로 사용한다. 소비자의 라이프 스타일이나 취향이 다양하게 변화함에 따라 특정 인구 통계 집단 내에서도 다양한 욕구가 존재하기 때문이다. 예를 들어 어떤 제품의 표적 소비자가 20대 대졸 여성으로 정의되면 이들의 욕구가 동일할 것으로 판단하나, 실제로는 각자의 라이프 스타일이나 개성에 따라 제품 구매에서도 다른 행태를 보인다.

a. 개성

사람들은 각자의 개성을 가지고 외부의 자극에 다르게 반응한다. 개성은 외부 환경에 대해 일관성 있게 영속적으로 반응하는 특유한 심리적 특성으로, 타인을 설명할 때 많이 사용하는 것이다. 일반적으로 자신감, 지배성, 자율성, 공손성, 사교성, 방어성, 적응력과 같은 특질로 설명되거나 사람들이 환경에 반응하는 방식에 따라 외향적/내향적, 감각적/직관적, 감성적/이성적, 통찰적/비판적인 것으로 분류되기도 한다.

개성은 소비자가 세상을 보는 방식이나 주변에서 일어나는 일들을 지각하고 해석하는 방식, 의견이나 태도를 결정하는 방식에 영향을 준다. 이에 따라 개성은 소비자들이 구매하는 제품군이나 제품에 영향을 미친다. 개성이 정확히 분류되고 특정 제품이나 브랜드 선택과의 상관 관계가 밝혀진다면 이는 소비자 행동을 분석하는 유용한 변수로 사용될 수 있다.

b. 라이프 스타일

라이프 스타일은 사람들이 살아가는 방식으로 이들이 어떻게 시간을 보내는지(활동activities)와 자신을 둘러싼 환경에서 무엇을 중요하게 생각하는지(관심사interests), 자신과 주변 세계에 대해 어떤 생각을 가지고 있는지(의견opinions)로 규정된다. 소비자 라이프 스타일은 주로 조사를 통해서 분석되어 세분 시장을 규명하고 표적 소비자를 정의하는 데 사용된다. 마케터는 라이프 스타일을 조사하기 위해 사람들의 활동, 관심사, 의견과 관련 있는 다수의 질문 항목들을 개발한 후 특정한 목표 집단을 모집단으로 표본을 추출하고 설문 조사를 통해 질문 항목에 응답하게 한다(표 6-2 참조). 설문 조사를 통해 수집된 데이터 통계는 세분 집단의 라이프 스타일 특성을 분석하는 데 사용된다(Plummer, 1974).

표 6-2. 라이프 스타일 조사 항목

활동	관심사	의견
일	가족	자기 자신
취미	집	사회적 이슈
사교 모임	직업	정치
휴가	지역	사업
여흥	오락	경제
동호회	패션	교육
지역	음식	제품
쇼핑	매체	미래
스포츠	성공	문화

c. 자아 개념

사람들은 자신이 어떤 종류의 사람인지에 대한 의식을 가지고 있다. 이렇듯 한 개인이 스스로에 대해 가지는 의식적 지각의 총체를 자아 개념이라고 한다. 자아 개념은 실제 자아 개념the actual self concept, 이상적 자아 개념the ideal self concept, 타자 자아 개념the other self concept으로 구분된다. 실제 자아 개념은 자신이 어떤 사람인지에 대한 지각이며, 이상적 자아 개념은 자신이 어떤 사람이 되고 싶은지에 대한 지각(이상적 자아)이다. 또한 타자 자아 개념은 다른 사람들이 자신을 어떻게 생각하는지에 대한 지각이다.

자아 개념을 지배하는 원칙에는 자기 일관성을 달성하려는 욕구와 자존감을 높이려는 욕구의 두 가지가 있다. 사람들은 자기 일관성을 위해 자신의 실제 자아에 맞게 행동하려는 경향이 있다. 예를 들어 스스로를 보수적이고 실용적인 사람이라고 생각하는 사람들은 보수적인 의류 제품과 점잖은 디자인의 승용차를 구매한다. 한편 실제 자아 개념과 다른 이상적 자아 개념을 가진 사람들은 이상적 자아에 가까워질 수 있는 행동을 함으로써 자존감을 높이려는 경향을 보인다. 실제로는 보수적이지만 자유분방한 이상적 자아 개념을 가진 사람들은 스포츠카를 몰고, 청바지를 입을 수도 있다.

사람들은 무슨 일을 하는지, 어떤 옷을 입는지, 어떤 제품을 구매하는지를 통해 자신이 추구하는 자아 개념을 투영한다. 이러한 자각은 사람들이 제품을 구매하는 방식에 영향을 준다. 소비자가 특정 제품을 구매하는 이유 중의 하나는 그 제품이 자신이 가지고 있는 자아 이미지에 부합한다고 느끼기 때문이다.

많은 제품들이 이미지 광고를 통해 특유한 제품의 개성이나 이미지를 구축하려고 노력하는 것은 바로 표적 소비자들이 추구하는 자아 개념이나 자아 이미지에 제품의 이미지를 일치시키려고 하기 때문이다.

d. 동기

동기motivation는 행동을 자극하는 내적인 필요 상태로, 마케팅적 측면에서는 구매 행동에 기여하는 내적인 동력drive을 의미한다. 이러한 동력은 소비자의 필요와 욕구를 충족하고자 하는 목적에 기인한다. 필요는 사람으로 하여금 무엇인가를 하도록 동기화하는 기본적이고 본능적인 요소이며, 욕구는 필요를 실현하는 수단에 대한 필요로서 후천적으로 학습되는 것이다.

동기는 외관적으로 직접 관찰하기 힘들다. 예를 들어 사람들이 음식을 먹는 이유가 배가 고프기 때문이라는 식의 추론은 정확하지 않다. 사람에 따라 음식을 먹는 이유가 다르기 때문이다. 사람들은 허기를 채우려는 목적 외에도 사람들과의 교제나 지루함을 달래기 위해서 등 다양한 이유로 음식을 먹는다.

매슬로Abraham H. Maslow는 사람들의 동기와 관련해 욕구 단계 이론을 제시했다. 이 이론에 의하면 사람들은 기본적으로 생리적 욕구, 안전 욕구, 소속 욕구, 자존 욕구, 자아실현 욕구라는 다섯 가지 욕구를 가진다. 생리적 욕구는 사람들이 생존하기 위해 필요한 배고픔, 목마름 등과 같은 생물학적인 욕구이다. 안전 욕구는 생존에 필요한 보안과 위험으로부터의 보호, 고통으로부터 회피, 환경 질서에 대한 욕구를 말한다. 소속 욕구는 사회적 욕구이다. 다른 사람들과 좋은 관계를 맺어 타인과 어울리고 정을 나누고자 하는 욕구를 말한다. 자존 욕구는 인정과 자존의 욕구이다. 인정 욕구는 성취감, 자신감, 독립심과 관련되어 있으며 자존 욕구는 명성, 주목, 존중과 관련되어 있다. 자아실현 욕구는 자기 성취에 대한 욕구로서 개인이 가지고 있는 잠재 능력을 충분히 개발하고자 하는 욕구이다(Maslow, 1954).

매슬로에 의하면 이러한 필요들은 동시에 발생되는 것이 아니라 순차적으로 작동한다. 사람들은 가장 기본적인 욕구인 생리적 욕구가 충족되어야 그다음 단계인 안전의 욕구를 충족시키고자 노력하며, 안전의 욕구가 충족되어야 다음 단계인 소속 욕구를 가지게 된다. 이러한 순서로 마지막 단계의 욕구인 자아실현의 욕구에 이르므로, 상위 단계의 욕구는 하위 단계의 욕구가 실현될 때까지 동기 요인으로 작용하지 않는다.

욕구 단계 이론은 광고 전략에 중요한 함의를 제공한다. 광고의 표적 청중이 현재 어떤 욕구 단계에 위치해 있는지를 분석함으로써 소비자들을 동기화할 수 있는 욕구 단계를 파악할 수 있는 것이다. 최근의 경제 발전으로 우리나라의 소비자는 대부분 생리적인 욕구나 안전 욕구와 같은 하위의 필요들이 어느 정도 충족되어 있다. 따라서 많은 소비자들은 소속의 욕구나 자존의 욕구 또는 자아실현의 욕구와 같은 상위 욕구를 가지고 있다. 따라서 일반적으로 상위 욕구를 해소하는 동기 소구를 사용하는 것이 더 효과적이다. 식품 광고의 예를 들어 보자. 경제 수준이 후진적인 국가의 소비자들은 배고픔을 해소하기 위한 생리적 욕구 단계에 있기 때문에 식품의 양, 맛, 위생과 같은 생리적 욕구, 안전 욕구에 초점을 맞춘 소구가 효과적이지만 이러한 욕구가 이미 실현된 사회에서는 식품을 통해 얻게 되는 소속감이나 자존감과 같은 상위 욕구의 동기화 소구를 사용하는 것이 더 효과적이다.

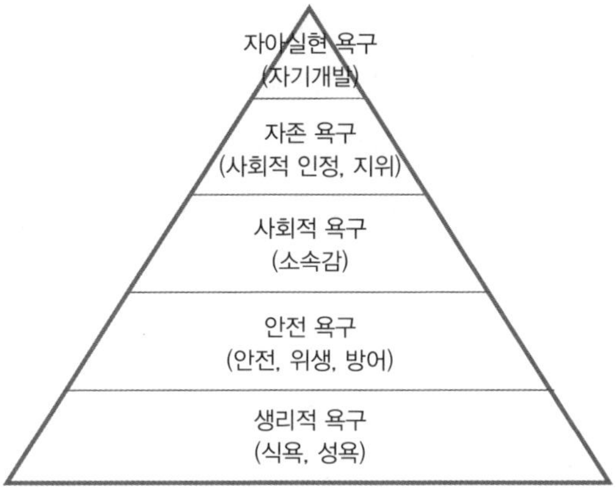

그림 6-2.
매슬로의 욕구 단계

예를 들어 오리온 쵸코파이는 생리적 욕구과 관련된 제품이지만, '정情'을 주제로 소속감이나 사랑과 같은, 보다 높은 차원의 욕구에 초점을 맞추어 광고 캠페인을 실시해 성공했다(그림 6-3 참조).

e. 관여도

사람들이 자극에 대해 보이는 관심의 정도는 개인마다 다르다. 특정 자극물에 대해 사람들이 가지는 관심의 정도는 정보 처리의 형태와 깊이에 영향을 주며 궁극적으로 커뮤니케이션 효과에 영향을 준다. 같은 광고에 노출될

그림 6-3.
상위 욕구 단계를
이용한 캠페인

경우에도 각각의 소비자는 광고 제품에 대해 가지고 있는 관심의 정도에 따라 다르게 반응한다. 이렇듯 소비자가 자극물에 대해 가지는 관심의 정도나 중요시하는 정도, 혹은 특정한 대상물과의 관련성에 대한 지각의 정도를 관여도라고 한다. 관여도는 제품의 종류나, 개인, 상황에 따라 결정된다.

• 제품 종류: 특정한 제품군에 대한 관여도 수준은 개별 소비자에 따라 다르게 나타나지만 제품군의 특성은 소비자 관여도의 수준을 예측할 수 있게 해준다. 제품 관여도의 수준을 가늠할 수 있는 가장 중요한 요소는 소비자가 특정 제품을 채택함으로써 지각하는 위험의 정도이다. 지각하는 위험의 정도란 첫째로 특정한 결정에 대한 불확실성, 둘째로는 잘못된 결정으로 발생하는 잠재적인 결과로 인해 소비자가 구매 결정 과정에서 지각하는 위험의 정도를 의미한다. 소비자가 느끼는 위험에는 물리적 위험physical risk, 심리적 위험phychological risk, 경제적 위험financial risk, 성능 위험performance risk 등이 포함된다. 제품에 대해 지각하는 위험도가 높을수록 관여도가 높다. 제품의 가격이 높거나(경제적 위협) 그 제품을 사용함으로써 사람들로부터 거부당하거나 자아 이미지에 부정적으로 작용할 가능성(심리적 위험)이 클수록, 혹은 제품의 기술적 특성으로 인해 빠른 시간 내에 쓸모없는 제품이 될 가능성(성능 위험)이 클수록 고관여 제품에 속한다. 또한, 제품의 쾌락적 가치도 중요한 결정 요인이다. 제품이 가지고 있는 감정적 소구력과 쾌락적 혜택을 제공할 수 있는 능력이 크다고 느낄수록 관여도가 높다.

• 개인: 특정한 제품군에 대한 관여도는 개인에 따라 다르다. 자동차에 열광해 자동차 경주 대회에 참여하고 승용차 잡지를 구독하는 소비자가 있는 반면 승용차에 별다른 관심을 보이지 않는 사람들도 있다. 음향 기기에 큰 관심을 기울이는 소비자들이 있는가 하면 그런 제품에 전혀 흥미가 없는 소비자들도 있다. 이처럼 관여도는 개별 소비자들의 필요나 가치관, 자아 개

념에 따라 다르다. 제품이나 서비스가 자신의 이미지를 높여주는 배지 가치 badge value가 높다고 느낄 때 관여도가 높으며, 이런 경우 관여도는 지속적인 특성을 띠고 안정적인 특질로 기능할 가능성이 높다. 그렇지 않은 경우의 관여도는 상황적이고 일시적이다.

- 상황: 지속적인 관여도가 안정적인 특성을 가지고 있는 데 비해 상황적인 관여도는 시장 상황이나 구매 상황에 따라 바뀐다. 상황적인 관여도는 시간에 따라 바뀌며 제품 구매가 이루어지면 변경된다. 새로운 의류 제품에 일시적인 유행에 따라 잠시 높은 관여도를 보이다가 유행이 지나가면 그 제품에 대한 관심이 사라지는 것이 그 예이다. 같은 제품군이라고 할지라도 사용 용도에 따라 관여도가 다르게 나타난다. 예를 들어, 선물용으로 와인을 구매할 때는 높은 관여도를 가지나 자신이 직접 사용하려고 구매할 때의 관여도는 상대적으로 낮다.

2. 구매 의사 결정 과정

소비자가 제품을 구매하기까지 거치는 의사 결정 과정은 관여도 상황에 따라 매우 다르지만 일반적으로 필요 인식, 정보 탐색, 평가 및 비교, 구매 결정, 사후 평가의 다섯 단계를 거친다.

(1) 필요 인식

첫 번째 단계는 소비자가 제품에 대한 필요를 인식하는 단계이다. 필요 인식은 소비자가 만족스럽게 느끼는 이상적인 상태와 현재 느끼는 실제 사이에 차이가 있을 때 발생한다. 이 단계의 광고는 필요를 활성화시키거나 자극하는 것을 목표로 한다.

(2) 정보 탐색

소비자는 필요를 인식하면 그것을 충족시킬 수 있는 대안들을 탐색한다. 정보 탐색의 정도는 관여도에 따라 다르다. 승용차를 구매할 때와 라면을 구매할 때 소비자가 정보 탐색에 들이는 시간과 노력에는 차이가 있다. 소비자는 수동적으로 우연히 노출되는 광고나 제품 정보에 주목하기도 하고, 적극적으로 제품에 대한 정보가 실려 있는 인터넷 사이트나 소비자 보고서를 찾아보기도 한다. 또한 과거의 경험으로부터 저장되어 있는 기억 정보를 회상하기도 한다.

소비자가 탐색하는 정보는 두 가지로 나눌 수 있다. 첫 번째 정보는 내적 정보이다. 내적 정보는 소비자의 기억에 저장되어 있는 정보로서 제품이나 브랜드에 대한 과거의 경험과 의견이 축적된 것이다. 일반 소비재 제품의 정보를 탐색하는 경우는 내적 정보로 충분하다. 그러나 고관여 제품이거나 불확실한 제품의 경우는 내적 정보로는 부족하다. 이에 따라 소비자는 두 번째 정보인 외적 정보를 탐색한다.

외적 정보에는 친지로부터 얻는 제품 정보나 매체나 소비자 단체의 평가 정보와 같은 공공 정보, 마케터가 제공하는 광고나 상업 정보 등이 포함된다. 소비자는 제품 구매 과정에서 자신의 내부 정보나 구전, 소비자 단체를 통해

그림 6-4.
구매 의사 결정 과정

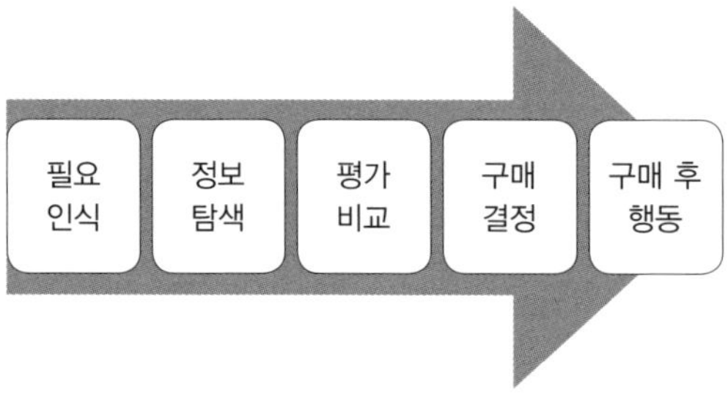

얻게 되는 정보에 주목한다. 광고나 마케팅 커뮤니케이션 메시지보다 이러한 정보가 더 객관적이라고 판단하기 때문이다.

(3) 평가 및 비교

제품에 대한 정보가 수집되면 소비자는 대안들을 평가해 자신의 필요를 가장 잘 충족시켜줄 수 있는 제품을 선택한다. 소비자들은 다양한 제품 평가 속성 중에서 자신에게 중요한 소수의 속성들을 선택하고 이들을 이용해 대안 제품들을 평가한다. 제품 평가 결과 소수의 제품들이 고려 대상 제품군 the evoked set에 포함된다. 고려 대상 제품군은 소비자가 구매할 가능성이 높은 브랜드군을 말한다. 광고는 소비자가 중요하게 생각하는 속성을 바탕으로 제품의 차별성을 알려줌으로써 제품을 소비자의 고려 대상 제품군에 포함시키는 역할을 수행한다.

(4) 구매 결정

대안 제품들에 대한 평가가 끝나면 소비자는 자신의 필요를 충족시키는 데 가장 적절한 제품을 선택한다. 제품 구매는 앞 단계에서 제품 평가에 사용한 기준들 외에도 제품 구매시의 상황적 요인들의 영향을 받는다. 제품 구매 시점에 매장에서 겪는 쇼핑 경험이나 판촉 행사, 제품 보증들이 결정을 변경시킬 수 있다. 예를 들어 특정한 제품을 구매하기로 하고 매장을 방문했으나 영업 사원과 좋지 않은 경험을 하거나 다른 제품이 할인이나 견본을 제공하는 경우 선택했던 것과는 다른 브랜드를 구매할 수 있다.

(5) 구매 후 평가

구매가 완료되면 소비자는 제품이 자신의 필요를 충족시키는지를 평가한다. 제품에 대한 만족 여부는 차후의 구매 행동에 영향을 미친다.

소비자의 기대가 충족되었을 때 발생한 만족은 구매 결정을 강화시켜 제품 재구매 시에 피드백 요소로 작용한다. 제품이 만족스러우면 브랜드에 대한 긍정적인 태도가 강화되어 동일 브랜드를 재구매할 가능성이 높아진다. 따라서 제품 재구매 시 정보 탐색과 대안의 평가 단계를 최소화시키며, 이런 과정이 반복되면 브랜드 충성도가 생긴다. 제품 경험이 만족스럽지 않으면 브랜드에 대한 부정적인 태도가 발생하고 고려 대상 제품군evoked set에서 제외되어 재구매 가능성이 낮아진다.

이와 같이 구매 후 평가는 구매 의사 결정 과정상 매우 중요한 단계이다. 만족스러운 소비자는 충성 구매자가 될 가능성이 크다. 이들은 제품에 대한 의견을 직접, 혹은 개인 매체를 통해 다른 소비자들에게 전할 가능성이 크다. 특히 인터넷의 발달로 인해 제품에 대한 구매자의 의견은 브랜드의 이미지나 명성에 막대한 영향력을 끼칠 수 있다.

한편 제품 구매 시 소비자는 두 개 이상의 제품 중에서 하나를 선택하게 된다. 따라서 제품을 일단 구매한 후에는 불안함을 느낄 가능성이 있는데, 이는 경제적 위험이나 사회적 위험이 큰 의사 결정일수록 그렇다. 제품 구매 후 선택한 제품에 대한 부정적인 정보에 노출되는 경우 상반되는 신념으로 갈등이 발생하는데, 이를 구매 후 부조화postpurchase dissonance라고 부른다. 소비자는 다음과 같은 방법으로 이렇게 발생한 인지 부조화를 피하기 위해 노력한다(Assael, 1992).

- 부조화 정보를 무시한다.
- 정보를 선택적으로 해석한다.

(예: "어떤 제품이든 하자가 있기 마련이다.")

- 기대 수준을 낮춘다.

(예: "제품에 문제가 있기는 하지만 그래도 받아들일 만한 선택이다.")

- 구매 브랜드에 대한 긍정적인 정보를 탐색한다.
- 다른 사람들에게 자신의 선택을 확신시킴으로써 스스로의 확신을 강화한다.

소비자들의 구매 후 부조화를 해결하는 것은 마케터의 매우 중요한 임무이다. 제품 보증이나 사후 서비스는 물론 광고를 포함한 마케팅 커뮤니케이션 도구들은 구매 이후 소비자들이 겪게 되는 인지 부조화를 해결하는 데 중요한 역할을 한다. 소비자는 광고 메시지를 제품 구매 전뿐 아니라 구매 후에도 자신의 의사 결정을 합리화시키기 위해 사용한다는 점을 염두에 두어야 한다.

요약

- 소비자에 대한 이해는 성공적인 광고 메시지를 기획하는 데 필수적인 요소이다.
- 여러 가지 요인들이 소비자들이 광고를 받아들이는 과정에 영향을 미친다.
  - 주요 요인에는 문화적 요소, 사회적 요소, 개인적 요소 등이 있다.
  - 문화적 요소에는 문화와 하부 문화, 사회적 요소에는 사회 계층, 준거 집단, 가족, 개인적 요소에는 인구 통계적 요소와 심리적 요소 등이 있다.
- 소비자는 제품을 구매하기까지 필요 인식, 정보 탐색, 평가 및 비교, 구매 결정, 사후 평가의 다섯 가지 의사 결정 과정 단계를 거친다.

토의문제

1. 최근에 제품을 구매할 때 어떤 의사 결정 과정을 거쳤는지 토의해보자. 제품 종류에 따라 의사 결정 과정이 어떻게 달랐는지도 생각해보자.
2. 최근 구매한 제품의 구매 결정에 영향을 준 요인들은 무엇인가? 이러한 요인들은 광고 메시지에 어떻게 반영될 수 있는지 토의해보자.
3. 최근의 문화적 환경은 어떻게 변화했는가? 이러한 변화가 마케팅 활동 및 광고 내용에 어떻게 영향을 주었는지 논의해보자.
4. 최근 인구 통계적 환경 변수가 관련 제품의 마케팅 활동에 영향을 준 사례를 들어보자. 이러한 변화는 광고 메시지에 어떻게 반영되었는가?
5. 내가 속한 준거 집단이 나의 제품 구매 의사 결정에 영향을 준 사례를 들어보자.
6. 소비자가 구매 의사를 결정하는 각 단계에서 광고는 어떤 임무를 수행할 수 있는지 토론해보자.

3부

광고 커뮤니케이션

7장

광고 커뮤니케이션 과정

광고의 목표는 소비자들에게 제품과 관련한 정보를 전달해 커뮤니케이션 반응을 일으키는 것이다. 커뮤니케이션 반응은 표적 소비자들이 광고 메시지에 노출된 결과 알지 못했던 제품을 알게 되거나, 제품에 대해 이미 가지고 있던 생각을 바꾸거나 구매하고 싶은 욕구를 갖게 되는 것을 말한다.
7장에서는 광고가 어떤 과정을 거쳐 소비자에게 전달되고 반응을 이끌어내는지 알아보고자 한다. 우선 일반적인 커뮤니케이션 과정을 커뮤니케이션 모형을 바탕으로 살펴보고 이 모형을 광고에 적용시켜 광고의 작동 과정을 알아보겠다. 광고 커뮤니케이션 모형을 바탕으로 광고 효과에 영향을 주는 제약 요인들을 살펴보고 광고 메시지가 표적 소비자들을 설득하는 심리적 과정을 개략적으로 알아볼 것이다.

1. 커뮤니케이션 작동 과정

광고는 어떻게 작동하는가? 광고는 기업이 마케팅 목적을 달성하기 위해 행하는 커뮤니케이션 활동이다. 따라서 광고가 작동하는 과정을 이해하기 위해서는 기본적으로 커뮤니케이션의 작동 과정을 이해할 필요가 있다. 커뮤니케이션은 메시지를 보내는 정보원과 그것을 받는 정보 수신자가 의미를 공유하는 과정이다. 정보원과 수신자가 의미를 공유하는 커뮤니케이션 과정을 SMCRE 모형을 이용해 살펴보자.

(1) SMRCE 모형

SMCRE(Source-Message-Channel-Receiver-Effect) 모형은 섀논과 위버Shannon and Weaver가 처음 제시한 것으로 커뮤니케이션이 어떤 과정을 거쳐 이루어지는지를 가장 간단하게 보여주는 모형이다(Shannon 1948; Weaver, Warren and Shannon, 1963). 이에 따르면 커뮤니케이션은 정보원, 메시지, 매체, 수신자의 단계적 과정을 거쳐 이루어진다. 커뮤니케이션 주체인 정보원source은 메시지 수신자에게 전달하려는 의미 위에 언어나 기호, 그림 등을 입혀 메시지message를 만든 다음 매체channel를 통해 수신자receiver에게 전달한다. 메시지 수신자는 그 메시지의 의미를 해석해 메시지에 반응effect한다.

① 정보원

정보원은 어떤 의미를 수신자에게 전달해 그 의미를 공유하고자 하는 주체이다. 정보원이 커뮤니케이션을 하는 목적은 수신자에게 자신의 의미를 전달해 어떤 반응을 끌어내려는 것이다. 정보원이 수신자로부터 원하는 반응은 수신자의 인지 체계나 태도, 행동의 구축이나 변경이다.

② 메시지

메시지는 정보원이 수신자에게 보내는 정보로 이루어진 커뮤니케이션 과정의 기본 요소이다. 정보원은 수신자에게 의미를 전달하기 위해 언어와 숫자, 그림, 기호, 상징 등의 다양한 수단을 이용해 메시지를 만든다. 정보원이 전달하려는 의미에 이런 수단들을 입혀서 메시지를 만드는 과정을 부호화encoding라고 한다.

③ 채널

메시지를 수신자에게 전달하기 위해 사용하는 운반 수단을 채널 혹은 매체라고 한다. 대면 커뮤니케이션에서는 음파나 문서 등이 운반 통로 역할을 수행하며, 대중 커뮤니케이션에서는 대중 매체들이 메시지를 실어 나른다.

"매체는 메시지다The medium is the message."라는 마샬 맥루한의 말(McLuhan, 1964)과 같이 특정 매체의 특성은 메시지 내용과 상관없이 메시지 효과에 큰 영향을 미친다. 제품 영업 사원의 목소리가 설명 메시지에 개성과 강조를 부여하듯, 각 매체의 특성은 수용자들이 매체에 반응하는 방법에 영향을 미친다.

④ 수신자

수신자는 매체를 통해 전달된 메시지를 지각 과정을 거쳐 받아들이고, 그 의미를 해석한다. 수신자는 이미 저장되어 있는 기억으로부터 새로 입력되는 메시지에 부합하는 의미를 찾아낸다. 이렇게 메시지를 해석해 의미를 부여하는 과정을 해독화decoding라고 한다.

그러나 같은 메시지가 동일한 매체를 통해 전달된다고 해서 수신자들의 반응이 동일하게 나타나지는 않는다. 수신자의 개인적 특성이 메시지 해석에 영향을 미치기 때문이다. 수신자가 가지고 있는 태도나 개성, 자아 개념, 지각 반응, 메시지 반응 준비 상태와 같은 개인적인 속성들은 메시지를 받아들이고 반응하는 방법에 영향을 준다.

⑤ 효과

수신자는 메시지의 의미를 파악해 인지나 태도, 행동 등을 새로 구축하거나 변화시킨다. 수신자가 메시지를 수용한 결과 보이는 반응을 커뮤니케이션 효과라고 한다. 그러나 수신자가 커뮤니케이션 반응을 보인다고 해서 그 커뮤니케이션이 성공했다고 할 수는 없다. 성공적인 커뮤니케이션은 수신자가 정보원이 목표로 한 커뮤니케이션 반응을 보였을 때 일어난다.

커뮤니케이션 효과에는 몇 가지 요인이 작용한다. 첫 번째 요인은 잡음이다. 잡음은 메시지가 송신자로부터 수신자에게 전달되는 것을 방해하는 요소이다. 잡음은 메시지가 전달되는 채널에서 발생하거나, 메시지가 전달될 때 수신자의 주의를 분산하는 요인이 될 수도 있다. 잡음으로 인해 송신자가 전달하고자 하는 의미가 수신자에게 왜곡되거나, 아예 전달되지 못할 수도 있다.

두 번째 요인은 정보원과 수신자 간 공유하는 경험의 장의 크기이다. 정보원과 수신자의 사회 문화 배경이나 경험이 유사할수록 의미가 공유될 가능성이 높다. 수신자가 의도한 의미로 메시지가 해석되게 하기 위해서는 수신자가 이해할 수 있는 부호화 수단들을 사용해야 한다. 수신자의 개인적 특성은 물론 사회 문화적 배경에 대한 이해를 바탕으로 만들어진 메시지일수록 커뮤니케이션의 성공 가능성은 높다.

⑥ 피드백

커뮤니케이션 과정은 상호 작용적이며 순환적이다. 정보원이 수신자에

그림 6-5.
커뮤니케이션 과정

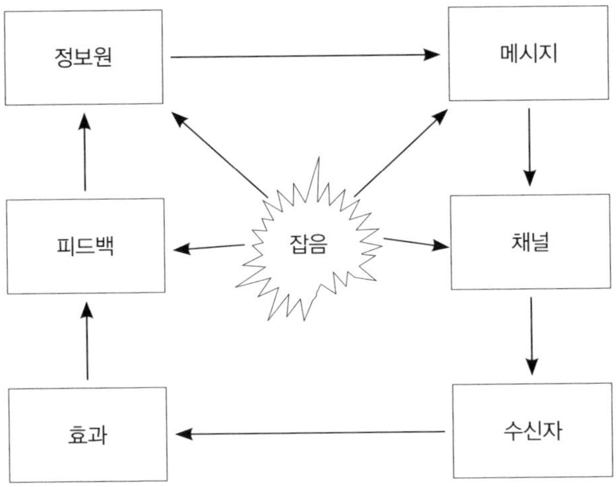

게 메시지를 보내고 수신자의 반응이 발생하면, 그 반응은 송신자에게 전달된다. 수신자의 반응이 정보원에게 전달되는 과정을 피드백이라고 한다. 피드백 과정에서 원래의 수신자는 정보원의 역할을 수행하고 원래의 정보원은 수신자가 된다. 피드백이 이루어지면 정보원은 커뮤니케이션 효과를 높이기 위해 원래의 메시지를 수정, 보완해 다시 수신자에게 전달한다. 이렇게 커뮤니케이션 과정은 정보원과 수신자가 역할을 바꿔가며 메시지를 전달하는 순환 과정이다(그림 6-5 참조).

2. 광고 커뮤니케이션 모형

광고는 소비자를 수신자로 삼는 커뮤니케이션의 한 형태이다. 따라서 앞에서 설명한 커뮤니케이션 모형에 적용해 광고 메시지가 소비자들에게 전달되어 효과가 일어나는 과정을 이해할 수 있다. SMCRE 커뮤니케이션 모형을 바탕으로 광고 커뮤니케이션 과정을 살펴보겠다.

(1) 광고 정보원

정보원은 어떤 메시지를 수신자에게 전달하려는 주체이다. 이런 의미에서 광고는 2중의 정보원을 가진다. 첫 번째 정보원은 광고주이다. 광고주는 자신의 제품이나 서비스가 제공하는 차별적 혜택의 의미를 표적 소비자들에게 전달해 커뮤니케이션 반응을 이끌어내려고 하는 주체이다. 광고의 특성은 소비자 청중이 광고를 집행하는 주체가 누구인지를 알 수 있다는 것이다. 개별 소비자가 광고주에 대해 가지고 있는 태도는 광고 효과에 영향을 미친다.

두 번째 정보원은 광고물에 출연하는 모델이다. 광고 모델은 제품의 대변인으로서 제품 혜택을 소비자에게 설명한다. 소비자들이 광고 모델에 대해 가지고 있는 태도는 광고 효과에 영향을 미친다. 광고 모델의 공신력은 광고에 대한 소비자의 태도에 영향을 미치고 이는 광고 제품에 대한 태도나 구매 의도에 영향을 미친다.

(2) 광고 메시지

광고와 같이 축약된 메시지에서는 언어와 상징이 매우 중요하다. 상징이 효과적으로 전달되기 위해서는 송신자와 수신자가 그 상징의 의미에 동의해야 한다. 예를 들어 승용차 광고에는 말이나 호랑이와 같은 동물이 상징으로 많이 사용되는데, 이는 이러한 동물들이 빠른 속도와 힘의 상징으로 받아들여지기 때문이다. 광고주가 의도한 제품의 의미가 같은 의미로 소비자에 의해서 받아들여질 때 성공적인 광고 커뮤니케이션이 일어난다.

광고 커뮤니케이션 과정에서 메시지를 만들어내는 주체는 광고 대행사이다. 광고주는 경쟁을 통해 광고 대행사를 선정한다. 광고 대행사는 마케팅 커뮤니케이션 전문가들로 구성된 집단이다. 이들은 기획 과정을 통해 표적 소비자들을 가장 잘 설득할 수 있는 핵심 주제를 선정하고, 창의적인 소구법과 표현 수단을 동원하며 광고 메시지를 제작한다.

(3) 광고 매체

광고의 특성 중 하나는 대중 매체를 통해 메시지를 전달한다는 점이다. 이는 대중 매체가 다수의 표적 청중 집단에게 메시지를 전달할 수 있기 때문이다. 텔레비전, 라디오와 같은 방송 매체, 신문, 잡지와 같은 인쇄 매체를 비롯해 인터넷, 옥외 광고, 직접 우편(DM)들이 광고를 표적 소비자에게 전달하는 역할을 수행한다. 각각의 대중 매체는 매체 특성에 따른 광고 매체로서의 장단점을 가지고 있다. 성공적인 광고 캠페인을 위해서 각 매체의 광고 매체로서의 장점과 단점을 파악해 상호 보완적인 매체들을 조합하는 것이 광고 매체 기획자의 임무이다.

대중 매체는 광고 메시지 전달 용기로서 광고 메시지를 효과적으로 전달하고 많은 청중을 확보하려고 노력한다. 청중을 많이 확보할수록 효과적인 광고 매체로 인정받을 수 있기 때문이다. 또한 광고 매체로서 대중 매체는 광고 메시지의 전달 효과를 높이기 위한 다양한 집행 방법을 광고주에게 제공한다. 예를 들어 신문의 경우 광고 주목률을 높이기 위해 1면 광고, 전면 광고, 돌출 광고 등의 다양한 지면을 제공하며 텔레비전은 프로그램 전·후 광고, 스파트 광고 등을 제공한다. 케이블 TV에서는 지상파 텔레비전과 달리 중간 광고나 긴 시간의 광고 포맷이 가능하다.

(4) 소비자

광고 커뮤니케이션 과정상 메시지의 수신자는 광고 제품의 현재 혹은 잠재 소비자이다. 경우에 따라서는 소비자에게 영향을 미칠 수 있는 의견 선도자들이 포함되기도 한다. 광고는 특정 제품이나 서비스에 대한 메시지를 전달하므로 모든 사람을 목표 수용자로 삼지 않는다. 광고주는 소비자의 욕구에 따라 시장을 세분화하고 특정 세분 시장을 표적 시장으로 선택한다. 선택된 세분 시장에 속해 있는 소비자들은 광고 캠페인의 표적 청중이 된다.

광고에 노출된 소비자들은 광고 메시지의 의미를 해석하고 제품 구매 시 정보로 활용하거나 오락적인 목적으로 사용하기도 한다. 그러나 광고 메시지에 노출된 소비자들이 모두 똑같이 반응하는 것은 아니다. 각각의 소비자는 광고 메시지에 반응 준비 상태나 동기, 관여도 등에 따라 다르게 반응한다. 따라서 목표로 삼은 커뮤니케이션 반응을 끌어내기 위해서는 표적 소비자들이 공통으로 가지고 있는 필요와 욕구, 동기를 찾아내어 광고 메시지에 반영해야 한다.

(5) 광고 효과

광고 메시지를 받은 소비자는 지각 과정을 통해 광고 메시지를 해석해 그 의미를 파악한다. 소비자는 광고 메시지가 자신에게 관련 있는 중요한 정보인지를 판단해 기억하거나 제품에 대한 태도를 새로 구축 혹은 변경하며 제품을 구매할 의도를 가지게 된다. 이렇듯 광고 메시지에 노출된 결과 표적 소비자가 보이는 반응을 광고 효과라고 한다. 표적 소비자 집단이 광고 캠페인이 목표로 삼은 커뮤니케이션 반응을 보일 때 그 광고 캠페인은 성공했다고 할 수 있다.

(6) 피드백

광고 커뮤니케이션 과정에서는 대면 커뮤니케이션에서와 같은 즉각적인 피드백은 일어나지 않는다. 광고 메시지는 대중 매체를 통해 전달되기 때문에 피드백이 지연적으로 발생한다. 이에 따라 광고주는 소비자의 피드백을 얻기 위해 여러 가지 방법을 동원한다. 광고주가 피드백을 받을 수 있는 방법에는 제품 문의량, 소매점 방문객 수, 광고에 대한 문의량의 변화 점검 등이 있다. 피드백을 얻기 위해 광고가 집행되는 동안 제품 문의를 할 수 있는 전화번호와 같이 소비자들이 반응할 수 있는 장치를 삽입할 수 있다. 또한 조사를 통해 제품 인지도와 태도, 구매 의도를 지속적으로 추적해 분석한다.

광고에 대한 부정적인 피드백은 커뮤니케이션 과정에 문제가 있음을 의미한다. 광고 담당자는 제품에 문제가 없는지, 광고 모델이 적절한지, 메시지가 명확한지, 적절한 매체가 사용되었는지 등을 평가해 커뮤니케이션 과정상 각 단계에 해당하는 광고 전략을 수정해야 한다.

• 광고 효과 제한 요소: 광고 캠페인은 표적 소비자들이 캠페인이 목표로 삼은 커뮤니케이션 반응을 했을 때 성공적이라고 평가된다. 그러나 소비자들의 반응이 광고주가 목표로 한 바대로 항상 일어나는 것은 아니다. 여러 가지 원인에 의해 광고 메시지가 소비자들에게 제대로 전달되지 않을 수 있으며, 제대로 전달된다고 해도 표적 청중들이 광고주가 원하는 바대로 반응하지 않을 수 있다.

그렇다면, 어떤 요소들이 광고의 효과에 영향을 미칠까? 이 질문에 대한 답은 광고 커뮤니케이션 모형에서 얻을 수 있다. 광고 커뮤니케이션 과정상 각 단계의 요소들은 광고 효과에 영향을 미치는 중요한 요인들이기 때문이다. 즉 정보원의 성격, 메시지의 형태, 매체의 종류, 수신자의 상태에 따라 광고 효과가 달라질 수 있다.

광고주와 광고 대행사는 표적 소비자와 시장 상황에 대한 불완전한 정보를 가지고 있다. 표적 소비자들이 광고 제품과 관련해 가지고 있는 필요와 욕구를 파악하고 환경 분석을 비롯해 시장 상황을 분석함으로써 소비자와 시장에 대한 불확실성을 줄일 수 있다.

광고 대행사는 광고 메시지와 집행 매체의 효과에 대해 불완전한 지식을 가진다. 따라서 이들은 제작된 광고 메시지의 소구에 따른 소비자 반응에 대한 지식을 바탕으로 광고물을 제작해야 한다. 또한 광고가 집행될 각종 매체가 광고 매체로서 어떤 장단점을 가지며 표적 소비자들에게 메시지를 효율적으로 전달할 수 있을지에 대한 정보를 바탕으로 매체를 선정해야 한다.

광고 메시지들은 소비자의 주목을 끌기 위해 경쟁한다. 한정적인 매체 구매 예산은 메시지 전달에 제약 요인으로 작용한다. 광고 매체 기획 혹은 구매 담당자들은 이러한 제약을 극복하기 위해 매체의 광고 혼잡도, 표적 수용자 청중의 크기, 광고 요금 등을 바탕으로 과학적인 매체 집행을 해야 한다.

표 7-1. 광고 커뮤니케이션 과정

	정보원	메시지	채널	수신자
주체	광고주	광고 대행사	대중 매체	소비자
역할	아이디어, 제품 컨셉트의 채택	제품 혜택을 전달할 메시지 창출	효율적으로 메시지 전달	정보, 오락으로 사용
임무	광고 프로그램 승인 및 관리	시청각 메시지 창조, 매체 선정	메시지 전달	메시지 해석
제한점	수신자에 대한 불완전한 지식, 경쟁	재정적 제약, 메시지 효과에 대한 불확실한 지식, 메시지 경쟁	혼잡도, 경비	반응 준비 상태 및 능력, 선택적 노출, 기억

광고 메시지의 수신자인 소비자들은 각각 다른 욕구와 동기를 가지고 있어 제품이나 메시지에 대한 관여도가 다르며, 광고주가 원하는 반응이 일률적으로 일어나지 않는다. 광고 기획자는 표적 소비자들의 심리 상태와 예상되는 행동 양식을 분석해 소비자들이 가장 잘 반응할 수 있는 메시지 전략을 수립해야 한다. 이렇듯 광고주 혹은 광고 기획자가 설정한 광고 목표를 효과적으로 달성하기 위해서는 소비자에 대한 정보, 메시지 효과에 대한 정보, 매체에 대한 정보 등의 다양한 정보와 지식이 요구된다. 따라서 광고 기획자는 광고 제품/서비스와 관련한 세 가지 요소에 대한 지식을 구축하고 이를 바탕으로 광고 캠페인을 기획해야 한다.

3. 광고 메시지 심리적 처리 과정

광고 메시지가 성공적으로 소비자들에게 전달되어도 커뮤니케이션 반응이 일어나기 위해서는 광고 메시지가 소비자의 정보 처리 과정을 거쳐야 한다. 소비자들은 매체를 통해 노출된 광고 메시지를 받아들이고 해석한 의미를 기억에 저장해 필요할 때 정보를 인출해 사용한다. 소비자들이 광고 메시지를 심리적으로 처리하는 과정은 지각, 인지, 이해, 설득의 네 가지 단계로 나눌 수 있다.

① 지각

지각은 외부에서 들어오는 감각 자극물을 받아들여 그 의미를 해석하는 과정이다. 무엇인가를 지각했다는 것은 그 자극물을 알아보고 감각적으로 등록했다는 것을 의미한다. 그런데 소비자는 수많은 마케팅 커뮤니케이션 자극물에 노출되므로, 광고 메시지가 소비자들에게 지각되기란 생각보다 매우 어렵다. 광고가 지각되기 위해서는 노출과 주목의 단계를 거쳐야 한다.

광고 메시지가 지각되기 위한 첫 번째 단계인 노출은 소비자와 광고 메시지의 접촉을 의미한다. 아무리 광고가 잘 만들어졌다고 해도 표적 소비자에게 노출되지 않으면 최소한의 커뮤니케이션 효과도 기대할 수 없다. 노출의 단계는 매체 집행과 관련되어 있다. 광고가 소비자에게 노출되려면 우선 표적 소비자가 광고 메시지가 집행된 매체를 사용해야 하며, 광고가 집행된 공간이나 시간에 노출되어야 한다.

노출된 후에도 광고가 소비자의 심리적 정보 처리 과정에서 살아남기 위해서는 표적 소비자의 광고 회피 행위를 극복해야 한다. 소비자들이 채널을 변경하거나 광고 페이지를 넘겨버릴 가능성이 높기 때문이다. 따라서 광고 메시지는 광고 회피 행동을 막을 정도로 충분히 매력적이어야 한다.

노출의 다음 단계는 메시지에 대한 주목을 유지하는 것이다. 주목이란 청중이 노출된 무엇인가에 초점을 맞추고 그것에 대해 생각하는 것으로서 정보를 걸러내는 역할을 수행한다. 소비자는 수많은 마케팅 커뮤니케이션 자극에 노출되는데 이들 중 소수의 자극에만 주목한다. 모든 정보를 주목하고 처리할 수 없기 때문이다. 제한적인 정보 처리 능력을 활용하기 위해서 소비자는 관련성 있고 흥미로운 메시지에만 심리적 에너지를 분배한다. 이렇듯 특정한 자극에만 주목하는 것을 선택적 지각이라고 한다.

소비자들이 가지고 있는 필요나 욕구를 충족하는 데 관련성이 있는 광고 메시지는 주목을 끈다. 갈증을 해소하고자 하는 소비자는 음료 광고에 주목한다. 치통으로 고생하는 환자들은 진통제 광고에 주목한다. 소비자는 자신의 경험이나 필요나 욕구, 태도나 신념, 가치관과 일치하지 않는 자극을 걸러낸다. 소비자의 주목을 끄는 또 하나의 중요한 요소는 창의성이다. 창의적인 광고는 새롭고, 진기하며 특유한 광고를 말한다. 사람들은 이전에 경험해보지 못한 진기한 광고에 주목한다.

② 인지

광고 메시지가 주목을 받은 후에는 인지 단계로 넘어간다. 인지는 계층적 커뮤니케이션 효과의 낮은 단계로, 광고물이나 광고주 혹은 제품을 알아보는 것을 말한다. 인지는 기억의 깊이에 따라 재인과 회상으로 구분된다. 재인은 광고물이나 제품명을 보거나 들은 적이 있다고 기억하는 것을 말한다. 한편 회상은 광고물과 제품명을 연계시키거나 광고 메시지의 내용을 기억하는, 상대적으로 깊은 차원의 인지라고 할 수 있다.

③ 이해

이해는 광고 메시지의 의미를 파악하는 것이다. 효과적인 광고는 마케터가 전달하고자 하는 의미가 소비자에게 동일한 의미로 받아들여진 것이다. 주목이 수동적인 반응인 데 비해 이해는 능동적인 반응이다. 소비자는 이해 과정을 통해 제품이 가지고 있는 기능과 품질을 비롯해 제품 사용을 통해 얻을 수 있는 혜택을 파악한다.

④ 설득

광고는 정보를 제공하며 소비자로 하여금 광고 메시지를 믿고 무엇인가를 하도록 설득한다. 광고 메시지는 표적 소비자의 태도를 구축하고 강화하거나 변화시키려 노력하는 한편 감정적으로 영향을 주고 신념 체계에 확신을 심어준다. 소비자는 제품이 자신의 필요나 욕구를 충족시켜줄 수 있는지, 혹은 자신의 문제를 해결해 줄 수 있는지를 판단하고 제품에 대한 느낌을 가지게 된다. 이러한 좋고 나쁨의 평가적 느낌을 태도라고 한다. 이렇게 구축된 태도를 바탕으로 소비자는 제품을 구매할 의도를 가지며, 호의적인 태도를 가질수록 제품 구매 확률이 높아진다.

요약

- SMCRE 모형은 커뮤니케이션 과정을 설명하는 모형으로, 〈정보원 – 메시지 – 매체 – 수신자 – 효과〉의 단계를 포함한다.
- 광고 커뮤니케이션 과정은 〈광고주 – 광고 메시지 – 광고 매체 – 소비자 – 광고 효과〉의 단계로 이루어져 있다.
- 커뮤니케이션 과정에서 각 단계 요인들은 광고 효과에 영향을 미친다.
- 광고는 심리적으로 지각, 인지, 이해, 설득의 과정을 거쳐 효과를 발휘한다.

토의문제

1. SMCRE 모형을 바탕으로 어떤 요인들이 소비자들의 광고 반응에 영향을 주는지 토의해보자.
2. 광고 커뮤니케이션 과정상 소음으로 작용하는 요인들은 무엇인지 토의해보자.
3. 최근 구매한 제품에 대한 정보를 어디에서 얻었으며, 각 정보원이 제품 구매에 얼마나 영향을 주었는지 토론해보자.
4. 제품 광고에 노출되었을 때 그 광고에 주목하게 되는 이유는 무엇이었는지 실례를 들어 토의해보자.
5. 광고에 노출되었을 때 이를 피하기 위해 어떤 행동을 하는지, 그러한 행동을 하는 이유는 무엇인지 이야기해보자.

8장

광고 메시지 지각과 기억

새로운 제품 광고의 첫 번째 임무는 제품 인지도를 구축하는 것이다. 제품 인지도가 구축되면 잠재 고객에게 제품에 대한 충분한 정보를 제공해야 하며, 소비자들의 제품 구매 욕구를 자극할 수 있는 설득적인 메시지를 제공해야 한다. 광고가 목표로 삼는 커뮤니케이션 효과를 달성하기 위해서는 우선 광고 메시지가 표적 소비자에게 도달해야 되며, 단순히 물리적으로 광고가 소비자의 눈에 띄는 데서 그쳐서는 안 된다. 표적 소비자에게 노출된 광고 메시지가 모두 기억 속에 저장되는 것은 아니며, 메시지가 처리되는 과정에서 발생하는 여러 가지 요인들에 의해 메시지가 걸러지기 때문이다.

8장에서는 광고 메시지가 심리적으로 처리되어 기억에 저장되는 과정을 살펴보고자 한다. 우선 광고 메시지가 소비자들에 의해 어떻게 걸러지고 조직화되어 지각되는지를 살펴본 다음 기억에 저장되는 과정을 정보 처리 모형을 바탕으로 알아보겠다.

1. 지각

사람들이 외부의 감각 자극물을 인식하고 선택해 체계화하고 해석해서 의미를 부여하는 과정을 지각이라고 한다(Harrell, 1986). 여기서 자극이란 사람들이 감각 기관을 통해 느낄 수 있는 물리적인 데이터를 말한다. 사람들이 무엇인가에 주목하고 그 메시지를 감각적으로 등록하면, 그 메시지는 소비자의 무관심을 뚫고 마음에 새겨진다.

광고 집행에서 가장 먼저 해결해야 하는 과제는 소비자를 그들의 메시지에 주목하도록 하는 일이다. 많은 광고주들이 소비자의 주목을 얻기 위해 광고를 집행하고, 광고 메시지의 수가 증가함에 따라 광고 메시지를 소비자에게 노출시키는 일은 더욱 어려워진다. 소비자들이 광고 메시지에 노출되었을 때 어떻게 주목하고 의미를 부여하는지에 대한 과정을 이해함으로써 보다 효과적인 광고 메시지를 만들 수 있다.

(1) 노출

광고 메시지가 소비자에게 지각되기 위한 첫 번째 조건은 소비자가 광고에 노출되는 것이다. 광고가 소비자에게 노출되게 하기 위해서는 우선 소비자들이 사용하는 매체에 광고가 집행되어야 하며, 광고가 집행된 시간이나 공간에 소비자가 노출되어야 한다. 광고주는 표적 시장의 특성에 부합하는 청중을 보유한 광고 매체에 광고를 집행함으로써 소비자들이 광고에 노출될 수 있는 가능성을 높일 수 있다.

(2) 주목

광고 메시지가 청중에게 노출되더라도 인지 단계로 넘어가기 위해서는 주목을 받아야 한다. 주목은 소비자가 자신의 인지 능력을 특정한 자극물에 순간적으로 초점을 맞추는 것이다(Assael, 1992). 사람들은 항상 다양한 외부 자극물에 노출되지만 이들 중 소수에만 감각적인 초점을 맞춘다. 주목을 받는다는 것은 청중의 마음을 사로잡았다는 것을 의미한다. 주목을 받는 광고 자극들은 인쇄 매체의 경우 큰 활자체를 사용한 가격 할인 메시지일 수도 있고 진기한 그림이나 강력한 헤드라인일 수도 있다. 텔레비전의 경우 음향 효과, 음악, 시각적으로 흥미있는 장면, 매력적인 아이디어가 주목의 방아쇠 역할을 한다.

사람들의 주목에 영향을 미치는 요소는 자극물의 진기성과 관련성이다. 진기성은 다른 것들과 구별되는 새로운 특성을 말한다. 사람들은 예상치 못했던 것이나 처음 보는 새로운 것, 주변 환경 요소들과 구별되는 차별적인 자극물에 주목한다. 진기성은 기존에 가지고 있는 인지적 내용과 현재나 미래의 지각 사이에 차이가 생겼을 때 발생한다. 광고가 창의적이어야 한다는 것은 바로 이러한 이유에서이다. 경쟁 요인들을 뚫고 소비자들의 주목을 끌기 위해서는 다른 광고와 구별되는 차별적인 요인을 갖추어야 한다.

소비자들의 주목을 끌게 하는 광고의 두 번째 요인은 관련성이다. 소비자들의 필요나 욕구와 관련성이 큰 메시지는 그들의 주목을 끌 가능성이 크다. 따라서 광고 기획자는 표적 소비자들의 공통된 필요나 욕구를 파악하고 그것들을 충족시키는 메시지를 만들어내야 한다. 즉 소비자의 필요나 문제 해결과 관련된 메시지를 만들어내고 집행한다.

주목과 관련해 한 가지 중요한 원칙은 적응 수준adaptation level이 클수록 주목이 일어날 가능성이 작다는 것이다. 적응 수준 이론에 의하면 어떤 자극물에 대한 사람들의 판단이나 평가는 기존의 모든 경험의 함수이다(Helson, 1964). 소비자는 반복적으로 집행되는 광고에 적응하면 그 광고에 더 이상 주목하지 않는다. 적응 수준의 반대는 대조contrast이다. 대조는 소비자가 익숙해져 있는 지속적인 상황에 대한 변화를 말한다. 광고주는 대조를 달성하기 위해 광고 캠페인에 사용되는 광고물에 변화를 주고 주목을 이끌어내는 자극을 사용한다.

(3) 지각 선별막

외부에서 유입되는 자극물은 일련의 지각 선별 과정을 거친다. 지각 선별막perceptual screens이란 메시지가 걸러지는 필터를 말하며, 생리적 선별막과 심리적 선별막으로 나누어진다. 우선 생리적 지각 선별막은 시각, 청각, 촉각, 미각, 후각의 다섯 가지 감각 기관으로 이루어져 있다. 오관은 유입되는 물리적 자극물을 탐지해 그 자극의 강도와 차원을 측정한다. 감각 기관에 문제가 발생하거나 자극의 강도가 너무 크거나 작은 경우 지각이 이루어지기 힘들다. 광고 청중이 광고 노출을 회피하기 위해 물리적으로 광고를 회피하고 생리적인 지각을 차단할 수도 있다. 텔레비전에 나오는 광고를 피하기 위해 채널을 돌려버리거나 다른 행동을 하는 것들이 그 예이다.

심리적 선별은 소비자의 관심이나 느낌에 의해 자극물이 선별되는 것을 말한다. 소비자들은 심리적 선별막을 이용해 주관적인 기준에 따라 정보를 평가해 선별한다. 소비자의 개성이나 필요와 같은 선천적인 요인과 자아 개념, 관심, 태도, 신념, 과거 경험과 같은 후천적인 요인들이 심리적 선별막에 포함된다. 이러한 선별막들은 소비자들이 표현하기 어려운 복잡한 정보로부터 요약된 개념과 관념을 만들어낼 수 있도록 돕는 역할을 한다.

(4) 선택적 지각

사람들은 일상에서 수많은 외부 자극물에 노출되지만 정보 처리 능력이 제한적이기 때문에 수많은 자극을 필요에 따라 걸러서 받아들인다. 사람들이 자신의 욕구, 필요, 태도를 비롯한 여러 가지 심리적 요인을 바탕으로 자극물을 선택적으로 지각하는 과정을 선택적 지각이라고 한다. 이는 사람들이 지각하는 대상물에 부여하는 사회 심리적 의미에 의존해 자극물을 해석하는 과정이다.

환경에서 유입되는 자극물 중에서 사람들이 가지고 있는 기존의 태도나 신념과 일치하지 않는 것들은 인지 부조화를 일으켜 인지적 긴장을 초래한다. 사람들은 이러한 인지적 긴장을 해결하기 위해 지각적인 경계나 방어 전략을 사용한다. 지각 경계perceptual vigilance는 소비자가 자신의 필요와 관련성이 높은 정보만을 받아들이는 현상을 말한다. 지각 경계 과정을 통해 사람들은 불필요한 정보를 걸러내고 필요한 정보에 접근하게 된다. 지각 방어perceptual defense는 사람들이 자신의 신념과 태도에 맞는 정보만을 받아들이는 것을 말한다. 사람들은 인지적 긴장을 예방하기 위해 인지적 부조화를 초래하는 자극물에 대한 노출을 사전에 피하거나, 인지적 긴장이 초래되지 않는 방향으로 왜곡해서 해석한다. 자신이 가지고 있는 특정한 준거틀을 바탕으로 대중 매체를 통해 전달되는 메시지를 자신이 원하는 대로 지각하는 것이다.

광고 메시지도 선택적 지각을 거친다. 수많은 광고 메시지는 있는 그대로가 아니라 소비자의 신념이나 태도를 기반으로 걸러지고, 그 의미가 왜곡되어 받아들여진다. 소비자들은 자신의 세계관이나 자아 개념, 자신이 구매하는 제품과 서비스에 대한 관점을 강화하고 향상시키는 자극물을 주목하고 해석한다. 이러한 선택적 지각의 과정은 선택적 노출, 선택적 이해, 선택적 기억의 세 단계로 나누어 설명할 수 있다.

① 선택적 노출

사람들은 스스로 가지고 있는 태도나 가치관에 일치하지 않는 커뮤니케이션 메시지를 기피하려는 경향을 보인다. 이것은 광고에 대한 물리적 회피로서, 광고 메시지를 외면하거나 피해 메시지 자체를 차단하는 행위이다. 좋아하지 않는 브랜드의 광고거나, 자신의 가치관에 맞지 않는 내용의 광고 메시지가 텔레비전에 나올 경우 소비자는 채널을 돌려 광고 노출을 차단시킨다.

② 선택적 이해

사람들은 자신의 태도, 신념과 일치하지 않는 메시지에 노출되면 자신의 태도나 신념에 맞게 의미를 왜곡해 받아들이는 경향이 있다. 비호의적인 브랜드의 광고에 노출될 경우, 광고 메시지의 의미를 다르게 해석해 받아들인다. 광고 메시지의 논리를 부정하거나 광고 모델의 상업적인 의도를 의심해 광고주가 의도하지 않은 의미로 해석하는 것이다.

③ 선택적 기억

사람들은 자신의 태도나 신념과 일치하는 정보는 오랫동안 정확하게 기억하는 반면 그렇지 않은 메시지는 빨리 잊어버리는 경향이 있다. 소비자들은 자신이 좋아하는 브랜드의 이름이나 광고는 오래 기억하는 데 비해 그렇지 않은 브랜드에 대한 정보를 쉽게 잊어버린다.

2. 지각 조직화 원칙

20세기 초기 게스탈트 심리학파의 학자들은 사람들이 어떻게 사물이나 형태를 인식하는지에 대해 깊은 관심을 가졌다. 이들은 사람들이 사물을 해석할 때 특정한 조직 원칙을 적용한다고 믿었다. 이들이 제시한 형태 심리학 이론에 의하면 사람들은 혼잡한 외부 자극물을 의미 있는 것으로 지각하기 위해 자극물의 일부를 조합해 완전한 형태로 받아들인다. 이들이 제시하는 지각 조직의 원칙들은 광고 메시지를 표현하는 방법에 전략적으로 적용될 수 있다.

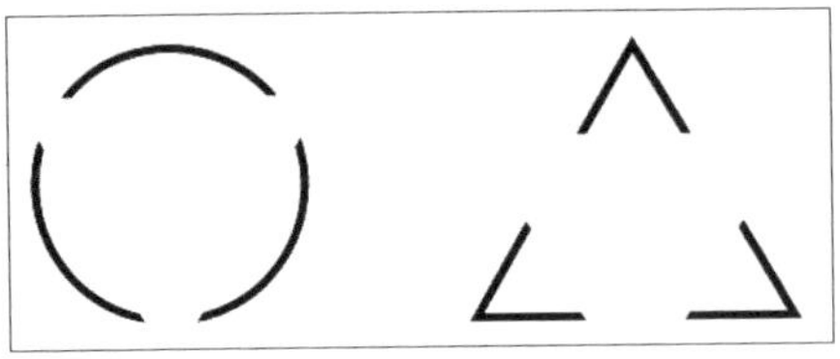

그림 8-1.
완결 원칙의 예

그림 8-2.
완결 원칙을 이용한 광고

(1) 완결 원칙

사람들은 글자나 문장, 그림의 형태가 불완전할 때 부족한 부분을 채워서 완전한 형태로 지각하려는 경향이 있다. 그림 8-1의 예와 같이 곡선과 직선이 끊어져서 제시되어 있을 때, 사람들은 비어 있는 부분을 연결해 완전한 형태인 하나의 원과 삼각형으로 지각한다. 이를 완결Closure 원칙이라고 한다.

J&B라는 양주 브랜드의 인쇄 광고는 완결 원칙을 이용한 광고라고 할 수 있다. 그림 8-2에서 보는 바와 같이 이 광고는 '징글벨Jingle Bells'의 'J'와 'B'를 생략한 문안을 사용했다. 이 광고를 본 사람들은 불완전한 문장을 채우기 위해 인지적으로 노력을 한 결과 각 단어의 앞에 J와 B가 들어간다는 것을 알아차리고, J와 B가 J&B 브랜드라는 것을 인지하게 된다.

(2) 집단화 원칙

① 근접성 원칙

사람들은 서로 가까이 있는 자극물을 묶어서 하나의 집단으로 지각하고 서로 떨어져 있는 자극물은 별도의 사물로 지각하는 경향이 있다. 이렇게 함으로써 개별 요소들이 보다 큰 하나의 형태로 집단화되어 많은 자극물의 정보를 처리해야 할 필요를 감소시킨다. 이를 근접성proximity 원칙이라 한

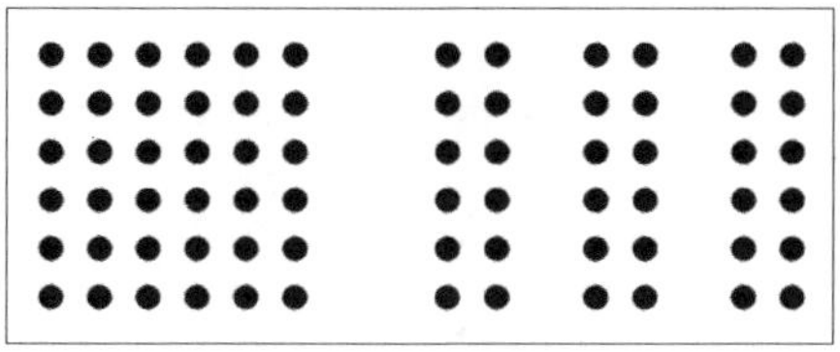

그림 8-3.
근접성 원칙의 예

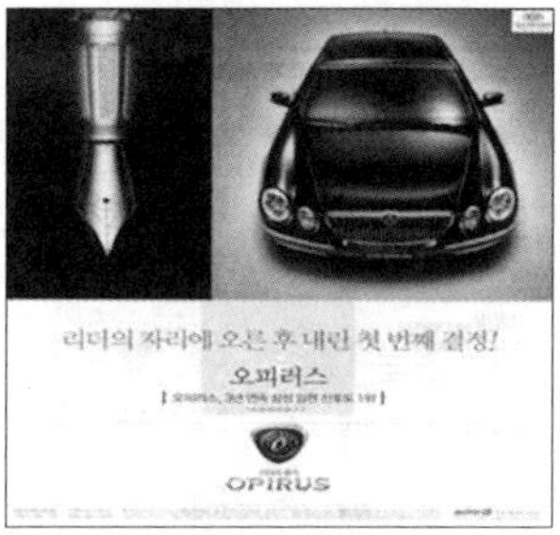

그림 8-4.
근접성의 원칙을 이용한 광고

다. 그림 8-3에서 보는 바와 같이 오른쪽과 왼쪽에 같은 수의 작은 원들이 배치되어 있지만 근접해 있는 점들을 하나의 집합체로 지각하기 때문에 왼쪽은 정사각형 모양으로 보이는 데 비해 오른쪽 그림은 세 개의 기둥 모양으로 보인다.

광고에서는 제품과 상징물을 함께 제시해 두 가지 사물이 관련성 있는 하나의 집단으로 소비자들에게 지각되도록 하는 전략을 사용하기도 한다. 그림 8-4의 광고는 승용차를 고급 만년필과 나란히 배치해 함께 지각되게 함으로써 고급스러운 제품으로 인식되게 하는 전략을 사용했다.

② 유사성의 원칙

유사성similarity의 원칙은 사물이 서로 유사할 때 발생한다. 사람들은 자극물 내에서 형태가 다른 요소보다는 유사한 요소를 하나의 집단이나 패턴으로 지각한다. 이러한 현상은 형태뿐만 아니라 색깔 등에도 적용되어 같은 색을 가진 요소들은 하나의 형태로 지각될 가능성이 높다. 그림 8-5의 예와 같이 사람들은 원과 사각형을 별도로 집단화해 일곱 개의 기둥 형태로 지각한다. 8-6의 광고에서는 9개의 비주얼이 제시되어 있다. 소비자들은 유사한 형태의 그림들을 집단화해 첫 번째 단을 캐쥬얼화, 두 번째 단을 스포츠화, 세 번째 단을 드레스화 집단으로 지각하게 된다.

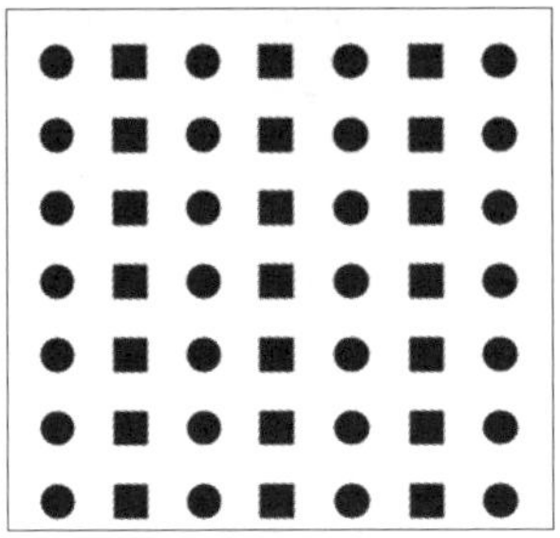

그림 8-5.
유사성 원칙의 예

그림 8-6.
유사성의 원칙을 이용한 광고의 예

③ 지속성의 원칙

사람들의 눈길은 하나의 사물에서 다른 사물로 움직이려고 하는 경향을 가지고 있다. 이를 지속성continuity의 원칙이라 한다. 자극물 내의 요소들이 직선이나 곡선으로 연결되어 배치되어 있을 때 사람들의 시선은 자연스럽게 그 선을 따라 움직인다. 그림 8-7의 예에서 보는 바와 같이 사람들의 시선은 왼쪽에서부터 작은 원들이 배치되어 있는 선을 따라 가다 양 갈래로 나누어져 옮겨간다.

그림 8-8의 광고에서 보는 바와 같이 승용차와 그 뒤의 건축물은 별도의 비주얼이지만 수용자들의 시선은 승용차로부터 건축물의 뾰족한 부분으로, 혹은 그 반대 순서로 이어지게 지각할 것이다. 광고는 비주얼의 연속적인

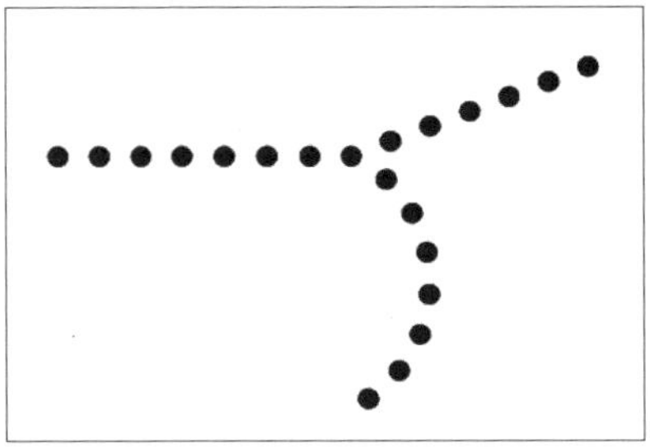

그림 8-7.
지속성의 원칙의 예

그림 8-8.
지속성의 원칙을 이용한 광고의 예

배열을 통해 소비자들의 시선을 제품이나 광고 문구로 유도한다.

그림 8-9.
전경과 배경의 예

(3) 맥락Context의 원칙

① 전경과 배경

사람들은 외부의 자극물을 한꺼번에 모두 처리할 수 없다. 따라서 노출되는 자극물들을 구분해 가장 중요한 자극물을 전경으로 선택하고 나머지 자극물은 배경으로 처리한다. 예컨대 그림 8-9는 흰 부분과 검은 부분 중 어느 부분을 전경으로 채택하느냐에 따라 다른 그림으로 보인다. 흰 부분을 전경으로 선택하면 술잔으로 보이지만, 반대로 흰 부분을 배경으로 선택하면 두 사람이 마주보고 있는 모습으로 보인다.

광고물에서 전경이 되어야 할 것은 브랜드이다. 브랜드를 도와야 할 주변적 요소들, 즉 광고 모델, 광고 음악, 비주얼 등이 전경이 되고 브랜드가 배경이 되면 광고를 잘못 제작한 것이다. 광고에 등장하는 유명인 모델이 광고 제품을 압도해 청중이 광고 브랜드보다는 광고에 출연한 모델만을 회상하는 경우 전경과 배경figure and ground이 뒤바뀐 것이라고 할 수 있다.

3. 기억 정보 처리 모형

(1) 기억 과정

사람들은 외부의 자극물을 지각해 기억에 저장하기까지 세 가지 단계를 거친다. 그 단계는 감각 등록, 단기 기억, 장기 기억이다. 사람들은 각 단계에서 자극물의 특성과 자신의 필요에 따라 자극물을 걸러서 장기 기억에 저장

그림 8-10.
정보 처리 모형

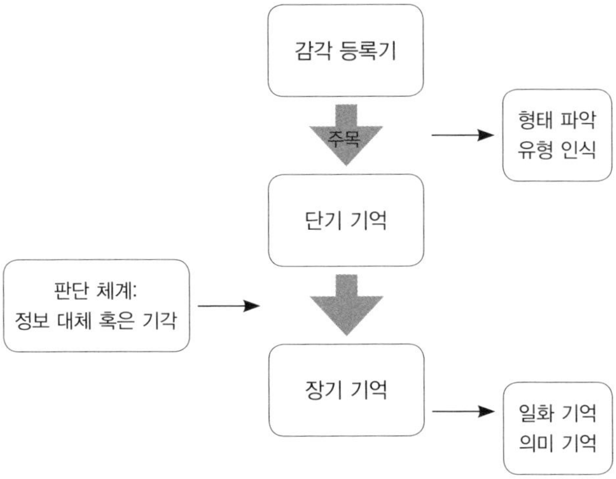

한다. 저장된 정보들은 서로 관련성 있는 것들끼리 연결되어 연상망을 이루며, 하나의 정보가 인출될 때 연결되어 있는 다른 정보도 함께 활성화되어 인출된다(그림 8-10 참조).

① 감각 등록

외부의 감각 자극물이 사람들에게 노출되면 감각 기관에 잠시 등록된다. 이렇듯 특정한 자극물에 의해 감각 기관이 먼저 활성화되는 과정을 감각 등록이라고 한다. 이 과정에서 유입된 모든 자극물들은 형태 파악과 유형 인식이라는 과정을 통해 분석된다. 감각 등록은 시간적으로 매우 짧은 과정으로 즉각적인 인상이 감각 기관에 남는다.

감각적으로 등록된 정보가 모두 처리되는 것은 아니다. 소비자가 감각 정보에 주목해야 그 다음 단계의 정보 처리가 가능하다. 정보에 노출된 사람이 감각 등록 정보에 대해 자신의 필요와 관련성이 있다고 판단하거나, 다른 자극물과 차별적으로 진기하다고 판단하는 경우 그 정보는 단기 기억으로 넘어간다.

② 단기 기억

단기 기억은 중간 단계의 기억으로, 매우 일시적인 기억이다. 단기 기억에서 정보가 머무는 시간은 약 20초 이하로 매우 짧으며 저장할 수 있는 정보의 수는 약 5개에서 9개 정도에 불과하다. 따라서 이보다 많은 양의 정보는 정보 과부하를 유발해 정보 처리를 방해한다. 소비자들은 일시적으로 너무 많은 수의 광고에 노출되면 광고 내용을 기억하는 데 어려움을 겪는다.

단기 기억에 저장된 정보가 장기 기억으로 넘어가기 위해서는 연습rehearsal이 필요하다. 연습은 정보에 대한 언어적 반복 연습을 말한다. 단기 기억에 들어온 정보는 연습할 만큼 중요한 것이 아니라고 판단되면 쇠퇴 과정을 거쳐 기억에서 사라진다.

③ 장기 기억

장기 기억은 상대적으로 영구적인 기억 저장 체계로서, 장기 기억에 저장된 정보는 적절한 기억 단서가 작용할 때 인출될 수 있다. 연습을 통해 장기 기억으로 넘어온 정보는 판단 체계를 통해 새로운 정보를 받아들여 기존의 정보를 대체할 것인지, 아니면 새로운 정보를 기각할 것인지로 결정된다. 새로운 정보가 저장될 것인지 혹은 기각될 것인지는 새로운 정보와 기존에 저장되어 있던 정보와의 조화에 달려 있다. 만약 새로운 정보가 기존의 정보와 조화를 이루거나 기존의 정보를 더욱 강화시킨다면 이미 저장되어 있는 개념과 범주에 부가될 가능성이 높다. 그러나 그렇지 못한 경우는 기각되거나 기존의 정보를 대체하게 된다. 이렇듯 새로운 정보가 유입되었을 때 기존의 정보를 대체할 것인지 혹은 새로운 정보를 기각할 것인지를 판단하는 과정을 판단 체계라고 한다.

(2) 기억의 종류

장기 기억에 저장된 기억은 두 종류로 구분된다. 첫 번째 기억은 일화 기억episodic memory이다. 일화 기억은 자전적 사건에 대한 기억이다. 이는 과거의 개인적 경험의 총체로서 시간, 장소, 사건과 연계된 감정과 맥락에 대한 경험적 기억을 말한다. 예를 들어 어떤 제품을 사용하면서 경험했던 기억을 떠올릴 때 그 제품의 사용 장소와 시간 장소, 제품을 사용했을 때 느꼈던 감정이나 생각들이 한꺼번에 기억에서 떠오르는 것이다. 두 번째 기억은 의미 기억semantic memory이다. 이는 어떤 사실이나 일반 지식과 관련된 기억을 말한다. 예를 들어 어떤 제품의 제품명, 가격, 기능, 제품의 포장 모양과 색 같은 것들은 소비자가 직간접적으로 학습한 사실적인 지식으로, 의미 기억에 포함된다.

(3) 연상망 이론

사람들의 머릿속에 저장되어 있는 의미 기억들은 독립적으로 존재하는 것이 아니라 관련되어 있는 것들이 서로 연결되어 존재한다. 이렇게 기억이 일련의 마디들과 이를 연결하는 고리로 이루어졌다고 보는 이론을 연상망 이론associative network theory이라고 한다.

① 마디와 고리

마디는 기억 속에 저장되는 각각의 정보나 개념을 말하며 고리는 이들을 연결하는 관계를 말한다. 사람들이 어떤 개념을 떠올릴 때는 다른 개념들이 따라서 떠오르는데, 이는 떠올린 개념이 고리로 연결되어 있는 다른 개념들을 활성화시키기 때문이다.

예를 들어, 코카콜라라는 제품명을 떠올려보자. 코카콜라라는 개념과 동

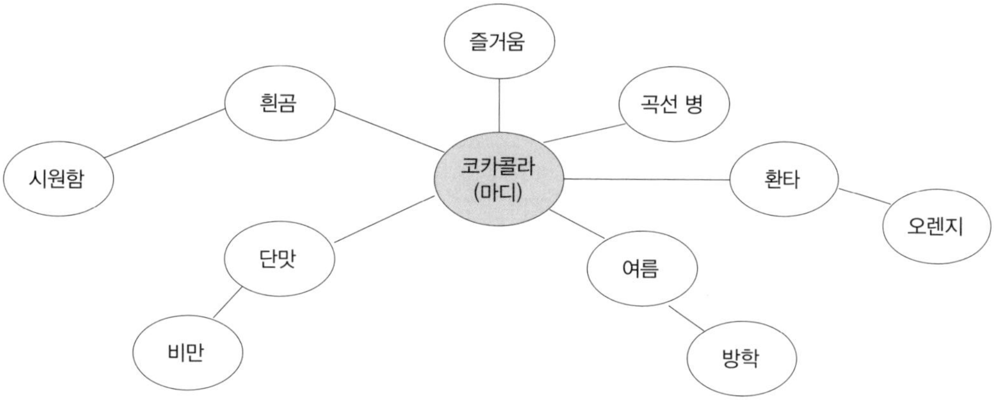

그림 8-11. 연상망의 예

시에 함께 떠오르는 것들이 있을 것이다. 흰곰, 콜라 병, 환타, 즐거움 등등 동시에 떠오르는 개념들은 코카콜라라는 마디와 고리로 연결된 개념들이다 (그림 8-11 참조).

② 연상망의 위계적 특성

장기 기억에 저장되어 있는 개념들은 두 가지 종류의 고리로 연결되어 있다. 첫 번째 고리는 상위 개념과 연결된 고리이다. 그림 8-12에서 보는 바와 같이 폭스바겐은 독일산이라는 상위 개념과 연결되어 있으며, 독일산은 그 상위 개념인 외제 세단과 연결되어 있다. 이렇게 연결된 고리들은 하나의 범주를 이루게 된다. 따라서 폭스바겐은 외제 독일산 세단의 범주로 저장되는 것이다.

두 번째 연상망의 특성은 개념들이 위계적으로 조직되어 있다는 것이다. 위계적 조직은 연상망이 효율적으로 정보를 저장하는 데 사용된다. 하나의 개념이 가지고 있는 다양한 특성들을 개별적으로 모두 저장하려면 막대한 양의 정보를 보유해야 한다. 저장되어 있는 개념들의 중복을 방지하기 위해 한 가지 특성은 그것이 그 개념의 특유한 특성인 경우에만 저장된다. 한 종류에 속하는 모든 개념들의 특성은 상위군의 개념에 저장되어 중복을 피하

그림 8-12.
위계적 연상망의 예

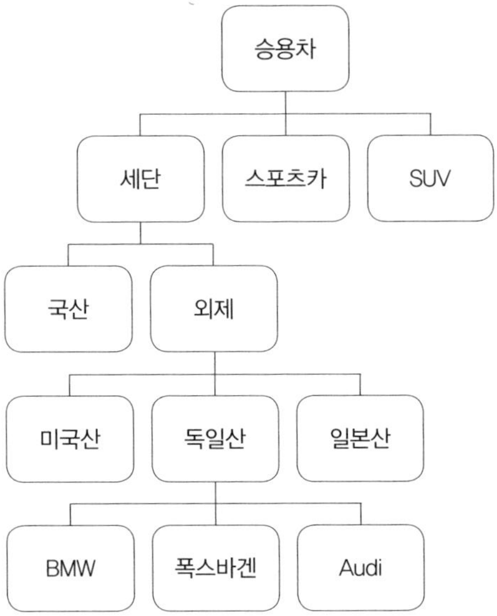

게 된다. 예를 들어 독일산 외제 승용차 범주를 서술하는 각각의 특성은 다른 특성과 대비되는 특유한 것이다.

(4) 기억 인출

단기 기억 과정을 통해 걸러져서 장기 기억에 저장된 정보는 소비자들의 필요에 따라 인출되어 사용된다. 기억 인출이 일어나기 위해서는 우선 마디들 사이의 고리들이 활성화되어 확산되어야 한다. 고리들이 활성화되어 확산하는 과정은 연상망을 탐색하는 과정이다. 연상망 이론에 의하면 하나의 마디가 활성화되면 연결되어 있는 고리를 통해 망에 포함되어 있는 다른 마디들로 확산된다(Lieberman and David, 2004). 소비자가 떠올리는 첫 번째 원천 마디가 활성화되면 원천 마디에 연결되어 있는 다른 마디로 활성화가 확산되는 것이다. 예를 들어 어떤 소비자가 삼성에 대한 광고에 노출되거나 삼성 제품과 관련한 정보가 필요할 때, 삼성과 연결되어 있는 마디들이 활성화될 것이다. 이때 삼성 제품의 광고나 삼성이라는 브랜드가 기억 단서로 작용해 삼성과 연결되어 있는 마디들의 스키마schema를 활성화시킨다. 스키마란 하나의 마디가 활성화될 때 연결되어 활성화되는 기억 마디들의 군집을 말한다.

이렇듯 장기 기억으로부터 인출된 정보들은 일시적으로 단기 기억에 저장되어 사용된다. 예를 들어 삼성과 연결되어 있는 마디들은 브랜드를 평가하는 데 사용된다. 그러나 장기 기억에 저장되어 있는 정보들이 모두 인출될 수 있는 것은 아니다. 기억 인출이 일어나지 못하게 방해하는 세 가지 요소가 있는데 이들은 망각forgetting, 간섭interference, 소거extinction이다(Assael, 1992). 컴퓨터를 구매하는 학생은 수집해 장기 기억에 저장한 여러 가지 제품의 가격, 정보 처리 능력, 디자인 등에 대한 정보를 인출할 수 있지만 시간이 지나감에 따라 더 이상 이러한 정보를 인출할 수 없게 되는데, 이러한 현상을 망각이라고 한다.

간섭은 관련 정보의 회상을 관련된 다른 정보 마디가 차단할 때 발생한다. 광고 혼잡도가 높을수록 광고 브랜드에 대한 회상도가 낮은 것은 이때문이다. 예를 들어 동일한 텔레비전 프로그램의 광고 시간에 두 개의 맥주 브랜드 광고가 연이어 집행되면 먼저 집행된 광고 메시지는 나중에 집행된 광고 메시지의 간섭을 받아 기억 인출에 방해를 받을 가능성이 있다. 거꾸로 나중에 집행된 광고가 먼저 집행된 광고 메시지의 인출을 방해할 수도 있다. 나중에 유입된 정보가 먼저 유입된 정보의 인출을 방해하는 것을 역행 간섭이라고 하며, 먼저 유입된 정보가 나중에 유입된 정보의 인출을 방해하는 것을 순행 간섭이라고 부른다.

한편 소거는 마디 간의 고리가 변화하는 것을 말한다. 망각과 간섭이 장기 기억의 연결을 회상할 수 없게 하는 데 반해 소거는 이러한 연결에 변화가 일어나는 것을 말한다. 예를 들어 소비자가 호의적인 태도를 가지고 있는 기업에 대한 부정적인 정보가 유입될 경우, 이 정보는 소비자의 스키마에 포함되어 있는 연결 고리를 변경시킨다.

(5) 전략적 함의

연상망 이론은 통합적 마케팅커뮤니케이션에 전략적 함의를 제시한다. 우선 마케터는 자신의 브랜드에 호의적인 연상 개념들이 고리로 연결되도록 노력해야 한다. 하나의 마디는 여러 개의 마디와 서로 연결되어 있으며, 브랜드에 호의적인 연상 자극들이 많이 연결되어 있을수록 해당 브랜드는 호의적인 이미지와 태도를 불러일으킨다. 어떤 자극물에 대한 태도나 이미지도 하나의 마디로서 원천 마디에 연결되기 때문이다. 따라서 마케터는 다양한 마케팅 커뮤니케이션 통로를 통해 브랜드와 관련 있는 호의적인 연상 자극물을 일관성 있게 소비자에게 노출시킬 필요가 있다.

또한 호의적인 연상들이 원천 마디인 브랜드에 의해 활성화가 되기 위해서는 브랜드와 호의적인 연상들을 이어주는 고리가 강력하게 연결되어야 한다. 마케터는 광고를 비롯한 다양한 마케팅 커뮤니케이션 수단을 이용해 반복적으로 호의적 연상 자극물을 브랜드와 함께 제시함으로써 연결 고리를 강하게 만들 수 있다. 소비자에게 노출되는 각각의 마케팅 커뮤니케이션 메시지는 브랜드와 연상 자극 간의 고리를 강하게 구축하는 데 기여하지만 한 목소리를 내지 않는다면 연상 고리가 약해진다. 일관성 없는 메시지들은 서로 간섭 현상을 일으켜 기대하는 마디의 인출을 방해하거나, 호의적으로 연결된 고리를 변경시켜 마케터가 의도하는 브랜드 이미지를 만들어낼 수 없기 때문이다.

요약

- 사람들이 외부의 감각 자극물을 선택, 체계화하고 해석해 의미를 부여하는 과정을 지각 과정이라고 한다.
- 사람들이 자신의 욕구, 필요, 태도를 비롯한 여러 가지 심리적 요인을 바탕으로 자극물을 걸러내는 과정을 선택적 지각이라고 한다.
- 선택적 지각은 선택적 노출과 선택적 이해, 선택적 기억의 세 단계로 이루어진다.
- 사람들은 혼잡한 외부 자극물들을 의미 있는 것으로 지각하기 위해 자극물의 부분들을 조합해 하나의 완전한 형태로 받아들인다.
- 지각 조직의 원칙에는 완결 원칙, 집단화 원칙, 맥락의 원칙이 있다.
- 사람들은 감각 기억, 단기 기억, 장기 기억의 세 단계를 거쳐 외부의 자극물을 지각하고 기억한다.
- 호의적인 브랜드 이미지를 구축하기 위해서는 호의적인 연상들이 브랜드에 연결될 수 있도록 호의적인 연상을 반복적으로 노출시켜야 한다.

토의문제

1. 지난 대통령 선거 당시에 지지하는 후보와 지지하지 않는 후보의 정치 광고에 노출되었을 때 어떻게 광고 정보를 처리했는지의 경험을 선택적 지각의 관점에서 토론해보자.
2. 지각 조직 원칙을 적용한 광고의 예를 들어보자.
3. 감각 기억과 단기 기억의 관점에서 텔레비전의 프로그램 광고의 수는 적절한가? 적절하지 않다면 그 이유는 무엇인가?
4. 자신이 잘 알고 있는 브랜드의 연상망을 그려보고, 연산망 마디의 내용들이 주는 전략적 의미를 토론해보자.
5. 호의적인 브랜드 이미지를 구축하기 위해 사용할 수 있는 광고 전략에 대해 논의해보자.

9장

광고 설득: 태도의 형성과 변용

설득이란 사람들의 신념이나 태도 혹은 행동을 변화시키는 과정이다. 광고의 궁극적 목적은 설득을 통해 소비자들의 신념과 태도에 영향을 주어 궁극적으로 제품을 채택하도록 하는 것이다.
설득의 과정에서 가장 중요하게 취급되는 단계는 태도를 변화시키는 단계이다. 광고 효과 측면에서 태도는 어떤 제품이나 서비스, 혹은 기업에 대해 좋거나 나쁘게 평가하는 느낌이다. 태도는 광고 학술과 실무 양 분야에서 매우 중요한 개념이다. 태도는 위계적 커뮤니케이션 효과hierarchy of communication effects 과정에서 광고의 궁극적인 목표인 구매 행동의 바로 전 단계(인지 – 태도 – 행동)에 있기 때문이다. 광고를 통해 제품에 대한 긍정적인 태도를 구축하면 제품 구매 가능성을 높이고, 제품에 대한 태도를 측정함으로써 구매 가능성을 예측할 수 있다.
9장에서는 광고 커뮤니케이션 단계에서 가장 중요하게 다루어지는 태도에 대해 알아보고자 한다. 우선 태도의 정의를 살펴본 다음, 태도가 형성되고 변화하는 과정을 설명하는 모형들을 살펴보겠다. 마지막으로 광고에 대한 태도가 제품에 대한 태도와 구매 의도에 어떻게 영향을 미치는지를 알아보겠다.

1. 태도의 정의

태도는 보거나 듣거나 접촉할 수 없는 추상적인 개념이다. 태도를 설명하기 위해 다양한 정의들이 제시되어왔다. 태도의 구성 요소에 대한 관점에 따라 태도에 대한 정의들은 다원적 태도와 1차원적 태도로 나눌 수 있다.

(1) 다차원적 태도

다차원적 태도의 관점을 가진 학자들은 태도가 인지적 요소와 감정적 요소, 그리고 행동적 요소로 구성되어 있다고 주장한다(그림 9-1 참조). 인지적 요소는 사물이나 이슈에 대한 신념(지식이나 사고)을 말한다. 'XX 브랜드는 가격이 낮다'와 같이 브랜드의 어떤 속성에 대한 생각이 여기에 속한다. 감정적 요소는 사물이나 이슈에 대한 평가적 느낌을 말하는 것으로, 특정 제품에 대한 좋고 나쁨의 느낌이다. 행동적 요소는 어떤 사물에 대한 행동 경향을 나타내는 것이다. 소비자 행동에서 행동적 요소는 특정 제품을 구매하고자 하는 의도를 가리킨다. 이 세 가지 요소들은 서로 강화 관계에 있다. 예를 들어 어떤 소비자가 특정 브랜드에 대해 긍정적인 신념을 많이 가지고 있다면 그 브랜드에 대한 평가적 느낌도 호의적이며 그 제품을 구매할 가능성도 높다. 반대로, 어떤 브랜드에 대해 부정적인 정보를 가지고 있다면 태도와 구매 의도에도 부정적으로 영향을 줄 것이다. 즉 태도 요소 가운데 한 가지 요소의 변화는 다른 요소의 변화를 불러온다.

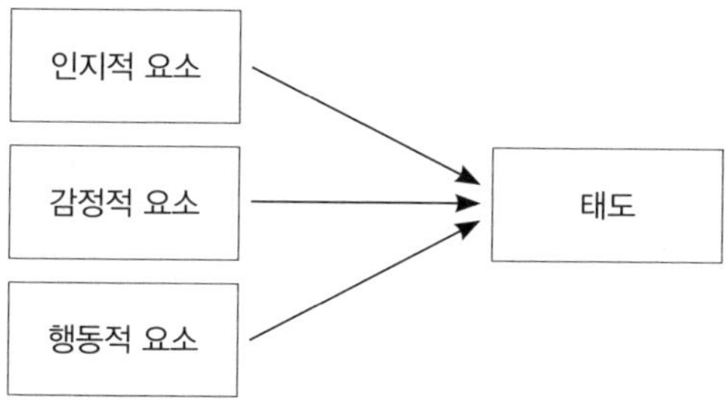

그림 9-1.
다차원 태도 모형

(2) 1차원적 태도

1차원적 태도를 주장하는 학자들은 태도를 감정적인 요소에 국한시켜 정의한다. 이들에 의하면 태도는 어떤 자극물에 대한 긍정적이거나 부정적인 느낌이나 평가적 판단이다. 마케팅적인 맥락에서 소비자들은 제품이나 서비스 혹은 특정 광고물에 대해 좋거나 싫다는 감정적 느낌을 가지는데, 이러한 평가적 느낌을 태도라고 한다.

최근에는 이 두 가지 태도에 대한 관점 중 1차원적 태도가 주로 수용되고 있다. 다차원적 태도의 정의에 포함되어 있는 인지적 요소나 행동적 요소는 감정적 요소인 태도와 관련되어 있지만, 태도에 포함되는 요소라고는 할 수 없기 때문이다. 인지적 요소는 감정적 요소에 영향을 주는 선행 요인이라고 할 수 있으며 행동적 요소는 감정적 요소에 의해 영향을 받는 결과 요인이다. 소비자가 인지하고 있는 제품에 대한 정보는 소비자의 태도에 영향을 미치며, 이는 제품 구매의 의도나 구매 행동에 영향을 미치는 것이므로 인지, 태도, 행동은 태도의 구성 요인이 아니라 서로 영향을 주고 받는 다른 개념이라고 할 수 있다.

따라서 이들은 1차원적인 태도의 정의를 받아들여 태도를 어떤 사람이나 사물 혹은 이슈에 대해 지속적으로 가지는 긍·부정의 느낌이나 평가적 판단이라고 정의한다. 즉 태도는 1차원적인 것으로 감정이라는 하나의 요소로 이루어져 있으며 이는 태도의 대상물과 관련한 호불호의 정도를 나타낸다.

2. 태도 변용 모형

사람들이 광고나 마케팅 커뮤니케이션 메시지에 노출되었을 때 태도가 형성되는 과정을 압축적으로 설명하기 위해 여러 가지 모형들이 제시되어

왔다. 광고를 통한 태도의 형성은 제품의 종류, 메시지의 성격, 그리고 소비자들이 광고에 노출되는 상황에 따라 다르게 이루어지기 때문이다. 이러한 모형들은 학술적으로 전체적인 태도 형성 과정은 물론 태도가 어떤 요인에 의해 영향을 받고 어떤 변수에 영향을 주는지를 이해할 수 있게 한다. 또한 방법론적으로는 태도 효과를 측정하는 방법을 제시한다. 실무적으로는 소비자들의 태도를 변화시킬 수 있는 전략적 함의를 광고 기획자들에게 제공한다. 여기에서는 인지 반응 모형, 정교화 가능성 모형, 일관성 모형, 인지 구조 모형, 유목 평가 모형에 대해 알아보고자 한다.

(1) 인지 반응 모형

인지 반응 모형은 사람들이 설득 커뮤니케이션에 노출될 때 인지적 반응을 하게 되며 이러한 반응이 태도를 형성하는 방아쇠 역할을 한다고 전제한다. 사람들은 설득 커뮤니케이션 메시지에 노출될 때 과거의 경험이나 태도 또는 지식을 바탕으로 메시지에 대한 평가를 하게 마련인데, 이때 떠올리는 생각들을 인지 반응이라고 한다. 소비자들이 광고 메시지에 반응하는 방식은 제품에 대한 관여도에 따라 다르게 나타난다.

① 고관여 인지 반응

고관여 상황에서 소비자들이 광고 메시지에 노출될 때 두 가지 인지적 반응을 하게 되는데 이들은 지지 주장support argument과 반박 주장counterargument이다(Wright, 1980). 지지 주장은 광고에 등장하는 제품이나 아이디어에 대한 호의적인 생각을 말한다. 광고 메시지 내용의 합리성, 논리성 등에 대해 지지를 나타내는 생각들이 여기에 포함한다. 반박 주장은 광고에 나타난 제품 아이디어나 사용에 대해 반대하는 생각이다. 광고 제품이나 광고 제품을 사용함으로써 얻게 되는 바람직하지 않은 결과, 혹은 광고 제품에 대한 호의적인 메시지의 타당성에 반대하는 생각들이 모두 포함된다.

인지 반응 모형에 의하면 특정한 광고물에 대한 사람들의 태도는 그 광고물에 대해 가지는 생각, 즉 인지적 반응의 방향에 의해 결정된다. 예를 들어 어떤 광고의 내용이나 논리에 대하는 반박하는 주장이 지지하는 주장보다 많이 생기면 그 광고물에 대해서 부정적인 태도를 가지게 된다. 이렇듯 광고 메시지 내용에 대해 지지 주장과 반대 주장이 발생하는 경우는 주로 광고 메시지가 고관여 맥락에서 처리될 때이다. 고관여 상황에서 소비자들은 광고의 핵심 메시지, 즉 제품과 관련한 내용을 처리하기 때문이다.

② 저관여 인지 반응

저관여 상황에서는 소비자들이 제품과 관련한 핵심 메시지보다는 주변적인 단서와 관련해 인지적 반응을 할 가능성이 높다. 광고주의 동기나 광고 모델의 외모나 목소리 등이 여기에 포함된다. 예를 들어 "이 광고는 XX 회사의 라면 광고구나. 나는 이 회사를 좋아해"와 같이 제품 자체보다는 광고주에 대해 생각할 가능성이 있다. 또한 "이 모델이 말하는 것은 믿을 만해"와 같이 광고 모델에 대해 호의적인 인지적 반응을 할 수도 있다. 이렇게 광고 메시지의 정보원에 대해 지지하는 반응을 정보원 지지source bolstering라고 한다. 이와는 반대로 "이 광고는 XX 그룹 광고구나. 나는 이 그룹을 믿을 수 없어" 라던가 "이 모델은 광고에 너무 많이 출연해서, 그 말을 믿을 수 없어"와 같은 부정적인 생각을 할 가능성도 있다. 이렇게 광고주나 광고 모델의 신뢰성이나 능력을 의심하는 인지적 반응을 정보원 격하source derogation라고 한다. 마찬가지로, 저관여 상황에서도 광고에 대한 긍정적인 인지 반응이 많을수록 광고 제품에 대한 호의적인 태도가 형성될 수 있다.

③ 전략적 함의

소비자의 전반적인 인지 반응은 긍정적 반응과 부정적 반응으로 나눌 수 있다. 고관여 상황에서 지지 주장과 저관여 상황에서 정보원 지지는 긍정적 반응에 속한다. 반대로 반박 주장과 정보원 격하는 부정적 반응에 속한다. 광고 기획자들은 부정적 반응이 생기지 않도록 매우 세밀하게 메시지 전술을 사용해야 하며, 이를 위해 광고 제작 과정에서 후보 광고물에 대한 표적 소비자들의 인지 반응 조사를 실시할 필요가 있다. 광고 전략에서 인지 반응이 중요한 또 다른 이유는 주의 분산 요인distractor이다. 주의 분산 요인은 인지 반응이 발생하지 못하도록 방해하는 변수이다. 광고 메시지 주위에 이러한 요인들이 있으면 호의적인 인지 반응이 발생하지 않을 가능성이 있다. 반대로 소비자가 이미 제품에 대해 비호의적인 태도를 가지고 있을 때, 소비자의 주의를 분산시키는 장치를 삽입해 광고 메시지에 대한 부정적인 인지 반응이 발생하지 않는 전략을 사용할 수 있다. 예를 들어, 유머 소구는 소비자들의 주의를 분산시켜 비호의적인 인지 반응의 발생을 막는 방법의 하나로 사용된다.

④ 태도 측정

인지 반응 모형은 광고물에 대한 표적 소비자들의 태도를 측정하는 데 유용하게 사용될 수 있다. 특정 광고물에 대해 소비자들이 가지고 있는 태도의 방향을 분석하기 위해서 우선 조사 대상자들에게 광고를 보여주면서 광고를 보면서 일어나는 모든 생각을 기록하도록 한다. 그리고 응답자들이 기록한 각 문장의 내용을 분석해 지지 주장과 반박 주장, 혹은 정보원 지지와 정보원 격하의 빈도를 산출한 다음 긍정적 반응과 부정적 반응의 빈도를 비교함으로써 표적 청중이 광고물에 대해 가지는 방향의 태도를 판단할 수 있다.

(2) 정교화 가능성 모형

정교화 가능성 모형elaboration likelihood model에 의하면 태도는 소비자가 메시지를 인지적으로 정교화하는 정도에 따라 다른 방식으로 형성된다. 인지 정교화란 사람들이 설득 메시지를 처리할 때 들이는 인지적 노력으로, 사람들은 동일한 메시지에 노출되었을 경우에도 다른 수준의 인지적 노력을 기울인다.

① 정교화 결정 요인

사람들이 광고 메시지를 얼마나 깊이 있게 처리하는지와 관련한 인지 정교화의 수준은 메시지 정보 처리 동기motivation와 정보 처리 능력ability에 의해 결정된다. 메시지 정보 처리 동기는 메시지가 소비자가 가지고 있는 필요와 관련성이 있을 때 커진다. 일반적으로 소비자들은 메시지를 처리할 동기가 클수록 메시지 주제에 대한 관여도가 높고 메시지를 정교하게 처리할 가능성이 높다. 능력은 인지 자원의 가용성과 소비자가 메시지를 해독하거나 이해할 수 있는 가능성이다. 소비자가 광고 정보를 처리할 동기를 가지고 있어도 다른 자극에 의해 주의가 분산되면 광고 메시지를 제대로 처리할 수 있는 인지적 자원이 부족해 정교화 가능성이 낮아진다. 소비자가 메시지를 해독할 수 있는 지식이 부족한 경우에도 정교화 가능성은 낮아진다(그림 9-2 참조).

그림 9-2. 인지 정교화 가능성 모형

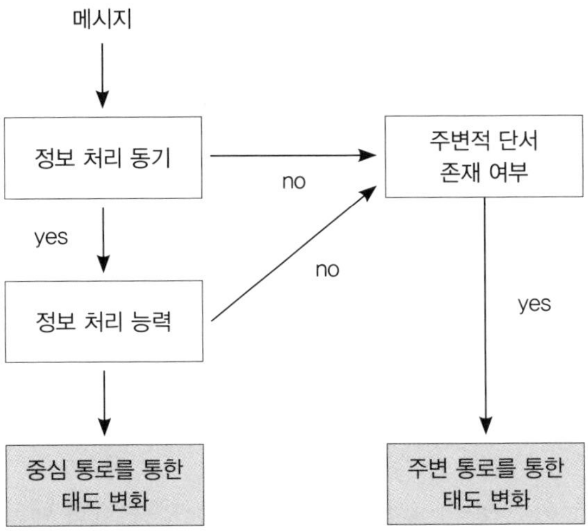

② 태도 형성 통로

정교화 가능성 모형에 따르면 태도는 두 가지 통로, 즉 중심 통로와 주변 통로 중 한 가지 통로를 통해 형성된다(표 9-1 참조). 태도가 형성되는 통로를 결정하는 것은 인지 정교화의 정도이다. 메시지 수용자가 광고 정보를 처리할 동기가 높고 메시지를 이해할 수 있는 능력이 있는 경우에는 중심 통로가 사용된다. 중심 통로를 통한 정보 처리는 광고에서 다루고 있는 제품에 대한 핵심적 주장이나 정보(기능, 특성, 가격, 품질 등)를 대상으로 이루어진다(Petty, Cacciopo and Schumann, 1983).

소비자의 광고 정보 처리 동기가 낮거나 메시지 해독 능력이 낮은 경우에는 주변 통로가 사용된다. 주변 통로를 통한 정보 처리는 제품에 대한 핵심적인 정보가 아닌 주변적 단서들을 대상으로 이루어진다. 소비자들은 주변적 단서인 광고의 배경, 모델, 색, 음악과 같은 실행적 요소로부터 받는 느낌을 바탕으로 태도를 결정한다.

중심 통로를 통해 만들어진 태도는 주변 통로를 통해 만들어진 태도에 비해 더 오래 유지되며 행동을 예측할 수 있는 가능성이 더 높은 경향이 있다. 즉 중심 통로를 통해 형성된 태도는 더 안정적이며 설득에 반하는 메시지의 영향을 덜 받는 데 비해 주변 통로를 통해 형성된 태도는 단기적으로 태도 변화가 일어날 가능성이 더 높다.

③ 정교화 가능성 모형의 전략적 함의

정교화 가능성 모형은 광고 메시지 작성에 전략적 함의를 제공한다. 고관여 제품의 경우 소비자의 정보 처리 동기가 크기 때문에 중앙 통로를 통해 태도 변화가 일어난다. 중앙 통로를 통한 태도 변화는 핵심적인 메시지에 대한 정보 처리를 바탕으로 이루어진다. 따라서 광고는 제품에 대한 핵심적인 메시지에 초점을 맞추어야 한다. 또한 표적 소비자들이 광고 메시지를 처리할 수 있도록 표적 소비자의 지적 수준에 맞게 메시지가 작성되어야 한다.

반대로 저관여 제품의 경우에는 태도가 주변적 단서를 통해 형성되기 때문에 광고는 제품에 대한 핵심적 메시지보다 실행적인 요소에 초점을 맞추어야 한다. 광고 모델의 공신력이나 배경 음악, 광고의 전반적인 톤이나 매너가 표적 소비자들로부터 호의를 얻을 수 있도록 선택되고 표현되어야 한다.

표 9-1. 중심 통로와 주변 통로를 통한 정보 처리 비교

	중심 통로	주변 통로
정교화 가능성	높음	낮음
정보 처리 대상	핵심 메시지	핵심 메시지 이외의 주변적 단서
태도 변화	메시지 강도나 관련성과 같은 메시지 특성에 의해 변화되거나 강화됨	주변적 단서의 효과성에 의해 변화되거나 강화됨
태도의 강도	반대 주장에 강하고 오래 지속됨	다른 설득 메시지에 의해 쉽게 변함

(3) 일관성 모형

일관성 모형은 사람들이 심리적으로 일관성을 유지하기 위해 노력한다는 점을 전제하는 태도 모형이다. 일관성에 배치되는 정보는 사람들에게 심리적 긴장이나 불편함을 야기시키며 이를 제거하거나 줄여서 일관성을 회복하려는 내적인 압박을 발생시킨다. 따라서 사람들은 대상물에 대해 가지고 있는 태도가 새로 유입되는 태도와 일관성을 유지하지 못할 때 두 가지 태도 중 하나를 변경해 일관성을 유지하려고 노력한다. 이렇게 일관성을 바탕으로 태도 변화를 설명하는 이론에는 균형 이론balance theory과 인지 부조화 이론cognitive dissonance theory이 있다.

① 균형 이론

균형 이론은 하이더Fritz Heider가 제안한 이론으로, 사람들이 인지 요소들과 감정 요소들 사이에 균형을 이루고자 노력한다는 기본 가설을 기초로 한

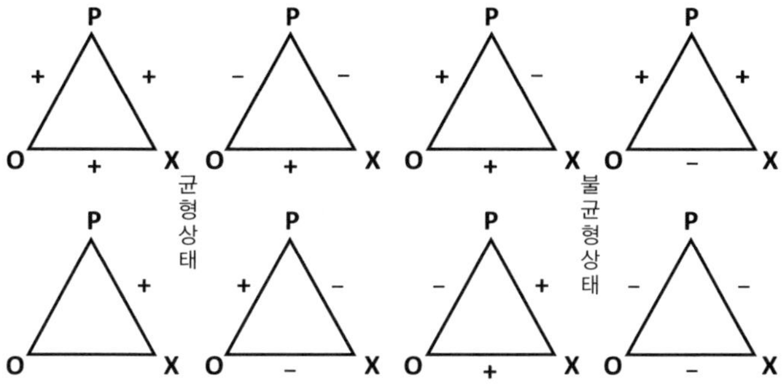

출처 : Zajonc, R. B. (1960).

그림 9-3.
하이더의 균형 이론에 따른 균형 상태와 불균형 상태

다(Heider, 1946). 이 이론에 따르면 사람들은 인지적, 감정적 불일치로 인해 심리적 긴장 상태에 이르면 심리적 균형을 회복하기 위해 노력하게 된다. 이러한 노력의 일환으로 사람들은 특정한 사물이나 사람에 대한 기존의 태도를 변경해 심리적 균형 상태를 이룬다. 예를 들어 그림 9-3의 상단 첫 번째 그림에서 보는 바와 같이 P라는 사람이 O라는 사람과 X라는 사람에 대해 호감을 가지고 있는데 O도 X에 대해 호의적 태도를 가지고 있다면 P는 심리적 균형 상태를 유지한다. 그러나 상단 세 번째 그림처럼 P는 X에 대해 부정적으로 생각하는데 P가 좋아하는 O가 X에 대해 긍정적인 태도를 보인다면 P는 심리적 불균형 상태에 이르게 된다. P는 심리적 갈등을 느끼고 이를 해결해 심리적 균형 상태로 돌아가고자 할 것이다. P는 이러한 목적을 달성하기 위해 두 가지 방법 중 한 가지를 사용하게 된다. 첫 번째 방법은 X에 대한 긍정적 태도를 부정적으로 바꾸는 것이고, 두 번째 방법은 O에 대한 부정적 태도를 긍적적으로 바꾸는 것이다. 이렇듯 두 가지 방법 중 하나를 사용함으로써 P는 심리적인 균형 상태를 회복하게 된다.

a. 불균형을 줄이는 방법

일관성 모형에서 설명하는 바와 같이 사람들은 자신의 인지적 불균형 상태를 균형 상태로 돌려놓기 위해 특정 대상물에 대한 태도를 바꾸는 경향이 있다. 광고에서는 표적 청중의 태도를 바꾸기 위해 이 모형을 전략적으로 이용할 수 있다.

예를 들어 소비자들이 기업에 대해 부정적 태도를 가지고 있다면 이들의 태도를 호의적으로 바꾸기 위해 소비자들이 긍정적으로 생각하는 광고 모델을 출연시켜 메시지를 전달하게 하는 전략을 취할 수 있다. 결국 광고에 노출된 소비자들은 기업과 모델에 대한 태도의 불일치를 해소하기 위해 몇 가지 방법 중 하나를 택할 것이다. 첫 번째 방법은 모델의 기업에 대한 호의적 진술을 부정하는 것이고, 두 번째는 모델에 대한 태도를 부정적으로 변경하는 것이며, 세 번째는 기업에 대한 태도를 긍정적으로 변화시키는 것이다. 기업은 그림 9-4에서와 같이 모델 사용을 통해 표적 청중이 기업에 대한 태도를 호의적으로 바꾸기를 원한다. 그러나 소비자들이 첫 번째와 두 번째의 방법을 사용할 수도 있기 때문에 광고 모델 전략에 신중을 기해야 한다.

b. 전략적 함의

미국의 백화점인 제이씨페니J. C. Penny는 고급 백화점 이미지로 바꾸기 위해 고급 디자이너 의류 브랜드인 핼스톤즈디자이너Halston's Designer를 유치했다. 소비자들이 호감을 가지고 있는 핼스톤즈디자이너를 입점시킴으로써 백화점에 대한 태도를 긍정적으로 바꾸기 위한 전략이었다. 그러나 그림에서 보는 바와 같이 백화점의 의도와는 달리 소비자들은 백화점에 대한 부

그림 9-4. 인지 불균형을 이용한 광고 전략의 예

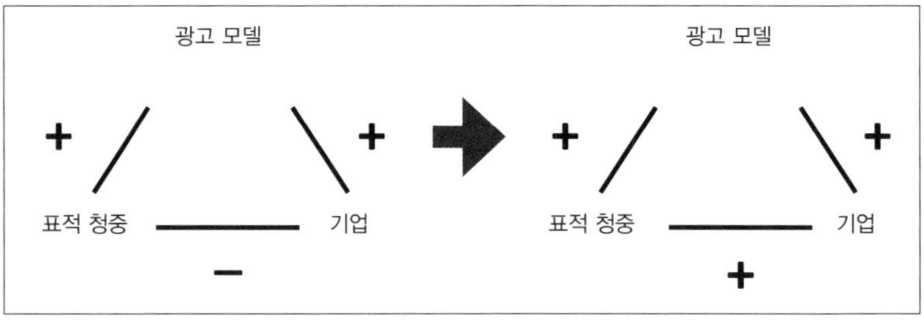

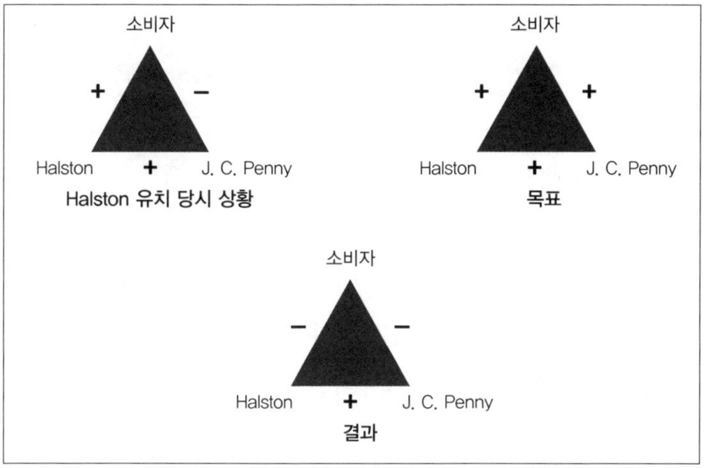

그림 9-5.
헬스톤즈 실패 사례

정적인 태도를 그대로 유지하고 오히려 헬스톤에 대한 태도를 부정적으로 바꾸었다. 결국 이 전략은 실패로 끝나고 말았다(그림 9-5 참조).[1] 기업 이미지나 제품 이미지를 변경하기 위해 모델을 사용할 때는 의도하지 않은 방향으로 소비자의 태도가 변경될 수 있으므로 매우 세밀한 전략이 필요하다(Assael, 1992).

② 인지 부조화 이론

인지 부조화 이론cognitive dissonance theory은 심리학자인 페스팅거Leon Festinger가 제안한 이론으로 일관성 이론 중의 하나이다(Festinger 1957). 이 이론에서 인지 부조화는 두 가지 사고가 일치되지 않는 상황, 즉 인지적 불일치를 의미한다. 이 이론에 따르면, 하나의 정보에 반대되는 다른 정보가 뒤따를 때 지식의 두 요소는 부조화 상태에 놓이며, 부조화는 심리적으로 불편함을 초래하기 때문에 사람들은 부조화를 감소시켜 조화 상태를 달성하려는 동기를 가지게 된다. 또한 부조화를 줄이려는 노력으로 부조화를 증가

1 NY Magazine, "From the Disco to JCPenney: The Enduring Tragedy of Halston," 2011.12.19.: http://nymag.com/thecut/2011/12/halston-from-the-disco- to-jcpenney.html

시킬 수 있는 가능성이 있는 상황이나 정보를 능동적으로 피하게 된다.

마케팅 상황에 이 이론을 적용하면, 사람들은 제품 구매를 통해 인지 부조화를 경험하게 될 때 심리적 균형 상태를 회복하기 위해 노력하며, 이러한 노력의 일환으로 인지 부조화를 초래한 자신의 선택를 합리화해주는 메시지를 능동적으로 찾는다.

인지 부조화는 매우 중요한 의사 결정을 할 때 크게 나타난다. 예를 들어 고가 의류나 승용차를 구매하거나 입학할 학교를 결정할 때 자신이 내린 결정에 대해 인지 부조화를 겪게 된다. 이는 중요한 문제에 대한 의사 결정을 할 때 여러 가지 속성들을 고려하지만 마지막 결정 단계에서는 가장 중요하다고 생각하는 소수의 속성만을 고려하기 때문이다. 제품 구매 후 소비자는 사용하지 않았던 속성에 대한 평가를 하거나 의사 결정에 반하는 새로운 정보가 유입되면 인지 부조화를 겪는다. 예를 들어 디자인이 좋아서 노트북을 구매했는데 구매 후에 다른 브랜드가 성능이 더 좋다는 생각이 들거나, 친지로부터 다른 브랜드에 대한 긍정적 정보를 듣게 되는 경우이다. 이렇게 구매 후 인지 부조화를 겪을 때 사람들은 이를 해소하기 위해 선택의 중요성을 최소화하거나, 선택한 브랜드의 긍정적인 속성을 능동적으로 찾거나 회상하고, 선택하지 않은 브랜드에 대한 긍정적인 정보를 회피하거나 부정적인 정보를 탐색하는 등의 전략을 사용한다.

이 이론이 다른 일관성 이론과 차별되는 점은 소비자들이 자신의 선택을 합리화시키는 메시지를 능동적으로 탐색해서 자신의 의사 결정을 보강하고 합리화시킨다는 것이다.

이러한 이론을 바탕으로 볼 때 광고 정보는 구매 전 단계뿐만 아니라 구매 이후에도 사용된다. 예를 들어 소비자들이 제품 구매 이후 인지 부조화를 경험하게 될 때 광고를 찾아봄으로써 구매 결정을 합리화해 인지 부조화를 해결하기도 한다. 따라서 기업들은 제품 구매 이후에도 소비자들의 구매 결정을 합리화시켜주는 메시지를 마케팅 커뮤니케이션 통로를 통해서 전달함으로써 소비자들의 인지 부조화를 해결해줄 수 있다.

(4) 인지 구조 모형

인지 구조 모형(다속성 태도 모형)은 피시바인Martin Fishbein이 제안한 이론으로, 그는 기본적으로 대상물의 속성들에 대한 신념belief들이 모여 태도를 형성한다고 설명한다(Fishbein, 1963). 여기서 신념은 대상물의 특정한 속성에 대한 서술적 사고descriptive thought를 말하는 것으로, 'XX 제품의 디자인이 예쁘다' 'XX 제품은 가격이 높다' 등과 같이 평가적 가치가 부여되기 이전의 서술적 인지 반응들이다. 이 모형에 의하면 대상물에 대한 사람들의 태도는 속성에 대한 평가와 중요도 인식에 의해 결정된다. 사람들은 각각 중요하게 생각하는 속성이 다르다. 예를 들어 소비자들이 승용차를 평가할 때 가격, 연비, 디자인, 안전도와 같은 다양한 속성들을 사용하지만 가격을 더 중시하는 소비자가 있는가 하면 디자인을 더 중시하는 소비자도 있다. 이에 따라 이 모형은 제품의 개별 속성에 대한 평가(bi)와 개별 속성의 중요도에 인식(ei)이 합쳐져서 태도를 결정한다고 제시하며, 이는 다음과 같은 수식으로 표현된다.

$$A_o = \sum_{i=1}^{n} b_i \times e_i$$

Ao = 대상물 O에 대한 태도

bi = 대상물 O의 속성 i에 대한 평가

ei = 속성 i의 중요성

이 모형의 장점은 마케터가 제품에 대한 소비자들의 태도를 점수화할 수 있어 실무적으로 경쟁 브랜드에 대비해 대상 제품의 강점과 약점을 효과적으로 파악할 수 있다는 것이다. 마케터는 표적 소비자들을 대상으로 한 설문 조사를 실시해 소비자들이 해당 제품군을 평가할 때 사용하는 중요한 속성들을 파악한 다음, 응답자들로 하여금 각 속성의 중요성과 제품에 대한 평가를 하게 한다. 그리고 각 속성에 대한 중요성 점수와 평가 점수를 곱한 점수들을 합산해 태도 점수를 산출할 수 있다.

예를 들어, 표 9-2는 가상적으로 어느 소비자가 두 승용차에 대해 평가한 점수이다. 소비자가 평가한 점수들을 다속성 태도 모형 수식에 대입한 결과 두 브랜드에 대한 태도 점수가 산출되었다. 이 점수를 두고 볼 때 이 소비자는 B 브랜드(태도 점수 2) 보다 A 브랜드(태도 점수 15)에 대해 더 호의적인 태도를 가지고 있음을 알 수 있다.

표 9-2. 다속성 태도 모형을 이용한 태도 점수 산출의 예

속성	중요도 평가 점수(ei)* (-3 ~ +3)	평가 점수(bi)** (-3 ~ +3)		태도 점수	
		A 브랜드	B 브랜드	A 브랜드	B 브랜드
가격	2	3	1	6	2
연비	1	3	-1	3	-1
디자인	-1	-2	3	2	-3
크기	2	2	2	4	4
합계				15	2

* 승용차 구매시 가격은 내게 매우 중요하다(+3), 전혀 중요하지 않다(-3)

** 이 승용차는 가격이 매우 좋다(+3), 매우 나쁘다(-3)

① 전략적 함의

다속성 태도 모형은 소비자들이 가지고 있는 태도를 변화시키는 데 사용할 수 있는 몇 가지 전략적 함의를 제공한다. 이 모형이 제시하고 있는 수식을 바탕으로 마케터는 다음과 같이 제품에 대한 태도 점수를 높일 수 있다.

a. 소비자들이 가지고 있는 속성에 대한 평가(bi) 점수를 높인다.

표적 소비자들이 제품의 어떤 속성에 대해 낮게 평가하고 있다면, 그 속성과 관련한 마케팅 전략을 수정하고 광고나 마케팅 커뮤니케이션 활동을 통해 변경된 내용을 소비자들에게 알림으로써 해당 속성에 대한 평가 점수를 높이고 결과적으로 전체적인 태도 점수를 높인다.

b. 소비자들이 가지고 있는 속성의 중요도(ei)에 대한 평가 점수를 높인다.

표적 소비자들이 별로 중요하게 생각하지 않지만 높은 평가를 받는 속성이 존재하는 경우 광고를 통해 그 속성의 중요성을 새롭게 부각시킨다. 소비자들로 하여금 그 속성의 중요성을 재평가하고 그 속성에 더 많은 가치를 부여하도록 해 전체적인 태도 점수를 높일 수 있다.

c. 소비자들이 중요하게 생각하지 않는 속성을 새로 도입하고 그 속성에 있어 제품이 가진 우월성을 알려 태도 점수를 높인다.

이 전략의 목적은 소비자로 하여금 해당 제품군을 평가하는 방법을 수정하도록 하는 것이다. 예를 들어 미국의 웬디스Wendy's 햄버거는 1984년 "건더기는 어디 있어?Where is the Beef?"라는 광고 캠페인을 통해 고기의 크기가 경쟁사인 맥도널드나 버거킹보다 우월하다는 점을 알려서 매출 신장에 성공했다. 웬디스는 이전에 소비자들이 제품 평가에 사용하지 않던 햄버거 패티의 크기라는 새로운 속성을 소개해 제품을 차별화했다.

(5) 유목 평가 모형

유목 평가 모형category-based evaluation model은 사람들이 외부에서 입력되는 새로운 자극물을 유목화해 기억에 저장한다는 것을 전제로 하는 모형이다. 사람들은 수많은 정보에 노출되기 때문에 이들을 효율적으로 처리하기

그림 9-6.
유고 승용차 광고

위해 새로운 자극물이 들어오면 형태 파악과 유형 인식 과정을 통해 이미 저장되어 있는 기존의 유목에 분류해 저장한다. 이렇듯 새로운 자극이 기존의 유목에 입력될 때, 기존의 유목에 연결되어 있는 태도도 새로 유입된 자극과 연결된다. 소비자의 기억 속에는 정보나 개념들이 무질서하게 저장되어 있는 것이 아니라 서로 관련 있는 것들이 연결되어 위계적으로 저장되어 있으며 사람들이 가지고 있는 태도도 해당 대상물에 연결되어 저장되어 있기 때문이다.

유목 평가 모형을 바탕으로 한 광고 전략은 소비자들의 기억에 이미 저장되어 있는 호의적인 유목 범주에 광고 제품이 편입되게 하여 자동적으로 호의적인 태도를 얻는 것이다. 예를 들어, 그림 9-6에서 보는 바와 같이 1986년 미국에서 집행된 유고Yugo 승용차 광고는 자사의 승용차를 폭스바겐의 비틀과 포드 승용차와 병렬 배치했다. 이는 광고에서 기존의 유명 브랜드와 함께 제시함으로써 유고 승용차가 소비자들이 이미 호의적으로 생각하고 있는 자동차 범주에 자동으로 편입되도록 하기 위한 전략이라고 할 수 있다.

우산 광고umbrella ad도 유목 평가 모형을 바탕으로 한 광고 전략이다. 우산 광고 전략을 사용하는 마케터는 기업 이미지 광고를 집행해 소비자들 사이에 기업에 대한 호의적 태도를 구축함으로써 기업에 대한 호의적인 유목을 설정하고자 한다. 이렇듯 기업 광고를 통해 호의적인 유목을 구축하는 데 성공하면, 제품 광고에서 기업명을 제품명과 함께 사용함으로써 이미 소비자들 마음 속에 구축되어 있는 호의적인 기업 유목에 제품이 편입되어 제품에 대한 호의를 자동적으로 얻을 수 있다.

3. 광고 태도

광고의 목적은 궁극적으로 표적 소비자들 사이에 광고 제품에 대한 호의적인 태도를 구축하고 구매 의도를 촉진하는 것이다. 앞에서 논의한 바와 같이 제품에 대한 태도나 구매 의도에는 제품 속성에 대한 평가나 중요도 인식 등 많은 요인들이 작용한다. 그리고 이러한 요인들 외에 광고물에 대한 소비자들의 태도도 영향을 미친다. 이렇듯 특정한 하나의 광고물에 대한 태도를 제품에 대한 태도와 구별해 광고 태도attitude-toward-the-ad라고 부른다. 광고 태도는 특정한 하나의 광고물에 대한 좋고 나쁨의 감정적 반응을 말하는 것으로, 광고에 대한 일반적인 태도와 구별된다. 광고 태도는 광고 청중이 특정한 노출 상황에서 접하게 되는 하나의 광고물에 대해 가지는 평가적 느낌인 반면, 광고에 대한 일반적인 태도는 광고라는 전반적 제도에 대해 느끼는 감정 반응이다.

광고 태도는 광고 메시지와 브랜드에 대한 태도의 관계를 연결하는 매개변수의 역할을 한다(Lutz, Mackenzie and George, 1983). 광고 메시지의 요인들은 광고 태도에 영향을 미치고, 광고 메시지 요소에 의해 형성된 광고 태도는 브랜드에 대한 태도에 영향을 주는 것이다. 광고 태도가 호의적일수록 광고 제품에 대한 태도가 호의적이고 구매 의도도 높아질 가능성이 크다.

광고 태도는 광고 신뢰성ad credibility과 광고 지각advertising perceptions, 그리고 광고주에 대한 태도와 같은 다양한 메시지 요인의 영향을 받는다. 광고

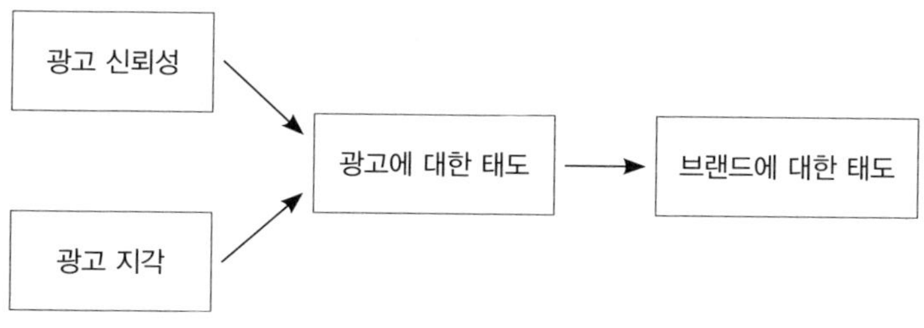

그림 9-7. 광고 태도의 매개 효과

신뢰성ad credibility은 광고 핵심 주장이나 전체 메시지에 대해 청중이 진실하게 지각하는 정도를 말한다. 광고 모델과 광고주의 공신력과 같은 요인들 또한 광고 신뢰성에 영향을 미친다. 광고 지각은 배경 음악, 소구 방법, 톤, 매너과 같은 광고 표현 집행 방법에 대한 청중의 인지적 반응을 가리킨다.

요약

- 태도는 구성 요인에 대한 관점에 따라 다차원적 태도와 1차원적 태도로 구분된다.
- 태도가 형성되는 과정을 설명하는 모형에는 인지 반응 모형, 정교화 가능성 모형, 일관성 모형, 인지 구조 모형, 유목 평가 모형이 있다.
- 태도 형성 모형들은 광고 효과 측정 방법과 광고 전략적 함의를 제공한다.
- 광고 태도는 광고물에 대한 태도로, 제품에 대한 태도와 구매 의도에 영향을 미친다.

토의문제

1. 특정 텔레비전 광고를 선택해 광고를 시청하면서 떠오르는 생각들을 적어보자. 인지 반응 모형을 바탕으로 호의적인 생각과 비호의적인 생각의 수를 비교해 그 광고물에 대한 태도를 평가해보자.
2. 일관성 모형을 적용할 수 있는 광고 전략의 실례를 들어보자.
3. 경쟁 관계에 있는 두 브랜드를 선택해 인지 구조 모형을 바탕으로 자신의 태도 점수를 산출해보자.
4. 정교화 가능성 모형이 저관여 제품과 저관여 제품의 광고 전략에 주는 함의를 토론해보자.
5. 유목 평가 모형을 적용할 수 있는 광고의 예를 들어보자.

4부

광고 캠페인 기획 과정

10장

광고 기획 과정

광고 캠페인은 특정 기간 동안 전략적으로 선택된 광고 주제를 바탕으로 일관성 있게 제작된 일련의 광고물을 집행하는 활동이다. 광고 캠페인의 목적은 일관성 있는 메시지의 광고들을 일정 기간 동안 집행함으로써 목표로 삼은 커뮤니케이션 반응을 소비자들로부터 이끌어내는 것이다. 광고 캠페인 기획은 이러한 목적을 달성하기 위해 정해진 캠페인 기간 동안 어떤 메시지의 광고를 어떻게 집행할 것인가를 전략적으로 계획하는 활동이다.

10장에서는 광고 캠페인 기획의 특성을 살펴보고, 광고 기획 과정을 설명한 다음 광고 캠페인 기획서에 포함되는 내용들을 알아보겠다.

광고 캠페인 기획에 포함되는 전략은 기본적으로 메시지 전략과 매체 전략이다. 메시지 전략은 소비자들에게 어떤 주제의 메시지를 어떻게 전달할 것인가와 관련한 전략이다. 매체 전략은 제작된 광고를 소비자에게 효과적으로 전달하기 위해 광고 예산의 범위 내에서 어떤 종류의 매체와 매체 비히클에 광고를 집행할 것인가를 결정한다. 광고 캠페인의 상승 효과를 얻어내기 위한 목적으로 PR이나 판촉과 같이 광고 효과를 보완할 수 있는 다른 설득 커뮤니케이션 활동 계획이 포함되기도 한다.

따라서 광고 캠페인 기획은 조사, 기획, 크리에이티브, 매체, PR, SP 등의 다양한 전문 분야가 관련되는 복합적인 의사 결정 활동이다. 광고 캠페인의 전체적인 틀과 내용은 AE가 주도해 작성한다. 이렇게 작성된 기획안을 바탕으로 카피라이터를 포함하는 제작 전문가들이 광고 제작안을 제안하며 매체 계획자가 매체 계획안을 작성한다. 그 외에도 PR 및 기타 설득 커뮤니케이션 전문가들이 관련된 분야의 기획안을 작성한다. 이렇게 작성된 안을 광고 기획서라고 한다.

광고 기획서는 앞으로 집행될 광고 메시지를 어떻게 만들고 집행할 것인지에 대해 광고 캠페인 관련 당사자들이 합의한 계획서이다. 관련 당사자는 외적으로는 광고주를 말하며, 내적으로는 광고 제작 및 집행에 관련되는 광고 대행사 내의 기획 부서, 제작 부서, 매체 기획 부서 및 PR, SP 부서 등을 말한다. 광고 기획서는 광고의 집행과 관련되어 있는 당사자들이 앞으로 집행할 광고의 메시지 내용과 집행 계획을 합의해 공유하는 문서이다. 광고 기획서는 관련 당사자들에게 광고 메시지 작성과 관련해 일관된 방향을 제시하고 광고 매체의 선택과 집행 일정에 지침서로서의 기능을 수행한다. 광고주와 광고 대행사는 광고 기획 내용에 합의함으로써 실제로 광고를 제작하고 집행하는 과정에서 불필요한 의사 결정을 최소화해 시간과 경비의 낭비를 방지할 수 있다.

1. 광고 기획의 특성

(1) 전략적 기획

광고는 소비자들을 설득해 궁극적으로 광고 제품을 구매하게 하려는 커뮤니케이션 활동이다. 이러한 목적을 달성하기 위해 광고는 매우 전략적으로 기획되어야 한다. 전략적 기획은 단기적인 기획과 대비된다. 단기적인 기획은 제품이 처한 현재의 마케팅 상황을 타개하기 위한 단발적 계획인 데 비해 전략적 기획은 보다 장기적인 차원의 계획이다. 전략적 기획은 제품이 처해 있는 현재의 상황을 분석해 미래의 마케팅의 문제점과 기회를 포착하고 이러한 문제점을 극복하고 기회를 활용할 수 있는 방법을 제시한다.

전략적 기획은 구체적으로 목표를 설정하고, 목표를 달성시킬 수 있는 전략을 수립하고, 전략을 실현할 수 있는 전술을 제시하며, 이는 성문화된 문서로 작성된다.

(2) 통합적 기획

전략적 기획은 두 가지 측면에서 통합적으로 이루어져야 한다. 첫째, 광고 기획은 통합적 마케팅 전략의 측면에서 다른 마케팅 전략들과 유기적인 관계의 틀 속에서 이루어져야 한다. 기업은 제품이나 서비스의 판매를 돕기 위해 다양한 마케팅 활동을 사용한다. 사용되는 개별 마케팅 활동들은 독립적으로 존재하는 것이 아니라 다른 마케팅 활동들과 서로 유기적으로 연결되어야 한다. 예를 들어 어떤 제품의 마케팅 목표가 판매량 확대라면 마케팅 믹스의 각 요소의 전략이 판매량 확대에 부합되게 수립되어야 한다. 새로운 제품 용도를 개발해 새로운 표적 시장을 추가하거나 제품의 사용량을 증가시킬 수 있도록 제품 전략을 수립하고 판매량을 증가시킬 수 있는 적절한 가격 전략과 유통 전략을 세워야 한다. 또한 보다 많은 표적 소비자들에게 제품에 대한 정보를 전달할 수 있는 광고 전략을 포함한 촉진 전략이 수립되어야 한다. 물론 이러한 각각의 활동에 대한 전략 수립의 전제는 시장 및 소비자 분석을 통해 현재 또는 미래의 문제점과 기회를 파악하고 이를 극복하거나 활용하기 위한 활동 계획을 수립하는 것이다.

둘째, 통합적인 기획은 광고 집행에 동원되는 다양한 활동에 대한 전략들이 서로 보완적으로 작용해 시너지 효과를 발생시킬 수 있도록 세워야 한다. 광고 캠페인은 다양한 분야의 하부 활동을 포함한다. 광고 기획은 단순히 광고물을 만들어내는 과정이 아니라 소비자를 설득하는 과정이다. 광고 기획에 포함되는 하부 의사 결정들은 광고 목표를 달성하도록 이루어져야 한다. 광고 메시지 전략은 매체 전략과 광고 커뮤니케이션 목표를 달성시킬 수 있도록 유기적으로 연계되어 수립되어야 하며 PR과 SP 전략도 마찬가지로 광고 효과가 상승되도록 고안되어야 한다. 즉 광고 캠페인에 사용되는 모든 도구들은 광고 목표를 달성할 수 있도록 서로 보완적으로 사용되어야 한다.

흔히 광고는 기술art인 동시에 과학science이라고 한다. 이는 광고가 통합적으로 기획되어야 한다는 것과 의미가 상통한다. 광고의 과학적 요소는 소비자에게 전달할 광고 메시지와 매체를 결정하는 과정에 영향을 미친다. 소비자의 필요와 욕구를 파악하고 이를 바탕으로 커뮤니케이션 목표를 결정한 다음 이를 달성하기 위한 전략과 전술을 설정하는 과정에서 과학적인 방법들이 동원된다. 광고을 하나의 기술이라고 하는 이유는 광고가 다양한 제작 요소들을 포함하기 때문이다. 광고 카피라이팅, 연출, 제작 등과 같이 광고 메시지를 표현해내는 창의적인 작업들이 여기에 속한다.

(3) 광고 기획의 기반: 마케팅 믹스

광고의 역할은 마케팅 목표를 달성시킬 수 있도록 대중 매체를 통해 소비자와 커뮤니케이션하는 것이다. 광고 전략의 수립은 궁극적으로 마케팅 목표를 달성시키기 위한 것이므로 마케팅 계획을 기반으로 이루어져야 하며 다른 마케팅 활동들(마케팅 믹스)과 유기적인 관계에서 통합적으로 이루어져야 한다. 따라서 성공적인 광고 캠페인은 제품의 마케팅 믹스에 대한 분명한 이해로부터 시작된다.

2. 광고 기획 과정

(1) 광고 기획팀의 구성

광고 대행사들은 광고 캠페인을 기획하는 팀을 구성하기 위해 다음과 같은 방법들을 사용한다. 첫 번째 방법은 담당 제품에 대한 AE를 지정하고 광고 기획과 관련한 부서의 인원을 지정해 팀을 구성하는 방법이다. 이를테면 AE를 중심으로 광고 제작팀에서 카피라이터와 광고 제작 담당자, 매체 부서에서 매체 기획자를 차출해 특정한 브랜드를 위한 기획팀을 구성하는 식이다. 이 경우 각각의 구성원은 다른 브랜드의 광고 기획팀에도 소속되어 복수의 광고 기획에 참여한다. 두 번째 방법은 팀 운영 방식이다. 이 방법은 각 전문 부서의 전문가들을 차출해 팀을 만드는 것이 아니라 AE를 중심으로 제작 관련 전문가, 매체 전문가들을 하나의 조직 부서로 구성하는 방식이다. 각 팀은 고정적으로 같은 구성원들로 이루어져 팀에 부여되는 제품의 광고 기획을 수립한다.

(2) 광고 예산 결정

광고를 기획하기 위해서는 우선 광고 캠페인 기간 동안 투입할 예산을 결정해야 한다. 기업들은 제한된 예산을 바탕으로 마케팅 활동을 수행한다. 따라서 마케팅 활동의 한 부분인 광고도 예산의 제한을 받는다. 광고 예산은 광고 기획과 집행 과정에 포함되는 모든 활동의 규모와 전략에 영향을 미친다. 그러나 광고는 효과가 지연적이며 간접적이기 때문에 광고 투여 비용에 대한 매출 효과를 예측하기가 어렵다. 따라서 상황에 따라 다양한 예산 결정 방법들이 사용된다.

일반적으로 광고 예산은 마케팅 예산의 한 부분이다. 마케팅 예산 중 일부가 마케팅 커뮤니케이션 예산으로 할당되며, 마케팅 커뮤니케이션 예산의 한 부분이 광고 예산으로 책정된다. 광고 예산의 수준은 기본적으로 매출에 대한 예측을 바탕으로 결정된다. 따라서 광고주는 어느 정도의 예산을 광고에 사용했을 때 어느 정도의 매출을 발생시킬 것인지를 파악하려고 노력한다.

① 광고 예산 고려 사항

광고 기획자들은 광고 예산을 고려할 때 다음과 같은 세 가지 요소를 고려한다. 첫 번째 가장 중요한 고려 사항은 광고 목표이다. 광고 캠페인이 달성하고자 하는 구체적인 목표에 따라 예산의 규모가 결정된다고 할 수 있다. 광고 예산 중 가장 많은 부분을 차지하는 것이 전체 예산의 80% 이상을 차지하는 매체 구매 예산이다. 광고 목표에 따라 매체 전략이 결정되며 이는 매체 구매 예산에 영향을 미친다. 예를 들어 광고 목표가 제품 인지도를 높이는 것이라면 되도록 표적 청중이 중복되지 않는 많은 매체를 사용해야 하는 데 반해, 표적 소비자들의 제품 호의도나 구매 의도를 높이기 위해서는 노출이 중복되는 매체에 광고를 집행해 노출 빈도를 높여야 한다. 따라서 광고 목표에 따라 구매하는 매체 종류와 빈도 규모가 달라지며 이는 결국 예산 규모에 영향을 미치게 된다.

두 번째 고려 사항은 경쟁자의 광고 예산 규모이다. 경쟁이 매우 심한 시장에서는 시장에서의 위치를 유지하거나 점유율을 증가시키기 위해 경쟁자보다 더 많은 광고 예산을 투자해야 한다. 제품군 내의 경쟁자들이 사용하는 전체 광고 지출액에 대비한 각 광고주의 광고 지출액을 광고 점유율share of voice이라고 부르는데, 광고 점유율은 일반적으로 시장 점유율share of market과 상관 관계가 있다. 경쟁자들이 광고 예산을 증가시켜 공격적인 광고 전략을 사용하는 경우 상대방 브랜드는 광고 점유율이 낮아져 소비자들 사이에 인지 점유율share of mind이 낮아지고 결국 시장 점유율이 낮아질 가능성이 높다. 따라서 광고 기획자는 경쟁자들의 광고 지출액 변화에 민감하게 대처해 예산을 책정해야 한다.

세 번째 고려 사항은 가용 자금이다. 광고 활동은 마케팅 활동의 일부이기 때문에 전체 마케팅 예산의 일부가 광고 예산으로 지출된다. 따라서 광고 예산은 마케팅 예산의 범위 내에서 결정될 것이다. 또한 광고주들은 일반적으로 광고비를 투자 비용으로 생각하기 때문에 광고 효과를 매출과 직접적으로 연결하려는 경향이 있다. 그러나 광고비 수준과 매출 수준을 직접적으로 연결하는 데이터는 구하기 힘들기 때문에 광고주를 상대로 책정한 광고 예산을 설득하는 것은 쉽지 않다.

② 광고 예산 결정 방법

광고 예산에 따른 광고 효과를 정확하게 예측하기 힘들기 때문에 광고 기획자들은 광고주의 재정 능력과 경쟁 상황 등을 고려해 과거의 경험이나 업계에서 행해지는 예산 결정 원칙에 의해 광고 예산을 책정한다. 광고 업계에서 사용되는 예산 결정 방법들은 대체로 다음과 같다.

a. 임무 목표 방법

임무 목표 방법은 광고 목표를 기반으로 예산을 결정하는 방법이다. 광고 캠페인에 포함되어 있는 각 활동의 목표를 달성하는 데 필요한 비용을 산출해 전체 광고 예산을 수립한다. '표적 청중의 50%가 제품을 인지하게 하는 데 드는 비용은 얼마인가?', '50% 인지도를 달성하기 위해 어떤 매체를 사용해야 하며 매체별로 도달률과 노출 횟수는 어느 정도 수준이 되어야 하는가?'와 같이 광고 목표 달성에 필요한 전략을 수립하고 각 전략을 집행하는 데 드는 비용을 합해 예산을 책정한다.

b. 과거 예산 비율 방법

이 방법은 단순히 지난 연도나 분기의 광고 예산을 바탕으로 물가 상승률이나 다른 마케팅 요소를 감안해 비율적으로 광고 예산을 증감해 책정한다.

c. 시장 점유율 방법

광고주에게 가장 이상적인 예산 책정 방식은 광고비와 시장 점유율의 관계를 규명하고 이를 이용해 예산을 결정하는 것이다. 그러나 시장 점유율은 광고 외에도 많은 요소들의 영향을 받기 때문에 원하는 시장 점유율을 획득하기 위해 얼마나 많은 광고비를 투자해야 하는지 명확하게 알 수는 없다. 그럼에도 불구하고 많은 사람들이 시장 점유율과 업종별 광고 매출의 관계에 주목해왔다. 미국의 제임스 페캄James O. Pechkam은 34개 업종의 매출액과 광고비를 연구한 결과, 원하는 시장 점유율을 얻기 위해서는 목표 시장 점유율의 2.5배에서 4배에 해당하는 광고 점유율을 유지해야 한다는 실무 원칙을 제시했다(Peckham, 1969). 예를 들어 어떤 마케터가 2%의 시장 점유율을 원한다면 제품군의 전체 광고 매출액의 8%에 해당하는 비용을 광고비로 사용해야 한다는 것이다.

d. 판매 비율 방법

판매 비율 방법은 과거 집행되어온 각 연도나 분기의 광고 예산과 매출액 데이터를 이용해 매출액에 대비한 광고 예산의 평균 비율을 산출하고 광고 예산 책정에 사용하는 것이다. 광고를 계획하는 연도의 예상 매출액에 광고 예산 비율을 적용해 광고 예산을 책정한다.

e. 경쟁적 방법

경쟁적 방법은 시장 경쟁 상황을 고려해 경쟁 제품의 예산을 기준점으로 예산을 책정하는 방법이다. 경쟁적 방법은 시장 점유율share of market, 제품

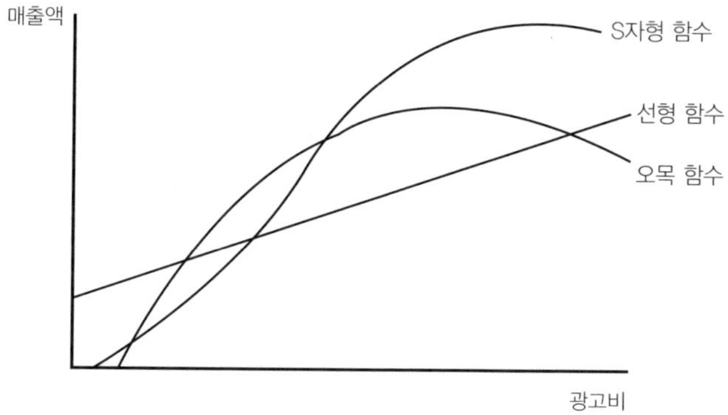

그림 10-1.
광고 매출 반응 함수

인지도share of mind와 광고 점유율share of voice 간에 정적인 비례 관계가 있다는 실무 원칙을 바탕으로 한다. 즉 광고 점유율이 높을수록 제품 인지도가 높아지고 제품 인지도가 높을수록 시장 점유율이 높아진다는 것이다. 따라서 광고 기획자는 경쟁 제품의 시장 점유율과 제품 인지도, 광고 점유율 등을 고려해 광고 예산을 책정한다.

그러나 시장 점유율은 단지 광고 점유율뿐 아니라 경쟁자들의 마케팅 활동과 광고의 크리에이티브의 질 등 여러 요소의 영향을 받는다는 점을 고려해야 한다. 일반적으로 신제품을 출시하는 경우, 최소한의 시장 점유율을 확보하기 위해서는 목표로 하는 시장 점유율보다 훨씬 높은 광고 점유율을 확보해야 한다.

f. 광고 반응 함수 모형 방법

광고 반응 함수 모형 방법은 계량적인 모형을 이용해 예산을 책정하는 방법이다. 이 방법을 사용하기 위해서는 광고 집행비에 대한 매출액의 관계를 알려주는 계량 함수를 찾아내야 한다. 우선 광고주가 과거에 집행했던 광고비와 매출액, 이윤 등의 분기별 혹은 연도별 데이터를 수집해야 한다. 그리고 광고 집행비와 매출액 간의 반응 패턴을 도식화해 분석한 다음, 반응 패턴에 맞는 반응 함수를 통계적인 방법을 이용해 도출해낸다. 광고 기획자는 기대하는 매출액을 반응 함수에 대입해 광고 예산을 산출한다(그림 10-1 참조).

(3) 상황 분석

광고 기획팀이 구성되고 예산이 결정되면 상황 분석을 실시한다. 먼저 광고 대상인 제품이나 서비스가 현재 어떤 상황에 처해 있는지를 분석하는 것이다. 상황 분석의 궁극적 목적은 광고 캠페인의 목표와 전략을 수립하기 위해 현재 제품이 처해 있는 문제점과 기회을 도출해내는 것이다. 특히 소비자와의 커뮤니케이션과 관련해 광고 혹은 마케팅 커뮤니케이션이 어떤 문제점을 해결해야 하는지에 초점을 맞추어 상황 분석을 실시한다. 광고 캠페인의 목적은 이런 과정을 통해 추출된 문제점을 커뮤니케이션 활동을 통해 해결하고자 하는 것이기 때문이다.

상황 분석은 크게 환경 분석과 제품 관련 분석으로 구성된다.

① 환경 분석

환경 분석에서는 제품의 마케팅 활동에 영향을 미치는 외부 환경 요인들에 대해 분석한다. 외부 환경 요인들은 마케터가 통제할 수 없는 요인들로서 제품 마케팅에 영향을 주는 장단기적 문제들을 포함한다. 인구 통계적인 환경 변화, 사회 문화적인 환경 변화, 경제적 환경 변화, 정치/법률적 환경 변화, 기술적 환경 변화, 자연적 환경 변화 등이 환경 요인 분석에 포함된다. 환경 분석을 통해 제품 마케팅 활동에 영향을 주는 기회 요인opportunities과 위협 요인threats들을 파악한다.

② 제품 관련 마케팅 요소 분석

제품 관련 분석은 제품과 관련한 마케팅적 요인들에 대한 분석이다. 현재 제품과 관련해 채택되고 있는 마케팅 전략을 분석한다. 마케팅 믹스 분석,

소비자 분석, 경쟁 분석 등이 여기에 포함된다. 이러한 분석의 목적은 현재 마케팅 믹스의 강점strength과 약점weakness을 파악하는 것이다.

(4) 문제점과 기회 도출

광고 기획자는 외부 환경 요인과 마케팅 전략 요인들을 분석해 광고 캠페인이 해결하거나 마케팅 목표 달성을 위해 도와야 할 가장 핵심적인 문제점과 기회가 무엇인지를 파악해야 한다. 문제점과 기회의 도출은 상황 분석의 결론이며 상황을 분석하는 목적이다. 이렇게 추출된 기회와 문제점은 광고 캠페인 목표 수립의 기반이 된다.

(5) 광고 목표 수립

상황 분석을 통해 추출된 문제점과 기회 요인들을 바탕으로 광고 목표를 수립한다. 광고 목표는 마케팅 목표와 달리 커뮤니케이션 효과 단계를 중심으로 설정한다. 마케팅 목표는 제품을 판매하는 것이기 때문에 제품 판매와 관련된 매출액, 점유율 등과 같은 지표를 이용해 설정한다. 이와 달리 광고 목표는 마케팅 목표를 달성하기 위해 광고가 수행해야 할 커뮤니케이션 활동의 목표이다.

따라서 광고 목표는 커뮤니케이션 효과 단계를 바탕으로 설정한다. 커뮤니케이션 효과 단계는 (1) 인지, (2) 태도, (3) 행동으로 이루어진다. 따라서 문제점과 기회 분석을 바탕으로 광고 캠페인을 통해 어떤 단계의 커뮤니케이션이 이루어져야 할 것인지를 결정하고, 해당 단계와 관련된 목표를 설정해야 한다.

인지 단계의 목표는 표적 청중에게 제품이나 서비스에 대한 정보를 전달해 제품이나 서비스의 이름이나 혜택, 가격, 유통 정보에 대해 소비자들이 인지하게 하는 것이다. 태도 단계의 목표는 표적 청중이 제품/서비스에 대해 호의적인 태도를 가지게 하는 것이다. 제품/서비스에 대한 관련 정보나 이미지를 전달해 표적 소비자들이 제품에 대해 좋은 느낌을 가지고 긍정적인 평가를 하도록 한다. 행동 단계의 목표는 표적 청중으로 하여금 구매 의도를 가지게 하거나 구매 행동을 하도록 설득하는 것이다.

(6) 표적 청중의 정의

광고 목표는 표적 청중을 정확히 규명하는 데서 시작한다. 표적 청중을 규명하는 데 사용되는 변수들은 인구 통계 변수, 심리 도식 변수, 제품 사용도, 소비자 혜택 변수 등이 있다. 이 중 표적 소비자를 가장 잘 규명해줄 소수의 변수를 이용해 표적 청중을 정의한다. 표적 소비자를 명확하게 규명함으로써 메시지 전략과 전술, 매체 전략과 전술 등을 효과적으로 수립할 수 있다.

(7) 광고 전략

a. 메시지 전략과 전술

메시지 전략은 크리에이티브 전략을 말하는 것으로, 매체 전략과 함께 광고 기획의 전략적 의사 결정의 핵심이다. 메시지 전략의 수립은 표적 소비자들에게 전달할 핵심 주제를 결정하고 어떤 방법으로 표현할 것인가를 결정하는 과정이다. 메시지 전략은 독립적으로 결정되는 것이 아니라 앞서 수립된 광고 목표를 달성할 수 있도록 수립되어야 한다. 광고 목표를 달성하기 위해 정의된 표적 청중을 가장 효과적으로 설득할 수 있는 관련성 있는 주제를 선정해야 한다. 핵심 메시지가 결정되면, 메시지 전술에 해당하는 소구 방법과 표현 방법을 결정한다. 경쟁 상황에서 표적 청중에게 가장 어필할 수 있는 소구 방법이 무엇인지를 파악해야 한다.

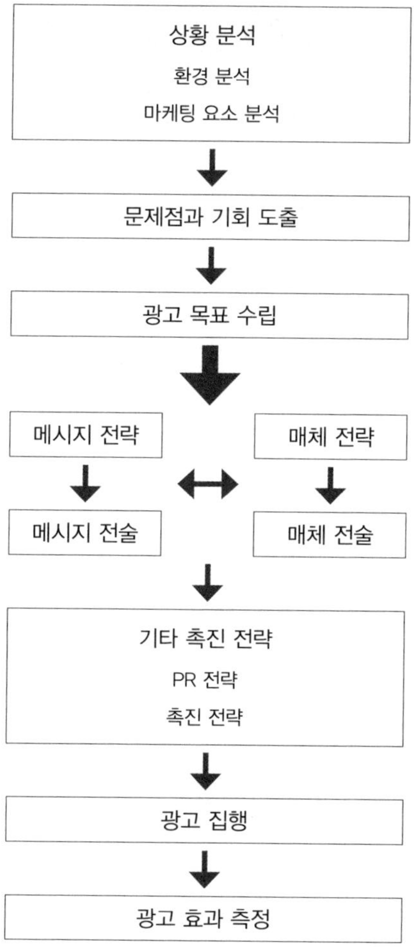

그림 10-2.
광고 기획 과정

b. 매체 전략과 전술

매체 전략은 광고 메시지를 어떤 매체에 집행할 것인가에 대한 의사 결정이다. 매체 전략은 메시지 전략의 수립과 동시에 수립된다고 할 수 있다. 이는 매체의 특성이 메시지에 담을 내용과 형식을 결정하기 때문이다. 각각의 매체들은 서로 다른 특성으로 인해 수용자들이 반응하는 방법도 다르기 때문에 각 매체는 다른 형태의 광고 효과를 끌어낼 수 있다.

광고 기획서의 내용

개요

전체 플랜Plan에 대한 개괄적 서술
경영진이 쉽게 이해할 수 있도록 계획서의 하이라이트highlights를 간결하게 제공

상황 분석

기업 및 제품 역사
환경 분석
- 인구 통계 환경 분석
- 사회 문화 환경 분석
- 법률 환경 분석
- 기술 환경 분석
- 자연환경 분석

마케팅 요소 분석
- 제품 분석
- 가격 분석
- 유통 분석
- 촉진 분석
- 시장 분석
- 소비자 분석
- 경쟁 분석

문제점과 기회

상황 분석을 바탕으로 해결해야 할 가장 중요한 문제 및 기회 제시 혹은 SWOT분석
- SW(Strengths and Weaknesses): 내적 약점과 강점
- OT(Opportunities and Threats): 환경적 문제와 기회

마케팅 목표 및 전략

브랜드를 위한 마케팅 목표와 전략을 간단히 기술
- 목표: 판매 지수(판매액, 판매량, 점유율)
- 전략: 마케팅 믹스(제품, 가격, 유통 전략)

광고 목표

캠페인 기간

표적 청중의 정의

커뮤니케이션 목표

인지, 이해, 선호, 태도, 구매 의도

메시지 전략

– 메시지 핵심 주제

– 메시지 표현 방법

캠페인에 사용될 내용물 포함

– 스토리보드, 인쇄 매체안, 라디오 스크립트 등.

매체 전략

매체 목표

– 도달률과 빈도

매체 전략

– 매체 목표 달성을 위한 매체 종류 제시

– 매체 비히클(Media Vehicle) 제시

– 집행 시기 및 지역 제시

구체적 매체 계획: 플로우 차트Flow Chart

기타 전략

- 광고 캠페인과 통합적으로 수행할 기타 마케팅커뮤니케이션 전략을 진술
- 홍보 전략
- SP 전략

평가 방법

- 광고 캠페인의 평가 방법을 상세히 제시
  - 사전 조사, 사후 효과 조사
  - 조사 방법, 비용

광고 예산

메시지 전략과 마찬가지로 매체 전략도 광고 목표가 나침반 역할을 한다. 표적 청중에게 광고 목표를 가장 효과적으로 달성시킬 수 있는 매체들이 무엇인지를 파악하는 것은 매체 기획자의 중요한 임무이다.

매체 전략을 수립하는 데 있어 핵심 목표는 얼마나 많은 사람들에게 얼마나 많이 광고 메시지를 전달할 것인가와 관련되어 있다. 예산의 범위 내에서 달성 가능한 매체 목표를 설정하고, 이를 달성할 수 있는 매체 종류를 결정한다. 매체 종류가 결정되면, 각 매체군에서 실제로 광고가 실릴 매체 비히클들을 결정하고 예산의 범위 내에서 가능한 매체 조합을 구성해 제시한다.

c. 기타 촉진 전략

광고 기획은 메시지 전략과 매체 전략을 중심으로 수립되지만, 많은 경우 PR 전략, SP 전략과 같은 광고 외의 설득 커뮤니케이션 전략을 포함한다. 이는 통합적 마케팅 커뮤니케이션 차원에서 상승 효과를 끌어내어 광고 목표를 더욱 효과적으로 달성하기 위해서이다.

(8) 평가 방법의 제시

광고 캠페인이 성공적으로 이루어졌는지에 대해 평가하는 방법을 구체적으로 제시한다. 대체로 광고 목표가 계량적인 방법으로 구체적으로 제시되어 있다면, 계량적 조사 방법을 이용해 광고 목표의 달성 여부를 확인함으로써 캠페인의 성공 여부를 판단한다. 적절한 조사 방법을 제시해 캠페인 사후 평가를 가능하게 해, 차후의 광고 캠페인에 반영하도록 하는 것이 평가 방법 제시의 목표이다.

요약

- 광고 기획은 전략적이고 통합적으로 수립되어야 한다.
- 광고 기획은 커뮤니케이션 전략을 수립하는 활동으로서 마케팅 목표의 달성을 돕기 위해 마케팅 믹스와 연계해 수립되어야 한다.
- 광고 예산 결정 방법에는 임무 목표 방법, 비율 방법, 시장 점유율 방법, 판매 비율 방법, 경쟁적 방법 등이 있다.
- 광고 기획은 상황 분석, 광고 목표 설정, 메시지 전략과 전술, 매체 전략과 전술, 기타 전략 수립의 순서로 수립된다.

토의문제

1. 광고 전략은 마케팅 전략과 어떻게 연계되어야 하는지 토론해보자.
2. 특정 브랜드의 광고 기획서 내용이 적절하게 구성되어 있는지 비판해보자.
3. 상황 분석의 목적은 무엇인가?
4. 광고 목표와 광고 전략, 그리고 광고 전술은 어떻게 연결되어 있는지 토론해보자.

11장

광고 상황 분석과 목표 설정

광고 캠페인 기획 과정의 첫 번째 단계는 상황 분석이다. 상황 분석의 목적은 소비자와의 커뮤니케이션 측면에서 제품이 가지고 있는 문제점과 기회를 도출해 캠페인의 목표와 전략을 수립하는 데 토대로 삼는 것이다. 상황 분석을 하기 위해서는 시장과 제품, 소비자를 포함한 다양한 정보가 필요하다. 광고 기획자는 이러한 정보를 수집하기 위해 다양한 조사 방법을 동원한다. 상황 분석의 결과 제품의 문제점과 기회가 도출되면 광고 목표를 설정한다. 광고 목표는 광고 전략과 전술의 내용과 방향을 제시하는 인도자 역할을 수행한다.

11장에서는 상황 분석을 하기 위해 실시하는 전략 조사의 내용을 살펴보고, 상황 분석에 포함될 내용과 문제점과 기회의 도출 방법을 알아보겠다. 그리고 광고 목표의 설정 방법을 알아본 다음, 마지막으로 광고 표적 청중을 진술하는 방법을 살펴보겠다.

1. 상황 분석

광고 기획은 제품이 직면하고 있는 상황에 대한 분석에서부터 시작한다. 상황 분석은 제품의 마케팅 문제, 특히 광고 커뮤니케이션 문제에 영향을 주는 중요한 내외적 요인들을 대상으로 한다. 이러한 요인에는 제품, 시장,

경쟁, 소비자 행동, 유통 채널, 환경 요인 등이 포함된다. 광고 기획자는 상황 분석에 필요한 정보를 수집하고 전략을 수립하기 위해 정보를 수집한다. 이렇듯 전략 수립 과정에서 필요한 정보를 수집하는 활동을 전략 조사라고 한다.

(1) 전략 조사

광고 기획자는 상황 분석 과정에서 여러 가지 질문을 던지게 된다. 전략 조사는 이러한 질문에 대한 대답을 얻기 위해 정보를 수집하는 활동이다. 대체로 광고 기획 과정에서 요구되는 정보는 제품 소비자에 관한 정보, 메시지 효과에 대한 정보, 매체에 관한 정보의 세 가지로 구분된다. 이들은 모두 소비자와 관련한 정보들로 소비자는 누구이며, 제품에 어떻게 반응하는가, 어떤 필요를 가지고 있으며 어떤 메시지에 더 잘 반응할 것인가, 어떤 매체에 광고가 집행되었을 때 더 많이, 더 좋은 반응을 할 것인가와 관련된다.

a. 데이터 수집

전략 조사는 데이터를 수집하는 방법에 따라 1차 조사와 2차 조사로 구분된다.

① 2차 조사

2차 조사는 이미 수집되었거나 발표된 자료를 수집해 분석하는 조사 방법이다. 상황 분석을 위해 광고 기획자는 제3자가 다른 목적으로 조사해 발표한 자료나 광고주가 수집한 정보, 혹은 광고 대행사에서 수집했던 소비자 조사나 광고 효과 조사 결과 등을 이용한다. 판매 보고서, 연감, 소비자 불만 서신, 산업 통계를 비롯한 업계 자료와 보도 기사도 2차 조사 자료에 포함된다. 또한 광고 대행사 내의 카피라이터, 미술 감독, 연출가와 같은 광고 제작

팀원들과 매체 계획 및 구매자들로부터 얻는 정보도 2차 자료에 속한다. 상황 분석 과정에서 사용되는 많은 데이터들은 대부분 2차 조사 자료라고 해도 과언이 아니다. 그러나 광고 전략 수립을 위해 필요하지만 2차 조사 자료에서 찾을 수 없는 정보를 수집하기 위해 1차 조사를 수행한다.

② 1차 조사

1차 조사는 광고 기획에 필요한 데이터를 직접 수집하고 분석하는 맞춤 조사 방법이다. 이를 1차 조사라고 부르는 이유는 2차 조사가 이미 조사되어 발표된 자료를 사용하는 것과 달리, 광고 기획을 위해 처음으로 실시되는 조사이기 때문이다. 1차 조사는 대부분 광고 제품의 표적 소비자들에 대한 조사이다. 소비자들이 제품과 관련해 어떤 필요와 욕구를 가지고 있으며 어떤 경로를 통해 얼마나 자주 제품을 구매하는지 등과 관련한 소비자 행동에 대한 조사가 포함된다. 또한 표적 소비자의 제품 인지, 태도, 구매 의도 등도 포함된다. 1차 조사에는 기존의 광고물이나 경쟁 브랜드의 광고에 대한 평가도 포함된다. 소비자가 자사의 광고를 얼마나 인지하고 호감을 가지는지, 광고의 내용은 얼마나 회상하는지, 광고와 브랜드를 얼마나 연결하는지 등을 경쟁 브랜드와 대비해 조사한다.

(2) 상황 분석의 내용

광고 상황 분석은 마케팅 기획의 상황 분석을 토대로 한다. 광고 전략은 마케팅 전략의 일부분이기 때문이다. 광고 상황 분석은 커뮤니케이션 측면에 초점을 맞추어 마케팅 문제들이 내포하고 있는 커뮤니케이션 문제와 기회를 도출하는 과정이다. 따라서 광고 상황 분석에서는 마케팅 기획에서 제시된 전략적 고려 사항들을 커뮤니케이션 관점에서 분석할 필요가 있다. 마케팅에서 제시된 상황 분석 요인들이 표적 청중과 제품 특성, 제품의 이미지, 제품 포지션과 같은 커뮤니케이션 문제에 대해 가지는 광고 전략적 함의가 분석에 포함되어야 한다.

① 환경 분석

환경 분석은 제품에 영향을 주는 외적인 요인들에 대한 분석이다. 환경 요인에 대한 분석은 마케팅 기획에서 다루지만, 광고 기획에서는 마케팅 기획에서 중요하게 다루어진 환경 요인들이 소비자와의 커뮤니케이션에 부여하는 함의를 분석하는 데 초점을 맞춘다. 환경 분석 요인에는 인구 통계적 요인, 사회 문화적 요인, 법률 및 규제 요인, 기술 환경 요인, 자연환경 요인 등이 포함된다.

② 시장 분석

전체 제품군의 현재 매출 규모와 최근의 매출 성장 추세를 분석한다. 제품군의 매출 추세를 분석함으로써 제품군의 생명 주기 단계를 파악할 수 있다. 시장 분석은 전체 제품군의 매출 규모뿐만 아니라 경쟁 브랜드들의 매출 규모와 시장 점유율을 포함함으로써 경쟁자에 대비한 광고 제품의 시장 경쟁력을 분석할 수 있다. 매출 추세 분석과 함께 매출액 증감 및 경쟁 브랜드들의 시장 점유율에 영향을 미친 환경 요인과 경쟁 제품의 활동들을 분석한다. 또한 예상되는 시장 환경 변화와 경쟁 브랜드들의 활동을 바탕으로 미래의 시장 규모와 구조 변화를 예측한다. 이를 위해 시장 변화에 영향을 준 경쟁자들의 마케팅 커뮤니케이션 활동에 초점을 맞추어 분석한다.

③ 소비자 분석

효과적인 광고 메시지를 개발하는 비결은 무엇보다도 소비자를 이해하는 것이다. 소비자 분석에서는 광고 캠페인의 표적 소비자는 누구이며, 그들의 제품 구매 동기는 무엇인지, 제품을 어떻게 사용하고 어떠한 경로를 통해 구매하는지를 분석한다. 또한 소비자의 구매 의사 결정에 영향을 미치는 사회 문화적 요인들을 분석한다.

소비자의 구매 동기와 행동을 이해해야 그들의 언어를 사용해 효과적인 광고 메시지를 작성할 수 있다. 또한 소비자의 제품 구매 경로와 매체 사용 패턴을 이해함으로써 그들에게 가장 효과적으로 접근할 수 있는 커뮤니케이션 통로를 선택할 수 있다.

④ 제품 분석

제품 분석은 기본적으로 제품이 가지고 있는 속성과 차별점 중에서도 특히 소비자들이 제품에 대해 어떻게 지각하고 있는지에 초점을 맞춘다. 기능적인 혜택뿐만 아니라 심리적인 혜택을 포함해 소비자가 현재 제품에 대해 어떻게 인식하고 있으며 무엇을 기대하고 있는지를 분석한다. 제품에 대한 소비자들의 인식을 제대로 이해함으로써 광고가 어떤 메시지를 전달해야 할 것인지에 대한 전략적 함의를 얻을 수 있다.

또한 광고 제품의 역사를 분석해 제품의 생명 주기를 파악할 수 있다. 광고 제품이 생명 주기상 어느 단계에 있는지를 파악함으로써 광고가 수행해야 할 역할에 대한 전략적 함의를 얻을 수 있다.

(4) 경쟁 분석

광고 제품과 경쟁 관계에 있는 주요 경쟁자들을 파악하고 그들의 강점과 약점을 분석한다. 경쟁 분석을 하기 위해서는 우선 제품과 관련되어 있는 욕구가 어떤 제품군에 의해 충족될 수 있는지를 규명해야 한다. 기본적으로 1차적인 경쟁자는 광고 제품이 속해 있는 제품군 내에서 직접적으로 경쟁하는 제품들이다. 그러나 광고 제품이 충족시키려고 하는 동일한 소비자 욕구를 충족시키는 다른 제품군이 존재한다면 그 제품군의 브랜드들도 경쟁자에 포함시켜야 한다.

경쟁자가 규명되면 각 경쟁 제품의 장단점을 마케팅 믹스의 요소별로 분석한다. 경쟁 브랜드들이 차지하고 있는 지각 지도perceptual map상의 위치를 분석함으로써 경쟁 브랜드들의 차별적 특성들을 파악할 수 있다. 경쟁자들의 특성이 파악되면 이러한 특성들이 커뮤니케이션 전략에 어떻게 반영되고 있는지를 분석한다. 경쟁 분석은 궁극적으로 포지셔닝 전략 수립의 토대가 된다.

2. 문제점과 기회 도출

문제점과 기회의 도출은 상황 분석의 결론이다. 광고 목표와 전략을 수립하기 위해 현재 제품이 해결해야 할 문제는 무엇이며 활용할 수 있는 기회는 무엇인지를 상황 분석으로부터 도출한다. 제품이 채택하고 있는 마케팅 전략과 제품이 처해 있는 환경 요인들에 대한 수많은 정보를 분석하는 과정에서 가장 핵심적인 문제와 기회가 부상한다. 문제와 기회는 광고 목표와 전략 수립의 토대가 된다. 상황 분석과 문제점과 기회 도출은 마케팅 기획의 내용을 바탕으로 하지만 광고 기획에서는 광고와 관련한 문제에 초점을 맞춘다. 상황 분석에서 발견된 문제가 커뮤니케이션 문제가 아니라면 광고로 해결될 수 없기 때문이다.

문제점과 기회를 도출하는 또 다른 방법은 SWOT 분석틀을 사용하는 것이다. SWOT는 강점strengths, 약점weaknesses, 기회opportunities, 위협threats의 줄임말이다. 강점과 약점은 제품이 가지고 있는 마케팅적 요인들에 대한 분석을 바탕으로 도출된다. 기회와 위협 요인은 제품을 둘러싸고 있는 관련 있는 환경 요인들에 대한 분석으로부터 찾아낸다. SWOT 분석도 마찬가지로 상황 분석의 결론적 진술문이다. SWOT 분석은 상황 분석을 바탕으로 마케팅 요인과 환경 요인 중에서 제품 커뮤니케이션에 영향을 미치고 있는 가장 중요하고 핵심적인 내외적 요인들을 도출한다(표 11-1 참조).

표 11-1. SWOT 분석

	긍정적 요인	부정적 요인
내적 요인 (제품 관련 마케팅 요인: 제품, 가격, 유통)	강점 Strengths	약점 Weaknesses
외적 요인 (환경 요인: 인구 통계, 사회 문화, 경제, 기술, 법률/규제 환경 변화)	기회 Opportunities	위협 Threats

3. 광고 목표의 설정

광고 목표는 일정한 기간 동안 광고 캠페인을 통해 무엇을 달성할 것인지에 대한 구체적 진술문이다. 다시 말해서, 광고 목표는 광고 캠페인을 집행한 결과 표적 소비자들로부터 얻어내고자 하는 커뮤니케이션 반응에 대한 진술이다. 이는 상황 분석을 통해 발견한 문제점을 극복하고 기회를 이용하기 위해 광고가 무엇을 해야 하는지에 대한 진술이다.

(1) 광고 목표의 중요성

광고 목표는 캠페인 관련 당사자들의 광고 관리 사항에 대한 합의의 표현이다. 광고 캠페인의 기획과 집행은 다양한 집단이 관여하는 복잡한 과정이다.

우선 대행사 외적으로는 광고주가 광고 목표 수립에 관련된다. 광고주는 광고 캠페인의 전 과정을 관리하기 때문이다. 내적으로는 광고 카피를 작성하고 광고물을 제작하기 위해 카피라이터와 제작팀이 참여한다. 매체 계획자는 광고를 언제 어디에 집행할 것인지를 결정한다. 광고 효과를 증가시키기 위해 광고 외의 활동이 포함되기도 하는데 이를 위해 홍보 담당자와 SP 담당자가 동원된다. 이렇듯 다양한 전문가들이 광고 기획과 집행 과정에 개입하므로, 각 분야의 의사 결정 사항에 대한 갈등의 여지가 많아지기 마련이다. 문서화된 광고 목표는 이렇게 다양한 관련 담당자들 간의 갈등을 최소화하고 캠페인 기간 동안 설정해야 할 전략과 실제로 수행할 임무에 대한 전략적 통찰력을 제공한다. 캠페인 기간 동안 모든 광고 활동은 광고 목표의 달성을 위해 수행된다.

광고 목표는 광고 예산 결정과 메시지 및 매체 전략의 길잡이 역할을 한다. 광고 목표가 제대로 설정되지 않으면 가이드라인이 없기 때문에 광고 예산이 과대 혹은 과소하게 투여될 가능성이 있다. 광고 목표는 광고 캠페인이 끝난 다음 광고 효과를 측정하는 기준이 되기도 한다. 광고 캠페인이 끝난 후 소비자들의 커뮤니케이션 반응을 광고 목표와 비교함으로써 광고 캠페인의 성공 여부를 평가할 수 있다.

(2) 광고 목표와 마케팅 목표

마케팅 활동의 하나인 광고는 마케팅 목표의 달성을 돕기 위한 활동이다. 마케팅 목표는 판매와 관련한 목표로, 여러 가지 마케팅 활동이 통합적으로 사용되어야만 도달할 수 있다. 광고는 마케팅 활동의 하나로서 소비자 커뮤니케이션 기능을 담당한다.

따라서 마케팅 목표가 매출액, 매출량, 시장 점유율과 같은 매출 관련 목표를 지향하는 데 비해 광고 목표는 광고 노출부터 시작해 제품 인지도, 호의도, 구매 의도, 제품 이미지등과 같이 커뮤니케이션 관련 목표를 중심으로 수립된다.

(3) 광고 목표의 종류

광고는 위계적 커뮤니케이션 과정에서 소비자들을 한 단계씩 다음 단계로 이끌어주는 역할을 한다. 따라서 광고 목표는 표적 소비자들이 처해 있는 커뮤니케이션 단계상의 위치를 바탕으로 결정된다. 광고 목표는 목표로 삼는 커뮤니케이션 단계에 따라 직접적 목표와 간접적 목표로 구분된다.

① 직접적 목표

직접적 목표는 제품 구매 반응 목표이다. 제품 구매 반응은 위계적 커뮤니케이션 단계에서 가장 마지막 단계로, 광고를 통해서 궁극적으로 달성하고자 하는 반응이다.

대중 매체를 통한 광고의 직접적 목표는 표적 소비자로 하여금 구매와 관련한 행동 반응을 구하는 것이다. 제품 구매, 제품에 대한 문의, 주문 카드 발송, 매장 방문과 같이 행동이 포함된 목표가 직접적 목표에 포함된다.

가격 할인이나 경품 행사 등을 알리는 소매점 광고와 판매 촉진 광고는 소비자가 매장을 직접 방문해 제품을 구매하는 행동 반응 목표를 가진 광고의 예이다. 홈쇼핑 광고(프로그램 길이 광고)의 목표도 소비자가 직접 제품을 구매하도록 하는 목표를 가지며 DM이나 수신자 부담 전화번호를 포함해 제품에 대한 문의를 하도록 유도하는 광고도 직접적 목표를 가진 광고의 예이다.

② 간접적 목표

광고의 궁극적 목표는 제품 구매이나 제품 구매에 이르기까지 소비자들은 여러 단계의 커뮤니케이션 단계를 거친다. 광고는 표적 소비자들을 한 단계씩 상위 단계로 유도하는 매개 역할을 한다. 이렇듯 구매 이전의 커뮤니케이션 단계상의 목표를 간접적 목표라고 한다.

간접적 목표는 커뮤니케이션 단계상 순차적으로 제품 인지도, 제품 이해도, 제품 이미지와 개성, 제품 태도 등에 초점을 맞춘다.

(4) 계층적 효과 모형

광고 목표가 어떻게 설정되어야 하는지를 이해하려면 먼저 소비자의 관점에서 광고가 수행하는 역할을 파악할 필요가 있다. 소비자는 구매 행동에 이르기까지 다단계의 커뮤니케이션 과정을 거친다. 소비자가 어떤 제품군에 대한 필요를 느끼면 브랜드들에 대한 정보를 탐색한다. 브랜드에 대한 정보를 바탕으로 신념이 형성되고, 브랜드에 대한 태도가 개발되고 난 후 행동 경향이 형성된다. 이러한 과정을 계층적 커뮤니케이션 효과Hierarchy of Effects라고 부른다. 광고는 제품에 대해 알리고 태도를 형성한 다음 제품을 구매하는 단계까지 소비자들을 이끌어주는 역할을 한다.

광고가 어떤 효과 단계를 거치는지에 대해 많은 모형들이 제시되어 왔다. 맥과이어William J. McGuire가 제시한 정보 처리 이론에 의하면 소비자들은 (1) 노출exposure (2) 주목attention (3) 이해comprehension (4) 확신conviction (5) 기억memory (6) 행동action의 설득 과정을 거친다. AIDA 모형은 소비자들이 광고에 노출되면 주목attention, 관심interest, 욕구desire의 단계를 거쳐 행동action에 이른다고 제시한다(Barry and Howard, 1990). 그 외에 DAGMAR 모형(awareness – comprehension – image – attitude – action), Lavidge and Steiner 모형(awareness – knowledge – liking – preference – conviction – purchase)들도 유사한 효과 단계를 제시하고 있다(Colley, 1961).

이러한 모형들은 조금씩 다른 단계들을 포함하고 있지만, 전체적으로는 유사한 커뮤니케이션 과정을 제시한다. 이들이 제시하고 있는 단계들을 압축하면 광고 정보 처리 과정은 인지, 감정, 행동 단계로 구성되어 있음을 알 수 있다(표 11-2 참조).

표 11-2. 네 가지 학습 모형의 효과 단계

단계	McGuire 모형	AIDA 모형	DAGMAR 모형	Lavidge & Steiner 모형
인지 단계	노출 주목 이해	주목	인지 이해	인지 지식
감정 단계	확신 기억	관심 욕구	이미지 태도	호의 선호 확신
행동 단계	행동	행동	행동	구매

(5) 커뮤니케이션 효과 단계의 종류

계층적 효과 모형들은 공통적으로 소비자들이 거치는 과정을 인지-감정-태도의 순서로 제시하고 있다. 그러나 제품의 종류와 소비자의 관여도, 제품의 차별적 속성에 대한 소비자의 지각의 정도에 따라 세 단계의 순서는 다르게 나타난다.

① 인지-감정-행동

인지-감정-행동learn-feel-do 모형은 차별적 속성이 있는 고관여 제품에 적용된다. 고관여 제품이란 소비자가 제품에 대한 정보를 깊이 있게 처리해 신중하게 의사 결정을 하는 제품을 말한다. 소비자들은 물리적, 경제적, 사회적 위험성이 높은 제품일수록 선택에 더 많은 시간과 노력을 들인다. 예를 들어 승용차, 컴퓨터와 같이 고가 제품이나 고급 패션 의류나 화장품 같은 사회적 위험이 높은 제품을 구매할 때 소비자들은 다양한 정보원으로부터 많은 시간을 들여 수집한 정보를 바탕으로 제품들을 비교 평가해 브랜드에 대한 태도를 구축하고 구매한다.

이 모형을 바탕으로 볼 때, 고관여 제품을 위한 광고 목표는 초기에는 브랜드명과 브랜드의 혜택을 최대한 인지시키는 목표를 설정해야 한다. 이러한 목표가 달성된 이후에는 브랜드의 차별성을 바탕으로 브랜드 호의도를 높이는 목표가 제시되어야 한다. 마찬가지로 소비자들 사이에 브랜드에 대한 호의적인 태도가 구축되면 제품의 구매 행동을 촉진하는 광고 목표를 설정한다.

② 인지–행동–감정

인지–행동–감정learn-do-feel 모형은 저관여 제품에 적용된다. 저관여 제품은 물리적, 경제적, 사회적 위험이 적거나 습관적으로 구매하기 때문에 제품 선택 과정에 별다른 노력이나 시간을 들이지 않는 제품이다.

크르구맨Herbert E. Krugman의 수동적 학습 이론에 의하면 저관여 제품의 경우 소비자들은 브랜드에 거의 관여되지 않은 상태에서 학습하며 대안의 브랜드에 대한 평가 없이 제품을 구매한다. 따라서 소비자의 태도는 제품 구매 이전보다는 제품 구매 이후에 형성될 가능성이 높다(Krugman, 1965). 가정용 세척제나 위생 용품과 같이 가격이 높지 않은 제품이나 충동구매 제품이 저관여 제품의 예이다. 소비자들은 이러한 제품에 대한 정보를 각종 대중 매체 광고를 통해 일상적으로 접한다. 저관여 제품의 경우 소비자들은 반복적인 광고 노출을 통해 큰 노력 없이도 제품명을 인지하게 된다. 그리고 제품을 구매해야 할 필요가 생겼을 때, 고려 대상 제품군evoked set에 저장되어 있는 제품을 회상해내거나, 매장의 진열대에서 이전에 노출되었던 광고 제품을 확인하고 제품을 구매한다. 소비자들은 이런 단계를 거쳐 구매한 제품을 사용한 후 제품 만족 경험에 따라 제품에 대한 태도를 가진다.

저관여 제품의 광고는 호의적인 태도 구축보다는 제품이 소비자들의 고려 대상 제품군에 포함될 수 있도록 인지도 제고를 목표로 삼는 것이 중요하다.

③ 행동–감정–인지

행동–감정–인지do-feel-learn 모형은 부조화 귀인 계층 모형dissonance

attribution hierarchy이라고 부르기도 한다. 이 모형에 의하면 소비자들은 제품을 선택한 다음 선택한 제품에 대해 강한 긍정적 태도를 가짐으로써 자신의 의사 결정을 합리화한다.

이 모형은 고관여 제품이지만 소비자들이 차별점을 물리적으로 지각하기 어려운 경우에 적용된다. 소비자들은 제품의 차별점을 외관적 특성으로 구별해 비교 평가하기 어려울 때 제품 속성 이외의 기준(예: 가격)을 바탕으로 제품의 품질을 추론한다. 그리고 제품 구매 후 겪게 되는 인지 부조화를 해결하기 위해 자신의 선택을 합리화시켜줄 수 있는 추가 정보를 탐색하거나 기존의 기억을 수정해 새로운 이유(귀인)를 만들어낸다. 예를 들어 어떤 소비자가 카펫을 구매하려고 할 때, 카펫의 외관으로는 제품의 품질을 평가하기 어렵기 때문에 가격이나 원산지를 기준으로 품질을 추론하고 제품을 구매한다. 제품 구매 후 제품에 대한 비호의적인 정보나 다른 대안 제품에 대해 호의적인 정보가 유입되는 경우 소비자는 부조화를 해소하기 위해 새로운 제품 정보를 탐색하거나 원래의 구매 이유와는 다른 이유를 만들어 자신의 구매 결정을 합리화시키게 된다. 따라서 이 경우에는 제품에 대한 태도나 인지가 이루어지기 전에 제품을 선택(행동)하고, 그로 인해 발생한 태도를 바탕으로 자신의 제품 선택을 합리화하기 위해 원래의 선택 이유와는 다른 정보를 탐색한다.

표 11-3. 효과 계층 모형의 종류

종류	위계	제품 특성	광고 목표	제품 예
고관여 모형	Learn Feel Do	• 명확한 제품 차별성 • 고관여 제품(물리적, 심리적 위험도 높음)	• 인지도 제고 • 브랜드 우월성 확신 독려 • 행동 촉구	승용차 노트북 패션 의류
저관여 모형	Learn Do Feel	• 저관여 제품(물리적, 심리적 위험도 낮음) • 불분명한 제품 차별성	• 인지도 촉구 • 제품 시도 독려 • 흥미 자극	주방 세제 충동구매 제품
부조화-귀인 모형	Do Feel Learn	• 고관여 제품(물리적, 심리적 위험도 높음) • 제품 차별성 낮음	• 구매 독려 • 확신 구축 • 인지 자극	고급 카펫

(6) 효과적인 광고 목표의 조건

광고 목표는 광고 캠페인 기간 동안 광고물을 집행한 결과 소비자들로부터 얻고자 하는 커뮤니케이션 반응이다. 따라서 광고 목표의 진술문에는 광고 캠페인의 집행 기간, 표적 청중, 캠페인이 끝난 후의 표적 청중의 커뮤니케이션 반응과 광고가 수행할 역할 등이 포함되어야 한다.

광고 목표의 내용은 각 브랜드의 특유한 상황에 따라 전적으로 다르다. 따라서 모든 광고 캠페인에 적용할 수 있는 효과적인 광고 목표의 내용을 일괄적으로 제시할 수는 없다. 그러나 기본적으로 광고 목표는 구체적이어야 하며 목표가 달성되었는지 계량적으로 측정할 수 있는 것이어야 한다. 러셀 콜리Russel H, Colley는 『광고 효과 측정을 위한 광고 목표의 설정Definning Advertising Goals for Measured Advertising Results(DAGMAR)』이라는 책에서 광고 목표는 광고 효과가 실증적으로 측정될 수 있도록 세워져야 한다고 제안하고 있다(Colley, 1961). 이에 따르면 좋은 광고 목표의 외관적 조건은 다음과 같다.

① 표적 청중, 구체적인 목표, 캠페인 기간을 포함할 것

광고 목표는 구체적으로 정확하게 기술되어야 한다. 표적 청중은 누구이고 달성하려고 하는 구체적인 커뮤니케이션 목표는 무엇인지와 캠페인을 수행하는 기간이 포함되어야 한다. 광고 목표는 광고와 마케팅에 대한 의사결정 담당자들이 광고를 계획하고 집행하는 데 있어 방향을 제시하며 광고 캠페인의 실제 성과를 비교할 수 있는 기준을 제공한다. 광고 목표가 구체적으로 정밀하게 제시되어야만 이러한 기능이 만족스럽게 수행될 수 있다. 예를 들어 "광고 캠페인 시작 6개월 후 청량음료 제품을 정기적으로 구매하는 20대 여성들의 50%가 브랜드명을 인지하게 한다"와 같은 목표에는 캠페인 기간과 표적 청중, 커뮤니케이션 반응이 모두 포함되어 있다.

② 커뮤니케이션 중심적일 것

마케팅의 목표인 제품 판매를 돕는 다양한 마케팅 활동들 중에서 광고는 소비자와의 커뮤니케이션 임무를 담당한다. 따라서 광고의 목표는 마케팅 목표와 연계해 소비자로부터 어떤 커뮤니케이션 반응을 끌어낼 것인지를 제시해야 한다. 인지, 태도, 구매 의도, 구매로 이어지는 계층적 커뮤니케이션 효과 모형을 바탕으로 현재 표적 소비자들이 어떤 단계에 있는지를 파악한 다음 광고가 이끌어낼 다음 단계의 커뮤니케이션 반응을 광고 목표로 제시한다.

③ 계량적 측정이 가능할 것

광고 목표의 기능 중의 하나는 광고 캠페인의 효과를 평가하는 것이다. 광고 캠페인이 목표를 달성했는지 평가하려면 목표가 계량적으로 진술되어야 한다. 예를 들어 "브랜드에 대한 인지도를 10% 높인다." "브랜드에 대한 호의도를 10% 증가시킨다" "브랜드 구매 의도율을 25%로 높인다."와 같이 커뮤니케이션 목표 반응과 반응 변화량이 구체적으로 포함되어야 한다.

④ 달성 가능성이 있을 것

광고 목표는 캠페인 과정을 통해 달성할 수 있는 현실적인 것이어야 한다. 달성 가능한 목표가 수립되기 위해서는 현재 상황에 대한 계량적 측정이 필수적이다. 이러한 측정치가 현실적인 목표 수립의 기준점으로 사용되기 때문이다. 예를 들어 현재 상황에 대한 조사 결과 소비자들의 제품 인지도가 10%라면, 이를 기준치로 삼아 다양한 마케팅적 요소들을 고려해 광고 캠페인을 통해 달성 가능한 인지도를 제시해야 한다.

4. 표적 청중의 정의

표적 청중은 광고가 메시지를 전달하고자 하는 특정한 소비자 집단을 말한다. 표적 청중은 마케팅 전략에 따라 규명된 표적 시장을 기반으로 한다. 5장에서 설명한 바와 같이 표적 시장은 마케팅 전략 수립 과정에서 시장 세분화와 시장 선택을 통해 정해진다. 표적 시장은 마케팅 활동의 대상이 되는 소비자 집단으로서 제품이나 서비스를 구매하거나 구매할 가능성이 있는 잠재 고객을 말한다. 그러나 광고 캠페인의 표적 청중이 마케팅 기획안에서 제시된 표적 시장과 항상 일치하는 것은 아니다. 제품의 성격에 따라 제품의 사용자와 구매자가 다를 때도 있을 뿐 아니라 의견 선도자나 가족, 친구와 같이 제품 구매 의사 결정에 영향을 주는 사람들이 중요한 표적 청중으로 포함될 수도 있기 때문이다. 따라서 표적 청중이 누구인지를 결정할 때 단지 제품의 직접 사용자뿐만 아니라 제품을 구매하는 사람과 제품 의사 결정에 영향을 주는 사람들도 고려해야 한다.

표적 청중이 누구인지를 진술하기 위해서 인구 통계 변수, 지리적 변수, 심리적 변수, 사용 변수가 사용된다. 일반적으로 표적 청중 정의를 위해서 복수의 변수를 사용한다. 각각의 변수를 사용한 표적 청중의 정의 방법은 다음과 같다.

(1) 인구 통계적 정의

인구 통계 변수는 표적 청중을 정의하는 데 가장 기본적으로 사용되는 변수이다. 인구 통계 변수란 성, 연령, 학력, 소득 수준, 직업, 가족 생명 주기, 종교 등 인구를 통계적으로 구분할 때 사용하는 변수이다. 표적 청중을 정의할 때는 제품의 사용자나 잠재 사용자들을 가장 잘 설명할 수 있는 소수의 인구 통계 변수들을 사용하는데, 사용하는 변수의 수가 많아질수록 표적 시장의 규모는 작아진다.

표적 청중의 정의는 메시지 제작 담당자와 매체 계획자들에게 매우 중요하다. 광고 제작자들은 구체적인 표적 청중의 정의를 바탕으로 그들에게 가장 잘 소구할 수 있는 메시지 전략과 전술을 계획할 수 있다. 또한 매체 계획자들은 표적 청중의 인구 통계적 특성과 가장 일치하는 청중을 보유한 매체를 선택한다. 대부분의 매체 수용자 조사 자료들은 인구 통계 변수를 청중 분석 기준으로 사용하고 있기 때문에 인구 통계적인 표적 청중의 정의는 매체 선택에 필수적이다.

(2) 지리적 정의

지리적 정의는 소비자가 위치한 지역을 바탕으로 표적 청중의 정의를 내리는 방법이다. 지리적 변수는 지역의 위치는 물론 지역 규모를 포함한다. 우리나라는 지리적 위치에 따라 수도권, 영남, 영서, 호남 등으로 나뉘며 각 지역은 언어, 식생활 등의 하부 문화가 다르다. 특정 지역의 하부 문화를 고려한 마케팅 활동은 지리적으로 표적 청중의 정의를 내림으로써 효과적으로 광고 메시지 소구법을 결정하고 이들에게 접근할 수 있는 매체를 선택할 수 있다. 또한 지역의 특성이나 규모도 지리적 정의에 포함된다. 도시 지역과 농촌 지역, 대도시와 중소 규모 도시 등에 거주하는 주민들은 생활 패턴이나 가치관이 다르기 때문이다.

(3) 심리적 정의

표적 청중은 인구 통계적인 변수뿐만 아니라 소비자들의 개성이나 라이프 스타일과 같은 심리적 변수를 이용해 정의될 수 있다. 현대의 소비자들의 취향이나 라이프 스타일이 매우 다양해져 인구 통계적인 변수만으로 특정한 욕구를 가진 소비자들을 효과적으로 규명하는 데는 한계가 있기 때문이다. 심리적인 변수들을 추가적으로 사용함으로써 표적 청중을 보다 명확하게 정의할 수 있다. 심리적인 정의는 소비자들의 심리 반응 형태를 알 수 있게 해 광고 제작자들이 광고의 소구 방법과 표현 방법을 선택하는 데 도움을 준다.

(4) 제품 사용에 의한 정의

제품 사용에 의한 표적 청중의 정의는 소비자들이 제품을 사용하는 빈도나 용도 혹은 제품 혜택에 초점을 맞춘다. 표적 소비자를 제품 사용 빈도에 따라 시장을 세분화할 경우 대량 사용자, 중규모 사용자, 소량 사용자, 비사용자로 표적 청중의 정의를 내릴 수 있다. 또한 같은 제품이라도 사용 용도에 따라 시장을 세분화할 수 있는 경우에는 사용 용도가 중요한 표적 청중 정의 변수로 사용될 수 있다. 손목시계 시장의 경우 결혼 예물용, 일상용, 스포츠용 등으로 나누고 용도에 따라 시장을 정의할 수 있다. 제품 혜택에 의한 표적 청중의 정의는 소비자들이 제품을 통해 추구하는 혜택에 따라 소비자를 규명하는 방법이다. 같은 제품군에 속한 제품이라도 소비자들에게 다른 혜택을 제공할 수 있다. 예를 들어 타이맥스Timex 시계는 내구성과 가격을, 롤렉스Rolex 시계는 정확성과 품위를, 세이코Seiko 시계는 일상적인 사용 혜택을 제품 혜택으로 추구하는 소비자를 표적 청중으로 삼는다.

(5) 소비자 프로필

인구 통계 변수나 심리적 변수, 혹은 제품 사용 변수로 정의된 표적 청중의 형식적 정의는 카피라이터나 제작자들에게 쉽게 와닿지 않을 수 있다. 여러 개의 변수로 정의된 다수로 구성된 집단보다는 구체적으로 설명된 한 사람의 가상 표적 소비자를 대상으로 메시지를 만드는 것이 훨씬 용이하다.

소비자 프로필은 광고 메시지 제작자들이 표적 청중을 더 잘 이해할 수 있도록 인구 통계 및 심리적 변수로 정의된 표적 청중을 한 사람의 구체적인 실제 소비자로 표현한 것을 말한다. 전형적인 표적 청중의 예를 가상으로 설정해 그가 어떤 사람이며 어떤 일과 활동을 하고 어떤 생각을 하는지를 구체적으로 서술해줌으로써 광고 제작 담당자들이 그의 마음을 끌 수 있는 믿을 만한 메시지를 작성할 수 있다.

요약

- 상황 분석은 제품을 둘러싼 내외적 요인들이 광고 커뮤니케이션에 대해 가지는 전략적 의미를 중심으로 분석한다.
- 상황 분석은 제품과 관련한 내외적 요인에 대한 정보를 바탕으로 이루어진다.
- 전략 조사는 상황 분석을 위한 정보 수집을 위해 실시하며 1차 조사와 2차 조사로 이루어진다.
- 문제점과 기회는 상황 분석으로부터 도출된다.
- 광고 목표는 계층적 커뮤니케이션 효과 단계를 바탕으로 설정된다.
- 표적 청중은 정의하는 방법에는 인구 통계적 정의와 지리적 정의, 심리적 정의, 제품 사용에 의한 정의 등이 있다.

토의문제

1. 특정한 제품을 정해 제품 분석, 소비자 분석, 시장 분석, 경쟁 분석을 하고 그 제품이 가지고 있는 문제와 기회를 도출해보자.
2. 광고의 목표는 전체 광고 캠페인 기획에 어떻게 영향을 주는가?
3. 표적 청중은 무엇이며 표적 시장과는 어떻게 다른가?
4. 최근 집행된 광고 캠페인의 광고 목표는 무엇인지 예를 들어 생각해보자.
5. 인지 – 태도 – 행동의 위계를 가진 제품 구매의 예를 들어보자.

5부

광고 크리에이티브

12장

광고 메시지 전략

광고 메시지 전략은 광고 기획의 핵심적인 의사 결정 부분이다. 광고 기획은 기본적으로 광고 메시지 전략을 끌어내기 위한 과정이라고 해도 과언이 아니다. 메시지 전략은 광고를 통해 소비자들에게 무슨 말을what to say 어떻게how to say it 할 것인지와 관련한 의사 결정이다.

광고 메시지와 관련한 의사 결정은 두 단계의 의사 결정을 포함한다. 첫 번째는 광고의 핵심 주제에 관한 것이다. 핵심 주제란 광고 캠페인 기간 동안 집행할 일련의 광고물들을 관통하는 기저 메시지이다. 이는 광고 캠페인의 핵심 판매 주장으로, 제품이 소비자들에게 제공하는 혜택이다. 두 번째 의사 결정은 이렇게 결정된 핵심 주제에 어떤 표현 방법을 입혀 메시지화할 것인지에 관한 것이다. 광고 메시지 표현에 사용하는 언어, 소구법, 모델, 레이아웃, 배경 음악, 매너와 톤 같은 것들이 표현 방법execution에 해당된다.

12장에서는 광고 메시지 전략 수립 과정의 첫 번째 단계인 광고 메시지 전략에 대해 살펴보겠다. 먼저 광고 아이디어, 즉 광고 주제를 도출하는 과정과 이를 도출하기 위해 사용되는 실무적 틀을 알아본 다음 크리에이티브 전략을 살펴보겠다.

1. 광고 메시지 전략 도출 과정

광고 메시지 전략은 광고 캠페인에서 사용할 메시지의 성격과 특성을 구체적으로 제시하는 지침으로, 광고 캠페인 기간 동안 집행될 일련의 광고물들이 공통으로 수행할 커뮤니케이션 임무에 대한 진술이다.

성공적인 광고 메시지 전략을 도출하기 위해서 광고 기획자는 표적 소비자 집단을 이해해야 할 뿐 아니라 광고가 달성할 수 있는 것과 없는 것을 파악해야 한다. 표적 소비자 집단을 이해함으로써 광고 계층 효과에 바탕을 둔 현실적인 목표를 설정할 수 있다. 광고는 인지도 구축을 위한 정보 제공, 제품에 대한 긍정적인 이미지와 호의도 구축, 판매 소구점 회상과 같은 계층 효과의 중간 단계를 목표로 삼아야 한다. 광고 목표가 설정되면, 이를 바탕으로 메시지 전략을 수립한다.

그림 12-1.
크리에이티브 전략 도출 과정

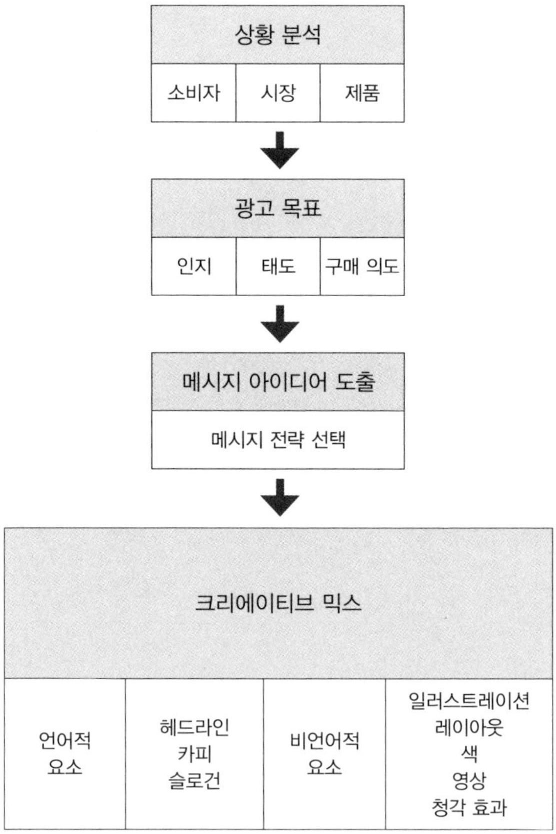

(1) 상황 분석

광고의 핵심 메시지를 도출하기 위해서는 다각도의 분석이 필요하다. 광고의 기획 과정은 광고 메시지를 만들어내는 과정이라고 해도 과언이 아니다. 먼저 광고 기획 과정에 토대가 되는 환경 분석 및 제품, 소비자 분석을 통해 현재 혹은 미래에 당면하게 될 마케팅 문제를 해결하는 데 도움이 될 수 있는 메시지 전략을 수립한다. 소비자에게 어떤 메시지를 전달해야 현재 당면하고 있는 마케팅 문제를 해결할 수 있는지를 파악하는 것이 메시지 전략 수립의 출발점이다. 메시지 전략 수립을 위한 상황 분석은 제품과 소비자와 시장을 중심으로 이루어진다.

① 제품 분석

광고가 실제로 판매하려는 것은 무엇인가? 제품은 어떤 기능을 갖추고 있으며 어떤 면에서 차별적 경쟁력을 가지고 있는가? 소비자들은 해당 제품군을 무슨 용도로 사용하며 어떤 혜택을 원하는가? 광고 기획자는 위와 같은 질문을 통해 제품에 대해 다양한 측면에서 관찰하고 분석해야 한다. 소비자들이 제품을 통해서 얻고자 하는 혜택은 실제로 보이는 것과는 다를 수 있다.

② 소비자 분석

광고가 메시지를 전달하려고 하는 소비자들은 누구인가? 소비자들은 제품과 어떤 관계를 가지고 있으며 제품으로부터 무엇을 원하는가? 제품이 겨냥하는 필요나 욕구는 무엇이며 소비자들의 어떤 문제를 해결해줄 수 있는가?

③ 시장 분석

해당 제품은 제품군 내의 경쟁 제품 혹은 같은 욕구를 충족시키는 다른 제품군에 비해 어떻게 포지셔닝되어 있는가? 경쟁 제품들 가운데 광고 제품은 소비자들에게 어떤 제품으로 지각되어 있는가?

(2) 제품 컨셉트와 광고 컨셉트

광고 메시지의 핵심 주장은 표적 소비자들이 제품의 차별적인 속성으로부터 얻게 되는 궁극적 혜택이다. 제품에 내재해 있는 물리적 속성이나 마케팅 커뮤니케이션을 통해 구축된 심리적 속성이 소비자 혜택의 바탕이 된다. 전략적으로 결정된 제품의 차별적 속성을 바탕으로 주요 소비자 혜택이 결정되고 이를 바탕으로 구체적인 메시지가 만들어진다. 이렇듯 제품이 가지고 있는 차별적 속성을 소비자 혜택으로 해석한 것을 광고 컨셉트라고 부른다.

예를 들어 어떤 제품의 낮은 가격을 제품의 차별적 속성으로 선택했다고 가정하자. 이때 낮은 가격으로 인한 경제성이 제품 컨셉트가 된다. 소비자는 낮은 가격을 지불함으로써 다른 경제 생활에서 여유를 누릴 수 있고 이로 인해 심리적으로 실용적 자부심을 느낄 수 있다. 소비자가 낮은 가격이라는 수단적 속성을 통해 궁극적으로 누리는 실용적 자부심이 바로 궁극적 소비자 혜택이며 이것이 광고 컨셉트다. 제품 컨셉트가 제조업자 관점의 제품 차별점이라면 광고 컨셉트는 소비자 관점의 차별점이다.

(3) 광고 메시지 추출 방법

① 수단-목적 사슬 모형

수단-목적 사슬 모형means-ends chain model은 제품의 속성이 소비자에게 잠재되어 있는 감정이나 욕구 혹은 개인적인 가치와 어떻게 연계되어 있는지를 보여주는 모형으로, 광고 컨셉트를 도출해내는 도구로 사용된다. 이 모

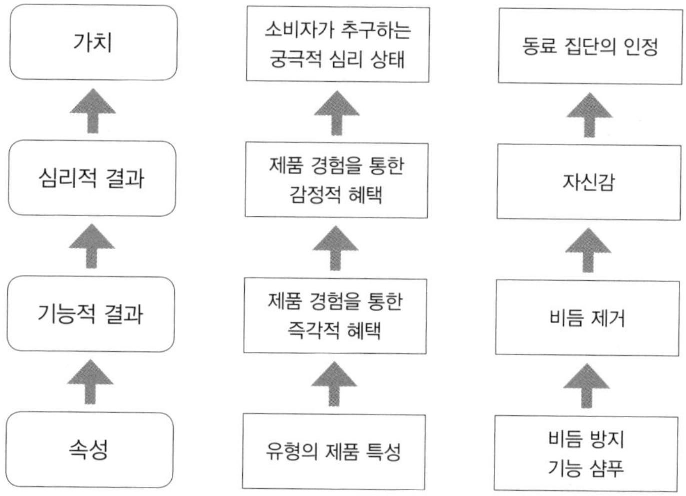

그림 12-2. 수단-목적 가치 사슬

형은 제품의 속성이 제품이 제공하는 혜택과 소비자들이 실현하고자 하는 가치와 연결되어 있다는 이론을 바탕으로 제시된 것이다. 여기에서 수단은 광고 제품이 가지고 있는 차별적 속성을 말하며 목적은 소비자가 제품의 소비를 통해 얻으려는 혜택이다.

수단 목적 사슬 모형은 제품 속성, 속성이 제공하는 결과conse-quences와 가치라는 단계적 요소로 구성되어 있다. 제품 속성은 제품이 자체적으로 가지고 있는 특성을 말한다. 예를 들어 비듬 방지용 샴푸 제품의 속성은 비듬 방지라는 차별적인 속성을 가지고 있다(그림 12-2 참조).

결과는 단계적으로 기능적 결과와 심리적 결과로 나뉜다. 기능적 결과는 소비자가 제품을 소비하면서 얻거나 얻고자 하는 즉각적인 혜택을 말한다. 심리적 결과는 제품 사용 경험을 통해 얻게 되는 감정적 혜택이다. 예를 들어 비듬 방지용 샴푸의 기능적 결과는 비듬이 많은 소비자가 비듬 방지용 샴푸를 사용함으로 비듬이 생기지 않는 것이다. 이러한 기능적 결과로 인해 소비자는 다른 사람들과의 관계에서 자신감을 회복하게 되는 심리적 결과를 가진다.

가치는 사람들이 삶에서 중요하게 생각하는 것과 관련해 지속적으로 유지하는 신념을 말한다. 이는 특정 상황을 초월해 사람들이 삶에서 원하는 궁극적인 상태와 관련이 있으며 선택이나 행동 평가의 지침이 된다. 결국 소비자가 제품 사용을 통해 얻으려는 혜택들은 그들이 궁극적으로 지향하는 가치로 연결된다. 예를 들어 비듬 방지용 샴푸 소비자를 사용함으로 얻게 되는 청결한 느낌은 결국 자신감 있는 행동과 인정이라는 가치로 이어질 수 있다. 동료들로부터의 인정 혹은 사회적 소속감이 결국 이 제품의 속성이 가지는 궁극적인 가치가 되는 셈이다.

② 사다리 기법

사다리 기법은 수단 목적 사슬 모형을 기반으로 소비자들이 특정한 제품군이나 제품과 관련해 가지고 있는 인지 구조를 밝혀내어 제품을 통해 추구하는 궁극적 가치를 도출해내는 질적인 연구 방법이다. 이 방법은 제품의 특성과 결과, 소비자의 가치 사이의 관계를 단계적으로 규명해나가기 때문에 사다리 기법이라고 부른다.

사다리 기법에서는 훈련받은 면접관이 심층 면접 방법을 이용해 수단 목적 사슬을 바탕으로 단계적인 질문을 던져 제품의 속성과 가치를 연결하는 구조를 밝혀낸다. 우선 면접관은 제품군과 관련해 그 제품군을 사용하는 이유나 가장 중요한 속성과 같은 폭넓은 질문으로부터 시작한다. 그리고 응답자의 마음속에 속성과 결과물, 그리고 결과물에서 추상적인 가치가 어떻게 연결되어 있는지를 파악하는 질문을 단계적으로 던진다.

이러한 방법을 이용해 끌어낸 추상적 가치는 광고 캠페인에서 사용할 광고 컨셉트로 사용된다. 제품이 가지고 있는 속성이나 가시적 혜택은 제품 컨셉트에 해당되며, 제품 속성과 연결되어 있는 궁극적 가치는 제품 컨셉트를 바탕으로 해석된 광고 컨셉트에 해당된다.

③ FCB 그리드

FCB 그리드grid는 풋콘앤벨딩Foote, Cone and Belding이라는 광고 대행사가 개발한 광고 전략 개발 모형이다. 이 모형은 크리에이티브 전략과 매체 전략을 수립하는 데 도움을 주기 위해 개발된 것으로, 소비자들이 제품 구매와 관련한 결정을 할 때 사용하는 두 가지의 심리적 차원을 바탕으로 제품군을 분류하고 각 분면에 속한 제품군에 적용할 수 있는 광고 전략을 제시한다(그림 12-3 참조). 이 모형은 제품 종류에 따른 크리에이티브 전략 선택 틀로서, 이 모형에서 사용하고 있는 첫 번째 차원은 소비자들이 제품과 관련해 느끼는 연결성의 정도로 제품군을 고관여 제품과 저관여 제품으로 분류한다. 두 번째 차원은 제품이 충족시키는 욕구와 관련해 실용적 필요를 충족시키는 이성적 제품과 사회적 수용과 감각적 필요를 충족시키는 감성적 제품으로 분류한다(Ratchford, 1987).

이 모형은 고관여-저관여, 이성-감성의 두 차원을 사용해 네 가지 분면으로 구분하고 각 분면에 속한 제품군들에 적합한 메시지 전략과 매체 전략을 제시하고 있다. 각 분면의 제품을 위한 메시지 전략은 다음과 같다(표 12-1 참조).

a. 고관여-이성 제품군

분면 1은 고관여-이성 제품군으로 승용차, 컴퓨터, 가구와 같은 내구재가 포함된다. 소비자들은 이 제품들을 구매하기 전 많은 시간과 노력을 들여 정보를 수집하고 이성적으로 비교 평가해 선택한다.

이 분면에 속한 제품들을 위한 광고는 정보 위주의 메시지 전략을 사용해야 한다. 표적 소비자들에게 많은 정보를 제공하고 소비자가 얻는 혜택을 구체적으로 보여주어야 하며, 매체 전략도 정보 위주의 메시지 전략에 맞게 적절하게 조율되어야 한다. 정보를 많이 담을 수 있는 인쇄 매체나 인포머셜, 온라인 매체를 선택해야 한다.

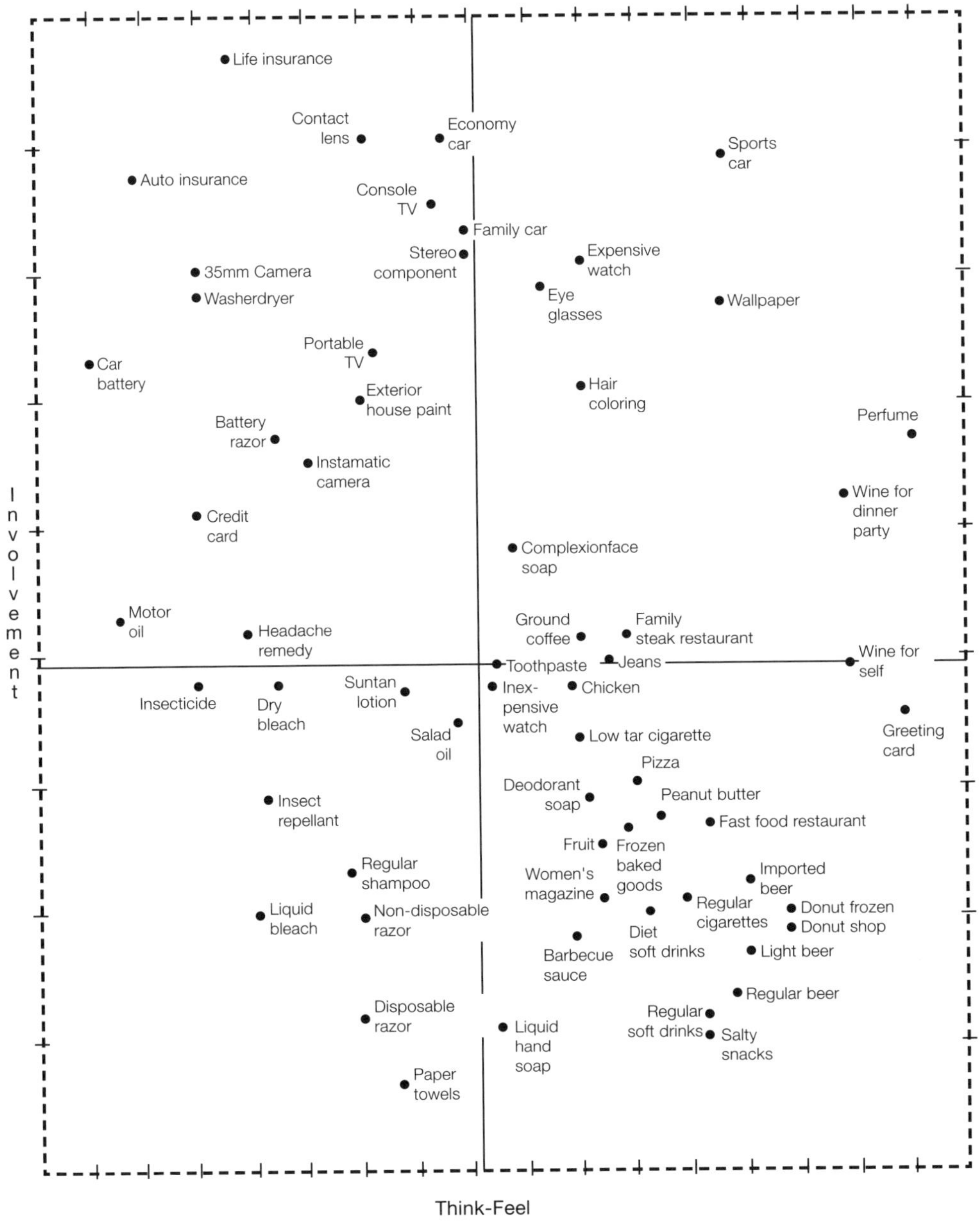

그림 12-3. FCB 그리드 제품 분류

b. 고관여–감성 제품군

분면 2는 고관여–감성 제품군이다. 이 분면에 속한 제품들은 고가의 제품으로 감정적인 의사 결정 과정을 통해 선택된다. 고가 디자이너 의류나 향수 제품이 여기에 속한다. 이러한 제품들은 소비자들의 라이프 스타일이나 사회적 지위를 보여주는 것들로, 소비자들은 감정적인 이유로 이러한 제품들을 구매한다.

이 분면에 속한 제품의 광고는 감정적인 반응을 이끌어낼 수 있는 내용이어야 하며 표적 소비자들이 추구하는 개성이나 이미지를 표현해내야 한다. 제품의 이미지나 감정이 잘 표현될 수 있는 영상 매체나 고급 패션 잡지와 같은 매체가 사용되어야 한다.

c. 저관여–이성 제품군

분면 3은 관여도가 낮지만 합리적인 의사 결정 과정을 거치는 제품군이다. 일상적으로 사용하는 제품이지만 합리적인 의사 결정을 하는 제품으로

표 12–1. FCB Grid

구분	이성	감성
고관여	정보형 광고	감정형 광고
	제품 종류 승용차, 주택, 가구, 신제품	제품 종류 보석, 화장품, 패션 의류
	모형 인지–감정–행동	모형 감정–인지–행동
	크리에이티브 전략 : 구체적 정보, 시연	크리에이티브 전략 : 전술적 임팩트
저관여	습관 형성형 광고	자기 만족형 광고
	제품 종류 식품, 가정용품	제품 종류 담배, 주류, 캔디
	모형 행동–인지–감정	모형 행동–감정–인지
	크리에이티브 전략 : 리마인더 광고	크리에이티브전략: 주목형 광고

출처: Foote, Cone & Belding(1979).

세제나 치약, 샴푸와 같은 개인 위생 용품이 여기에 속한다. 이러한 제품류의 광고는 소비자들에게 제품의 차별적 속성과 같은, 광고 브랜드를 구매해야 할 이유를 제공해야 한다. 그러나 저관여 제품에 속하므로 카피가 긴 정보 위주 광고보다는 핵심적 메시지가 담긴 짧은 카피의 광고가 더 적절하다. 구매 주기가 짧은 제품의 속성상 리마인더 광고의 반복적인 집행이 필요하다.

d. 저관여-감성 제품군

분면 4는 저관여 제품으로 감정적 의사 결정을 하는 제품군이다. 이 제품들은 가격이 높지 않지만, 제품 구매나 사용으로 인해 기분이 좋아지거나 자기 만족을 느끼게 되는 것들이다. 스낵이나 즉석식품, 청량음료, 제과류, 주류가 여기에 속한다. 이들은 충동구매 제품이거나 편의 제품이다.

이런 종류의 제품 광고는 이성적인 이유를 제공할 필요가 없으므로 제품을 사용함으로써 얻게 되는 소소한 즐거움이나 소비자의 라이프 스타일을 보여주어 제품에 이미지를 부가하는 전략을 사용한다. 소비자들이 좋아하는 유명인을 모델로 사용하고 유머 소구와 배경 음악을 사용하는 등 광고 표현에 초점을 맞추어 호감 가는 광고를 집행한다.

2. 크리에이티브 전략의 종류

광고 메시지를 전달하는 방법은 다양하다. 광고 기획자는 제품 분석과 경쟁 분석을 바탕으로 캠페인의 커뮤니케이션 목표를 가장 잘 달성시킬 수 있는 방법을 선택해야 한다. 크리에이티브 전략은 광고 메시지가 어디에 초점을 맞추냐에 따라 제품 지향 전략과 소비자 지향 전략으로 나눌 수 있다.

(1) 제품 지향 전략

제품 지향 전략은 제품이 가지고 있는 물리적인 속성을 메시지의 중심에 놓는 전략이다. 제품의 기능, 품질, 가격 등 물리적 속성을 제품의 차별점으로 삼는 전략으로서 제품이 광고의 주인공이 된다. 제품 지향 전략에는 일반 주장 전략, 제품 특성 전략, USP 전략, 포지셔닝 전략들이 있다(Felton, 1994).

① 일반 주장 전략

일반 주장generic claim 전략은 대부분의 제품 광고가 브랜드가 소비자들에게 제공하는 차별적 혜택을 주장으로 삼는 것과는 달리, 브랜드가 속해 있는 제품군이 제공하는 일반적인 소비자 혜택에 초점을 맞춘다. 이 전략은 주로 시장 선도 제품이 제품군의 전체 시장 크기를 키우기 위한 목적으로 사용한다. 선도 제품은 이미 높은 점유율을 확보하고 있기 때문에 시장의 크기를 키움으로써 늘어난 매출의 가장 큰 부분을 가져올 수 있다.

예를 들어 코닥은 "시간이 지나가기 때문입니다Because time goes by"라는 주제를 광고 캠페인의 주제로 삼았다. 이 광고 캠페인에서 코닥은 브랜드 자체의 우월성에 초점을 맞추기보다는, 사진을 찍는 목적에 초점을 맞추어 '추억'이라는 주제를 바탕으로 광고를 집행했다. 소비자들로 하여금 추억을 간직하기 위한 목적으로 사진을 많이 찍게 함으로써 전체 필름 제품군의 시장을 키우고자 했다. 이 전략은 파이의 조각보다는 파이 크기를 키워 결과적으로 조각의 크기를 늘리는 전략이라고 할 수 있다.

그림 12-4.
캠벨 수프 광고

한편 미국의 캔 수프 회사인 캠벨Campbell은 "수프는 좋은 음식입니다Soup is good food."라는 슬로건으로 광고 캠페인을 집행했다. 이 캠페인은 캠벨 브랜드의 차별적 혜택에 초점을 맞추기보다는 수프라는 제품군이 소비자들에게 제공하는 "건강"이라는 소비

자 혜택에 초점을 맞춤으로써 전체 수프 시장을 성장시키는 데 초점을 맞춘 것이다(그림 12-4 참조).

② 제품 특성 전략

제품 특성product feature 전략은 제품이 가지고 있는 물리적 속성에 초점을 맞추는 전략이다. 이 전략은 제품이 가지고 있는 기능, 원료, 품질의 우월성을 바탕으로 메시지를 작성한다. 소비자들이 제품의 물리적 차별점을 바탕으로 제품을 구매하며, 제품이 그러한 특성을 보유하고 있을 때 유효한 전략이다.

예를 들어 미국의 라구Ragu 스파게티 소스는 스파게티 소스에 건더기가 없는 것에 불만인 소비자들을 표적으로 건더기가 들어 있는 소스를 개발하고 이러한 차별적 속성을 바탕으로 "진짜 토마토 덩어리Real Tomato Chunks"라는 슬로건으로 광고를 집행했다. 이 광고는 경쟁 브랜드들이 가지고 있지 않은 차별적인 물리적 속성을 바탕으로 한 것이다. 또한 볼보Volvo 승용차의 광고 컨셉트는 '안전'인데 이러한 주장을 할 수 있는 근거는 이 승용차는 경쟁 브랜드들과 달리 승용차 좌석 앞면과 옆면에 강철 프레임을 장착해 충돌 사고가 나더라도 승객에게 치명적인 충격을 주지 않는다는 점이다. 이 광고는 볼보 제품만이 보유한 강철 프레임이라는 물리적 속성을 바탕으로 안전이라는 소비자 혜택을 메시지 아이디어로 창출해냈다(그림 12-5 참조).

그림 12-5. 볼보 승용차 광고

③ 선점 전략

제품군에 속한 제품들이 모두 가지고 있는 일반적인 속성을 경쟁 제품보다 먼저 제시해 소비자들로 하여금 광고 제품이 그 속성에 있어 가장 우월하다고 지각하게 하는 전략이다. 선점 전략preemptive stragegy은 주로 제품군 내의 경쟁 제품 간에 기능적인 차이점이 거의 없을 때 사용한다. 경쟁 제품들이 모두 가지고 있는 일반적인 속성에 대해 선제적으로 광고함으로써 해당 속성에 있어 광고 제품이 선두주자라는 인식을 갖게 한다. 소비자들은 뒤늦게 같은 주장을 하는 제품들을 아류 제품으로 인식할 가능성이 있다.

④ USP 전략

USPunique selling proposition 전략은 말 그대로 특유한 판매 주장 전략이다. 이 전략은 제품의 차별점을 강조하는 전략으로 경쟁 브랜드가 주장할 수 없고 빠른 시일 내에 따라 올 수 없는 우월적인 특성을 가지고 있을 때 사용한다. 이 전략이 제품 특성 전략과 다른 점은 단지 제품이 가지고 있는 물리적 속성뿐만 아니라 심리적 속성을 사용할 수도 있다는 점이다. 브랜드가 장기간의 광고 캠페인을 통해 이미 소비자들 마음속에 경쟁 브랜드와 구별되는 특유한 이미지를 구축했다면 이러한 이미지가 USP로 사용될 수 있다.

USP 전략의 핵심은 광고의 핵심 주제가 물리적이든 심리적이든 광고 제품이 특유하게 차별적으로 가지고 있는 속성이어야 한다는 점이다. 광고에서 특유한 하나의 속성을 오랫동안 지속적으로 사용해 경쟁 브랜드가 이러한 속성을 단기간 내에 따라잡을 수 없어야 한다.

이 전략을 강조한 미국의 광고 대가인 로서 리브스Rosser Reeves는 일단 USP가 결정되면 그것을 반복적으로 오랫동안 광고에서 사용해야 한다고 조언했다. 그가 만들었던 M&M 초콜릿 광고는 경쟁 브랜드와는 달리 초콜릿 표면이 쉽게 녹지 않는다는 점을 USP로 사용해 "M&M은 손이 아니라 입에서 녹습니다M&Ms melt in your mouth, not in your hands."라는 슬로건의 광고를 장기간 집행했다.

⑤ 포지셔닝 전략

포지셔닝 전략은 1972년 트라우트Jack Trout와 리스Al Ries가 처음 소개한 메시지 전략이다(Ries and Trout, 1986). 이들은 광고는 경쟁 제품과 대비되는 특유하고 기억에 남을 무엇인가를 구축해서 소비자들 마음속에 제품의 지각 거점을 확보해야 한다고 주장했다. 포지셔닝 전략은 소비자들의 마음속에 경쟁 브랜드들이 차지하고 있는 추상적인 공간이 존재한다는 점을 전제로 한다. 소비자들이 브랜드에 대해 경쟁 브랜드와 대비해 가지고 있는 심리적 위치를 제품 포지션이라고 하며 포지셔닝 전략은 마케터가 전략적으로 계획한 심리적 위치에 제품을 위치시키는 전략이다. 이 전략이 성공하기 위해서는 우선 경쟁 브랜드들을 규명한 다음 중요한 차별화 속성들을 바탕으로 경쟁자의 위치를 파악해야 한다. 경쟁 브랜드의 위치가 파악되면 광고 제품을 경쟁 브랜드에 대비해 어느 공간에 위치시킬 것인지를 결정한다.

포지셔닝이 성공하기 위해서는 마케팅 믹스가 통합적으로 제시되어야 한다. 이때 광고는 이러한 마케팅 믹스들 중의 한 요소로서, 광고 제품이 경쟁 브랜드들과 구별된다는 점을 소비자들에게 전달해야 한다. 예를 들어 말보로 담배는 남성적인 담배로 포지셔닝되어 있는 데 비해 버지니아 슬림은 여성 담배로 포지셔닝되어 있다. 한편 펩시콜라는 "신세대의 선택The Choice of New Generation"이라는 캐치프레이즈를 사용해 코카콜라와 다른 브랜드라

표 12-2. 프록터앤갬블의 세제 라인 포지셔닝의 예

브랜드	포지셔닝
Bold®	섬유 유연과 보푸라기 제거 기능을 가진 분말 세제
Cheer®	색상 바램이나 변화와 섬유 마모를 방지하는 분말 혹은 액체 세제
Dreft®	유아 의류 얼룩 제거와 의류 색상 보호 세제
Era®	섬유에 발생하는 찌꺼기 제거 기술을 갖춘 세제
Febreze	세탁 의류에서 발생하는 냄새 제거 기능
Gain®	세탁과 표백 기능이 뛰어난 분말 혹은 액체 세제
Ivory Snow®	고급 의류 섬유 유연제를 갖춘 세제
Tide®	세탁, 표백, 얼룩 제거 기능을 갖춘 세제

출처: 프록터앤갬플 홈페이지(http://www.pg.com)

는 것을 소비자들에게 각인시켰다. 이 캠페인은 묵시적으로 코카콜라를 구세대 제품으로 위치시키고 이에 대비해 펩시콜라를 신세대 제품으로 위치시키는 포지셔닝 전략을 사용한 것이다.

프록터앤갬블P&G은 매우 다양한 세탁용 세제 라인을 보유하고 있으며, 자기 시장 잠식cannibalization을 방지하기 위해 각각의 브랜드가 명확한 위치를 차지하도록 노력하고 있다. 광고 및 마케팅 커뮤니케이션을 통해 각각의 브랜드가 다른 브랜드의 심리적 공간을 침범하지 않도록 매우 세심한 포지셔닝 전략을 채택하고 있다(표 12-2 참조).

(2) 소비자 지향 전략

소비자 지향 전략은 제품 자체의 차별적 속성보다는 제품을 통해 소비자들이 얻게 되는 심리적인 혜택을 중심으로 광고 메시지를 작성하는 전략이다. 소비자들이 제품 사용을 통해 얻게 되는 이미지, 심리적 만족감 등이 이러한 전략의 핵심 메시지이다. 소비자 지향 전략에는 브랜드 이미지 전략, 라이프 스타일 전략, 태도 전략, 공명 전략, 감성 전략이 있다.

① 브랜드 이미지 전략

브랜드 이미지 전략brand image strategy은 표적 소비자들이 추구하는 이미지나 개성을 브랜드에 부여하는 전략이다. 브랜드 개성은 사람들이 제품에 대해 가지는 전체적인 인상을 말해 일반적으로 브랜드 이미지라고 한다. 광고의 대가인 오길비에 의하면 사람들은 제품이 아니라 제품이 제공하는 심리적 혜택을 구매한다. 또한 모든 개별적인 광고는 브랜드의 이미지를 구축하는 데 기여한다. 이런 면에서 모든 광고는 브랜드 이미지 광고라고 해도 과언이 아니다. 광고 기획자는 제품이 가지고자 하는 이미지를 정확하게 정의해 그 이미지를 개발하고 유지하기 위해 장기적으로 노력해야 한다.

그림 12-6.
할리 데이비슨과 BMW의 오토바이 광고

브랜드 이미지 전략은 제품이 물리적으로 경쟁 브랜드들과 차별화될 수 없거나 제품이 특성상 소비자의 개성이나 이미지와 관련된 경우에 사용된다. 소비자가 제품을 사용함으로써 특정한 개성이나 이미지를 표출하는 것을 돕는 배지 제품badge product인 경우 이 전략은 더욱 유효하다. 화장품, 패션 제품, 향수, 승용차처럼 사용이 가시적인 제품군이 그 예이다. 또한 오늘날 대부분의 소비 제품은 물리적으로 차별이 불가능한 등가 제품parity product인 경우가 많다. 이렇듯 물리적 속성을 통해 제품을 차별화할 수 없는 경우 마케팅 커뮤니케이션을 통해 차별적인 제품 이미지를 부가하는 전략을 사용한다.

브랜드 이미지 전략은 장기적으로 특정한 이미지나 개성적인 메시지를 반복적으로 전달해야 의도한 이미지와 제품이 연계될 수 있다. 장기간의 반복 노출을 통해 무조건 자극인 이미지와 중성 자극인 제품이 연계되어야 소비자가 그 브랜드에 대해 무조건 반응인 이미지 반응을 하게 된다.

말보로 담배는 1950년대 이후 지속적으로 서부 사나이 이미지를 광고에 사용함으로 남성적인 이미지를 브랜드에 부여하는 데 성공했다. 또한 앱솔루트 보드카Absolut Vodka도 장기간의 캠페인을 통해 고급스러운 이미지를 구축하는 데 성공했다. 같은 제품군에 속하는 할리 데이비슨Harley Davidson과 BMW의 오토바이는 둘 다 고가지만 대조되는 광고 캠페인을 통해 차별적인 이미지를 구축하고 있다. 전자가 매우 남성적인 이미지의 광고 캠페인을 집행하고 있는 데 비해 후자는 젊고 세련된 이미지의 광고 캠페인을 집행하고 있는 것이다(그림 12-6 참조).

이러한 예에서 보는 바와 같이, 마케터가 제품에 부여하려고 하는 브랜드 이미지는 마케터 입장에서 일방적으로 부여하는 것이 아니라 표적 소비자들이 추구하는 것이어야 한다. 표적 소비자들이 추구하는 이미지나 개성을 일관성 있는 커뮤니케이션 활동을 통해 소비자들 마음속에 각인시키는 것이다.

② 라이프 스타일 전략

라이프 스타일 전략lifestyle strategy은 표적 소비자가 추구하는 라이프 스타일을 제품에 연계시키는 전략이다. 라이프 스타일은 사람들의 여가 활동, 관심사, 의견 등으로 구성되며, 광고 크리에이티브 전략에서는 주로 표적 소비자들의 여가 활동에 초점을 맞춘다. 라이프 스타일 전략은 표적 집단으로 정의된 세분 시장의 소비자들이 추구하는 공통된 라이프 스타일을 광고에 반복적으로 소개함으로써 제품과 라이프 스타일을 연계시킨다. 예를 들어, 기능성 스포츠 의류 제품의 경우 등산 활동을 광고에서 보여줌으로써 표적 소비자들이 추구하는 라이프 스타일과 매치시키려고 노력한다. 도시적이면서 세련된 젊은이의 모습을 보여주는 승용차 광고도 일종의 라이프 스타일 전략이다. 도회적인 라이프 스타일과 브랜드를 연계시킴으로써 도회적 삶을 추구하거나 동경하는 젊은 사람들에게 소구하는 광고 전략이다.

미국의 향수 브랜드인 찰리Charlie는 1980년대 여성들의 사회 진출이 증가함에 따라 라이프 스타일이 변하는 것을 파악하고 여성들이 동경하는 라이프 스타일을 광고에 반영해 성공했다. 찰리는 광고에 여성 우월적인 내용의 비주얼을 사용함으로써 이미 사회적으로 성공한 여성 집단은 물론 그런 여성 집단을 동경하는 소비자 집단에게 어필했다(그림 12-7 참조).

그림 12-7.
찰리 향수 광고

③ 태도 전략

태도 전략attitude strategy은 표적 소비자가 추구하는 내적인 감정을 표현하는 전략이다. 삶에 대한 특정한 태도를 광고에 반영함으로써 그러한 태도에 호응하는 소비자들에게 호소하는 전략이다. 이러한 크리에이티브 전략을 통해 제품은 광고에서 제시된 삶의 태도를 대변하는 것으로 인식된다.

태도 전략은 브랜드의 이미지나 개성을 만들어내는 브랜드 이미지 전략과는 달리 제품 사용자의 이미지를 창조하는 데 초점을 맞춘다. 따라서 제품 자체의 특성을 보여주기보다는 제품을 사용하거나 소유한 사람의 모습을 보여준다. 제품은 그러한 삶의 방식을 위한 필수적인 장식품 혹은 도구로서 제시된다. 나이키Nike의 "결승선은 없다There is no finish line"와 "일단 해보는 거야Just Do It" 캠페인은 이러한 태도 전략의 대표적인 예이다. 광고에서 제시하는 삶의 태도를 긍정적으로 수용하는 소비자들은 나이키를 적극적인 삶의 방식에 맞는 제품으로 받아들이게 된다.

④ 공명 전략

공명이란 물리적으로 어떤 음에 반응해 같은 진동폭으로 함께 울리는 것을 말한다. 공명 전략resonance strategy은 광고에서 표적 소비자들이 일상생활에서 소소하게 겪을 수 있는 경험을 제시함으로써 소비자들의 마음속에 울림, 즉 공명을 일으켜 제품에 관련성 있는 의미를 부여한다. 소비자들은 광고의 내용에 동감하거나 동일시해 광고 제품을 자신의 제품이라고 인식하게 된다.

공명 전략을 이용한 광고는 제품에 대한 주장이나 브랜드 이미지에 초점을 맞추지 않고 표적 청중이 처할 법한 구체적인 상황을 보여준다. 공명 전략은 표적 청중의 머릿속에 저장되어 있는 제품과의 경험을 바탕으로 한 전략이다.

⑤ 감성 전략

감성 전략affective/emotional strategy은 제품 속성을 특별히 강조하지 않고, 광고 청중의 감정을 유발하는 기제를 사용해 소비자를 제품에 감정적으로 관여하게 하는 전략이다. 감성 전략을 이용한 광고는 로맨스, 향수, 동정심, 즐거움, 공포, 죄책감, 후회 등 긍·부정의 감정을 모두 사용한다. 감성 전략은 특히 식품, 화장품, 패션 의류, 청량음료 등과 같이 감정과 연계되어 있는 제품군에 효과적이다.

(3) 메시지 전략의 평가

도출된 메시지 전략이 효과를 거둘 것인지를 예측하기란 매우 어렵다. 그러나 메시지 아이디어는 다음과 같은 기준들을 바탕으로 그 효과를 평가할 수 있다(Krugman, 1993).

- 전략 적합성: 메시지 주제가 마케팅 전략 및 광고 전략과 일관성을 가지고 있는가? 메시지가 목표하는 바대로 소비자의 반응을 이끌어낼 수 있는가?
- 표적 청중 적합성: 메시지 아이디어가 적절한 표적 세분 시장을 표적으로 삼고 있는가? 메시지는 표적 청중이 가지고 있는 문제에 바탕을 두고 있는가?
- 촉진 믹스 적합성: 메시지 아이디어가 다른 촉진 전략 메시지와 조화를 이루고 있는가? 예를 들어 판촉 메시지는 제품이 "저렴하다"고 주장하고 있는데 광고는 "고급이다"라고 말하고 있다면 이는 통합적 커뮤니케이션 메시지 효과를 방해하는 것이다.
- 영향력: 메시지 아이디어가 경쟁적인 매체 환경에서 견뎌낼 수 있는가? 표적 청중의 주목을 끌 수 있는 힘이 있는가?

- 구체성: 메시지가 너무 일반적이지 않고 구체적인가?
- 반격 저항성: 메시지 아이디어가 경쟁자의 주장에 저항할 수 있는가?
- 내구성: 메시지 아이디어가 오랫동안 유지될 수 있는가?

요약

- 광고 메시지 의사 결정은 메시지 전략과 메시지 전술로 구분된다.
- 크리에이티브 전략은 제품 분석, 소비자 분석, 시장 분석을 바탕으로 선택된다.
- 광고 컨셉트의 도출에는 수단-목적 사슬 모형이나 FCB Grid와 같은 전략적 도구가 사용된다.
- 크리에이티브 전략은 제품 지향 전략과 소비자 지향 전략으로 구분될 수 있다.

토의문제

1. 크리에이티브 전략과 전술은 어떻게 다른가?
2. 물리적 차별화와 심리적 차별화의 차이를 실제 광고의 예를 들어 설명해보자.
3. 일반 전략을 사용하는 이유가 무엇인지 실제 광고의 예를 들어 토의해보자.
4. 공명 전략을 사용한 광고의 예를 들어보고 이 전략이 성공하기 위한 조건은 무엇인지 토의해보자.

13장

광고 전술: 소구, 모델, 배경 음악

광고 테마, 즉 소비자에게 무슨 말을 할 것인가가 결정되면 어떤 표현 방법으로 메시지를 광고 청중에게 전달할 것인지를 결정해야 한다. 이러한 의사 결정을 광고 전술 혹은 표현 방법execution이라고 한다. 광고 전술의 수립은 광고 캠페인의 목표와 전략에 기반을 둔다. 광고 기획자는 광고 목표와 메시지 전략이 수립되면 이들을 요약한 내용을 담은 카피 플랜을 작성해 광고 제작 담당자에게 전달한다. 광고 제작자들은 카피 플랜이 제시하는 광고 전략을 틀로 삼아 광고안을 제작한다.
광고 표현 방법에서 다루어야 할 의사 결정들은 매우 다양하다. 어떤 소구법을 이용해 메시지를 전달할 것인가? 광고 모델을 사용할 것인가? 사용한다면 어떤 모델을 사용할 것인가? 어떤 분위기와 톤으로 메시지를 전달할 것인가? 어떤 종류의 배경 음악을 사용할 것인가와 같이 메시지를 전달하는 방법에 관한 모든 의사 결정이 여기에 포함된다.
13장에서는 먼저 광고 제작의 가이드라인으로 사용되는 카피 플랜에 대해 알아볼 것이다. 그리고 메시지 소구 방법, 메시지 제시 구조를 살펴본 다음 광고 모델과 배경 음악의 종류와 효과에 관해 살펴보겠다.

일반적으로 하나의 캠페인에 사용되는 광고물들은 서로 유사한 시청각적 요소를 갖추고 독자나 시청자들에게 지속성의 느낌을 전달하도록 고안된다. 각각의 광고물의 표현 방법은 다르지만 모든 광고는 동일한 목표와 전략에 기반을 두고 공통의 주제로 연결되어야 하기 때문이다. 광고 전술은 광고 캠페인에 사용되는 광고물이 공통의 주제를 바탕으로 일관성 있게 표현되기 위해 적용되어야 한다. 광고를 광고 전략을 바탕으로 제작하기 위해 광고 기획자는 광고 목표와 메시지 전략이 포함되어 있는 카피 플랜을 작성해 제작팀에게 전달한다. 광고 제작팀은 카피 플랜에 포함된 메시지 전략 내용을 광고 제작 지침으로 삼는다.

1. 카피 플랜

카피 플랜Copy Plan은 광고 기획 단계에서 수립된 광고 전략을 압축적으로 담고 있는 문서이다. 광고 기획자는 광고 캠페인의 목표와 메시지 전략을 요약해 제작 담당자들에 전달함으로써 광고가 어떻게 제작되어야 하는지에 대한 크리에이티브 전술의 방향을 제시한다. 광고 제작자들은 카피 플랜을 지침으로 삼아 광고 카피를 고안하고 실제 광고안을 제작한다.

카피 플랜은 대행사에 따라 카피 플랫폼copy platform, 크리에이티브 브리프creative brief 등과 같이 다른 이름으로 불리기도 하지만 담고 있는 내용은 유사하다. 카피 플랜의 내용은 일반적으로 다음과 같은 요소들을 포함한다.

(1) 주요 상황

제품 분석, 시장 분석, 경쟁 분석과 관련한 정보로부터 추출된 광고와 관련한 가장 핵심적인 요소를 기술한다. 현재 상황과 관련한 핵심적인 사실은 광고 기획자가 풀어야 할 광고 문제를 알 수 있도록 인도한다.

예: 시원 음료의 정체성에 대해 소비자들이 정확하게 알지 못하고 있다. 이 음료가 청소년 음료인지 성인 음료인지, 건강 음료인지 일반 음료인지 정확하게

포지셔닝되어 있지 않다.

(2) 광고 문제

주요 핵심 상황이 제시하는 커뮤니케이션 문제가 무엇인지를 기술한다. 현재 표적 소비자와의 커뮤니케이션에 있어서 가장 중요한 문제점 혹은 기회가 무엇인지를 기술한다.

예: 시원 제품을 소비자의 마음속에 정확하게 위치시킬 필요가 있다.

(3) 광고 목표

광고 문제를 해결할 목표를 기술한다. 광고 캠페인의 결과로 얻고자 하는 소비자 반응의 변화를 커뮤니케이션 위계 효과를 바탕으로 기술한다. 소비자들이 제품에 대해 무엇을 인지해야 하는지, 어떤 것을 이해해야 하는지, 무엇에 대해 좋아해야 하는지에 대해 구체적으로 기술한다.

예: 시원주스를 성인 주스로 소비자들에게 인지시킨다.

(4) 표적 청중

광고가 어떤 사람들에게 메시지를 전달할 것인가에 대해 인구 통계적 변인, 심리적 변인, 행동 변인 등을 중심으로 기술한다. 광고 제작팀이 메시지 전달 대상을 명확히 알 수 있도록 구체적인 표적 청중의 정의를 제시하기 위해서 단순한 인구 통계적인 설명의 차원을 넘어 심리 도식적 변수를 사용해 소비자 프로필을 제시할 수도 있다.

예: 시원 주스의 표적 청중은 25세에서 35세 사이의 남성으로, 건강에 대한 관심이 높으며 야외 스포츠 활동을 많이 하는 사람들이다.

(5) 경쟁 분석

광고 제품의 주요 경쟁자와 경쟁 요인을 바탕으로 경쟁 브랜드들의 장단점을 기술한다. 제품이 시장에서 직접 경쟁하는 경쟁자는 물론 같은 소비자 욕구를 충족시키는 제품군에 대한 분석도 포함한다. 경쟁 제품들이 제공하고 있는 차별점과 포지셔닝에 대한 분석을 바탕으로 광고 제품이 현재 차지하고 있는 위치를 규명한다.

예: 일반 청량음료 — 코카콜라, 펩시콜라

성인 스포츠 음료 — 게토레이

(6) 주 소비자 혜택

제품이 소비자에게 제공하는 궁극적 혜택을 기술한다. 소비자의 관점에서 제품을 사용함으로써 얻게 되는 혜택을 제시한다. 광고 제품은 어떤 혜택을 제공하는가? 어떤 문제점을 해결하는가? 주 소비자 혜택은 메시지 전략의 핵심이다.

예: 시원 주스를 마심으로써 자존감을 얻는다.

(7) 소비자 혜택을 가능하게 하는 요소

소비자 혜택을 가능하게 하는 요소support는 주 소비자 혜택을 가능하게 하는 제품의 특성이 무엇인지 기술한다. 광고 제품이 제시하는 소비자 혜택이 어떻게 가능한지에 대해 소비자가 믿을 수 있는 증거 사실들을 제시한다.

예: 시원 주스의 XX 재료가 수분 흡수를 신속하게 한다. 시원 주스의 기능성이 소비자로 하여금 야외 활동 후 빠른 피로 회복을 도와준다.

(8) 톤/매너

광고물이 표적 소비자들에게 전달하는 전체적인 느낌이나 분위기tone/manner를 기술한다. 예를 들어 메시지의 분위기가 강력해야 하는지, 심각해야 하는지, 도회적이어야 하는지, 풍자적이어야 하는지 등을 기술한다.

예: 전체적으로 건강하고 밝은 분위기를 연출한다.

(9) 제한점 및 규제 사항

광고물에 포함되어야 할 요소, 크리에이티브 방향을 이해하는 데 필요한 제한점이나 자료 등을 제시하거나 광고물 제작 과정에 고려해야 할 법률적 규제 사항을 기술한다.

예: 기존 광고와의 일관성을 위해 로고와 슬로건을 모든 광고의 오른쪽 하단에 배치한다.

2. 메시지 소구 방법의 선택

표적 소비자에게 광고 메시지를 전달하기 위해 다양한 소구 방법들이 사용되고 있다. 메시지 소구 방법은 메시지를 전달하는 방식으로, 크게 감정 소구와 이성 소구로 나눌 수 있다. 감정 소구는 소비자의 느낌 반응에 호소하는 데 비해 이성 소구는 논리적인 사고에 호소한다.

(1) 감정 소구

감정 소구는 사람들의 감정을 자극하도록 고안된 소구 기법이다. 감정이란 사람들의 주위의 사물이나 환경에 대해 반응하는 느낌으로 공포, 사랑, 슬픔, 증오, 욕심, 성적 욕망, 즐거움, 죄책감과 같은 것들이다. 감정 소구는 사람들이 가지고 있는 감정에 호소해 심리적 긴장을 유발시키고 제품이나 서비스를 구매함으로써 이를 해소할 수 있다는 메시지를 제공한다.

감정 소구는 과거에 비해 최근 더 많이 사용되고 있는 경향이 있는데, 그 이유는 첫째, 감정을 주제로 한 소구가 제품 혜택과 연결될 경우 이성적인 소구에 비해 주목을 끌고 오랫동안 기억될 가능성이 더 높기 때문이다. 둘째로는 최근 많은 제품들이 표준화해 등가 제품화됨에 따라 이성적으로 차별화할 수 있는 제품의 특유성이 사라지고 있기 때문이다. 따라서 대부분의 경쟁자들이 같은 소구점을 사용하는 경우 감정 소구를 사용해 차별적인 포지셔닝이 가능해지는 것이다. 셋째, 감정 소구는 소비자들을 감정적으로 관여시켜 저관여 제품에 대한 소비자들의 관여도를 높일 수 있는 가능성이 있기 때문이다.

감정 소구는 유발하는 감정의 방향에 따라 긍정적 감정 소구와 부정적 감정 소구로 나눌 수 있다. 긍정적 감정 소구에는 유머 소구와 성적 소구 같은 것들이 있으며 위협 소구와 죄책감 소구는 부정적 감정 소구의 대표적인 예이다.

① 유머 소구

유머 소구는 가장 자주 사용되는 광고 소구 기법의 하나이다. 유머는 웃음을 유발하고 즐거움을 제공하는 인지적 경험을 말한다. 유머 소구는 웃음을 유발하는 메시지를 사용해 광고 수용자들에게 즐겁거나 기분 좋은 감정을 유발시켜 긍정적 감정이 광고 제품에 전이되게 할 목적으로 사용된다.

유머 소구는 소구 특성상 수용자들의 주목을 끄는 데 효과적이다. 사람들은 웃음을 유발하는 자극에 주목하는 경향이 있기 때문에 유머 소구는 커뮤니케이션 효과 단계상 인지 단계에 효과가 있다. 그러나 메시지 이해나 설득과 같은 높은 단계의 커뮤니케이션 효과에는 크게 영향을 미치지 않을 수 있다. 유머 메시지가 주의를 산만하게 해 광고의 핵심 메시지를 처리하는 데 방해 요소로 작용할 수 있기 때문이다.

유머 소구는 특히 소비자가 이미 좋아하는 브랜드의 광고에 사용될 때 효과적이다. 즉, 소비자들이 광고 브랜드에 대해 부정적인 평가를 하고 있다면 유머 광고는 비유머 광고에 비해 덜 효과적이다. 유머 광고 효과에 관한 연구들은 다음과 같은 결론을 제시하고 있다(Weinberger and Bulas, 1992).

- 유머는 광고에 대한 주목을 끄는 효과적인 방법이다.
- 유머는 광고물과 광고 제품에 대한 호감을 증가시킨다.
- 유머가 이해를 항상 해치는 것은 아니다.
- 유머가 다른 소구에 비해 설득 효과가 더 큰 것은 아니다.
- 유머가 모델 공신력을 향상시키지는 않는다.
- 유머의 효과는 제품의 특성에 따라 다르다. 유머는 신제품보다 기존의 제품에 효과적이며 감정 지향적이거나 경험 지향적인 저관여 제품에 더 적절하다.

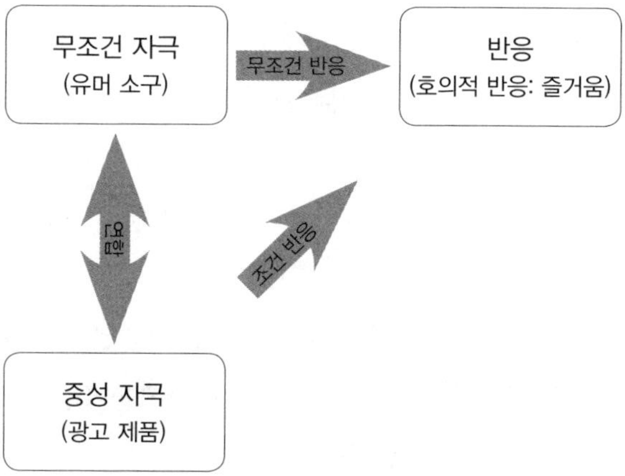

그림 13-1.
고전적 학습 이론에 의한 유머 소구 효과

유머 광고의 효과는 학습 이론을 바탕으로 설명될 수 있다. 고전적 학습 이론에 의하면 무조건 자극에 중성 자극을 부가해 반복적으로 피험자에게 노출시키면 결과적으로 중성 자극만으로도 무조건 자극에 의한 반응을 얻을 수 있다. 중성 자극인 제품을 무조건 자극인 유머와 연결시켜 반복적으로 소비자들에게 노출시키면 중성 자극인 제품은 유머에 대한 무조건 반응인 긍정적인 반응을 끌어낼 수 있다.

또한 주의 분산 가설distraction effect에 의하면 반박 주장counter argument을 일으킬 가능성이 있는 메시지의 경우 유머가 소비자들의 주의를 환기시켜 본래의 이슈에 대한 반박 주장이 일어나지 못하도록 할 수 있다(Festinger and Maccoby, 1964). 유머 소구를 사용함으로써 소비자들이 제품 광고 메시지에 반응할 수 있는 부정적 인지 반응을 방지하는 것이다.

유머 광고는 소비자들의 주목을 끌고 제품에 대한 긍정적인 태도를 끌어내는 데 효과적이지만 잘못 사용되는 경우 부정적 효과를 유발할 수 있다는 점에 유의해야 한다. 따라서 유머 광고를 사용할 때는 다음과 같은 점들에 유의해야 한다.

- 유머 광고는 주목률을 높이는 데는 효과가 있으나 설득 효과는 보장할 수 없다.
- 유머 광고가 성공하려면 유머가 광고 주제 메시지에 녹아들어 있어야 하며, 광고 컨셉트와 무관한 유머의 사용은 오히려 광고 효과를 방해할 수 있다.
- 유머 소구는 신규 제품보다는 이미 시장에 정착되어 있는 브랜드에 더 효과적이다.
- 유머 메시지는 광고 메시지와 배치되어서는 안 된다. 예를 들어 금융이나 보험 등 심각한 상품의 광고에 유머 광고를 잘못 사용하면 오히려 부정적인 효과를 유발할 수 있다.

② 성적 소구

성적 소구는 성적인 자극을 메시지로 소비자의 감정적 반응을 일으켜 설득 효과를 높이려고 하는 방법이다. 성적 소구는 주로 나체, 육체적 접촉, 성행위의 암시나 제시와 같은 시각적 자극에 의존한다.

성적 소구의 사용 빈도는 점점 증가하고 있는 추세이다. 이렇듯 성적 소구가 많이 사용되는 이유는 많은 광고인들이 성적 소구가 효과적이라고 믿기 때문이다. 성적 소구는 메시지에 대한 주목도를 높이며 야기된 흥분 상태의 기분이 제품에 전이되면서 태도 변화를 일으키고, 광고 제품이나 메시지를 좀 더 쉽게 받아들이게 만든다고 간주된다.

성적 소구의 효과에 관한 연구들은 대체로 명시적인 성적 소구가 회상도와 제품 평가를 떨어뜨린다는 결과를 제시하고 있다. 예를 들어 나체를 사용한 광고는 전반적으로 부정적인 효과를 보인다. 연구 결과에 의하면 나체 광고는 성적 소구를 사용하지 않는 광고에 비해 브랜드 회상 효과가 작다. 이는 성적인 표현이 사람들의 주의를 산만하게 해 브랜드명에 대한 주목에 방해 요소로 작용하기 때문이다. 또한 청중은 나체 모델을 사용한 광고에 대해 호소력이 떨어지고 제품의 품질이 낮으며 광고 기업의 명성이 낮을 것이라고 판단하는 경향이 있다(Steadman, 1969).

그러나 광고 제품의 특성이 성적인 소구와 관련성이 있을 때 그렇지 않은 경우에 비해 브랜드 회상도가 높다(Baker and Churchill, 1977; Richmond and Hartman, 1982). 따라서 성적 소구가 성공하기 위해서는 제품의 특성과 조화를 이루어야 한다.

③ 위협 소구

위협 소구threat appeal은 어떤 행동을 하거나 하지 않을 때 받게 되는 처벌을 제시해 해당 행동을 하거나 하지 않도록 설득하는 기법이다. 위협은 공포라는 감정을 야기하는 기제이다. 공포는 신체적 혹은 심리적인 위협에 의해야기된다. 따라서 위협 소구를 공포 소구fear appeal라고 부르기도 한다.

위협 소구에 사용되는 위협의 유형에는 두 가지가 있다. 첫 번째 위협은 신체적 위협으로 제약 광고에서 많이 사용된다. 이것은 소비자들에게 신체적 위험이나 질병에 대한 위험에 대한 공포감을 불러일으키는 방법이다. 소비자들이 해당 약품을 사용하지 않을 때 겪게 되는 신체적 고통을 위협 메시지로 사용해 공포심을 느끼게 하고, 그러한 공포심으로부터 탈출하기 위한 해결책으로 제품을 구매하도록 설득한다.

공공 캠페인에서도 신체적 위협이 많이 사용된다. 음주운전 방지 캠페인이나 약물 복용 방지 캠페인 등에서 해당 행위를 함으로써 발생할 수 있는 치명적인 결과를 제시해 공포심을 느끼게 하고, 이러한 처벌을 피하기 위해 해당 행위를 하지 않도록 설득하는 것이 목적이다.

두 번째 유형은 사회적 위협이다. 사람들은 인간관계나 사회적 상황에서 소외되는 것에 대해 공포심을 가지고 있다. 어떤 제품을 사용하거나 사용하지 않음으로써 사람들로부터 소외될 수 있다는 메시지는 사회적인 단절이나 소외로부터 오는 공포심을 자극해 제품을 구매하도록 설득한다. 구취로 인해 주변 사람들로부터 따돌림을 받지만 구강 용품을 사용함으로써 구강 문제를 해결하고 사람들과의 관계를 회복한다는 내용의 광고(표 13-1 참조)가 그 예이다.

표 13-1. 롯데 후라보노 광고 스크립트

강남길: 죄송합니다. 여자: 무슨 냄새야? 남자 1: 아이구 냄새. 강남길: 으허어 남 NA: 가까이 할 수 없는 입 냄새, 롯데 후라보노 껌 여 NA: 상쾌한 후라보노 향으로 입 냄새 싹 강남길: 이제 가까워졌어요. 자신 있게 후 후 남 NA: 롯데 후라보노 껌 남녀: 후 후

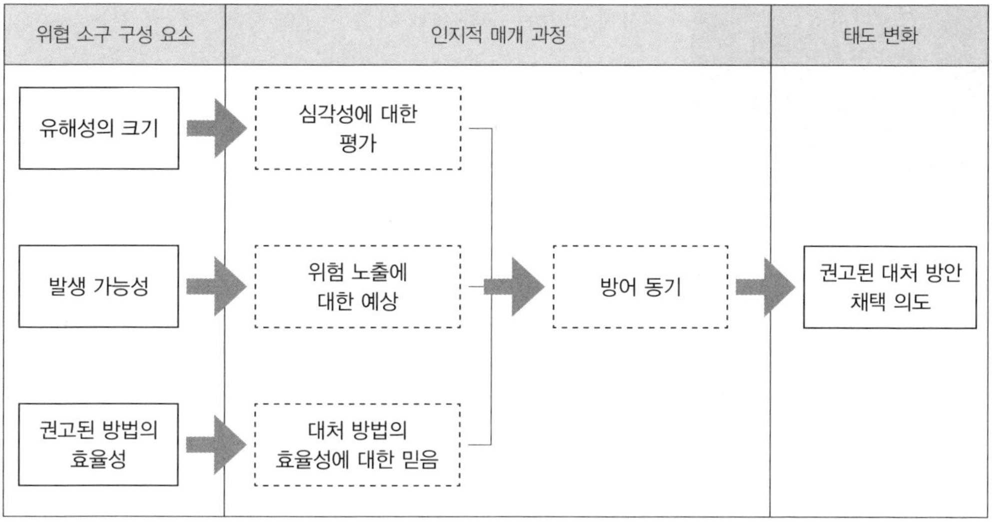

그림 13-2.
방어 동기 이론 모형

위협 소구의 설득 효과와 관련한 연구들은 상반된 연구 결과들을 제시하고 있다. 어떤 연구들은 위협 메시지의 강도가 클수록 설득 효과가 크다는 결론을 제시한 반면, 다른 연구들은 위협의 강도와 설득 효과는 비례하지 않는다는 결론을 제시하고 있다.

이러한 모순된 연구 결과에 대해 학자들은 연구에서 사용한 위협 메시지의 내용에 따라 수용자들의 수용 정도가 다르기 때문이라고 주장한다. 로저스Ronald W. Rogers는 이러한 주장을 바탕으로 방어 동기 이론을 제시했다(Rogers, 1975).

a. 방어 동기 이론

로저스에 의하면 위협 소구가 효과를 발휘하기 위해서는 세 가지 요건이 충족되어야 한다. 첫 번째 요건은 유해성의 크기이다. 위협 소구에서 제시되는 처벌의 크기에 따라 설득 효과가 결정된다. 수용자가 메시지에서 제시하는 행위를 하거나 하지 않음으로써 받을 수 있는 처벌이 크다고 느낄수록 메시지를 받아들일 가능성이 크다. 두 번째 요건은 발생 가능성이다. 메시

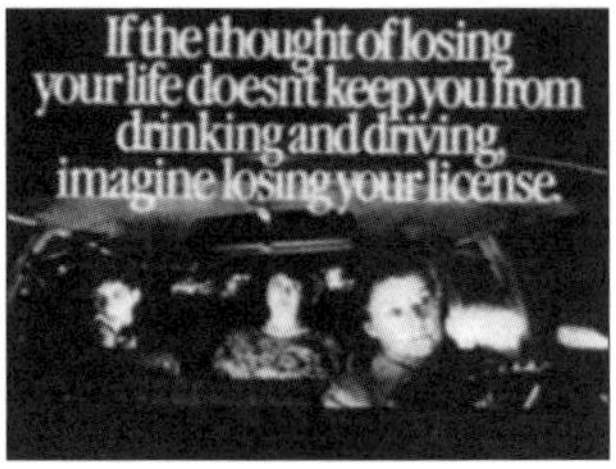

그림 13-3. 청소년을 표적으로 삼은 음주운전 방지 광고

지에 노출된 수용자가 위협 소구에서 제시하고 있는 처벌이 자신에게 발생할 가능성이 크다고 느낄수록 메시지를 받아들일 가능성이 높다. 따라서 아무리 처벌의 유해성이 크다고 할지라도 수용자가 자신과 관련성이 없다고 지각하면 메시지를 수용하지 않을 가능성이 높다. 세 번째 요건은 권고된 방법의 효율성이다. 수용자가 위협 소구에서 제시하고 있는 방법을 수행하면 처벌을 줄일 수 있을 것이라고 판단할수록 메시지를 수용할 가능성이 크다. 또한 수용자가 제시한 처벌 방지법을 수행할 수 있는 능력이 있다는 믿음이 클수록 메시지가 수용될 가능성이 크다.

이상의 세 가지 요건이 충족될 때 방어 동기가 발생해 태도 변화가 생긴다. 그림 13-3에 제시된 광고는 미국에서 집행된 청소년을 표적으로 한 음주운전 방지 캠페인이다. 청소년들은 일반적인 음주운전 방지 캠페인에서 처벌 메시지로 사용되는 죽음에 대해 심각하게 생각하지 않는 경향이 있다. 그들은 오히려 운전면허가 취소될 때 친구들로부터 성인 취급을 받지 못하고 소외당할 수 있는 위험을 더 발생 가능성이 높으면서도 심각한 위협으로 지각한다. 이 광고는 그러한 청소년들의 심리를 이용해 성공한 위협 소구 광고의 예이다.

④ 죄책감 소구

죄책감은 적절한 행동에 대한 내재화된 기준을 범하거나 앞으로 범하려고 할 때 경험하는 후회, 자책, 자기 처벌과 같은 감정 상태를 말한다(Huhman and Brotherton, 1997). 사람들은 법을 지키지 않거나 자신의 믿음이나 가치관을 범하고 무책임하게 행동할 때, 혹은 자신이 져야 할 책임을 인정하거나 수행하지 않을 때 죄책감을 느낀다. 죄책감 소구는 표적 소비자들에게 도덕적이고 윤리적인 원칙상 구매해야 하는 제품을 구매하지 않음으로써 발생하는 죄책감을 유발시켜 광고주가 제안하는 행동, 즉 해당 제품을 구매하도록 설득하는 소구 기법이다.

죄책감의 종류에는 세 가지가 있다. 첫 번째는 반응성 죄책감으로 바람직한 행동에 대한 기준을 범하는 외적 행위에 대한 반응이다. 예를 들어, 어떤 남편이 결혼기념일을 잊고 선물을 하지 않아 부인이 서운해하는 것을 보고 느끼는 죄책감과 같은 것이다. 두 번째 종류는 예상 죄책감이다. 이는 내적 기준을 잠재적으로 범하게 될 것이라는 생각에서 발생하는 반응이다. 표적 청중이 특정 행동을 하지 않음으로써 내적 행동 기준을 범하게 되어 느끼는 죄책감이다. 예를 들어 자녀를 위한 교육 보험을 들지 않으면 미래에 자녀에게 부정적인 결과가 초래되므로 미리 교육 보험을 구매하라는 광고는 예상 죄책감을 메시지로 사용한 것이다. 세 번째 종류는 실존적 죄책감으로, 자신과 다른 사람의 행복 사이에 차이가 있다는 것을 인지하는 것으로부터 오는 죄책감이다. 이러한 차이 인식은 자신이 다른 사람들보다 더 행복하다고 느끼면서 동정적 반응을 경험할 때 발생한다. 천재지변이나 기아 등 희생자의 고통을 나누자고 설득하는 모금 광고가 대표적인 예이다.

(2) 이성 소구

이성 소구는 소비자들의 논리나 합리적 사고에 호소하는 소구 기법이다. 제품 특성을 사실대로 제시하거나 경쟁 제품과의 차별점을 논리적으로 제시하는 카피 위주의 소구 기법이 여기에 속한다. 제품 속성을 바탕으로 경쟁 제품과 직접적으로 비교하는 소구는 대표적인 이성 소구 기법이다.

이성 소구에 기초한 광고에서 사용하는 첫 번째 기법은 제품 혜택의 제시이다. 여기서 제품 혜택은 제품이 가지고 있는 속성에서 그치는 것이 아니라 제품의 차별적 속성이 소비자들에게 제공하는 궁극적 혜택을 포함한다. 두 번째 기법은 증거의 제시이다. 제품의 사용을 통해 소비자들이 얻게 되는 혜택이나 문제 해결 과정을 보여 줌으로써 일종의 증거를 제시해 소비자들로 하여금 제품의 혜택을 믿도록 하는 것이다. 비교 소구와 부정 소구는 이성 소구 기법의 대표적 예이다.

그림 13-4.
맥카페 광고

① 비교 소구

광고는 본성적으로 경쟁 브랜드들과의 비교를 바탕으로 하지만 일반적으로 경쟁 브랜드의 이름이나 약점을 직접 거론하지는 않는다. 이에 비해 비교 소구는 광고물 내에서 경쟁 브랜드명을 직접 거론하면서 어떤 특정한 속성과 관련해 경쟁 브랜드의 약점을 제시하고 이를 바탕으로 광고 브랜드의 강점을 제시하는 소구 기법이다. 미국의 FTC(연방상거래위원회)는 비교 광고가 소비자들에게 의사 결정의 기회를 증가시켜 도움이 될 것이라는 점을 전제로 1971년 합법화했으며[1] 우리나라에서는 2008년 비교표시·광고에 관한 심사지침[2]이 제시되어 법률적 근거가 마련되었다.

비교 광고의 한 형태로 광고 메시지가 직접적으로 경쟁 브랜드를 거명하지는 않지만, 메시지 내용으로 미루어 어느 브랜드와 비교하고 있는지를 소비자들이 분명히 알 수 있는 경우도 있다. 이렇게 묵시적으로 경쟁 브랜드와 비교하는 소구법을 간접 비교 소구라고 한다. 예를 들어 맥도날드의 맥카페 광고는 직접적으로 경쟁 브랜드명을 거론하고 있지 않지만 '이제 별도 콩도 잊어라'라는 헤드라인을 통해 어떤 브랜드를 상대로 비교하는지를 알 수 있다(그림 13-4 참조).

비교 광고는 일반 광고와는 다른 메시지 내용을 가지고 있으므로 소비자

---

1 미국 연방상거래위원회(http://www.ftc.gov/policy/policy-statements)

2 비교표시·광고에 관한 심사지침(제정 2009. 8. 12 공정거래위원회 예규 제59호)
목적: 이 심사지침은 표시·광고의공정화에관한법률 제3조(부당한 표시·광고행위의 금지) 및 동법 시행령 제3조(부당한 표시·광고의 내용) 제3항의 규정에 의한 부당하게 비교하는 표시·광고를 심사함에 있어 이에 관한 구체적인 처리기준을 제시함으로써 사업자의 부당한 비교 표시·광고를 방지하는 한편, 진실한 정보제공을 통해 합리적 소비활동과 건전한 경쟁 촉진에 기여할 수 있는 정당한 비교표시·광고를 활성화하는 데 그 목적이 있다.

들의 주목을 끌 가능성이 상대적으로 높기 때문에 브랜드 인지도, 그리고 메시지 회상도에 있어 비非비교 광고에 비해 효과적이다. 그리고 비교 광고의 주목을 끄는 능력은 광고에 포함되어 있는 정보를 처리하게 할 가능성을 높여 설득 효과로 이어질 가능성이 증가한다(그림 13-5 참조).

그림 13-5.
비교 광고

그러나 비교 광고는 소비자들에게 혼동을 주어 광고 브랜드를 오인하게 할 가능성이 있다. 특히 비교 광고가 텔레비전이나 라디오와 같이 수명이 짧고 시간적인 매체에 집행될 때 이러한 가능성은 더욱 높아진다. 한편 시장 점유율이 낮은 브랜드가 시장 선도 브랜드를 대상으로 비교 광고를 집행할 경우, 브랜드 오인이 발생하더라도 이미 높은 점유율을 차지하고 있는 비교 대상 브랜드의 점유율을 더 높여주지는 못한다. 그러나 시장 선도 브랜드는 집적 비교 광고로 인해 비교 대상인 낮은 점유율 브랜드의 인지도를 오히려 높여줄 가능성이 있다. 또한 소규모 점유 브랜드는 시장 선도 브랜드를 비교 대상으로 삼음으로써 소비자들로 하여금 동급의 브랜드로 지각하게 해 선도 브랜드가 포함되어 있는 같은 고려 대상 제품으로 인식시킬 수 있는 가능성이 있다(Gorn and Weinberg, 1984). 따라서 비교 광고는 시장에 이미 정착되어 있는 브랜드보다는 신제품에 더 적절하며, 신제품이나 소규모 점유율 브랜드의 전략적인 포지셔닝 전략의 수단이 될 수 있다.

또한 비교 광고는 경쟁 브랜드의 약점을 직접적으로 다루기 때문에 광고 브랜드에 대한 신뢰도를 떨어뜨릴 가능성이 있다. 소비자들은 비교 광고의 대상 브랜드를 약자로 지각하고 방어 브랜드를 선호할 가능성이 있으며 메시지에 대한 반론도 증가할 가능성이 있다. 이러한 부정적 효과를 부메랑 효과라고 부르기도 한다. 비교 광고는 광고 본연의 기능인 정보 제공 기능에 충실해 소비자들이 제품을 선택하는 데 도움을 줄 수 있으나, 광고의 내용이 진실하지 않다면 오히려 소비자들을 오도할 가능성이 있음을 유의해야 한다.

우리나라의 공정거래위원회는 비교 광고가 소비자를 오도하지 않도록 하기 위해 비교 광고 심사 지침을 마련하고 있다. 이에 따르면 비교 광고는 소비자를 속이거나 소비자로 하여금 잘못 알게 할 우려가 없도록 해야 하며, 비교 대상 및 비교 기준이 명확하고 비교 내용 및 비교 방법이 적정해야 하며, 법령에 의하거나 사업자와 독립적으로 경영되는 시험·조사기관에서 객관적이고 타당한 방법으로 실시한 시험·조사 결과에 의해 실증된 사실에 근거해야 한다.[3]

② 부정 소구

부정 소구negative advertising appeal는 비교 광고의 한 형태로서 경쟁 제품의 이름을 거론하며 브랜드나 서비스, 이슈, 기업 혹은 후보에 대해 악의적인 공격을 해 경쟁 제품이나 후보의 이미지나 명성을 훼손시키기 위해 사용하는 기법이다. 이 소구법은 특히 정치 광고에서 많이 사용되고 있다. 부정 소구를 사용하는 정치 광고들은 경쟁 후보의 사생활이나 정치적 입장, 혹은 상대 정당을 공격한다. 비교 광고가 상대방 후보에 대한 부정적 정보에 비해 광고 후보의 긍정적 정보를 담아 광고 후보의 차별적 우월성을 보여주는 데 초점을 맞추는 데 비해 부정 소구 광고는 경쟁 후보에 대한 부정적인 정보를 제공하는 데 더 치중한다.

부정 소구가 사용되는 이유 중의 하나는 부정적인 정보가 그렇지 않은 정보보다 더 잘 지각되기 때문이다. 사람들은 대부분 자신이나 주변 상황에 대해 긍정적인 기대를 가지고 생각하는 경향이 있다. 이때문에 부정적인 정보는 상대적으로 희소한 정보로 지각되어 전경foreground으로 부각된다. 이러한 인지적 대조의 경향으로 인해 부정적 정보가 눈에 더 잘 띄고 쉽게 처리되는 효과가 있다.

---

3 참조: 비교표시·광고에 관한 심사지침(제정 2009. 8. 12 공정거래위원회 예규 제59호)

그러나 부정 소구 메시지는 비교 광고와 마찬가지로 잘못 사용될 경우 의도하지 않은 역효과를 발생시킬 수 있다. 이런 소구의 광고는 광고 내용이 불공정하다는 인식이나 약자에 대한 동정심을 유발시켜 경쟁 제품에게 호의적인 반응을 보이게 하는 부메랑 효과를 야기할 위험성이 높다. 부정 소구를 사용한 정치 광고에 대한 연구에서는 경쟁 상대 후보뿐만 아니라 광고 후보에 대한 태도도 부정적으로 나타나는 '양자 부정 효과'가 발견되었다(김무곤, 2003). 양자 부정 효과란 부정 소구 메시지에 의해 공격자와 피공격자 모두가 부정적인 영향을 받는 것을 말한다. 또 다른 연구에서는 부정 소구 광고로 인해 공격자에 대해 발생한 부정적 느낌이 피공격자에 대해 발생한 느낌에 비해 큰 것으로 발견되어, 부정 소구 광고의 효과는 오히려 피공격자 보다는 공격자에게 더 부정적이었다(Garramone, 1984).

3. 메시지 구조

(1) 메시지의 일면성과 양면성

대부분의 광고는 메시지 특성상 제품이 가지고 있는 차별적 우월성만을 강조한다. 이렇게 제품의 장점만을 제시하는 메시지를 일면적 메시지라고 한다. 이에 비해 양면적 메시지는 광고 제품의 장점과 단점을 모두 담는 방법을 말한다. 일면적 메시지와 양면적 메시지의 효과에 관해 미 육군성이 실시한 연구 결과에 의하면 일면적 메시지는 메시지의 내용과 일치하는 의견을 가진 사람과 교육 수준이 낮은 사람들에게 효과적이었다(Hovland, Lumsdaine and Sheffield, 1949). 반면 메시지에 반대하는 의견을 가진 사람과 교육 수준이 높은 사람들에게는 양면적 메시지가 더 효과적이었다.

이러한 결과로 볼 때, 일면적 메시지는 광고 제품에 대해 이미 호의적인 태도를 가지고 있는 사람들에게 더 효과적인 반면, 양면적 메시지는 제품에 대해 비호의적인 태도를 가진 청중에게 효과적이다. 또한 광고의 표적 청중이 교육 수준이 낮은 경우에는 일면적 메시지가 더 효과적이며, 반대의 경우에는 양면적 메시지가 더 설득적일 것이다.

(2) 메시지 구조: 초두 · 최신 효과

광고물에서 광고의 핵심 내용을 어디에 제시하는 것이 심리적으로 더 효과적일까? 연구에 의하면 순차적인 단어 목록을 제시했을 때, 단어의 위치에 따라 회상 효과가 달라진다고 한다. 이러한 효과를 보여주는 그림을 순차 위치 곡선이라고 한다(그림 13-6 참조). 목록의 앞부분과 뒷부분에 제시된 단어들이 중간에 제시된 단어들에 비해 회상 확률이 더 높음을 확인할 수 있다. 이렇게 앞부분의 단어가 더 잘 회상되는 것을 초두 효과라고 부르며 뒷부분의 단어가 더 잘 회상되는 것을 최신 효과라고 한다(Lieberman, 2004).

이러한 초두·최신 효과primacy & recency effect에 대한 연구 결과는 광고 메시지 제시 순서에 함의를 제공한다. 우선 시청각 매체 광고에서 핵심적인

그림 13-6.
순차 위치 곡선

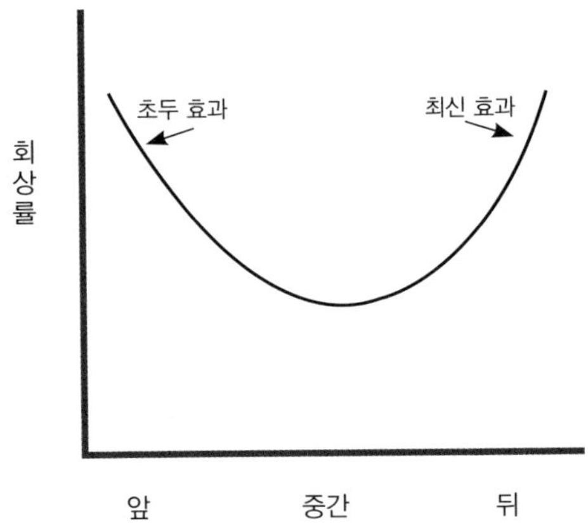

메시지는 시간적으로 광고물의 중간보다는 앞부분이나 뒷부분에 제시함으로써 더 큰 효과를 볼 수 있다. 한편 텔레비전 광고의 삽입 위치 효과에 대한 연구에 의하면 광고 블럭 내의 삽입 위치에 따라 유의미한 차이가 있으며 앞쪽에 위치한 광고가 다른 위치의 광고보다 브랜드 기억 효과가 더 높다 (이혜갑·류경민, 2008).

4. 광고 정보원의 선택

광고 정보원은 제품 정보를 표적 소비자들에게 전달하는 원천을 말한다. 광고 청중은 광고 정보원의 특성에 따라 영향을 받는다. 정보원에 대해 표적 청중이 가지고 있는 태도나 선입견, 의견 등이 광고 효과에 영향을 미친다. 광고 커뮤니케이션 과정상의 정보원에는 광고주와 광고 모델이 있다.

(1) 광고주

광고주는 기업을 비롯해 비영리 조직, 정부 단체 혹은 개인을 포함한다. 대부분의 광고는 특성상 광고를 집행한 광고주가 누구인지를 알 수 있다. 광고에 노출된 사람들이 광고 집행자에 대해 가지고 있는 선입견이나 태도는 그들의 광고에 대한 반응에 영향을 미친다. 기업에 대한 소비자의 태도는 기업 공신력corporate credibility의 영향을 받는다. 기업 공신력이란 특정 기업이 소비자들의 필요와 욕구를 충족시킬 수 있는 제품과 서비스를 고안하고 전달할 수 있다는 소비자들의 믿음의 정도를 말한다. 기업 공신력은 기업 명성corporate reputation을 구성하는 중요한 부분이다. 기업 명성은 기업에 대해 각 개인이 가지고 있는 판단들의 총체로 기업의 과거 활동이나 미래 전망에 대한 지각적 표현이다. 기업에 대한 공신력이 높을수록 기업 명성이 높아진다. 따라서 기업의 공신력이 높을수록 광고에 대한 소비자들의 호감도 높아진다.

1993년 시장에 진출한 하이트맥주는 광고주 이름인 조선맥주를 광고에서 감추는 전략을 사용했다. 그 이유는 조선맥주가 맥주 시장에서 OB 맥주 다음인 만년 2위라는 이미지를 가지고 있었기 때문이다. 이렇듯 하이트맥주 광고는 광고주 이름을 감춤으로써 소비자들이 광고주에게 가지고 있는 부정적인 태도가 제품에 전이되는 것을 방지하는 데 성공했다.

마찬가지로 1989년 도요타의 렉서스Lexus 승용차는 미국 시장에 진출하면서 모기업인 도요타의 기업명을 마케팅 커뮤니케이션 활동에서 배제했다. 이는 고급 승용차로 포지셔닝된 렉서스가 제조사인 도요타의 중저가 이미지의 영향을 받지 않게 하기 위한 전략 때문이었다.

(2) 광고 모델

① 광고 모델의 역할

광고 모델은 광고에 출연해 제품을 설명하고 보증하는 사람endorser을 말한다. 광고 모델에는 유명인, 일반인, 대변인, 아나운서 등이 포함된다. 이들은 실연demonstration이나 설명을 통해 제품 메시지를 소비자들에게 직접적으로 전달하는 메시지 전달자message presenter의 역할을 담당한다. 광고 모델은 제품에 대한 정보를 소비자들에게 전달하고 설득하는 영업 사원으로서의 역할을 수행한다. 소비자들이 영업 사원에 대해 가지는 느낌이나 태도가 영업 사원의 설득력에 영향을 미치는 것과 마찬가지로 광고 모델에 대한 소비자들의 태도도 광고 효과에 영향을 미친다.

② 광고 모델의 사용 여부 결정

우리나라에서는 대부분의 광고물에 광고 모델이 출연하기 때문에 광고 모델은 광고의 필수적인 메시지 제작 요소인 것처럼 보인다. 그러나 광고 모델이 광고 메시지에 항상 포함되어야 하는 필수 요소는 아니다. 광고 모델은 광고 효과를 증가시킬 것이라고 판단될 때 전략적으로 사용하는 전술적 요소의 하나일 뿐이다. 따라서 광고 모델이 등장하지 않는 광고도 많다. 제품이 주인공으로 등장하는 광고, 카피만으로 구성된 광고들이 그 예이다. 또한 배우가 스토리를 바탕으로 한 드라마적인 광고에 배역 배우로 등장하는 경우도 마찬가지이다. 광고 모델의 사용은 제품의 대변인이나 제품 소개인presenter으로 모델을 출연시킴으로써 광고 효과를 높일 수 있다는 전략적 판단하에 결정되어야 한다.

③ 광고 모델의 선택

광고 모델을 사용하기로 결정했다면 어떤 모델을 사용할지를 전략적으로 판단해야 한다. 소비자들이 지각하는 광고 모델의 특성은 광고 효과에 지대한 영향을 주기 때문이다. 광고 모델의 선택 기준은 해당 모델의 유명세나 일반적인 인기도가 아니라 표적 소비자들이 광고 메시지를 받아들이는 데 도움을 줄 수 있는지의 여부이다. 광고 모델의 공신력, 특성과 제품 특성의 조화는 광고 효과에 영향을 주는 매우 중요한 요소이다.

④ 정보원의 공신력

광고 모델의 여러 가지 특성은 표적 청중의 반응에 영향을 준다. 광고에 노출되는 소비자들이 광고 모델을 얼마나 신뢰하느냐에 따라 광고 메시지의 수용도가 달라진다. 이렇듯 청중이 정보원에 대해 지각하는 신뢰성을 정보원 공신력source credibility이라고 한다. 정보원의 공신력이라는 개념은 정보원의 전문성과 신뢰성, 매력성과 같은 요인들로 구성되어 있다(Ohanian, 1990).

a. 전문성

전문성expertise은 광고 모델이 제품에 대해 가지고 있는 지식 수준에 대해 수용자가 지각하는 정도를 말한다. 이는 모델이 실제로 가지고 있는 속성이라기보다 소비자가 모델에 대해 지각하는 정도이다. 따라서 소비자는 광고 모델의 직업이나 교육 수준 등을 기준으로 전문성을 판단한다. 예를 들어 소비자는 화장품 광고에 출연한 유명 배우가 직업 특성상 미용에 대해 전문적인 지식을 갖추고 있다고 판단할 것이다. 치약이나 칫솔 광고에 치과 의사를, 약품 광고에 의사나 약사를 출연시키는 것은 이들이 제품에 대해 전문적인 지식을 갖추고 있다고 소비자가 믿기 때문이다. 소비자는 오랫동안 주부 역할을 해온 배우는 식품이나 위생 용품과 같은 가정용품에 대해 전문적인 지식을 갖추고 있을 것이라고 사실 여부와 상관없이 판단한다.

전문성은 고관여 제품 광고에서 더 중요한 요인이다. 고관여 제품의 경우 소비자는 주로 제품의 핵심 정보를 처리하는데, 이때 정보를 전달하는 광고 모델이 광고 제품에 대해 얼마나 전문적인 지식을 갖추고 있는가에 대한 소비자의 지각이 광고 효과에 영향을 미치는 것이다. 반대로 광고 메시지의 이슈가 소비자에게 중요하지 않거나 소비자가 제품에 대해 저관여 상태에 놓여 있는 경우에는 전문성이 상대적으로 중요하지 않다. 저관여 제품의 광고의 경우 광고 청중은 제품과 관련한 핵심 메시지보다는 주변적 단서(광고 모델, 광고 음악, 스토리 등)의 영향을 받기 때문이다.

b. 신뢰성

신뢰성trustworthiness은 정보원이 특정 주제나 이슈에 대해 사심 없이 순수한 동기에서 자신의 입장이나 생각 또는 의견을 제시하고 있다고 소비자들이 믿는 정도를 의미한다. 수용자들이 광고 모델의 신뢰성을 의심한다면 광고 메시지는 받아들여지지 않을 것이다. 신뢰성은 전문성과는 달리 광고 모델의 인격과 관련된 속성으로, 광고 모델의 실제 모습과 상관없이 주로 대중 매체를 통해 만들어진 이미지에 의해 결정된다. 예를 들어 텔레비전 드라마에서 악역을 주로 맡아온 배우는 실제 성격과 상관없이 소비자에게 믿을 수 없는 사람으로 각인되어 있기 때문에, 광고에 출연했을 때 부정적으로 각인된 이미지가 광고 효과에 부정적인 영향을 줄 수 있다.

c. 매력성

정보원의 공신력을 구성하는 또 다른 요소는 매력성attractiveness이다. 정보원 공신력에 대한 연구 결과에 의하면 육체적으로 매력적인 정보원은 사람들이 더 좋아하며 사람들의 의견 변화와 제품 평가에 긍정적인 영향을 준다(Kahle and Homer, 1985).

정보원의 매력성은 단지 신체적 매력뿐만 아니라 여러 가지 장점을 포함한다. 정보원의 지적 능력, 개성, 라이프 스타일, 육체적 기량들이 그 예이다. 소비자가 모델에게 매력을 느끼면 그 스스로를 모델과 동일시하고, 그들의 태도나 행동을 자신의 것으로 채택할 가능성이 커진다. 정보원의 매력성은 육체적 매력성과 유사성, 친숙성에 의해 결정된다.

• 육체적 매력성: 육체적으로 매력적인 모델은 사람들의 주목을 끌고 호의적인 태도를 이끌어낸다. 이에 따라 소비자들은 매력적인 모델이 출연한 광고에 대해 호의적인 태도를 가지게 된다. 그러나 육체적으로 매력적인 모델이 모든 광고에 효과를 발휘하는 것은 아니다. 조화 가설match-up hypothesis에 의하면 광고 모델의 특성과 제품의 특성이 일치할수록 광고의 효과가 커진다(Till and Busler, 2000). 따라서 육체적 매력성이 높은 모델은 육체적 매력과 관련 있는 제품 광고에 효과적이다. 예를 들어 육체적 매력을 가진 광고 모델은 화장품이나 향수, 패션 의류 광고에서 효과를 발휘할 것이다.

• 모델의 유사성: 모델의 유사성이란 광고 모델의 연령이나 성, 직업, 사

회적 지위와 같은 인구 통계적 특성이나 태도, 의견, 활동, 혹은 라이프 스타일과 같은 심리적 특성이 광고 표적 청중과 비슷한 정도를 말한다. 사람들은 자신과 비슷한 특성을 가진 사람들에게 더 끌리는 경향이 있다. 광고 모델이 표적 청중과 유사한 특성을 많이 가질수록 청중은 그들의 메시지를 더 잘 수용할 가능성이 있다. 따라서 기업이나 제품에 따라서 광고에 표적 청중과 비슷한 특성을 가진 일반인을 모델로 사용하는 경우도 있다. 이는 소비자가 자신과 유사한 광고 모델에 대해 더 신뢰성을 느낄 것이라고 믿기 때문이다. 소비자들은 자신과 비슷한 특성을 가진 모델의 메시지를 더 신뢰해 그들의 메시지에 공감한다.

• 모델의 친숙성: 사람들은 친숙한 광고 모델에게 신뢰성을 느끼며 그들의 메시지를 더 잘 받아들인다. 광고에서 유명 배우나 스포츠 스타들을 모델로 사용하는 이유들 중의 하나는 소비자들이 이들을 친숙하게 느끼기 때문이다.

소비자는 광고 메시지에 노출될 때 그 메시지의 정보원, 즉 광고 모델에 대해 평가하게 된다. 광고 모델에 대한 평가는 다음과 같은 방식으로 광고 효과에 영향을 미친다.

첫째, 광고 모델의 공신력은 제품 관여도가 낮을 때 더 중요한 요소로 작용한다. 저관여 제품의 경우 소비자들은 광고의 핵심적 메시지, 즉 제품과 관련한 정보보다는 주변적 단서에 의존해 태도를 결정하기 때문이다. 광고 모델은 주변적 단서의 하나이다. 저관여 상황에서 소비자는 광고를 핵심 메시지에 대한 정보 처리 없이 수동적으로 받아들이기 때문에 주변 단서 중의 하나인 광고 모델에 대한 소비자의 지각이 메시지를 받아들이는 데 영향을 준다.

둘째, 광고 모델은 소비자가 제품에 대한 경험을 가지고 있지 않을 때 더 중요하다. 제품을 경험해보지 않은 소비자는 광고 메시지의 가치를 평가하기 위해 광고 모델을 평가할 가능성이 더 높다. 부족한 정보를 보충하기 위해 믿을 만한 정보원을 찾는 것이다.

셋째, 고관여 제품의 경우 소비자는 광고의 핵심적 단서인 제품에 대한 정보를 바탕으로 태도를 결정한다. 또한 소비자는 자신의 신념이나 태도와 일치하지 않는 정보에 대해 반론을 제기할 가능성이 더 높다. 따라서 고관여 제품의 경우에는 전문성을 갖춘 모델이 더 효과적이다. 반대로 저관여 제품의 경우에는 소비자들이 태도를 결정하는 과정에서 제품에 대한 핵심적인 내용에 의존하지 않기 때문에 광고 모델의 전문성보다는 신뢰성이나 매력성이 더 중요한 요소로 작용한다.

⑤ 광고 모델의 종류

광고에 사용되는 광고 모델은 크게 세 가지로 분류할 수 있다.

첫 번째 모델은 유명인 모델로, 어떤 분야에서 성공해 공중에게 널리 알려진 사람들을 말한다. 광고 모델로 가장 많이 사용되는 이 유형은 유명 배우나 연예인, 운동 선수들을 포함하며, 이들을 사용함으로써 유명인의 홍보력과 주목도에 의한 상승 효과를 얻을 수 있다. 광고주는 표적 청중이 호감을 가지거나 존경하는 유명인들이 광고 제품에 대한 소비자의 태도나 행동에 호의적인 영향을 미칠 것이라 기대한다. 이들은 소비자에게 광고 제품에 대한 신뢰감을 향상시키는 역할을 한다.

두 번째 모델은 전문가 모델이다. 이들은 특정 분야의 전문가로서 광고 제품에 대해 전문적인 지식을 갖추고 있다고 판단되는 사람들이다. 이들은 주로 고관여 제품 광고에 사용된다. 소비자는 의사, 약사, 기업의 최고 경영자와 같은 사람들을 관련 제품에 대해 전문가로 지각하기 때문이다. 유명 배우나 운동선수도 직업 특성상 화장품이나 건강 관련 제품에 대한 전문가로 취급될 수 있다.

그림 13-7.
일반인 모델을 사용 한 광고

세 번째 모델은 일반인 모델이다. 이들은 유명인이 아닌 사람들로서 광고제품에 대해 특별한 지식을 갖추기보다 일상적인 생활에서 만날 수 있는 평범한 사람들이다. 이들은 유명인 광고 모델에 대한 소비자들의 반발을 피할 수 있는 장점을 가지고 있을뿐더러 청중에게 친근감과 동질감을 통해 공명심을 불러일으키는 효과를 준다.

⑥ 광고 모델의 역할

광고에는 다양한 종류의 모델들이 등장하는데 모델이 맡는 역할에 따라 광고를 구분할 수 있다.

a. 메시지 프레젠터

일반적인 광고에서 광고 모델을 사용하는 방법이다. 광고 모델이 제품의 특성을 설명하거나 시연해 제품의 사용 방법, 차별적인 효능과 혜택을 알려준다. 메시지 프레젠터 역할을 하는 광고 모델은 마치 영업 사원과 같은 역할을 수행한다.

b. 보증인

광고 모델이 제품에 대해 설명하는 데서 그치는 것이 아니라 제품의 품질을 보증하는 제품의 대변인으로서의 역할을 한다. 광고 제품에 대한 보증 메시지를 뚜렷이 밝히거나 제품을 보증하는 서명을 포함하기도 한다.

c. 증언자

광고 모델이 직접 제품을 사용하는 모습을 보여주고 제품 사용 결과를 증언하는 유형의 광고를 증언 광고라고 한다. 유명한 배우가 광고에 출연해 화장품이나 개인 위생 용품의 사용 경험을 증언하는 것이 그 예이다. 저관여 소비재의 경우 보통 사람을 사용해 표적 소비자가 일치감을 느끼게 함으로써 설득 효과를 높일 수도 있다. 제품 구매 현장이나 식당에서 몰래카메라를 이용해 제품을 사용하는 소비자들의 제품 사용 경험을 보여주거나 진술하게 하는 광고가 그 예이다. 공신력이 높은 유명인이나 소비자들이 동질감을 느끼는 일반인들이 제품 사용 경험을 증언함으로써 소비자가 광고 메시지를 더 신뢰하고 받아들일 수 있게 한다.

d. 역할 배우

제품을 중심으로 한 짧은 드라마를 광고에 사용하는 경우, 광고에 출연하는 배우는 직접 제품에 대한 설명을 하거나 증언하는 것이 아니라 맡은 배역을 연기한다. 이러한 광고 드라마 전체 내용은 제품을 사용함으로서 소비자가 얻게 되는 제품의 혜택을 보여주는 것으로서, 여기에 출연한 배우는 극적인 스토리의 배역으로서 연기를 하는 것이다.

⑦ 광고 모델 사용시 고려 사항

우리나라의 광고에는 모델이 등장하는 것이 거의 당연시되고 있다. 그러나 광고 모델은 광고의 필수 요소는 아니다. 광고 모델이 광고 메시지 전달에 효과가 있을 것이라고 전략적으로 판단될 때 사용해야 하며, 어떤 유형의 모델을 사용할 것인지에 대한 전략적인 계획이 수립되어야 한다. 특히 유명인 모델을 사용하는 경우 주의해야 할 점들은 다음과 같다.

a. 간섭 효과

유명 모델들은 주목을 많이 받기 때문에 오히려 소비자들이 광고 메시지를 받아들이는 것을 방해할 가능성이 높다. 광고의 주 목적은 제품 정보를 소비자들에게 전달하는 것이므로 광고 모델이 주인공이 되어서는 안 된다.

유명인 모델은 제품과 서로 경쟁 양상을 띨 가능성이 크기 때문에 모델에 대한 지나친 강조로 인해 메시지 전달이 간섭받지 않도록 주의해야 한다. 제품이 광고의 전경foreground이 되어야 하며 광고 모델은 배경background으로 광고의 핵심 메시지를 지원하는 역할만을 수행해야 한다.

b. 중복 출연

동시에 많은 광고에 출연하는 유명 모델은 소비자가 제품을 기억하는 데 지장을 초래할 수 있다. 유사한 정보는 기억에 부정적인 영향을 미치기 때문이다. 또한 소비자들은 많은 광고에 중복 출연하는 유명인의 신뢰성trustworthiness을 의심하게 되므로 광고의 설득 효과가 떨어질 수밖에 없다. 연구 결과에 따르면 유명인 광고 모델의 과도한 중복 출연은 광고 모델의 호감도, 광고 태도, 제품 태도에 부정적인 영향을 미치는 것으로 나타났다(Mowen, Brown and Schulman, 1979; Tripp, Jensen and Carlson, 1994; 송환웅·여준상, 2009).

5. 광고 음악의 사용

음악은 대부분의 방송 광고에서 사용되며 없어서는 안 되는 매우 중요한 제작 요소이다. 연구에 의하면 텔레비전 광고의 90% 이상이 음악을 사용하고 있다(이혜갑, 2001). 광고 음악이 많이 사용되는 이유는 광고 음악이 다양한 커뮤니케이션 기능을 담당하기 때문이다. 광고에 삽입되는 음악은 주목도를 높이고, 감정적인 분위기를 구축해 소비자로부터 호의적인 감정 반응을 이끌어 내어 메시지 주장에 대한 수용성을 높여준다. 또한 가사를 통해 제품 혜택이 담겨 있는 판매 주장을 효과적으로 전달하는 기능을 수행한다.

(1) 광고 음악의 종류

광고 음악의 종류에는 배경 음악, 가사 음악, 슬로건 음악이 있다. 가사 음악은 광고 제품에 대한 언어적 메시지가 포함되어 있는 음악으로 징글jingle 혹은 CM송이라고 부르기도 한다. 배경 음악은 제품에 대한 언어적 메시지가 포함되지 않고 단순히 광고의 배경으로 깔리는 음악이다. 슬로건slogan 음악은 짧은 광고 슬로건을 음악화한 것으로 광고 종료 부분에 짧게 제시되는 것을 말하며 로고송logo song이라고 부르기도 한다.

(2) 광고 음악의 효과

고전적 조건화 학습 이론은 중성 자극인 광고 제품이 무조건 자극인 광고 음악과 짝지어져 반복적으로 소비자들에게 제시될 때, 광고 음악이 유발하는 호의적인 감정이 중성 자극인 광고 제품에 의해서도 발생한다고 설명한다. 그 결과 음악에 의해 발생한 감정이 광고 제품에 전이된다.

광고 음악의 효과에 대한 연구들은 광고 음악에 사용된 조, 빠르기, 멜로디, 크기와 같은 구조적 요소들과 가사의 유형에 따라 광고 음악의 효과가 다르다는 것을 발견했다(Bruner II, 1990; Gorn, 1982). 이들 연구에 의하면 느리고 부드러운 음악이나 브랜드명이 포함된 가사 음악과 감성적인 가사 음악은 더 많은 서술적 정서 반응을 끌어내는 것으로 나타났다. 광고 음악의 조와 빠르기, 분명한 멜로디의 존재 같은 요소는 광고에 대한 인지적 반응에 영향을 준다. 또한 브랜드명이나 제품 메시지가 포함된 가사를 사용한 음악의 광고는 가사가 없는 음악을 사용한 광고에 비해 정보의 중요성과 개인적 관련성에 관련한 인지적 반응을 더 많이 끌어낸다(Gorn, Goldberg, Chattopadhyay and Litvack, 1991). 또한 소비자들에게 친숙도가 높은 음악일수록 광고 메시지 기억에 긍정적인 영향을 미친다(Hanh and Whang, 1999).

그러나 반대로 광고 음악의 영향력이 크지 않다는 연구 결과들도 있다. 이러한 연구 결과에 의하면 광고 배경 음악이 상표명의 회상 수준에 별다른 영향을 주지 않으며(Stout and Leckenby, 1988) 음악이 없는 광고가 메시지 기억에 더 긍정적인 영향을 주는 것으로 나타났다(Sewall and Sarel, 1986).

요약

- 광고 효과에 영향을 주는 정보원에는 광고주와 광고 모델이 있다.
- 광고 모델의 공신력은 광고 효과에 영향을 미친다. 모델의 공신력은 전문성, 신뢰성, 매력성으로 구성되어 있다.
- 광고 메시지 소구 방법은 크게 감정 소구와 이성 소구로 구분된다.
- 감정 소구는 유머 소구, 성적 소구와 같은 긍정적 감정 소구와 위협 소구, 죄책감 소구와 같은 부정적 감정 소구로 나눌 수 있다.
- 이성 소구에는 비교 소구와 부정 소구가 포함된다.
- 광고 메시지의 구조나 배경 음악과 같은 주변적 단서들도 광고 집행 요소로서 광고 효과에 영향을 미친다.

토의문제

1. 전략과 전술은 어떻게 다른가?
2. 카피 플랜의 중요성은 무엇인가?
3. 제품 컨셉트와 광고 컨셉트는 어떻게 다른가?
4. 광고 효과에 영향을 주는 광고 모델의 특성은 무엇인가?
5. 광고 모델이 잘못 선택된 광고의 예를 들고 그 이유를 토론해보자.
6. 위협 소구가 효과적으로 사용된 광고의 실례를 들어보자.
7. 비교 소구가 사용된 광고의 예를 들고 그 광고가 효과적이었는지 토론해보자.

14장

광고 전술: 매체별 표현 방법

광고가 집행되는 매체들은 메시지를 전달하는 방식이 다르기 때문에 광고 청중이 메시지에 반응하는 방식도 다르다. 따라서 매체에 따라 메시지를 표현하는 구성 요소와 전술도 다르게 적용되어야 한다. 인쇄 매체의 경우 헤드라인, 비주얼, 바디 카피가 기본적인 제작 요소로 포함된다. 방송 매체의 경우에는 영상, 배경음악, 음향 등의 시청각적 요소가 포함된다.
14장에서는 우선 효과적으로 광고 컨셉트를 표현하는 원칙에 대해 알아보겠다. 그리고 매체별로 인쇄 및 방송 광고의 제작 요소의 기능을 검토한 후, 중요한 광고 표현 원칙들을 살펴보고자 한다.

1. 창의적인 표현 방법의 도출

광고주가 전달하는 광고 메시지들이 모두 목표로 삼은 커뮤니케이션 반응을 이끌어내는 것은 아니다. 소비자가 커뮤니케이션 반응을 하기까지 거쳐야 하는 단계적 과정을 광고 메시지가 넘어서지 못하기 때문이다. 광고 메시지가 소비자에게 노출되면 여러 단계의 지각 선별 과정을 거치면서 걸러진다. 그림 14-1에서 보는 바와 같이 광고 메시지는 소비자들에게 노출

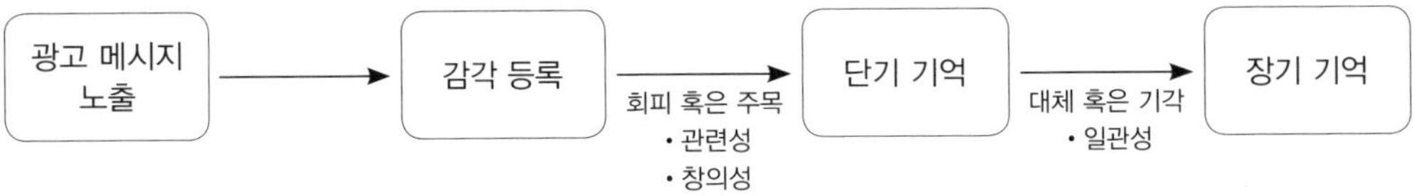

그림 14-1. 광고 메시지 정보 처리 과정

되면 감각 등록, 단기 기억 과정의 선별 과정을 거쳐 장기 기억에 저장된다. 광고 정보가 선별막을 극복하고 단기 기억에 저장되기 위해서는 우선 청중의 필요와 관련성이 있거나 창의성이 있어야 한다. 그리고 메시지 내용이 이미 저장되어 있는 정보와 조화를 이루어야 장기 기억에 저장될 가능성이 높다.

효과적인 광고의 첫 번째 원칙은 창의성이다. 창의적인 광고는 다른 광고와 차별되고 평범하지 않은 광고를 말한다. 다른 광고와 구별되지 않는 광고는 높은 혼잡도를 뚫고 소비자들의 주목을 끌 수 없다. 그러나 어떻게 창의성을 만들어내는지에 대한 의견은 분분하다. 어떤 사람들은 창의성이 순전히 영감에 의해 가능하다고 주장하는 데 반해 다른 사람들은 창의성의 비결을 호기심과 열린 마음, 그리고 노력이라고 주장하기도 한다.

이러한 주장들과는 다르게 창의적인 아이디어를 개발하는 체계적인 방법이 제시되기도 했다. 제임스 웹 영James Webb Young이 개발한 모형에 의하면 창의성을 개발하기 위해서는 다섯 단계의 과정이 필요하다. 첫 번째 단계는 몰입immersion이다. 이 단계에서는 커뮤니케이션 문제와 관련한 정보를 수집하고 분석한다. 두 번째 단계는 소화digestion다. 이 단계는 수집한 정보를 마음 속에서 숙고하는 단계이다. 세 번째 단계는 배양incubation이다. 이 단계에서는 문제에 대한 의식을 멈추고 잠재의식이 작동하도록 한다. 네 번째 단계는 계발illumination이다. 이 단계에서는 앞의 세 단계 과정의 결과 크리에이티브 아이디어가 떠오르게 된다. 마지막 다섯 번째 단계는 확인verification이다. 이 단계는 계발된 아이디어를 검증하는 단계이다.

2. 효과적인 광고 컨셉트 표현의 원칙

광고 메시지가 주목을 끌고 효과적으로 소비자에게 전달되어 광고 목표를 달성하기 위해서 전략적으로 제시된 광고 메시지는 세 가지 요소인 단순성, 일관성, 관련성을 갖추어야 한다.

(1) 단순성

단순성은 광고물에 포함되는 메시지 양의 정도를 말한다. 광고 청중은 수많은 정보에 노출되는 즉시 대부분의 정보를 잊는다. 소비자가 광고가 전달하는 메시지를 제대로 알아듣지 못한다면 의사소통에 실패한 것이다. 소비자들은 단지 기억할 만한 소수의 정보만을 기억한다.

광고가 커뮤니케이션 효과를 발휘하려면 집중적으로 선택된 광고 주제에 입각한 하나의 메시지만을 제시해야 한다. 단순성은 각각의 광고물의 표현 방법과 관련된 것으로서 하나의 광고물이 하나의 주제를 담고 있어야 한다는 것을 의미한다. 그렇다고 캠페인에 사용되는 일련의 광고물이 모두 같은 내용이어야 한다는 것은 아니다. 광고 캠페인에서 각 광고물은 다양한 표현 방식으로 제시되지만 그 기저에 흐르는 주제는 동일해야 함을 의미한다. 예를 들어 볼보 승용차는 오랜 기간 동안 일관성 있게 '안전'이라는 하나의 광고 주제를 사용했기 때문에 소비자들은 '볼보' 하면 안전을 떠올리게 된다.

(2) 일관성

하나의 광고물, 더 나아가 마케팅 커뮤니케이션에 사용되는 모든 개별적인 제작물은 제품에 대한 이미지 혹은 개성을 전달한다. 소비자와 접촉하는 통로가 되는 이러한 메시지물들이 일관된 메시지와 이미지를 전달할 때 제품은 명확한 개성과 이미지를 가진다. 예를 들어 말보로 담배가 이미지 구축에 성공한 것은 60년 동안 광고의 일관성을 유지했기 때문이다. 싱가폴항공도 수십 년 동안 싱가폴 전통 의상을 입은 승무원을 지속적으로 광고에 등장시키면서 친절한 서비스의 이미지를 구축하는 데 성공했다.

(3) 관련성

광고가 단순히 소비자들의 주목을 끌고 흥미를 유발시키는 데 그쳐서는 안 된다. 광고 캠페인에서 채택하는 메시지는 소비자의 필요나 욕구와 관련성이 있어야 한다. 소비자가 당면한 문제나 필요와 관련 없는 메시지는 외면당할 것이다. 광고가 표적 소비자에게 전하려는 메시지가 정말 그들에게 자극을 주는가에 대한 대답은 광고 메시지 수립 과정에서 가장 중요한 부분 중의 하나이다.

3. 메시지 제시 방법

(1) 직설적 표현

광고에서 가장 자주 사용되는 방법 중 하나로, 특히 인쇄 매체 광고에서 많이 사용된다. 단순하게 제품의 차별적인 판매 제안점을 직설적으로 진술하며, 방송 광고에서는 아나운서가 판매 제안점을 직접 제시한다. 이 방법은 특히 뉴스 가치가 있는 새로운 제품 정보를 알리고자 할 때 효과적이다. 제품 성능의 추가, 가격 인하와 같이 소비자에게 뉴스 가치가 있는 정보를 전달할 때 사용한다.

(2) 증언

증언식 광고는 제품 사용자가 사용 경험을 바탕으로 제품 혜택을 전달하는 방식이다. 증언 형식은 증언자에 따라 세 가지 형태로 나눌 수 있다.

권위자 증언은 제품과 관련한 전문가를 사용하는 기법이다. 의사, 치과의사, 변호사, 기업 대표 이사 등과 같이 특정 분야의 전문가들이 제품을 보증하는 형태이다. 권위자 증언이 효과를 보기 위해서는 제품 특성과 권위자의 특성이 조화를 이루어야 한다.

유명인 증언은 유명 배우나 스포츠 스타와 같이 소비자 호감도가 높은 사람들이 제품 사용 만족도를 증언하는 형식이다. 유명인 증언은 유명인에 대한 호감도가 제품에 전이되게 할 목적으로 사용된다. 그러나 유명인의 이미지가 제품을 압도해 유명인의 인지도나 이미지가 광고의 전경이 되지 않도록 주의해야 하며, 유명인의 광고 중복 출연으로 인한 부정적인 효과를 염두에 두어야 한다. 또한 제품의 특성과 유명인의 특성이 조화를 이루어야 광고 효과를 높일 수 있다.

일반 사용자 증언은 일반인 보통 사용자가 제품에 대한 만족 경험을 증언하는 형태이다. 이 방법은 전형적인 제품 사용자를 사용하는 것이 특징이다. 실제 소비자가 매장에서 제품을 선택하는 모습이나 제품에 대한 사용 경험을 증언하는 장면을 연출 없이 몰래카메라 기법을 이용해 보여주기도 한다. 표적 소비자들이 광고에 출연한 보통 사람과 자신을 동일시해 그의 증언을 신뢰하게 함으로써 광고 효과를 증진시키려는 목적을 가진다. 그러나 이 방법은 증언자로 출연한 전형적 소비자가 표적 소비자들의 흥미를 끌지 못해 광고 메시지가 주목을 받지 못할 가능성이 있다는 문제점을 가진다.

그림 14-1.
박카스 광고 캠페인

(3) 드라마

드라마 기법은 주로 이야기를 다룰 수 있는 방송 매체에서 사용된다. 특히 동영상 매체인 텔레비전은 드라마 기법을 사용할 수 있는 최적의 매체이다. 이 방법은 일반 드라마와 같이 기승전결을 거쳐 제품을 중심으로 하는 이야기를 극화해 제품의 편익을 제시한다.

(4) 문제 해결

문제 해결 형태의 광고는 제품이 주인공이 된다. 소비자들이 겪는 문제 상황을 제시한 후 제품을 사용함으로써 문제를 해결하는 과정을 보여준다. 이 방법이 성공하기 위해서는 표적 소비자들이 일반적으로 경험하는 공감할 수 있는 상황을 제시해야 한다.

(5) 삶의 단면

삶의 단면slice of life 포맷은 드라마 기법 중의 하나로서 소비자의 일상적 삶을 생생하게 표현하는 기법이다. 제품이 사용되는 일상생활의 단면을 보여줌으로써 소비자들이 제품 사용 상황에 공감하고 제품을 자신의 것으로 여기도록 한다. 예를 들어 삼양라면은 야외 활동, 학교, 직장, 군대와 같은 다양한 상황에서 라면을 먹는 장면을 보여주는 광고 캠페인을 집행해 제품을 재런칭시키는 데 성공했다.[1] 박카스의 "피로 회복제는 약국에 있습니다" 캠

---

1 참조: 삼양라면 홈페이지(http://www.samyangfood.co.kr/pr_12.asp)

페인도 소비자들이 일상에서 겪는 피로한 상황들을 다양하게 제시해 공감을 얻는 전술을 사용했다(그림 14-1 참조).

(6) 실연

실연demonstration은 제품의 용도나 성능의 우수성을 알려주기 위해 사용하는 포맷이다. 제품이 새로운 제품군으로 소비자들이 사용 용법을 알지 못하는 경우 제품을 실제로 사용하는 과정을 보여준다. 제품 성능의 우수성을 인지시키고자 하는 경우 제품을 실제로 사용해 성능의 강도를 보여주기도 한다. 스마트폰과 같은 새로운 통신 기기의 다양한 용도를 보여주거나, 물에 빠뜨려도 고장나지 않는 스마트폰을 보여주는 광고들이 그 예이다.

(7) 비교

광고 제품과 경쟁 제품의 성능을 직간접적으로 비교해 광고 제품의 우수성을 증명하는 광고 기법이다. 똑같은 정도로 더러운 두 세탁물을 두 가지의 다른 세제를 사용했을 때 광고 제품의 세탁 효과가 더 우수하다는 것을 보여주는 세제 광고가 그 예이다.

(8) 쇼와 특수 효과

쇼(스펙타큘라) 포맷은 화려한 춤과 음악으로 구성된 광고 형태이다. 제품명과 제품 혜택에 대한 메시지가 담겨 있는 CM송(징글) 위주의 연출로 화려한 쇼나 뮤지컬을

그림 14-2.
쇼 포맷의 광고 예

연상시키는 기법이다. 이 포맷의 목적은 제품명이나 제품 속성에 대한 인지도를 구축하고 제품에 대한 호의도를 높이는 것이다. 예를 들어, 2015년 쿠차 광고는 출연자의 화려한 춤과 CM송으로 음악 쇼를 연상시키는 기법을 사용했다(그림 14-2 참조).

4. 인쇄 광고 크리에이티브 원칙

(1) 인쇄 광고 표현의 원칙

인쇄 광고가 크리에이티브 측면에서 좋은 광고가 되기 위한 첫 번째 조건은 광고물이 통합된 하나의 인상을 제공해야 한다는 것이다. 통합된 하나의 인상을 만들기 위해서는 먼저 광고물에 들어가는 내용의 수를 제한해야 한다. 너무 많은 아이디어가 하나의 광고물에 들어가게 되면 서로 방해 요소로 작용해 어느 한 가지도 명확하게 전달되지 않는다. 적절한 증거 자료와 함께 제시된 중심 아이디어 한 가지를 사용하는 것이 효과적인 광고의 원칙이다.

두 번째 조건은 광고의 여러 가지 요소들이 톱니바퀴처럼 잘 맞물려져야 한다는 것이다. 헤드라인이 제품 혜택을 강조하고 비주얼이 헤드라인을 보강하며 헤드라인과 비주얼이 발생시킨 호기심과 궁금증을 바디 카피가 구체적인 증거자료를 제시함으로써 해결해주어야 한다.

(2) 인쇄 광고의 세 요소

인쇄 광고는 헤드라인과 비주얼, 바디 카피의 세 요소를 중심으로 제작된다. 대부분의 사람들은 인쇄 광고에 노출될 때 헤드라인 이상을 읽지 않으므로, 세 가지 요소 중 헤드라인이 가장 중요하다. 헤드라인은 되도록 완전하고 효율적으로 판매 메시지를 담고 있어야 한다. 비주얼은 판매 메시지를 극화시키고 제품의 혜택을 강화시키는 역할을 수행한다. 바디 카피는 헤드라인에서 제시한 판매 주장을 지원하는 세밀한 정보를 제공해 독자들로 하여금 제품을 구매하도록 설득하는 기능을 수행한다. 각 요소의 기능과 효과적인 제작 원칙들은 다음과 같다.

① 헤드라인

헤드라인은 인쇄 광고에서 가장 중요하게 간주되는 요소로서 광고물의 가장 중요한 위치를 차지하는 문장을 말한다. 따라서 헤드라인은 통상 광고물의 다른 언어적 요소들보다 큰 글자를 사용한다.

a. 기능

헤드라인은 언어적으로 가장 중요한 위치를 차지하며 큰 글자를 사용하기 때문에 독자들의 눈길을 끄는 기능을 담당한다. 독자들은 신문이나 잡지의 페이지를 넘길 때 헤드라인에 가장 먼저 주목할 가능성이 높다.

헤드라인은 소비자에게 제품이 제공하는 핵심적 혜택을 제시하는 기능을 수행한다. 따라서 헤드라인은 표적 청중의 주목을 끌 수 있는 광고의 핵심적인 아이디어를 담고 있어야 한다. 광고 독자들은 대부분 헤드라인 이상의 광고 카피를 읽지 않기 때문에 헤드라인에 광고의 판매 아이디어를 담겨 있지 않으면 광고 메시지가 전달될 가능성이 매우 낮아진다.

또한 헤드라인은 광고의 독자를 선택하는 기능을 수행한다. 독자들은 헤드라인을 읽으면서 그 광고의 내용이 자신과 관련이 있는 것인지를 파악한다. 헤드라인은 표적 청중이 누구인지를 적시해줌으로써 그들이 광고에 관심을 가지고 관여하게 만든다. 헤드라인에 연령대나 성, 소득 수준, 혼인 여부 혹은 표적 청중의 심리적인 특성과 관련 있는 언어를 사용함으로써 표적 청중을 선택할 수 있다.

마지막으로 헤드라인은 독자들은 바디 카피로 이끌어 주는 역할을 수행한다. 효과적인 헤드라인은 호기심을 자극해 독자로 하여금 바디 카피를 읽지 않으면 안 되게 만든다.

b. 종류

일반적으로 효과적인 헤드라인은 소비자 혜택 헤드라인, 도발적 헤드라인, 뉴스 헤드라인, 질문형 헤드라인, 명령 헤드라인의 다섯 종류로 나뉜다.

소비자 혜택 헤드라인은 독자에게 직접적인 약속을 제안하는 헤드라인이며, 뉴스 헤드라인은 제품 기능의 추가나 가격 변화와 같은 새로운 소식을 알리거나 약속을 제안한다. 도발적 헤드라인은 호기심을 유발시키고 이를 충족하기 위해 바디 카피를 읽게 할 목적으로 사용된다. 질문형 헤드라인은 독자들에게 질문을 던지는 형식의 헤드라인이다. 효과적인 헤드라인은 독자들의 호기심과 상상력을 자극한다. 너무 쉽거나 부정적인 대답을 할 수 있는 질문의 헤드라인은 오히려 독자가 나머지 카피를 읽지 않게 할 위험이 있으므로 유의해야 한다. 명령형 헤드라인은 독자에게 뭔가를 명령하는 헤드라인으로, 공포감을 비롯한 감정을 유발시켜 독자가 어떤 일을 하거나 하지 않도록 하고자 하는 경우에 많이 사용된다.

효과적인 헤드라인을 작성하는 원칙들을 요약하면 다음과 같다.

- 브랜드가 가지고 있는 특유한 혜택을 진술한다. 다른 브랜드에 적용할 수 있는 일반적인 혜택은 피한다.
- 표적 청중이 누구인지 알 수 있는 내용을 포함한다.
- 한눈에 이해할 수 있을 정도로 간결하면서도 의미 있는 내용을 쓴다.
- 독자의 호기심을 자극해 바디 카피로 유인한다.
- 표적 청중의 언어로 작성한다.

- 비주얼과 바디 카피가 조화를 이루게 한다.

② 비주얼

대부분의 인쇄 매체 광고 독자들은 가장 먼저 비주얼을 보고, 헤드라인을 읽은 후에 바디 카피를 읽는다. 따라서 비주얼의 가장 중요한 기능은 표적 청중의 주목을 끄는 것이다. 비주얼이 독자의 주목을 끌지 못하면 헤드라인과 바디 카피가 읽히지 않을 가능성이 높다. 비주얼은 단순히 주목을 끌 뿐만 아니라 광고의 기본적인 아이디어와 관련되어야 한다. 비주얼은 헤드라인을 강화하고, 카피 주장을 명확히 하며, 제품을 보여주고, 언어적으로 표현하기 힘든 추상적인 아이디어를 전달하며, 전체 광고물의 톤과 무드를 조성하는 역할을 수행한다.

인쇄 광고에 사용되는 비주얼의 종류에는 제품 포장, 제품 자체, 제품 사용 장면, 제품 사용법, 제품의 차별성, 제품 비교, 소비를 통해 얻는 사용자 혜택, 제품을 사용하지 않을 때 얻는 부정적 결과, 유머, 증언 등이 있다.

효과적인 사진이나 비주얼을 선택하는 것은 매우 어려운 작업이지만 창의적인 광고 제작의 조건이다. 광고 제작자는 비주얼을 선택할 때 다음과 같은 질문을 던질 필요가 있다.

- 고려 대상 비주얼이 효과적인 커뮤니케이션에 필요한가?
- 비주얼의 주제는 크리에이티브 전략과 관련이 있는가?
- 비주얼의 색을 흑백으로 할 것인가, 컬러로 할 것인가?
- 사진이나 일러스트레이션 중 어떤 비주얼을 사용할 것인가?

효과적인 비주얼의 조건들은 대체로 다음과 같다.

- 광고가 말하려고 하는 소비자 혜택을 시각적으로 보여준다.

- 헤드라인과 조화를 이루어 보강하는 역할을 해야 하며 헤드라인과 경쟁해서는 안 된다.
- 일반적으로 큰 비주얼이 작은 비주얼에 비해 주목을 끄는 데 더 효과적이다.
- 비주얼은 단 하나의 시각적 초점focal point을 가지는 것이 더 효과적이다.
- 사진은 다른 비주얼 수단보다 소비자의 흥미와 열독률을 더 이끌어낸다.

③ 바디 카피

광고물에서 헤드라인, 서브 헤드라인, 비주얼과 로고 등을 제외한 언어 부분을 바디 카피라고 한다. 바디 카피는 헤드라인과 비주얼이 제시한 제품 혜택을 보완해 지원하는 구체적인 정보를 제공한다. 바디 카피는 헤드라인과 비주얼에서 제시한 주요 소비자 혜택이 가능한 이유reason-why를 구체적으로 설명해 독자가 광고 제품을 사용하도록 설득하는 역할을 수행해야 한다. 바디 카피는 소구 방법에 따라 소비자가 광고 제품을 선택해야 하는 이유를 제시하는 이유 제시 카피reason-why copy, 유머 카피, 증언 카피 등으로 나눌 수 있다.

효과적인 바디 카피를 작성하기 위해서는 다음과 같은 원칙을 적용할 수 있다.

- 첫 번째 구절이 짧으면서도 흥미로워야 한다.: 첫 구절은 바디 카피를 소개하는 도입부이다. 도입부가 유용하더라도 자극적이지 않으면 독자는 카피를 계속 읽고자 하는 동기를 부여받지 못한다.

- 전체적으로 짧고 단순해야 한다.: 바디 카피는 표적 청중의 교육 수준

에 맞게 작성되어야 하며 핵심 아이디어가 쉽게 이해될 수 있도록 간단명료하게 제시되어야 한다. 필요 없는 미사여구를 사용하지 않고 독자의 사고 흐름이 끊어지지 않고 부드럽게 이어지도록 작성되어야 한다.

• 간결해야 한다.: 바디 카피에 사용되는 모든 단어는 의미 있는 것이어야 한다. 바디 카피는 주요 핵심 포인트의 주변을 돌지 않고 바로 접근해야 한다. 바디 카피의 단순성이 카피의 길이와 관련된다면, 간결성은 핵심 포인트가 얼마나 직접적으로 언급되는가를 의미한다. 다수의 청중보다는 개별적인 한 사람의 표적 청중을 대상으로 메시지를 전달하는 식으로 카피가 작성되어야 더 효과적이다. 불필요한 수사나 기술적인 용어들은 피해야 한다.

• 구체적이어야 한다.: 소비자는 광고 제품이 자신에게 제공하는 혜택을 구체적으로 알아보기 위해 바디 카피를 읽는다. 헤드라인에서 제시한 소비자 혜택을 가능하게 하는 구체적인 정보를 제공함으로써 소비자의 궁금증을 해결할 수 있다. 제품의 성능과 기능에 대해 되도록 구체적이면서 계량적인 정보를 제공한다. 사실에 입각한 정보를 제공하며 의미 없는 미사여구의 반복을 피한다.

④ 레이아웃

레이아웃은 광고 기획자가 가지고 있는 아이디어를 광고물에 배치하는 방식으로 디자인, 시각화라는 용어와 함께 사용된다. 인쇄 매체에서 레이아웃은 헤드라인, 서브 헤드, 비주얼, 바디 카피, 상표, 슬로건, 로고와 같은 요소들의 배열을 말한다. 광고 요소들을 효과적으로 배치해 독자들의 주목을 끄는 것은 매우 어려운 과제이다. 인쇄 매체 레이아웃은 광고물에 따라 창의적으로 고안되어야 하지만 효과적인 인쇄 광고들은 공통점을 지닌다. 효과적인 레이아웃을 구별 짓는 특징들은 다음과 같다.

a. 초점

초점 혹은 포컬 포인트focal point는 독자가 광고를 접했을 때 최초로 시선을 끄는 지배적 요소를 말한다. 따라서 초점은 광고 메시지를 처리하는 출발점 역할을 한다. 인쇄 매체 광고에서는 주로 헤드라인이나 비주얼이 초점의 역할을 수행한다. 효과적인 광고는 단 하나의 초점을 가지고 있다. 복수의 초점 요소를 가진 광고는 혼잡해 보이며 독자의 흥미를 감소시킨다.

b. 시선 흐름

시선 흐름은 독자의 시선이 광고 요소들을 따라 움직이는 흐름을 말한다. 효과적인 광고 디자인은 하나의 지배적인 초점 요소에서 시작해 광고 메시지의 가장 핵심적인 요소로 자연스럽게 시선을 옮기도록 고안된다. 효과적으로 시선의 흐름이 일어나도록 몇 가지 디자인 요소들이 사용된다.

• 논리적 연속성: 인쇄 매체 독자는 대체로 신문이나 잡지의 기사 페이지 전개 순서에 익숙하다. 대부분의 신문이나 잡지는 소수의 예외적인 경우를 제외하고 페이지의 순서가 왼쪽에서 오른쪽으로 배치되어 있다. 따라서 독자들은 인쇄 매체의 페이지에 노출될 때 자연스럽게 왼쪽에서 오른쪽으로, 그리고 위쪽에서 아래쪽으로 시선을 움직인다. 왼쪽 상단 코너에서 오른쪽 하단으로 흐르는 시각적 통로를 구텐베르크 대각선Gutenberg diagonal이라고 부른다. 따라서 광고 요소들도 이러한 시각적 통로를 따라 배치되면 가독성이 높아진다.

• 시선 지시 장치: 광고물 내에서 독자들의 시선이 움직이는 방향을 지시해주는 수단을 포인팅 디바이스pointing device라고 한다. 모델의 손이나 손가락의 방향, 화살표나 방향을 암시하는 아이콘을 사용함으로써 독자들의 시선을 광고의 한 요소에서 다른 요소로 옮길 수 있다. 광고물에 많은 정보

가 포함되어 있을 때 일련번호를 사용하면 독자들이 번호를 따라 연속적으로 시선을 옮길 수 있다.

- 모델의 시선: 광고물에 출연한 모델의 시선 방향은 독자들의 시선의 움직임에 영향을 준다. 모델의 시선을 이용해 독자의 시선이 일정한 방향 혹은 특정한 광고 요소로 옮겨질 수 있도록 도와줄 수 있다. 모델의 시선이 헤드라인이나 바디 카피와 다른 방향으로 놓이면 논리적인 광고 주목 흐름을 방해할 수 있다.

c. 균형

균형은 기분 좋은 시각적 인상을 줄 수 있도록 광고 요소들을 배분하는 것을 말한다. 광고 요소들이 한쪽으로 치우쳐 있는 불균형 상태의 광고는 시각적으로 불편하며 잘못 만들어진 것처럼 보인다. 균형에는 두 가지 형태가 있다. 공식적 균형formal balance은 좌우가 대칭인 경우를 말하며 중앙 집중적으로 안정감을 준다. 비공식적 균형informal balance은 비대칭적이지만 시각적으로 더 역동적이다. 두 종류의 균형 중에 비공식적 균형을 달성하기가 훨씬 어렵다. 가상적인 시각 중심optical center을 바탕으로 광고 요소들의 시각적 무게를 조정해 균형을 잡아주어야 하기 때문이다.

시각 중심은 비공식적 균형의 중요한 개념으로 광고 페이지상에서 독자의 눈이 중심으로 인지하는 지점을 말한다. 독자들은 페이지의 상단에 더 중심을 두는 경향이 있기 때문에 인쇄 매체 광고의 시각 중심은 물리적인 중심보다 약간 상단에 있다. 이 지점은 주로 광고의 초점forcal point 요소를 배치하는 지점으로 사용되거나 모든 광고 요소의 균형을 잡는 가상적인 중심점으로 쓰인다.

d. 비율

비율은 광고의 각 요소가 차지하는 상대적인 크기와 관련한 원칙으로 광고 요소 간의 관계, 혹은 광고 요소가 놓여 있는 배경에 대한 관계를 말한다. 기본적으로 각 요소의 비율이 동일하면 지루한 느낌을 주어 시각적으로 흥미롭지 못하다. 같은 크기의 비주얼들은 서로 주목을 받기 위해 경쟁하기 때문에 흥미를 이끌어내지 못한다. 비주얼과 헤드라인 그리고 바디 카피의 크기도 달라야 한다. 일반적으로 비주얼이 가장 많은 비율을 차지하며 전체 페이지의 3/2 혹은 3/5 정도를 차지한다.

e. 대비

대비는 크기나 형태, 밀도, 색 등을 다르게 사용해 주목도와 가독성을 높이는 것을 말한다. 특히 광고의 특정 요소를 강조하기 위해 사용된다. 어두운 사물은 밝은색 배경에 두드러진다. 흰 여백으로 둘러싸인 일러스트레이션도 눈에 띌 수 있다.

f. 여백

흰 여백을 사용함으로써 고급 제품을 두드러지게 하거나 고품질 이미지를 만들어낼 수 있다.

g. 간결성

인쇄 매체 독자의 주요 관심사는 뉴스나 오락 기사를 읽는 것이다. 광고는 페이지를 넘기거나 기사를 읽다가 우연히 마주치는 내용에 불과하다. 독자들은 일반적으로 광고에 관심을 가지지 않으며, 복잡한 광고를 읽기 위해 시간을 낭비하려고 하지 않는다. 너무 많은 요소들이 포함된 광고나 복잡한 디자인의 광고는 독자에게 혼란을 주어 메시지 전달을 방해할 뿐이다.

h. 통일성

레이아웃의 모든 요소들은 통합성을 가지고 통일을 이루어야 한다. 이는 균형, 대비, 비율, 시선의 흐름들이 통일감을 만들어내야 한다는 것을 말한다. 잘못된 경계선이나 복수의 서로 다른 활자체 사용, 잘못된 색 배치, 너무 많은 레이아웃 요소의 사용 등은 통일성을 방해한다. 통일성을 달성하는 가장 좋은 방법은 레이아웃을 단순화하고 혼잡하지 않게 유지해 광고 수용자가 광고를 이해하기 쉽게 만드는 것이다.

5. 방송 광고 크리에이티브 원칙

(1) 텔레비전 광고 크리에이티브

텔레비전은 텔레비전 수상기를 통해 수신되는 모든 매체를 포함한다. 전통적으로 사용되어온 지상파 텔레비전은 물론 케이블 텔레비전, 종합 편성 채널이 포함된다. 텔레비전은 시각과 청각 메시지를 함께 전달할 수 있는 매우 효과적인 매체지만 광고 시간이 비교적 짧고 채널 수가 많아 시청자들의 주목을 끌기가 매우 어렵다. 이러한 문제들을 극복하기 위해서는 텔레비전의 시청각적 특성을 효과적으로 활용해야 한다.

① 광고의 형태

텔레비전은 시각과 청각적 특성을 모두 갖춘 매체로서 소비자 혜택을 효과적으로 제시할 수 있는 매체이다. 텔레비전에 적용될 수 있는 광고 내용의 형태는 아래와 같다.

a. 시연

시연은 텔레비전의 시청각적 특성을 최대한 살린 형태의 광고로 시청자로 하여금 자신이 제품을 사용할 때 제품이 어떤 혜택을 주는지를 상상해볼 수 있게 하는 기법이다. 제품이 작동하는 모습이나 사용 전후의 모습을 보여준다. 시연하는 내용의 주제는 표적 청중의 필요와 관련성이 있어야 하며 간결하고 명확하게 표현되어야 한다.

b. 문제 해결

소비자가 가지고 있는 문제를 제시하고 제품을 사용한 결과 그 문제가 해결된 모습을 보여준다. 소비자가 치통으로 고통스러워하는 모습을 보여준 다음 특정 진통제를 사용함으로써 치통이 사라지는 모습을 보여주는 광고는 전형적인 예이다.

c. 제품을 주인공으로 제시

제품 자체에 초점을 맞추어 처음부터 끝까지 제품 자체와 제품이 제공하는 혜택을 보여준다. 따라서 광고에 오직 제품만이 보이며 광고 모델을 포함한 다른 요소가 사용되지 않는다.

d. 대변인

광고 모델이 제품 메시지를 전달하게 하는 방법이다. 이 방법에서 광고 모델은 마치 광고 제품의 대변인처럼 제품 권위자로 출연해 제품의 차별적 우월성을 직설적으로 소개한다.

e. 스토리 라인

짧은 영화처럼 이야기를 만들어 스토리 라인에 제품을 삽입하는 방법이다. 스토리 라인에 제품을 직접 끼워 넣을 수도 있으며, 전체적인 이야기의 주제를 제품과 연결시킬 수도 있다.

f. 뮤지컬

음악과 노래가 광고의 내용을 이끌도록 하는 기법이다. 단지 배경 음악을 사용하는 것이 아니라 제품명과 제품 혜택 정보가 포함된 음악과 춤을 활용해 광고물 자체가 짧은 무대가 될 수 있도록 뮤지컬처럼 화려하게 연출하는 방법이다.

g. 소품

광고에서 제품과 관련한 다양한 상황들을 보여주는 기법이다. 제품이 실제 생활에서 사용되는 다양한 모습들을 짧은 소극처럼 엮어서 보여준다.

h. 애니메이션

만화 영화나 인형극 등으로 어려운 메시지를 전달하거나 어린이 표적 청중에게 도달하는 데 효과적인 기법이다.

② 크리에이티브 원칙

a. 주목을 끄는 동영상

텔레비전은 시각 매체지만 움직이는 이미지를 사용한다는 점에서 인쇄 매체와 다르다. 동영상 이미지는 제품에 대한 다양한 소구를 효과적으로 전달할 수 있게 한다. 텔레비전 광고의 동영상 이미지는 시청자의 주목을 끌고 흥미를 유지시키며, 제품을 사용함으로써 얻게 되는 혜택을 실감 나게 표현할 수 있다는 장점이 있다. 그러나 텔레비전 광고는 시간이 매우 짧아 복잡한 메시지를 전달하기 어려우며, 채널 수의 증가로 시청자들의 주목을 끌기가 더욱 어렵게 되었다. 따라서 텔레비전 광고는 초반에 시청자들의 눈길을 끌 수 있도록 창의적으로 표현되어야 하며, 간결한 핵심 메시지가 강렬하게 시청자들에게 전달될 수 있도록 만들어져야 한다.

b. 스토리텔링

효과적인 텔레비전 광고는 이야기를 가지고 있다. 텔레비전 광고는 비록 시간적으로 매우 제한되어 있지만, 동영상적 매체 특성을 가지고 있기 때문에 그 안에 짧은 이야기를 담을 수 있다. 텔레비전 광고에 담긴 짧은 이야기는 삶의 한 단면을 보여줌으로써 소비자들에게 공명을 일으켜 감동을 줄 수 있다. 텔레비전 광고는 스토리텔링 방식을 통해 가치를 표현하고 행동 방식을 가르치며 일상에서 발생하는 문제들의 해결법을 알려준다.

c. 감정

텔레비전 광고는 동영상을 사용하므로 사람들의 감정을 불러일으키는 능력을 가진다. 이러한 능력으로 텔레비전 광고는 오락적인 재미로 소비자들을 몰입시킨다. 텔레비전 광고는 유머, 공포, 질투, 사랑, 죄책감과 같은 감정을 유발하는 실제 삶의 일부분을 내용으로 소비자들을 감정적으로 빨려들게 해 광고 효과를 높인다.

d. 실연

텔레비전은 동영상 매체이므로 제품의 용도와 사용법을 알려주고, 제품 사용을 통해 소비자가 어떤 혜택을 받게 되는지를 알려주는 가장 효과적인 매체이다. 제품이 생명 주기상 도입기에 있거나, 새로운 제품의 기능이나 특성을 소비자들에게 알려주어야 할 필요가 있을 때 이를 시각적으로 알려줄 수 있다.

e. 시청각 요소의 사용

텔레비전은 시각과 청각을 모두 사용하는 매체이다. 효과적인 텔레비전 광고는 이 두 가지 요소들이 잘 배합되어 있다. 시청각 요소의 배합은 시각적인 요소와 청각적인 요소의 단순한 반복을 의미하는 것은 아니다. 두 가지 요소가 서로 보완적으로 사용될 때 상승 효과를 볼 수 있다. 이는 시각적 요소와 청각적 요소가 서로 다른 메시지를 사용하라는 것이 아니라 서로 도움을 줄 수 있도록 사용되어야 함을 말한다. 두 요소가 서로 다른 메시지를 전달하면 소비자들은 광고를 이해하는 데 어려움을 겪는다.

효과적인 텔레비전 광고를 위한 조건들은 다음과 같다.

- 도입부는 주목을 끌어야 하며 뒤따라오는 메시지와 관련이 있어야 한다.
- 단순해야 한다. 주요 테마나 혜택을 선택하고 끝까지 유지해야 한다.
- 제품이 잘 보여야 한다. 제품을 화면에 클로즈업해 광고에 출연한 사람과 함께 보여줘야 한다. 광고가 끝나는 시점에서도 제품이 보이도록 한다.
- 마지막 장면에서 제품을 보여주면서 주요 메시지를 반복한다.
- 가장 중요한 제품 메시지를 시각적으로 강조한다. 주요 컨셉트를 염두에 두고 그것이 청중의 마음속에 가장 잘 떠오르도록 시각적 도구를 사용할 필요가 있다.

(2) 라디오 광고의 크리에이티브 원칙

라디오는 청각 매체이므로 광고 메시지를 가시적으로 표현하는 것이 불가능하다. 그러나 청각적 요소는 심리적 연상을 일으킬 수 있어 라디오는 심적인 매체로 불리기도 한다. 라디오 광고는 세 가지 청각적 수단들인 음성, 음악, 음향 효과를 사용한다. 세 가지 요소를 어떻게 창의적으로 배합하느냐에 따라 효과적인 라디오 광고를 제작할 수 있다.

한편 라디오는 배경 매체로 사용되는 경우가 많다. 청취자들은 다른 일을 하면서 라디오를 듣는다. 따라서 라디오는 저관여 매체 특성을 가진다. 청취자는 메시지 정보를 적극적으로 처리하지 않으며 흘러가버린 메시지는 되돌려 들을 수 없기 때문에 정보 처리 통제력이 약하다. 라디오 광고의 약점 중 하나는 청취자들이 메시지에 주의하지 않아 메시지를 기억하기 어렵다는 점이다. 이러한 라디오 광고의 약점들을 극복하기 위해 아래와 같은 크리에이티브 원칙들을 사용할 수 있다.

① 반복적 메시지

라디오는 시간적 매체로 인쇄 매체와는 다르게 청취자가 원하는 광고의 순간으로 돌아갈 수 없으며 지나간 메시지를 다시 읽어들일 수 없다. 이러한 문제를 극복하는 방법은 주요 메시지를 반복하는 것이다. 하나의 광고물 안에서 광고 메시지의 핵심이 되는 제품명과 핵심 메시지를 반복함으로써 광고 효과를 증진할 수 있다. 제품명과 핵심 메시지가 반복적으로 들어가 있는 징글을 사용하는 것은 메시지를 기억시키기 위한 방법 중 하나이다.

② 리마인더

라디오는 메시지 리마인더로 유용한 매체이다. 단순한 메시지를 반복함으로써 제품명을 인지시키고 제품 혜택이 포함되어 있는 광고 슬로건을 소비자들 마음에 심어줄 수 있다. 제품명과 혜택이 포함되는 광고 음악(징글)은 이러한 목적을 달성시키는 중요한 수단으로 사용될 수 있다.

③ 단순한 메시지

라디오 광고는 시각적 효과가 없고 시간이 짧기 때문에 복잡한 메시지를 전달하기 어렵다. 청취자의 주목도가 낮아 복잡한 메시지를 이해할 가능성이 낮다. 따라서 라디오 광고는 간결한 핵심 메시지 위주로 제작되어야 한다.

6. 광고 메시지 전술의 평가

다양한 광고 메시지 표현 방법들이 효과적으로 사용되었는지를 평가하기 위해 다음과 같은 기준들이 사용될 수 있다(Krugman, 1983).

- 전략 부합도: 광고에서 사용된 표현 기법들은 메시지 전략에서 수립된 메시지 아이디어에 전체적으로 부합해야 한다.
- 한 가지 핵심 메시지 전달: 광고는 간결하고 단순하게 한 가지 주요 소비자 혜택이나 속성, 기능이나 개성을 전달해야 한다.
- 메시지 우세: 광고 제작에 사용된 표현 기법들이 제품 메시지를 압도하지 않아야 한다.
- 이미지 일관성: 전략적으로 제품 이미지를 변화시키는 것이 아니라면 광고가 제품 이미지를 바꾸지 않도록 해야 한다.

요약

- 광고 컨셉트가 효과적으로 표현되기 위해서 광고 표현은 기본적으로 단순성, 일관성, 관련성을 갖춰야 한다.
- 메시지를 제시하는 방법에는 직설적 표현, 증언, 드라마, 문제 해결, 삶의 단면, 실연, 비교, 특수 효과 등이 있다.
- 인쇄 광고는 헤드라인과 비주얼 및 바디 카피로 이루어져 있으며, 세 가지 요소들이 각각 맡은 기능을 수행하면서 서로 강화하고 보완하는 역할을 수행해야 효과적인 커뮤니케이션을 할 수 있다.
- 방송 광고는 시청각 매체인 텔레비전과 청각 매체인 라디오로 나눌 수 있는데 매체의 특성에 따라 청중의 반응 형태가 다르다. 이에 따라 각 매체에서 효과적으로 사용할 수 있는 광고의 형태 또한 다르며, 효과적인 크리에이티브 원칙들도 다르다.

토의문제

1. 효과적인 광고의 세 가지 원칙이 제대로 적용된 광고 캠페인의 예를 들어보자.
2. 경쟁 브랜드들의 인쇄 광고들을 선택해 효과적인 헤드라인, 비주얼, 바디 카피의 원칙을 바탕으로 어떤 광고가 더 효과적인지 비교해보자.
3. 특정한 인쇄 광고의 레이아웃 요소들에 대해 평가해보자.
4. 효과적으로 집행된 텔레비전 광고에 적용된 크리에이티브 원칙들을 토론해보자.
5. 특정한 브랜드의 광고를 선택해 광고 메시지 전술이 효과적으로 적용되었는지를 다섯 가지 기준을 바탕으로 평가해보자.

6부

광고 매체 전략

15장

광고 매체 계획

광고를 효과적으로 집행하기 위해서는 소비자의 심금을 울리는 광고를 제작해야 한다. 그러나 아무리 훌륭한 메시지의 광고라도 소비자들의 눈과 귀에 도달하지 못한다면 최소한의 커뮤니케이션 효과조차 기대할 수 없다. 따라서 광고가 표적 소비자에게 제대로 노출될 수 있도록 전략적으로 매체 계획을 수립하는 것이 매우 중요하다. 매체 전략은 메시지 전략과 함께 매우 중요한 전략적 의사 결정이다. 광고 활동은 광고가 매체에 집행되어 소비자에게 노출될 때 비로소 완성된다.
15장에서는 전체 마케팅 의사 결정 과정에서 매체 계획이 어떤 위치에 놓여 있는지를 살펴보고, 매체 계획의 수립 과정과 매체 전략을 알아보겠다.

1. 매체 계획이란?

매체 계획은 마케팅 목표를 달성하기 위해 매체의 지면과 공간을 어떻게 구매할 것인가를 결정하는 과정이다. 광고 메시지를 표적 청중에게 전달하기 위해 사용할 매체를 선택하는 전략적 의사 결정이다. 구체적으로 매체 계획은 광고 메시지를 얼마나 많은 표적 청중에게 몇 회 정도 노출시킬지를 결정하고 이를 위해 언제, 어디에서 어떤 매체에 광고를 집행할 것인지에 대한 전략을 수립하는 것이다.

(1) 마케팅, 광고, 매체 계획

매체 계획이 진공 속에 존재하지 않는다는 말은 많은 광고 계획자와 매체 계획자가 매체 계획을 예산 범위에서 가능한 매체를 선택하는 단순하고 기계적인 작업이라고 생각하는 경향에 대한 경고를 담고 있다. 매체 계획은 단순히 시청률이나 열독률 같은 수용자 자료를 참고해 매체를 선정하는 작업이 아니라 궁극적으로 마케팅 목표의 달성을 돕는 하부 의사 결정 분야이다. 매체 계획은 소비자로부터 목표로 삼은 커뮤니케이션 반응을 끌어내기 위해 광고 집행의 지역과 시기, 시간, 매체의 종류, 매체 비히클, 광고 예산을 결정하는 매우 복잡한 의사 결정 과정이다(그림 15-1 참조).

매체 계획의 상위 의사 결정인 광고 계획은 커뮤니케이션을 목표로 한다. 커뮤니케이션 목표를 달성하기 위해서 메시지 전략과 매체 전략의 두 가지 분야에서 의사 결정이 이루어진다. 메시지 전략은 전달할 메시지와 표현 방법과 관련한 계획이며 매체 계획은 표적 청중에게 효율적으로 메시지를 전달하는 방법을 찾는 것이다.

그림 15-1.
매체 계획 목표의 맥락

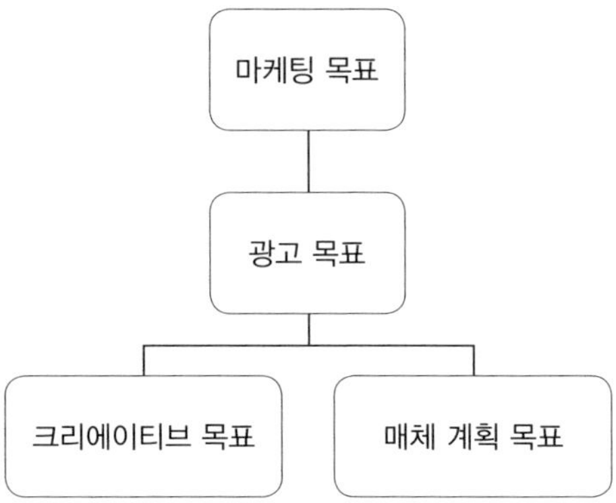

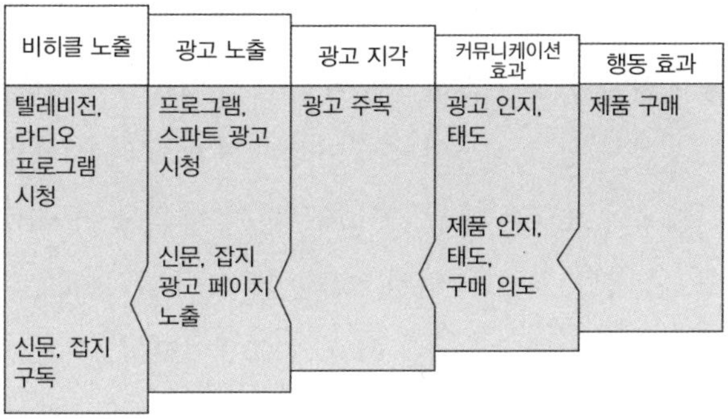

그림 15-2.
광고 효과 단계

(2) 매체 계획의 중요성

① 매체는 소비자와의 접촉점

광고 캠페인의 목표는 표적 소비자로부터 특정한 커뮤니케이션 반응을 이끌어내는 것이다. 즉 광고 캠페인에 노출된 소비자가 제품을 인지하거나 제품에 대한 호감을 가지고 구매 의도를 가지게 하는 것이다.

광고 캠페인을 통해 표적 소비자들 사이에 이러한 커뮤니케이션 반응이 일어나게 하기 위한 전제 조건은 표적 청중이 광고 메시지에 노출되어야 한다는 점이다. 아무리 호소력이 높은 메시지라도 표적 청중에게 전달되지 않는다면 최소한의 커뮤니케이션 효과조차 기대할 수 없기 때문이다. 따라서 매체 계획은 소비자로 하여금 광고 메시지에 노출될 수 있는 기회opportunity to see를 제공하는 매체를 선택하는 과정이다. 효과적인 매체 계획이 수립되지 않을 경우 많은 노력을 들여 기획되고 제작된 광고물은 아무런 커뮤니케이션 효과를 보지 못한다.

매체 계획은 제품의 표적 시장과 매체 수용자를 일치시키는 과정이다. 제품의 표적 시장과 광고가 집행되는 매체의 수용자가 얼마나 일치하느냐에 따라 효과적이면서도 효율적인 광고 집행이 이루어질 수 있다. 올바른 매체의 선택은 표적하는 소비자 시장의 눈과 귀에 광고를 노출시켜 광고가 목표로 하는 커뮤니케이션 효과를 확보할 수 있는 기회를 제공한다.

② 매체 예산은 곧 광고 예산

전체 광고 예산에서 가장 많은 부분이 매체 구매에 사용된다. 미국의 경우 평균적으로 전체 광고 예산의 85% 이상이 매체 구매에 사용되는데, 그 이유는 광고 매체의 요금이 매우 높기 때문이다. 예를 들어 MBC 뉴스데스크의 15초 광고 요금은 2015년 현재 12,060,000원에 달하며(그림 15-3 참조), 조선일보 1면의 5단통 광고 요금은 61,056,000원이다(표 15-1 참조). 더욱이 광고 캠페인 기간 동안 광고 집행은 반복적으로 이루어지기 때문에 전체 매체 구매 예산은 높아질 수밖에 없다.

이렇듯 막대한 광고 예산이 매체 구매 비용에 투입되기 때문에 매체 계획이 잘못 수립되어 목표를 달성하지 못하면 광고주는 막대한 광고 예산을 낭비하게 된다. 광고 구매 예산의 낭비는 광고주 재원의 손실은 물론, 제품 가격을 통해 광고비를 부담하는 소비자에게도 손해를 끼치는 것이다.

③ 다매체 다채널 환경

과거에는 광고 매체 산업의 구조가 매우 단순했기 때문에 매체 계획이 그리 복잡한 작업이 아니었다. 영상 매체의 경우 광고를 집행할 수 있는 매체

그림 15-3. MBC 평일 저녁 시간대 광고 요금표

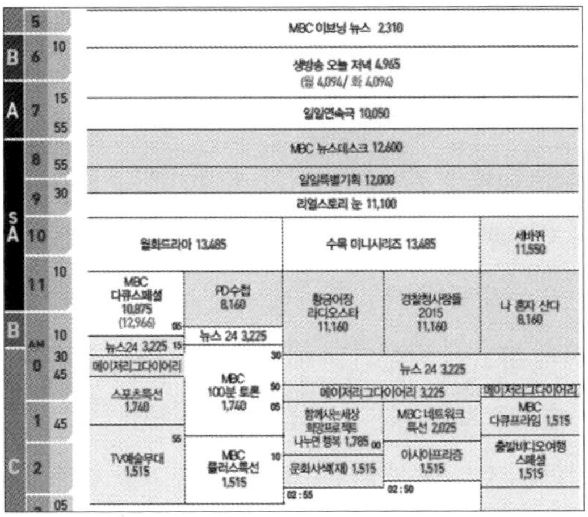

(2015. 9 기준)

표 15-1. 조선일보 광고 요금의 예

면별	색도	규격	단가	5단통 기준 광고료
1면	컬러	12컬럼 × 4단		61,056,000
2, 3면	컬러	1컬럼 × 1단	615,000	36,900,000
	흑백	1컬럼 × 1단	555,000	33,300,000
4, 5면	컬러	1컬럼 × 1단	555,000	33,300,000
	흑백	1컬럼 × 1단	460,000	27,600,000
사회면	컬러	1컬럼 × 1단	615,000	36,900,000
	흑백	1컬럼 × 1단	555,000	33,300,000
오피니언면	컬러	1컬럼 × 1단	555,000	33,300,000
	흑백	1컬럼 × 1단	460,000	27,600,000
기타면 지정	컬러	1컬럼 × 1단	460,000	27,600,000
	흑백	1컬럼 × 1단	275,000	16,500,000
기타면 미지정	컬러	1컬럼 × 1단	400,000	24,000,000
	흑백	1컬럼 × 1단	230,000	13,800,000
뒷면	컬러	1컬럼 × 1단	585,000	105,300,000
	흑백	1컬럼 × 1단	555,000	99,900,000

(2015년 기준)

는 소수의 지상파 텔레비전에 불과했으며 신문이나 잡지도 그 수가 지금처럼 많지 않았다.

그러나 1990년대 이후 우리나라의 매체 환경은 크게 달라졌다. 새로운 매체들이 출현한 것은 물론 같은 매체군에서도 많은 경쟁 비히클들이 나타났다. 민영 텔레비전을 필두로 케이블 텔레비전이 등장하고 위성방송과 IPTV가 그 뒤를 이었으며 최근에는 종합 편성 채널이 등장했다. 동영상 매체의 다양화와 더불어 인터넷이 주요 광고 매체로 자리 잡고 있으며 모바일 매체와 같은 새로운 유형의 광고 매체들도 등장하고 있다.

이렇듯 복잡한 매체 환경은 광고주에게 다양한 광고 집행의 기회는 물론 보다 정밀하게 메시지를 제공할 수 있는 혜택을 제공하게 되었으나 한편으로는 매체 계획의 의사 결정을 어렵고 복잡하게 만들고 있다. 이러한 현상은 매체 계획자들로 하여금 폭넓은 매체 지식을 바탕으로 매우 과학적이고 정교한 전략을 수립할 것을 요구하고 있다.

④ 통합적 마케팅 커뮤니케이션

1990년대 이후 시장 환경은 이전과는 다르게 전개되었다. 매체들은 물론이고 소비자들의 취향과 라이프 스타일 또한 매우 다양하고 세분화되어 독특하고 차별화된 제품과 서비스를 요구하게 되었다. 또한 컴퓨터 기술의 발전으로 마케터들은 이전과는 다르게 고객의 소비 행동에 대한 자료를 데이터베이스화해 마케팅에 사용할 수 있게 되었다. 이렇듯 매체의 분할, 소비자 욕구의 세분화, 컴퓨터의 발전으로 통합적 마케팅 커뮤니케이션의 필요성이 증대되었다. 브랜드 가치를 구축하기 위해서는 다양한 매체를 통해 전달되는 메시지들이 한 목소리를 내야 하기 때문이다.

통합적 마케팅 커뮤니케이션이 중요해짐에 따라 매체 계획의 중요성은 더 커지고 있다. 통합적 마케팅 커뮤니케이션 전략의 전제는 효과적으로 메시지를 전달할 수 있는 매체와 커뮤니케이션 수단들을 선택해 통합하는 것이기 때문이다. 기능적으로 서로 보완할 수 있는 소비자 접촉점들을 찾아 조합하는 것이 매체 계획자의 임무가 되었다.

통합적 마케팅 커뮤니케이션하에서 매체 전략은 의사 결정 순서에 있어 크리에이티브 전략에 우선한다. 보완적으로 상승 효과를 발휘할 수 있는 커뮤니케이션 통로를 조합하는 것이 중요하기 때문이다. 따라서 매체 계획을 먼저 수립해 캠페인에 사용할 매체들을 선택하고 각각의 매체가 전체 캠페인을 위해 수행해야 할 역할을 부여한 다음 그 임무에 맞는 메시지 전략을 수립한다. 그만큼 효과적인 매체의 선택이 중요하며 각 매체는 통합적으로 시너지 효과를 이룰 수 있도록 선택되어야 한다.

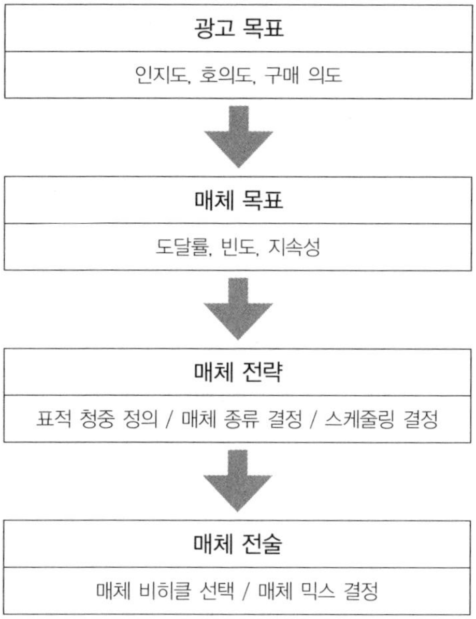

그림 15-4.
매체 계획 수립 과정

2. 매체 계획 과정

매체 계획 목표는 광고 캠페인의 커뮤니케이션 목표의 하위 목표로서 커뮤니케이션 목표와 연계되어 세워져야 한다. 매체 전략은 매체 계획의 목표를 달성하기 위한 방법에 대한 의사 결정이다. 따라서 매체 계획 목표는 위로는 광고 캠페인 목표와 아래로는 매체 전략과 서로 연계되어야 한다(그림 15-4 참조).

예를 들어 어떤 제품을 위한 광고 캠페인의 목표가 제품 인지도를 높이는 것이라면 매체 계획도 해당 제품의 인지도를 향상시키는 데 기여할 수 있도록 수립되어야 할 것이다. 따라서 매체 목표는 보다 많은 표적 청중이 광고 메시지에 노출될 수 있도록 도달률에 초점을 맞추어 수립되어야 한다. 매체 전략에서는 도달률을 높이기 위해 표적 청중에게 많이 노출되는 매체 종류를 선택해야 한다. 매체 전술에서는 중복 노출이 적은 매체 비히클들을 선택함으로써 도달 청중의 범위를 넓힐 수 있다.

(1) 매체 계획 목표

매체 계획자가 매체 계획 목표와 관련해 던지는 질문들은 광고 캠페인을 통해 얼마나 많은 표적 청중에게 메시지를 전달할 것인가, 표적 청중에게 몇 회 정도 광고를 노출시키고 얼마나 지속적으로 노출시킬 것인가이다. 이러한 각각의 질문에 상응하는 매체 계획 용어들이 도달률, 빈도, 지속성이다.

① 도달률

도달률은 광고 예산의 범위 내에서 선택된 광고 매체를 통해 메시지를 노출시킬 수 있는 표적 청중의 비율을 의미한다. 매체 계획의 예산은 한정적이기 때문에 매체 계획자는 적정한 수준의 도달률을 정해야 한다. 광고 캠페인의 커뮤니케이션 목표를 달성하기 위해서는 얼마나 많은 표적 청중이 광고에 노출되어야 하는지를 뒤에서 설명할 빈도와 지속성을 함께 고려해 결정한다.

② 빈도

빈도는 캠페인 기간 동안 매체 비히클에 노출된 표적 청중이 메시지에 노출되는 횟수를 말한다. 매체 계획자는 광고 캠페인의 목표와 집행되는 광고 메시지의 특성을 고려해 표적 청중이 얼마나 많이 메시지에 노출되어야 하는지를 결정해야 한다. 예를 들어, 광고 목표가 제품 이미지 구축이거나 광고 메시지가 복잡해 이해하는 데 시간이 필요한 경우는 노출 빈도가 높아야 한다. 반대로 메시지가 단순해 광고 마모 효과가 빨리 일어날 수 있는 경우에는 노출 빈도가 너무 높아서는 안 된다.

③ 지속성

지속성은 광고 캠페인 기간 동안 광고 매체가 지속적으로 사용되는 정도를 말한다. 캠페인 기간 내내 어떤 매체를 통해서든 광고 집행이 이어진다면 지속성이 매우 높은 전략이라고 할 수 있다. 제품 판매 주기나 계절에 맞추어 제품 수요가 높은 시기에만 광고를 집중적으로 집행하고 나머지 기간 동안에는 광고를 중단하는 스케줄의 지속성은 상대적으로 낮다고 볼 수 있다.

④ 도달률, 빈도, 지속성의 상쇄 관계

매체 계획자는 광고 전략을 바탕으로 세 가지 목표치 중에서 어떤 목표에 비중을 둘지를 결정해야 한다. 이것은 도달률과 빈도, 지속성이 서로 상쇄 관계에 있기 때문이다. 매체 구매 예산은 제한적이기 때문에 도달률과 빈도와 지속성을 동시에 높이는 것은 불가능하다. 도달률을 높이면 빈도가 낮아질 수밖에 없으며, 빈도가 높아지면 되면 도달률과 지속성이 낮아진다. 예를 들어 도달률을 높이는 경우 되도록 매체 간 수용자 중복이 적은 매체 비히클들을 선택하게 된다. 수용자 중복이 적다는 것은 개별 수용자에게 노출빈도가 낮음을 의미한다. 반대로 빈도를 높이기 위해서는 매체 간 수용자 중복이 높은 비히클을 선택하기 때문에 도달률은 상대적으로 낮아진다.

(2) 매체 전략

매체 계획의 목표가 설정되면, 목표를 달성하기 위한 전략이 수립되어야 한다. 일반적으로 매체 전략은 다음과 같은 의사 결정을 포함한다.

① 표적 청중의 선택

매체 계획의 표적 청중은 광고 캠페인의 표적 청중을 토대로 정의된다. 매체 계획은 궁극적으로 매체 비히클을 선택하는 작업이므로 매체 계획의 표적 청중은 매체적 맥락에서 선택되어야 한다. 앞에서 설명한 바와 같이 광고의 표적 청중은 인구 통계 변수, 심리 도식 변수, 제품 사용도 변수, 소비자 혜택 변수 등을 이용해 정의되는데, 매체 계획의 표적 청중은 실제로 매체를 선정하는 기준이 될 수 있도록 매체의 수용자를 설명하는 변수로 정의되어야 한다. 이것은 매체 비히클을 선택할 때 사용하는 매체의 수용자 자료(시청률, 열독률)가 대부분 인구 통계 변수로 분석되어 있기 때문이다. 따라서 광고 캠페인의 표적 청중 정의에 사용된 인구 통계 변수 이외의 변수들은 매체 비히클을 선택하는 데 별로 도움을 주지 않는다. 따라서 매체 계획자는 광고 캠페인의 표적 청중 특성을 인구 통계적 특성으로 재해석할 필요가 있다.

② 매체 종류의 결정

매체 계획의 목표가 세워지면 목표를 가장 효과적으로 달성시킬 수 있는 매체 종류를 선택한다. 매체 종류는 신문, 잡지, 라디오, 텔레비전, 인터넷 등과 같이 각종 매체 비히클이 포함되어 있는 매체군을 말한다. 각각의 매체 종류는 도달률, 빈도, 지속성 목표와 관련해 상대적으로 다른 특성을 가진다. 예를 들어 신문이나 텔레비전은 포괄적인 수용자를 확보하고 있으며 도달 범위가 넓기 때문에 도달률을 높이는 데 효과적이다. 반면 라디오는 청중이 매우 세분화되어 있고 광고 비용이 낮기 때문에 빈도를 높이는 데 효과적이다. 인터넷과 같은 매체는 장기간 광고를 집행할 수 있어 지속성을 높일 수도 있다.

③ 스케줄링

광고 메시지는 표적 청중의 제품 정보에 대한 수용성이 가장 높을 때 노출되는 것이 가장 효과적이다. 스케줄링은 효과적으로 표적 청중에게 메시지를 전달할 수 있는 시기에 관한 의사 결정이다.

a. 스케줄링의 결정 요인

매체 집행 시기 패턴 결정에는 제품 판매의 계절성, 제품의 구매 주기, 경쟁 제품의 매체 집행 시기와 같은 여러 가지 요인들을 고려해야 한다.

• 제품 구매의 계절성: 제품 수요는 기후와 깊은 관계가 있다. 예를 들어 빙과류나 냉방기, 보일러, 의류 또는 혼수용 제품들은 계절성이 매우 높다. 구정, 추석과 같은 명절이나 크리스마스, 발렌타인과 같은 기념일은 선물 제품에 대한 수요가 증가하는 시기이다. 매체 계획자는 광고 제품의 매출 패턴을 분석해 제품 수요의 계절성을 파악하고 이를 스케줄링 전략에 반영해야 한다.

그러나 전략적으로 반계절적 매체 집행을 계획하는 경우도 있다. 제품 수요가 증가하는 시기에는 경쟁 제품들의 광고 활동이 활발하기 때문에 광고 경쟁이 심해진다. 따라서 제품의 계절성을 역으로 이용해 반계절적 전략을 사용할 수도 있다. 제품의 수요가 적은 시기에는 경쟁 제품 간의 광고 경쟁이 심하지 않아 광고가 소비자의 주목을 끌 가능성이 높기 때문이다. 그러나 소비자들의 구매 욕구 시기와 맞지 않아 광고가 제품 구매와 연결되지 않을 가능성이 높다.

• 주간 구매 주기: 매체 계획의 목적은 마케팅 목표인 소비자의 구매를 발생시키는 것이다. 따라서 매체 집행 시기를 결정할 때 소비자들의 계절적 구매 패턴뿐만 아니라 구체적으로 소비자들이 제품에 대한 필요가 발생하는 시점을 고려해야 한다. 일반 소비재나 소매점의 경우, 제품 구매 시기는 표적 소비자들의 생활 패턴과 관련성이 높다. 예를 들어 주부들은 연령대나 직업 등에 따라 할인 마트를 방문하는 요일이 다르다. 직업을 가진 주부들은 주로 주말을 이용할 가능성이 높은 데 비해 일반 주부들은 평일 낮 시간대를 이용할 가능성이 높다. 또한 소비자들의 주간 구매 패턴도 연령대에

따라 다르다. 매체 계획자는 표적 소비자의 제품 구매 주기를 분석해 언제 광고를 집행해야 제품의 구매 필요 발생 시기에 맞출 수 있는지 파악해야 한다.

• 일일 구매 패턴: 일상적으로 사용하는 제품의 수요가 언제 일어나는지를 분석해 제품 수요가 가장 높은 시간에 맞추어 광고를 집행하는 것은 매체 계획의 마케팅적인 기능을 수행하는 데 매우 효과적이다. 예를 들어 스낵류의 광고는 간식에 대한 소비자의 필요가 발생하는 시간에 맞추어야 할 것이다. 화장품 광고의 경우에도 표적 소비자의 제품 사용 시간을 파악함으로써 제품 필요 발생 시기와 부합하는 매체 전략을 수립할 수 있을 것이다. 어린이나 청소년을 표적으로 삼는 제품의 경우에는 방과 후나 어린이 시청 시간대, 청소년 노출 시간대에 광고를 집행해야 한다. 노인층을 표적으로 하는 광고는 이른 아침이 광고 적기일 수 있다.

b. 매체 스케줄링 패턴

광고 캠페인이 지속되는 동안 매체 계획자는 매체 예산과 제품 구매 패턴 등을 고려해 다음과 같은 스케줄링 패턴을 매체 계획에 사용할 수 있다.

• 지속형 패턴: 광고 캠페인 기간 동안 큰 변화 없이 계속해서 광고를 집행하는 패턴을 지속형 패턴continuous patterns이라고 한다. 이 패턴은 제품 구매가 계절을 타지 않는 제품에 적합하다. 그러나 광고 예산이 광고 매체를 지속적으로 구매할 수 있을 정도로 충분한 경우에만 가능하다. 지속적 패턴을 사용하더라도 광고 효과가 가능하려면 최소한의 빈도가 유지되어야 하기 때문이다. 빈도가 너무 낮으면 광고 노출 횟수가 적기 때문에 소비자의 커뮤니케이션 인지역cognitive threshold을 넘어서기 힘들다.

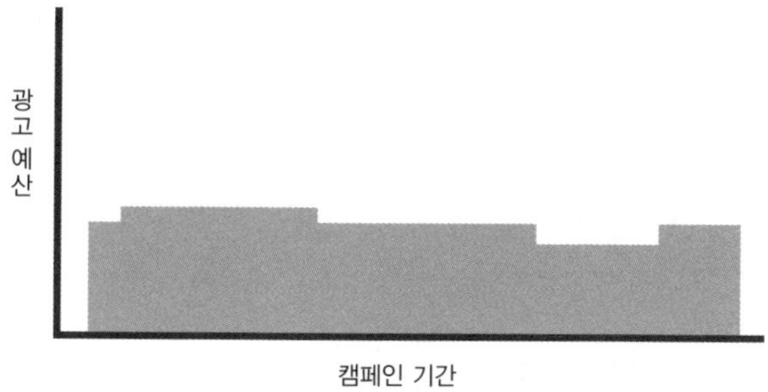

그림 15-5.
지속형 패턴

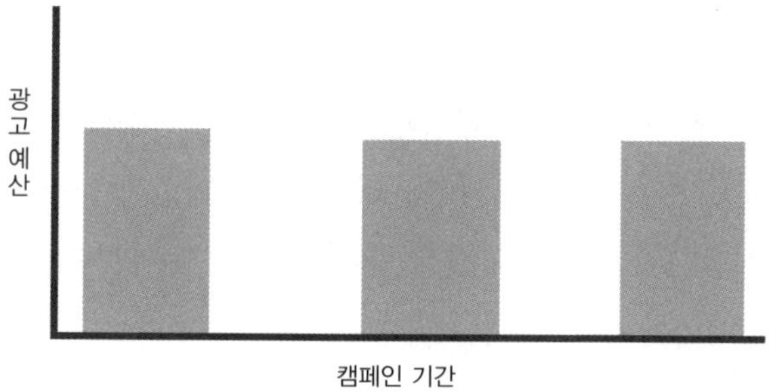

그림 15-6.
비월형 패턴

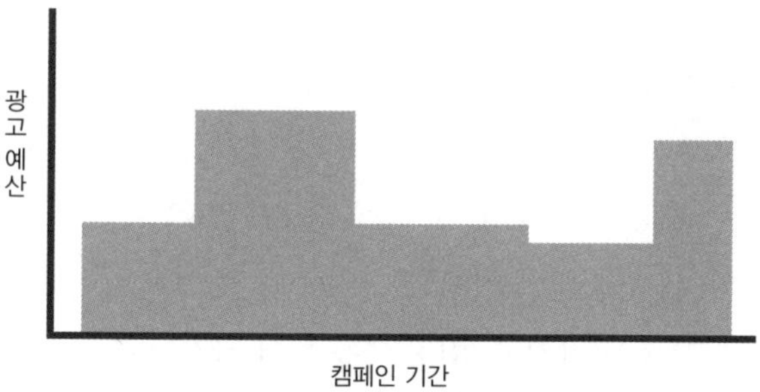

그림 15-7.
파동형 패턴

• 비월형 패턴: 비월형 패턴flighting patterns은 지속형과 반대로 광고 집행 시기가 휴지기로 연결된 패턴이다. 광고가 집행되지 않은 시기의 예산을 집행 시기에 집중시킬 수 있으므로 적정 수준 이상의 빈도를 유지할 수 있다. 그러나 광고가 집행되지 않는 휴지기에는 광고 집행 시기에 누적된 광고 효과가 줄어들어 지속적인 광고 효과를 유지하기 힘들다. 특히 경쟁 제품이 휴지기에 집중적으로 광고를 집행하는 경우 집중 시기에 발생한 커뮤

니케이션 효과가 상쇄될 가능성이 높다. 비월형은 제품의 계절성이 뚜렷한 경우나 제품의 이미지 구축을 위해 높은 노출 빈도가 필요한 경우, 그리고 광고 예산의 제한으로 인해 지속적으로 광고를 집행하기 어려운 경우에 사용된다.

- 파동형 패턴: 파동형 패턴pulse patterns은 지속형과 비월형을 융합한 집행 방법이다. 캠페인 기간 동안 지속적으로 광고를 집행하다가 특정 시기에 추가적으로 광고 집행을 늘리는 방법이다. 이 집행 방법은 제품이 어느 정도 계절성을 가지면서도 항시 판매되는 제품에 적절하다. 파동형은 캠페인 기간 동안 지속적으로 광고를 집행하므로 기본적인 노출을 유지할 수 있으며, 제품의 계절성이나 구매 주기에 맞추어 광고 집행량을 증가시킬 수 있다는 장점이 있다. 그러나 광고 예산이 충분이 확보되어야 한다는 단점을 가지고 있다.

(3) 매체 비히클의 결정

매체 종류가 결정되면, 매체 비히클을 결정해야 한다. 매체 비히클은 매체군에 포함되어 있는 개별 매체를 가리키는 것으로, 같은 매체 종류라고 할지라도 다른 특성을 가지고 있다. 예를 들어 각각의 신문은 같은 매체 종류이지만 독자의 크기는 물론 인구 통계적 특성이 다르며 기사 환경도 다르다. 조선일보의 독자는 포괄적인 인구 통계적 성격을 띄면서 보수적인 성향을 가지고 있는 반면 한겨레신문은 상대적으로 젊고 진보적인 성향의 독자를 보유하고 있다. 텔레비전 프로그램이 각각 표적으로 삼고 있는 청중의 특성도 다르다. 포괄적인 청중을 가지고 있는 일반 드라마에서부터 남성 청중을 주요 표적으로 삼는 스포츠 프로그램, 연령대가 낮은 청중을 보유하고 있는 오락 프로그램 등 각 매체 비히클의 수용자와 매체로서의 특성을 고려해 매체 계획 목표를 가장 잘 달성시킬 수 있는 비히클을 선택해 조합하는 것이 매체 계획자의 임무이다.

요약

- 매체 계획은 광고 계획의 한 부분으로 표적 청중의 광고 노출과 관련한 전략적 의사 결정이다.
- 매체 계획은 매체 계획 목표, 매체 전략, 매체 전술로 구성된다.
- 매체 계획의 목표는 상위 목표인 마케팅 목표, 광고 목표와 연계되어야 한다.
- 매체 전략에서는 표적 청중을 정의하고 매체 종류를 선택한다.
- 매체 전술에서는 선택된 매체 종류 내에서 광고가 집행될 후보 비히클들을 선택한 후 매체 믹스를 결정한다.

토의문제

1. 광고 계획 내에서 매체 계획은 어떤 기능을 수행하는지 논의해보자.
2. 매체 계획의 목표와 전략, 전술이 어떻게 연결되는지 실제 제품의 예를 들어 토론해보자.
3. 광고 목표가 인지도를 높이는 것일 때 매체 계획의 목표는 도달률, 빈도, 지속성 중 어떤 지표에 비중을 두어야 하는가? 그리고 이것은 다른 지표의 비중에 어떻게 영향을 주는가?
4. 광고 표적 청중이 라이프 스타일이나 개성과 같은 심리적인 변수로 정의되어 있을 때, 이를 바탕으로 매체를 선택할 수 있는가? 가능하지 않다면 그 이유는 무엇이며 매체 계획의 표적 청중을 어떻게 정의해야 하는지 논의해보자.
5. 계절성이 강한 제품의 예를 들고, 그 제품의 광고는 언제 집행되어야 하는지 논의해보자.
6. 반계절적 매체 집행을 하는 제품의 예를 들어보고, 그러한 전략이 효과가 있는지 토론해보자.

16장

매체 전략: 매체 종류의 선택

매체 계획의 목표가 수립되면 매체 종류를 선택한다. 매체 종류를 결정함으로써 광고가 집행되는 광고 비히클의 범위가 결정된다. 효과적인 매체 종류를 선택하기 위해서는 우선 표적 청중이 광고 매체를 통해 메시지를 받아들이는 데 영향을 미칠 수 있는 여러 가지 질적 요인을 고려해야 한다. 광고 캠페인에 사용할 매체들에 대해 광고 매체로서의 특성과 장단점을 파악해 매체 계획 목표를 최대한 효과적으로 달성할 수 있는지를 검토한다.
16장에서는 먼저 광고 매체 효과에 영향을 주는 일반적인 요소들을 살펴본 다음 각각의 대중 매체가 광고 매체로서 어떤 특성과 장단점을 가지고 있는지 알아보겠다.

1. 매체 효과에 영향을 주는 요소들

(1) 매체 관여도

각각의 매체는 메시지 전달 방식이 다르기 때문에 청중이 메시지를 처리하는 깊이나 속도가 다르다. 이렇듯 매체 수용자들이 메시지 정보를 처리하는 노력의 정도를 매체 관여도라고 한다. 텔레비전이나 라디오 같은 방송 매체들은 시간이 경과하면 정보가 사라지기 때문에 청중이 메지지 정보를 깊이 있게 처리할 수 없다. 반면 신문이나 잡지 같은 인쇄 매체들은 정지 매체이므로 수용자가 원하는 대로 메시지 정보의 처리 깊이나 속도를 통제할 수 있다. 따라서 방송 매체는 저관여 매체인 데 반해 인쇄 매체는 고관여 매체이다.

방송 매체는 저관여 매체이기 때문에 시청각적 특성으로 인해 인지 효과는 높지만 태도나 행동 효과는 상대적으로 떨어진다. 이에 비해 인쇄 매체는 주목 효과가 낮아 인지 효과는 낮지만, 일단 필요에 의해 메시지에 주목한 수용자들은 깊이 있게 메시지를 처리할 가능성이 높으므로 태도나 행동 효과는 상대적으로 높다고 할 수 있다.

(2) 매체 신뢰도

매체 수용자들은 각 매체가 공급하는 메시지에 대해 다른 정도의 신뢰도를 가지고 있다. 예를 들어 신문은 전통적으로 뉴스 매체로 인식되어 있으므로 매체 수용자들은 신문 메시지를 더 신뢰하는 경향이 있으며, 방송 매체는 뉴스 매체보다는 오락 매체로 인식되는 경향이 있다.

(3) 광고 혼잡도

광고 혼잡도란 특정 매체 비히클의 특정 시간대나 지면에 삽입된 광고량의 정도를 의미한다. 인지 심리학에 의하면 사람들이 단기 기억 과정에서 기억할 수 있는 정보의 수는 3개에서 7개 정도에 불과하다. 특정 광고 시간대나 지면에 집행된 광고물의 수가 증가할수록 청중의 주목을 끌기 위한 경쟁은 증가하며 광고 메시지가 소비자들에게 기억될 확률은 감소한다.

우리나라 지상파 텔레비전 방송의 광고 혼잡도에 대한 연구에 의하면 개별 프로그램에 집행되는 광고 수는 평균 10.7개였으며, 토막 광고 수는 평균

3.5개였다(이혜갑, 2003). 따라서 지상파 텔레비전 시청자들은 프로그램과 프로그램 사이에 평균 14개의 광고에 노출된다. 이러한 광고 양은 시청자들이 단기 기억에 저장할 수 있는 최대 정보량을 초과해 부정적인 영향을 미친다(표 16-1 참조).

표 16-1. 지상파 텔레비전 시급별 광고 혼잡도(단위: 개)

시급 구분	프로그램 광고	토막 광고
SA	12.5	3.6
A	15.2	3.5
B	10.0	3.5
C	6.6	3.5
평균	10.7	3.5

이러한 현상은 텔레비전뿐만 아니라 인쇄 매체에도 해당된다. 잡지 매체의 혼잡도에 관한 연구 결과에 의하면 우리나라의 잡지들은 평균적으로 60개의 광고를 게재하고 있는데, 주제군별로 여성 종합지가 가장 많았으며(111개), 그 다음으로 여성 패션지가 많았다(103개). 광고 페이지 비율은 평균적으로 26%에 달했고 여성지들은 37%로 가장 높은 비율을 보였다(표 16-2 참조). 매체 계획자는 집행할 광고 매체의 전체적인 혼잡도는 물론 광고가 집행되는 시간이나 블록, 지면의 광고 혼잡도를 고려해 혼잡도로 인한 역효과를 최소화할 수 있는 전략을 수립해야 한다(이혜갑·최민화, 2006).

표 16-2. 잡지 주제군별 광고 혼잡도

잡지 주제군	광고 개수	광고 페이지 수	광고 페이지 비율	광고 혼잡 지수
시사 교양지	27.2	29.8	16.9	4.4
여성 종합지	111.0	160.8	36.7	42.1
여성 패션지	103.0	154.5	36.8	38.6
전문지	41.7	56.8	21.8	9.4
전체	59.9	84.1	25.7	18.5

2. 광고 매체의 종류 및 특성

(1) 우리나라의 광고 매체 현황

우리나라의 광고 매출액을 매체 종류별로 분석한 결과를 보면, 그림 16-1에서 보는 바와 같이 2013년 현재 방송 매체가 전체 매출의 37.2%(지상파, 케이블/종편 등)를 차지해 가장 큰 광고 매체로 자리 잡고 있다. 그 다음으로 인쇄 매체(신문+방송: 21%), 인터넷(20.9%), 옥외 매체(10.1%)의 순이다. 개별 매체 종류별로 살펴볼 때 지상파 TV가 19.1%로 최대의 광고 매체이며 신문이 16.1%로 두 번째로 큰 광고 매체이다. 그 다음으로 케이블 TV와 종편이 14.4%로 3대 매체로 자리 잡고 있다. 그 외에도 모바일, 라디오, 잡지, 교통 광고 등이 주요 광고 매체로 인정 받고 있다.

(2) 광고 매체별 특성

광고 매체로 사용되는 대중 매체들은 각각 광고 매체로서의 특성을 가지고 있다. 매체 계획자는 광고 캠페인의 커뮤니케이션 효과를 극대화하기 위해 선택하려고 하는 광고 매체의 일반적인 장단점을 파악해 캠페인의 성격에 가장 잘 맞는 매체 종류를 선택해야 한다.

그림 16-1. 매체별 광고 매출액 (2013)

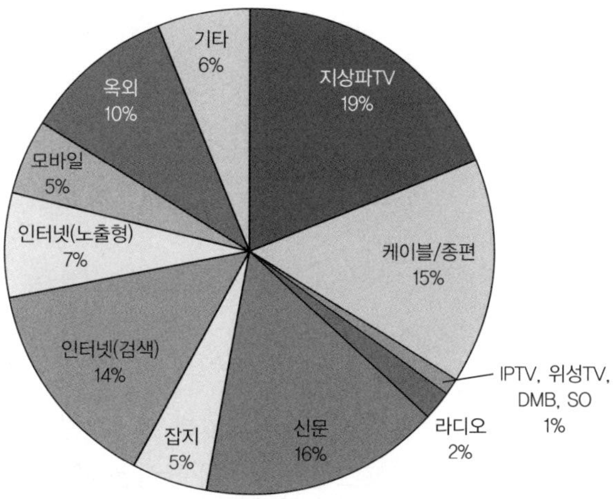

일반적으로 광고 매체는 메시지 전달 능력과 노출 효과 면에서 장단점을 평가할 수 있다. 메시지 전달 능력은 크리에이티브 표현의 적

합성, 제품 및 혜택의 시연 가능성, 정보 함유 능력, 메시지 수명을 기준으로 삼을 수 있다. 노출 효과는 표적 청중 선택성, 표적 청중 구매력, 청중 크기에 의한 노출 효과, 광고 요금의 효율성 등에 의해 평가될 수 있다.

① 텔레비전

a. 장점

• 실연: 텔레비전은 시청각 동영상 매체이기 때문에 제품의 기능이나 성능을 실연demonstration해 소비자들에게 전달하는 데 매우 뛰어나다. 제품을 사용한 결과 소비자들이 얻는 혜택을 시간적으로 표현할 수 있어 사용 전과 사용 후의 차이를 시각적으로 보여줄 수 있다. 또한 텔레비전은 시각적 매체이므로 제품의 물리적 특성을 잘 전달할 수 있을 뿐만 아니라 제품의 이미지나 개성을 구축하는 데 매우 효과적이다. 제품의 이미지와 관련한 영상을 반복적으로 소비자들에게 노출시킴으로써 특정한 제품 개성이나 이미지를 소비자의 마음속에 구축할 수 있다.

• 커버리지 범위와 메시지 전달 속도: 텔레비전의 전파가 도달하는 범위는 전국적이다. 우리나라 3대 지상파 네트워크(KBS, MBC, SBS)의 커버리지 범위는 거의 100%에 달하기 때문에 텔레비전 광고 메시지는 전국에 전달된다. 또한 텔레비전은 메시지의 전달 속도가 매우 빠르다. 일단 텔레비전에 광고가 집행되면 즉각적으로 광범위한 지역의 소비자들에게 메시지가 전달된다.

• 선택적 청중: 비록 텔레비전이 전체 청중의 구성 특성으로 다른 매체에 비해 표적 청중의 선택성이 떨어지는 것은 분명하지만, 광고주는 개별 프로그램의 시청자 특성을 비교해 자신의 제품의 표적 시장에 맞는 프로그

램을 선택할 수 있다. 특히 최근 텔레비전 프로그램의 내용이 점차 전문화됨에 따라 선택적인 청중을 가진 프로그램의 선택이 가능해지고 있다. 기본적으로 텔레비전 프로그램은 그 종류에 따라 수용자의 구성 특성이 다르다. 스포츠 프로그램이나 스포츠 뉴스는 주로 남성 시청자를 보유하고 있는 반면, 오전과 낮 시간대의 프로그램들은 주부들을 표적으로 삼는다. 그 외에도 어린이 프로그램, 청소년 프로그램과 같이 연령대의 특성에 맞춘 프로그램들이 있으며 교양, 문화 프로그램들처럼 시청자의 취미나 관심사에 초점을 맞춘 프로그램도 있다. 뉴스나 일반 드라마는 모든 성별과 연령대를 포함하는 포괄적인 청중을 보유하고 있어 매스마케팅을 전략으로 삼는 제품 광고에 적합하다.

• 효율성: 텔레비전은 다른 매체에 비해 광고 요금이 상대적으로 높다. 그러나 도달하는 청중의 크기를 감안할 때 오히려 텔레비전의 광고 요금은 상대적으로 저렴하다고 할 수 있다. 같은 요금으로 더 많은 사람들에게 메시지를 전달할 수 있으므로 광고 요금의 효율성이 높은 편이다.

b. 단점

• 높은 요금: 텔레비전 광고 요금은 매우 높다. 예를 들어, MBC 8시 뉴스의 15초 광고 요금은 1,320만원에 달하며 시청률이 낮은 오후 5시대의 뉴스 요금도 230만원이다. 따라서 웬만큼 재정적 규모를 갖추지 않은 마케터들은 접근하기가 쉽지 않다.

• 높은 혼잡도: 특정한 시간이나 지면에 집행된 광고의 수, 즉 광고의 경쟁 정도를 나타내는 광고 혼잡도가 높은 편이다. 특히 우리나라의 지상파 텔레비전에서는 중간 광고가 허용되지 않고 있어 모든 광고가 프로그램의 시작 전과 후에 몰려 있다. 이에 따라 광고가 집행되는 블록의 광고의 수가 적

게는 몇 개에서 많게는 수십 개에 이른다. 광고 혼잡도가 높아지면 시청자는 광고를 회피해 채널을 돌리거나 시청 이외의 행동을 하게 되므로 노출 효과가 떨어진다.

• 저관여 매체: 텔레비전은 저관여 매체이다. 텔레비전 광고에 노출되는 시청자는 광고 정보를 능동적으로 처리하지 않을 가능성이 높다. 광고에 노출된 시청자는 광고를 회피하거나 광고 메시지에 주목하지 않아 메시지 정보 처리가 깊지 않으며 짧은 시간에 메시지가 지나가버리므로 시청자가 메시지 정보 처리의 속도를 통제할 수 없다. 그 결과 텔레비전은 다른 매체와 비교했을 때 상대적으로 낮은 단계의 커뮤니케이션 효과인 인지에는 임팩트가 있지만, 설득 효과는 상대적으로 낮다.

• 짧은 메시지 수명: 텔레비전은 시청각적인 임팩트는 크지만 메시지 수명이 매우 짧다. 그리고 전파 매체의 특성상 일단 메시지가 방영된 이후에 다시 볼 수 없으므로 시청자가 메시지를 깊이 있게 정보를 처리할 수 없다. 따라서 높은 단계의 커뮤니케이션 효과를 얻기 위해서는 반복적인 노출이 필수적이다.

② 케이블 텔레비전

a. 장점

• 청중의 세분화: 케이블 텔레비전의 각 채널들은 분야별 전문성을 바탕으로 시청자를 확보하기 위해 노력한다. 따라서 각 채널은 뉴스, 음악, 드라마, 스포츠 등 특정 분야의 전문적인 컨텐츠를 중심으로 방송을 하며, 이에 따라 각각의 채널은 특정 분야에 관심이 높은 청중을 끌어들인다. 따라서 표적 시장이 매우 좁게 정의되어 있는 제품의 경우 케이블 텔레비전에 광고

를 집행함으로써 노출의 낭비를 줄이고 광고 효과를 높일 수 있다.

- 상대적으로 낮은 광고 요금: 케이블 텔레비전의 지상파 텔레비전에 비해 광고 요금이 저렴하다. 따라서 재정 능력이 상대적으로 낮은 중소 규모의 기업이나 지역 자영업자들도 광고에 접근할 수 있다.

- 고빈도 매체: 케이블 텔레비전은 광고 요금이 낮기 때문에 지상파 텔레비전 광고 요금으로 높은 빈도를 구축할 수 있다. 지상파 방송의 1회 광고 요금으로 케이블 텔레비전에 훨씬 많은 횟수의 광고를 집행할 수 있다. 지상파 텔레비전의 보조 매체로서 케이블 텔레비전을 사용해 광고 스케줄의 도달률 효과에 큰 손상을 입지 않으면서 표적 청중에 대한 빈도수를 크게 높일 수 있는 장점이 있다.

- 광고 내용과 포맷의 융통성: 케이블 텔레비전은 광고 요금이 상대적으로 낮기 때문에 다양한 길이의 광고가 가능하다. 또한 지상파 텔레비전에서는 불가능한 중간 광고도 허용된다. 지상파 텔레비전 광고는 시간이 짧기 때문에 제품명과 짧은 메시지만을 전달할 수 있는 데 비해, 케이블 텔레비전에서는 긴 시간의 광고 포맷을 이용해 제품에 대한 구체적인 정보를 제공할 수 있다. 이렇듯 정보가 많이 포함된 광고를 인포머셜informercial이라고 한다.

b. 단점

- 낮은 시청률: 케이블 텔레비전은 채널별로 세분화된 청중을 보유하고 있지만, 많은 채널들이 경쟁하기 때문에 시청률이 매우 낮은 편이다. 따라서 도달률을 높이기 위해서는 다양한 채널에 광고를 집행해야 한다.

③ 라디오

a. 장점

• 수용자 선택성: 라디오는 특정한 표적 청중에게 메시지를 전달하는 데 효과적인 매체이다. 각각의 방송국이나 프로그램이 좁게 정의된 청중을 표적으로 삼기 때문에 광고주는 자신의 표적 청중과 일치하는 프로그램에 광고를 집행함으로써 노출의 낭비를 줄여 효율적으로 메시지를 전달할 수 있다.

• 옥외 청중: 라디오는 청취자들이 차량으로 이동하거나 야외 활동을 할 때 많이 사용하는 매체이다. 따라서 라디오는 집 밖에 있는 소비자에게 광고 메시지를 전달할 수 있다는 장점이 있다. 이를테면 시장으로 이동하고 있는 소비자에게 구매 시점 직전에 광고 메시지를 전달할 수 있는 것이다.

• 낮은 광고 비용: 라디오 광고는 다른 매체에 비해 광고 요금이 상대적으로 저렴해 전국 규모의 광고주는 물론 중소 규모의 광고주들도 접근이 가능한 매체이다. 천 명당 광고 비용으로 볼 때 광고 요금 효율성이 가장 높은 주요 매체 중 하나이다.

• 제작 비용과 기간의 융통성: 라디오의 제작 비용은 다른 매체에 비해 낮은 편이다. 광고 제작을 위해 성우의 목소리만 필요하기 때문에 제작 비용과 기간이 짧다. 따라서 시장 상황의 변화에 맞추어 광고 메시지를 소비자들에게 급히 전달할 필요가 발생할 경우 신속하게 광고를 제작해 집행할 수 있다는 장점이 있다.

• 다른 매체 지원: 라디오는 다른 매체의 광고를 보완적으로 지원할 수 있는 유용한 매체이다. 광고 비용이 저렴하므로 고빈도 매체로 사용할 수

있을뿐더러 텔레비전에 광고 집행을 하면서 동시에 라디오에 같은 내용의 광고를 집행하면 청각적 연상 작용으로 인해 텔레비전 광고와 같은 효과를 볼 수 있다.

b. 단점

• 낮은 주목도: 라디오는 주로 배경 매체로 사용된다. 대부분의 청취자들은 다른 일을 하면서 라디오를 청취하기 때문에 광고 메시지에 주목하지 않는 경향이 있다.

• 청각적 매체: 라디오는 청각 매체이기 때문에 제품의 혜택을 시각적으로 보여줄 수 없다. 또한 광고의 중요한 기능 중의 하나인 제품이나 포장의 형태를 보여줄 수 없다. 따라서 라디오 광고는 제품 이미지를 만들어내기보다는 텔레비전이나 다른 인쇄 매체를 통해 만들어진 이미지를 재활성화하는 임무를 띠며, 주로 보조 매체로 사용되는 경향이 있다.

• 수용자 분할: 라디오는 프로그램별로 내용이 전문화되어 있기 때문에 청중의 인구 통계적 특성과 관심 분야가 매우 세분화되어 있다. 또한 채널 수가 많아 청취자 분할의 정도가 높아 채널별 청취율이 낮다. 따라서 범위가 넓은 다양한 표적 청중에게 메시지를 도달시키는 데 어려움이 있다.

④ 신문

a. 장점

• 넓은 커버리지 범위: 신문의 커버리지 범위는 두 가지 면에서 넓다고 할 수 있다. 우선 지역적인 커버리지 범위가 넓다. 우리나라의 신문 시장은 중앙 일간지들에 의해 주도되고 있다. 이 신문들은 전국적인 독자들을 확보

하고 있다. 중앙 일간지에 광고를 집행하면 전국적으로 메시지를 전달할 수 있다는 장점이 있다.

두 번째로 신문 독자의 구성 면에서 커버리지의 범위가 넓다. 신문 독자는 남녀노소를 모두 포함한다. 따라서 신문에 게재된 광고는 다양한 계층의 사람들에게 노출될 수 있다.

• 융통성: 신문은 광고 포맷에 있어 융통성이 크다. 인쇄 매체의 특성상 지면을 다양하게 활용해 광고를 제작할 수 있다. 전통적으로 사용되고 있는 포맷도 있지만 최근에는 가독성을 높이기 위해 돌출 광고, 제호 광고, 섹션 광고 등도 등장하고 있다.

한편 신문은 매일 발행되므로 급격한 시장 상황 변화에 대처해 광고를 집행할 수 있다. 인쇄 광고의 특성상 제작 시간이 방송 매체에 비해 훨씬 짧아 시장 상황 변화에 민첩하게 대응할 수 있다.

• 기사 연계 가능성: 신문은 다양한 계층의 독자를 보유하고 있기 때문에 수용자 선택성이 상대적으로 낮다고 평가되고 있다. 그러나 기사 게재면에 따라 독자 구성이 다르므로 수용자 선택성을 높일 수 있다. 최근에는 신문들이 섹션화되고 있어 제품과 관련 있는 섹션에 광고를 집행함으로써 효과를 높일 수 있다. 특정 섹션을 읽는 독자들은 그 면의 내용에 대해 이미 관여도가 높은 상태이기 때문에 관련 제품의 광고가 주목을 끌고 높은 커뮤니케이션 반응을 이끌어낼 수 있다.

• 많은 정보 수용: 신문은 인쇄 매체의 특성상 많은 정보를 담을 수 있다. 제품의 기능이나 특성 등에 대한 자세한 정보를 담은 긴 카피의 광고를 집행할 수 있다는 장점이 있다.

• 고관여 매체: 신문의 독자는 광고 메시지 정보 처리에 대한 통제력을 가지고 있다. 독자는 정보 처리 여부를 결정하며, 정보 처리의 속도와 깊이도 조절할 수 있다. 따라서 독자가 일단 광고 정보 처리를 결정하면 정보 처리를 깊게 할 수 있어 상대적으로 높은 광고 효과를 보일 수 있다.

b. 단점

• 수용자 선택성 취약: 신문은 다양한 계층을 독자로 보유하고 있기 때문에 수용자 선택성이 상대적으로 낮다. 따라서 특정한 집단을 표적으로 광고를 집행하고자 할 때 수용자 노출의 낭비가 커 효율성이 떨어진다.

• 혼잡도: 신문 전체 지면 중 많은 부분이 광고로 채워져 있으며 각 면에 게재되는 광고의 수도 많아 광고 혼잡도가 높은 편이다. 따라서 높은 광고 혼잡도를 뚫고 독자의 시선을 잡기란 쉽지 않다. 신문 광고는 특히 인쇄 매체의 특성상 1차원적인 공간에서 기사와 경쟁하기 때문에 독자의 관심을 끌어 시선을 멈추게 하기가 더욱 힘들다.

• 낮은 컬러 재생 능력: 신문에 사용되는 종이의 질이 잡지에 비해 떨어지기 때문에 광고 비주얼의 색을 재생하는 능력color reproduction이 상대적으로 낮다. 따라서 색깔 표현이 매우 중요한 제품이나 광고 비주얼의 경우 신문 광고 집행을 위해 별도의 주의가 필요하다.

• 짧은 메시지 수명: 신문은 인쇄 매체지만 잡지에 비해 상대적으로 메시지 수명이 짧다. 신문 광고의 수명은 독자가 신문을 읽는 짧은 시간이다. 일반적으로 신문 독자는 반복 독서를 하지 않기 때문에, 반복 노출의 기회가 적다.

• 높은 요금: 게재면과 광고 형태에 따라 다르지만 일정한 규모가 요구

되는 제품 광고의 요금은 높은 편이다. 특히 열독률이 높은 중앙 일간지의 경우 요금이 높아 중소 규모 업자들이 접근하기에 쉽지 않다.

⑤ 잡지

a. 장점

• 수용자 선택성: 잡지의 최대 장점은 수용자 선택성이다. 신문과 다르게 잡지는 특정한 계층의 독자를 표적으로 삼기 때문에 내용의 전문성을 추구한다. 독자의 성별, 연령대는 물론 취미나 전문 분야에 따라 다양한 잡지들이 발행되므로 광고주는 표적 시장에 부합하는 청중을 독자로 보유한 잡지에 광고를 집행함으로써 광고 노출의 낭비를 줄일 수 있다. 특정 잡지의 독자는 그 잡지가 다루는 내용에 대한 관여도가 높아 잘 활용할 경우 높은 광고 효과를 이끌어낼 수 있다.

• 독자의 구매력: 잡지의 독자들은 특정한 관심 분야에 대한 정보를 얻기 위해 기꺼이 금액을 지불하고 잡지를 구매할 수 있는 사람들이다. 이들은 상대적으로 구매력이 높아 광고주들에게 매력적인 소비자들이다. 따라서 잡지는 쇼핑재, 내구재와 같은 고가 제품의 광고에 적합하다.

• 색 재생 능력: 잡지는 컬러 재생 능력이 높다. 따라서 광고 표현에 있어 색깔이 중요한 경우 잡지는 매우 효과적인 매체이다. 예를 들어 승용차나 고급 패션 제품, 화장품, 식품 광고의 경우 잡지 광고가 제품의 특성을 잘 표현해줄 수 있다.

• 긴 메시지 수명과 높은 회독률: 잡지의 발행 기간은 최소한 한 주 혹은 한 달 이상이므로 수명이 길다. 특히 잡지는 기간 이후에도 새로운 독자가

유입될 수 있으며 회독률이 높아 발행 부수 이상의 노출 효과를 볼 수 있다.

b. 단점

• 낮은 도달률: 잡지는 독자의 특성이 매우 제한적이다. 독자의 규모가 다른 매체에 비해 작은 편이기 때문에 방송 매체나 신문에 비해 도달률이 낮다.

• 도달률 누적 시간: 잡지는 발행 기간이 길어서 새로운 독자의 유입 기간이 길고 도달률이 누적되는 기간도 상대적으로 길다. 예를 들어 텔레비전이나 신문의 경우에는 메시지 전달이 짧은 시간에 완성된다. 이에 비해 잡지는 열독률이 낮고 도달률의 누적 기간이 상대적으로 길어 메시지 전달 속도가 느리다.

• 융통성: 잡지 발행 기간은 최소 일 주일 이상이다. 따라서 급격한 시장 상황 변화로 인해 신속한 광고 집행이 필요하더라도 원하는 때에 광고를 집행할 수 없다.

• 혼잡도: 잡지는 전통적으로 높은 광고 혼잡도를 가지고 있다. 더욱이 우리나라 잡지는 광고가 특정 페이지 블록에 몰려 있어 광고 혼잡도가 매우 높은 편이다. 따라서 독자들이 의도적으로 광고 지면을 회피할 가능성이 높으며, 광고에 노출된다고 할지라도 경쟁 광고의 간섭으로 광고 효과가 떨어질 수 있다.

⑥ 옥외 광고

a. 장점

• 높은 노출 빈도: 옥외 광고는 특정한 지역에 집행되므로 광고가 집행

된 지역에 거주하거나 그 지역을 통행하는 사람들에게는 노출 빈도가 매우 높은 매체이다. 광고 메시지가 수시로 노출되므로 메시지 리마인더의 역할을 하며 광고가 집행된 지역에 거주하거나 근무하는 사람들 대부분에게 노출되므로 지역적 도달률이 매우 높다.

• 지역적 융통성: 옥외 광고는 특정 지역에 거주하거나 통행하는 청중을 표적으로 제작되어, 그들에게 노출될 수 있는 장소에 집행된다. 예를 들어 공항의 수하물 카트에 부착하는 광고물은 항공기 여행자나 사업가들을 표적으로 한 옥외 광고물이다. 젊은 층을 겨냥한 옥외 광고는 그들이 모이는 특정 지역에 집행될 수 있다. 병원, 자동차 대리점, 전자 양판점과 같은 지역 소매점이나 자영업자들이 효율적으로 표적 시장인 지역 주민에게 메시지를 전달할 수 있다.

• 브랜드명 인지: 옥외 광고는 통행인들을 표적 청중으로 삼기 때문에 긴 카피보다는 제품명과 짧은 슬로건, 그리고 단순한 비주얼로 구성되는 것이 효과적이다. 따라서 옥외 광고는 제품에 대한 정보를 제공하기보다 브랜드명을 인지시키는 데 효과적이다.

• 특수 효과: 옥외 광고는 크기나 색, 전광과 같은 다양한 특수 효과를 사용해 통행자의 주목률을 높일 수 있다.

b. 단점

• 수용자 선택성 취약: 전략적으로 특정 지역의 주민을 표적으로 하지 않는 경우, 옥외 광고에 노출되는 청중의 특성은 가늠하기 힘들다. 따라서 제품이 표적으로 삼는 세밀하게 정의된 청중에게 효율적으로 메시지를 전달할 수 없다.

• 짧은 노출 시간: 옥외 광고는 단 몇 초 동안만 노출되므로 매우 압축적이고 짧은 카피를 사용해야 한다. 따라서 긴 설명이 필요한 제품의 경우 옥외 광고는 적절한 매체가 아니다. 특히 큰 도로나 고속도로 주변에 설치된 옥외 광고는 운전자에게 노출되는 시간이 매우 짧기 때문에 그들의 눈길을 끌 수 있을 정도로 흥미롭지 않으면 효과가 없다.

⑦ 직접 우편

a. 장점

• 수용자 선택성: 직접 우편Direct Mail은 모든 전통 매체 중에서 수용자 선택성이 가장 높은 매체이다. 광고주는 표적 시장의 인구 통계적 특성에 맞는 고객에게 선택적으로 우편물을 발송할 수 있다. 표적 청중의 연령대, 직업군, 거주 지역, 소득 수준과 같은 특성에 맞는 잠재 고객의 목록을 구매해 효율적으로 메시지를 전달할 수 있다.

• 개인적인 메시지: 소비자의 필요와 욕구가 분화함에 따라 개별 소비자에 대한 정보를 바탕으로 매우 정밀하게 마케팅 전략을 수행하는 데이터베이스 마케팅이 사용되고 있는 추세이다. 고성능 컴퓨터의 등장은 소비자에 대한 방대한 데이터를 다룰 수 있는 데이터베이스 마케팅을 가능하게 하고 있다. 데이터베이스 마케팅은 자체적으로 축적하거나 직접 우편 전문 회사로부터 구매한 고객 데이터를 이용해 개별 고객의 특정한 필요에 맞추어 제품 메시지를 고안하고 전달할 수 있다. 광고주가 고안한 정보 제공 통로(마케팅 설문, 고객 정보 등록 등)를 통해 고객이 제공한 개인 정보를 바탕으로 광고주는 그들의 구매 패턴을 분석해 전략적으로 고안된 우편 광고물을 보낼 수 있다.

• 낮은 혼잡도: 일단 광고물 수취인이 직접 우편 광고물을 개봉하게 되면, 다른 매체에서 경험하는 광고 혼잡도는 낮다. 따라서 광고 메시지는 배타적으로 수취인의 눈길을 잡을 수 있는 기회를 가진다.

• 포맷의 융통성: 직접 우편은 포맷이나 스타일, 크기 등에 거의 제한이 없다. 직접 우편물의 형태는 단순한 엽서나 편지에서부터 대형 포스터나 소책자, 소포물에 이르기까지 다양하다. 광고주는 다양한 포맷을 이용해 제품에 대한 상세한 정보를 소비자에게 전달할 수 있다. 또한 다른 매체에 비해 제작 기간과 집행 기간이 상대적으로 짧기 때문에 신속한 메시지 전달이 필요한 경우 유용한 매체이다.

b. 단점

• 비용 효율성: 직접 우편 광고는 표적 청중에게 개별적으로 우편을 발송하므로 1인당 광고 비용이 다른 매체에 비해 높은 편이다.

• 메일링 리스트 필요: 직접 우편 광고를 하기 위해서는 표적 소비자들의 주소록이 필요하다. 데이터베이스 마케팅을 적용하는 기업은 자체적으로 수집한 고객들의 프로파일 데이터를 사용할 수 있지만, 그렇지 않은 기업들은 직접 우편 광고 전문회사로부터 주소록을 구입해야 한다. 고객 목록의 수집과 판매가 불법적으로 이루어지는 경우 법률적 문제가 발생할 가능성이 높다.

⑧ 인터넷

a. 장점

• 광범위한 도달 범위: 인터넷은 지역적으로 매우 광범위한 지역의 수용

자에게 광고 메시지를 도달시킬 수 있다는 장점이 있다. 특히 인터넷은 지역적인 한계를 넘어서기 때문에 국경을 초월해 광고 메시지를 전달할 수 있어 국제적인 마케팅 활동을 하는 기업에게 매우 유용한 매체이다.

• 항시 접근성: 전통적인 매체들은 광고 집행 시기가 정해져 있다. 방송 광고는 특정한 시간에 광고가 집행되어 그 시간이 아니면 광고를 노출시킬 수 있는 기회가 없다. 인쇄 매체도 매체가 발행되는 기간이 지나면 광고 노출의 기회가 매우 적다. 그러나 인터넷 광고는 한 번 집행되면 철회될 때까지 인터넷 사용자들이 항시 광고 메시지에 접근할 수 있다.

• 수용자 선택성: 인터넷 사용자들은 자신의 관심과 흥미에 따라 능동적으로 메시지를 찾아 항해한다. 이때문에 특정 사이트의 사용자들은 유사한 관심을 가진 사람들로 구성되어 있다. 따라서 특정 인터넷 사이트를 방문하는 사람들은 자발적으로 세분화된self-segmented 청중으로 볼 수 있다.

인터넷 광고는 광고 청중에게 하부 정보의 입구 역할을 수행한다. 특정 제품이나 서비스에 관심을 갖는 광고 청중은 인터넷 광고를 통해 제품 사이트로 들어갈 수 있을뿐더러 원하는 정보가 포함된 페이지로 각자의 필요에 따라 이동할 수 있다. 각각의 하부 페이지에 도착한 사용자들은 비슷한 욕구를 가진 매우 세분화된 청중이다. 따라서 인터넷 광고는 다른 매체에 비해 명확하게 초점이 맞추어진 표적 시장에서 소비자의 욕구와 관련성이 높은 메시지를 전달할 수 있다. 이런 의미에서 인터넷은 가장 수용자 선택성이 높은 매체라고 할 수 있다.

• 수용자 관여도: 특정한 인터넷 사이트에 들어온 사람들은 해당 사이트의 내용에 관심이 높으며 따라서 관여도가 높은 사람들이다. 이들은 사이트의 내용을 능동적으로 탐색할 가능성이 높기 때문에 인터넷 사이트에 집행

된 제품 광고를 클릭할 확률이 높다. 인터넷 사이트의 내용과 연관성이 높은 제품의 광고를 집행함으로써 인터넷 사용자를 광고 사이트로 유인할 수 있으며 제품 관여도를 제품 구매로 연결시킬 수 있는 가능성이 크다.

• 상호 작용성: 인터넷의 상호 작용성은 전통적인 매체와 뚜렷하게 구별되는 특성이다. 인터넷에서는 청중은 광고 메시지 내용과 관련해 문의를 할 수 있을뿐더러 직접 상품을 주문할 수 있다.

• 정보 함유 능력: 인터넷의 정보 함유 능력은 타 매체의 추종을 불허한다. 전통적인 매체들은 시간과 공간의 제약으로 제한적인 정보를 전달할 수밖에 없으나 인터넷 광고는 하이퍼링크를 통해 거의 무제한으로 광고 메시지를 실을 수 있다.

b. 단점

• 낮은 클릭률: 배너 광고가 집행되어 있는 사이트를 방문해 배너 광고를 클릭하는 사람들의 비율을 클릭률이라고 하는데, 실제로 배너 광고의 클릭률은 매우 낮다. 배너 광고의 클릭률은 배너 광고의 창의성이나 판촉 상품의 제공 여부 등의 영향을 받는다.

• 낮은 도달률: 유명한 포털 사이트를 제외하고 무수한 익명성의 사이트들의 수용자 규모는 매우 작다. 따라서 인터넷을 통해 넓은 범위의 수용자에게 메시지를 도달시키는 것은 쉽지 않다.

⑨ 기타 매체

a. 교통 광고

교통 광고는 대중 교통수단을 광고 매체로 사용한다. 교통 광고는 도시에서 운행되는 버스나 지하철, 택시의 내외벽에 광고 메시지를 부착해 교통수단에 노출되는 사람들에게 메시지를 노출시킨다. 교통수단 외벽에 부착되는 광고는 움직이는 옥외 광고로서의 역할을 수행한다. 특정한 노선 버스나 지하철은 특정 지역을 통과하므로 해당 지역의 중소 규모 자영업자나 소매점 등의 지역 광고 매체로 활용될 수 있다. 교통 수단 내벽에 부착되는 광고물은 해당 노선을 이용하는 사람들의 특성을 고려해 선택적인 수용자를 가진 매체로 사용될 수 있다.

버스 정류장, 지하철 역, 공항에 부착된 포스터 광고도 교통 광고에 포함된다. 소비자가 거주하는 지역은 사회 경제적 특성을 가지기 때문에 버스 정류장이나 지하철 역은 해당 지역의 교통수단 이용자들의 특성에 맞춰 광고 메시지를 전달할 수 있어 선택적 수용자를 보유한 매체로 사용된다. 특정 지역 방문자의 특성을 고려해 효과적인 광고를 집행할 수도 있다. 예를 들어 신촌역이나 홍대입구역 같은 지하철 역에는 20대 젊은이들을 표적으로 광고를 집행함으로써 세분화된 표적 청중에게 메시지 노출 효과를 높일 수 있다. 교통 광고도 일종의 옥외 광고로서 옥외 광고와 유사한 장단점을 가진다.

b. 극장 광고

극장 광고는 영화관에서 영화가 상영되기 전에 상영되는 광고이다. 극장 광고는 영화 예고편 광고와 제품 광고로 나누어진다. 극장 광고는 영화가 상영되기 전에 광고가 집행된다는 점에서 텔레비전 광고와 유사하지만 광고의 길이나 영상의 질 면에서 텔레비전 광고와 다른 특성을 가지고 있다.

극장 광고는 텔레비전 광고보다 훨씬 길게 제작될 수 있기 때문에 충분한 제품 정보를 담을 수 있다는 장점이 있다. 대형 스크린에서 비춰지는 실제보다 큰 제품 이미지는 영화 관람자에게 강한 임팩트를 줄 수 있다. 또한 극장 광고는 반강제적인 특성이 있다. 관람자들은 물리적으로 스크린에 상영되는 광고 메시지를 피할 수 없기 때문에 주목률이 높을 수밖에 없다.

표 16-3. 광고 매체의 특성 비교

기준	잡지	신문	라디오	텔레비전	케이블	웹
표적 청중 선택성	×		×	×	×	×
구매력	×				×	×
시청각				×	×	×
제품 연계성	×			×	×	×
제품 시연				×	×	×
정보 함유 능력	×	×			×	×
직접 반응 능력	×				×	×
색 재생 능력	×			×	×	×
정보 전달 속도		×	×	×	×	
수명	×					××
지역 타게팅		×	×	×	×	
도달률		×		×		
저비용			×		×	×

요약

- 매체 관여도와 매체 신뢰도는 매체 효과에 영향을 준다.
- 광고 매체로서의 가치를 평가하기 위해 사용되는 기준에는 크리에이티브 표현 적합성, 시연 가능성, 표적 청중 선택성, 표적 청중 구매력, 광고 요금 효율성, 노출 효과, 정보 함유 능력, 메시지 수명 등이 있다.
- 각각의 광고 매체는 광고 매체로서의 장점과 단점을 가지고 있다.
- 각각의 매체는 광고 매체로서 보완적인 기능을 수행하므로 이들을 조합해 광고 매체 효과를 높일 수 있다.

토의문제

1. 최근 집행되고 있는 광고 캠페인의 예를 들어, 어떤 매체를 사용하고 있는지 조사해보자.
2. 위의 예에서 사용하고 있는 각각의 매체들이 어떤 기능을 수행하고 있는지 토론해보자.
3. 인터넷이 기존의 매체들과 광고 매체 특성 면에서 어떻게 다른지 토론해보자.
4. 텔레비전 광고는 일반적으로 광고 요금이 높은 편이다. 같은 매체 예산을 가지고 광고 노출 효과를 더 높일 수 있는 매체 전략에 대해 토론해보자.
5. 텔레비전, 라디오가 어떻게 보완적으로 사용될 수 있는지 토론해보자.
6. 인쇄 매체와 방송 매체 그리고 인터넷 매체는 광고 전략적으로 어떻게 보완적으로 사용될 수 있는지 토론해보자.

17장

매체 믹스 선택

광고 캠페인에 사용할 매체 종류가 선택되면, 광고를 집행할 매체 비히클들을 선택해야 한다. 선정된 매체 비히클들의 조합을 매체 믹스라고 부른다. 매체 계획자는 매체 예산의 범위 내에서 최적의 매체 노출 효과를 만들어낼 수 있는 매체 믹스를 선정해야 한다.

이러한 목적을 달성하기 위해서는 우선 매체 비히클의 수용자 특성과 기사 환경 등을 고려해 매체 믹스에 포함할 후보 매체 비히클들을 선정한다. 후보 매체 비히클을 이용해 매체 예산의 범위 내에서 가용한 후보 매체 믹스들을 만들어내고, 각 후보의 노출 효과를 비교해 매체 계획 목표를 최적으로 달성시킬 수 있는 매체 믹스를 선택한다.

17장에서는 매체 믹스에 포함될 매체 비히클을 선택하는 데 고려해야 할 질적인 요소들을 검토한 다음, 매체 믹스의 노출 효과와 경비 효율성을 예측하는 계량적 평가 지표들에 대해 알아볼 것이다.

광고를 집행할 매체 믹스에 포함될 매체 비히클을 선택하기 위해서는 크게 질적인 요인과 양적인 요인을 모두 고려해야 한다. 질적인 요인은 매체 비히클이 얼마나 광고의 커뮤니케이션 효과를 높일 수 있는지와 관련되며, 양적 요인은 매체 비히클이 얼마나 많은 표적 청중에게 메시지를 전달할 수 있는지와 관련되어 있다.

1. 매체 비히클 선택시 고려할 질적 요인

매체 계획자는 우선 광고 캠페인의 표적 청중에게 효율적으로 메시지를 전달할 수 있는 매체 비히클을 선택해야 한다. 청중 조사 자료를 바탕으로 표적 청중의 프로파일과 매치되는 후보 비히클들을 선정한 후, 각각의 후보 비히클의 광고 환경을 검토해 커뮤니케이션 효과를 높일 수 있는 매체들로 후보 비히클의 범위를 좁힌다. 매체 비히클을 선택할 때 고려할 질적인 사항들은 다음과 같다.

(1) 매체 비히클 내용과 제품의 관련성

집행된 광고를 둘러싸고 있는 매체의 내용이 제품에 대한 정보를 지원하거나 보완할 때 광고 효과는 더 높아질 수 있다. 즉 광고 제품과 관련성이 높은 기사 환경에 광고를 집행함으로써 광고의 효과를 높일 수 있다. 예를 들어, 우리나라의 일간지들은 최근 경제, 스포츠, 재테크, 건강, 여행 등의 다양한 테마별로 지면을 섹션화하고 있다. 이러한 섹션에 관련성이 있는 제품의 광고를 집행하는 경우, 일반 지면에 비해 더 큰 커뮤니케이션 효과를 얻을 것이다. 섹션 지면을 읽는 독자들은 섹션의 주제에 대한 관여도가 높은 청중이기 때문에 그 면에 집행된 관련성 있는 제품 광고에도 관여도가 높을 확률이 크다. 일간지의 주말판 여행 섹션에 집행된 여행사 광고는 여행에 관심이 높은 독자들에게 노출되므로 매우 큰 효과를 얻을 수 있다.

(2) 제품에 대한 기사 논조의 호의성

매체 계획자는 광고를 집행하려고 하는 매체가 광고주 기업이나 광고 제품군 혹은 브랜드에 대해 호의적인 기사 환경을 제공하고 있는지를 고려해야 한다. 광고주나 제품에 대한 비호의적인 기사 환경은 집행된 광고 메시지 효과에 오히려 역효과를 불러올 수 있다. 광고주들은 매체 정책에 따라 자신의 기업이나 기업 환경에 부정적인 논조를 가진 매체에 광고를 집행하지 않는 경우도 있다.

(3) 매체 비히클 분위기

매체 비히클이 담고 있는 프로그램이나 기사 내용이 만들어내는 매체 분위기는 광고 효과에 영향을 미칠 수 있다. 매체 청중은 매체의 분위기media mood에 대한 반응을 통해 매체 비히클에 집행된 광고에 호불호의 감정적 반응을 하게 된다. 예를 들어, 텔레비전 프로그램의 종류에 따라 오락 프로그램은 매우 유쾌하고 즐거운 감정을 전달하며, 뉴스와 같은 프로그램은 상대적으로 부정적인 감정을 유발한다. 집행하려는 광고의 소구 형태에 따라 광고의 맥락이 되는 매체 비히클의 분위기가 커뮤니케이션 효과에 영향을 줄 수 있다. 미국의 코카콜라와 같은 브랜드는 주요 네트워크의 전국 뉴스에 광고를 집행하지 않는데, 대체로 부정적인 뉴스 내용의 분위기가 제품이 추구하는 이미지나 감정과 맞지 않기 때문이다.

2. 매체 노출 효과의 예측

광고 캠페인에 사용할 후보 매체 비히클들이 결정되면 광고 목표 달성에 적합한 노출 효과를 최대화할 수 있는 비히클들을 조합해 선택한다. 이렇게 선택된 매체 비히클들의 조합을 매체 믹스media mix 혹은 매체 스케줄media schedule이라고 부른다. 매체 믹스를 선택하기 위해서는 두 가지 단계의 과정을 거친다. 첫 번째 단계는 매체 예산의 범위 내에서 가능한 복수의 믹스들을 만드는 것이다. 이 단계에서는 개별 후보 비히클의 수용자 크기를 선택 기준으로 삼는다. 두 번째 단계에서는 각 믹스의 노출 효과를 예측, 비교해 매체 목표를 가장 잘 달성하는 매체 믹스를 선택한다. 이 단계에서는 매체 믹스에 포함된 비히클들의 수용자 크기를 바탕으로 산출된 종합적인 노출 효과를 기준으로 삼는다.

(1) 개별 매체 비히클의 수용자 크기 평가

매체 믹스를 결정할 때는 매체 믹스에 포함될 비히클을 선택하기 위해 후보 비히클들의 표적 청중 수용자 크기를 비교한다. 매체 비히클별 수용자 크기는 조사 회사가 제공하는 연합 조사syndicated research 자료에 의존한다. 텔레비전은 시청률, 라디오는 청취율, 인쇄 매체는 열독률이나 발행 부수를 사용해 수용자 크기를 평가한다. 한국 ABC(Korea Audit Bureau of Circulation: 신문 · 잡지 · 웹사이트 등 매체량 공사 기구)에서 제공하는 발행 부수는 실제로 매체에 노출된 사람들의 수를 나타내는 것이 아니므로, 같은 매체군 내의 비히클의 수용자 크기 잠재력을 비교하는 데만 사용해야 한다.

(2) 매체 믹스 노출 효과 평가

후보 비히클들을 바탕으로 매체 예산의 범위 내에서 조합 가능한 매체 믹스가 노출되면 각 믹스의 노출 효과를 예측한다. 그리고 매체 목표를 최적으로 달성하는 매체 믹스를 선택한다. 매체 믹스의 노출 효과를 예측하는 지표들은 다음과 같다.

① GRP

GRP는 Gross Rating Points의 약자로, 매체 스케줄에 대한 총 노출량이다. 표적 청중이 캠페인 기간 동안 광고 매체 스케줄에 노출된 횟수를 모두 합한 개념으로, 표적 청중수에 대한 백분율로 나타낸다. GRP의 수식은 다음과 같다.

$$GRP = \sum_{i=1}^{n} R_i \times I_i$$

$R_i = i$번째 비히클의 단순 노출률
$I_i = i$번째 비히클의 집행 횟수
$n =$ 매체 비히클 수

그러나 실제로 GRP는 광고 스케줄에 포함된 각 비히클의 단순 노출율을 바탕으로 각 비히클의 총 노출량을 모두 합해 산출한다. 구체적으로 GRP 산출 과정을 살펴보면, 표 17-1에서 보는 바와 같이 각 비히클의 단순 노출률(열독률 혹은 시청률)에 집행 횟수를 곱한 결과들을 합산한다.

GRP는 비교적 산출하기 쉽기 때문에 가장 자주 사용되는 개념이다. 주어진 매체 예산의 범위 내에서 가능한 후보 스케줄들의 GRP를 서로 비교해 봄으로써 가장 노출 효과가 클 것으로 기대되는 스케줄을 선택할 수 있다.

그러나 GRP는 단지 총 노출량 크기만을 보여주는 지표로, 얼마나 많은 표적 청중이 얼마나 많이 노출되는지와 같은 구체적인 정보는 제공하지 않는다. 따라서 GRP만으로는 정교한 매체 계획을 수립할 수 없다. 즉 GRP는 매체 스케줄들의 전체적인 노출 효과를 상대적으로 평가할 때만 의미가 있다고 할 수 있다.

표 17-1. GRP 산출의 예

비히클	시청률	집행 횟수	GRP
A	20	8	160
B	15	4	60
C	10	10	100
D	10	8	80
GRP			400

② GI

GI는 Gross Impressions의 약자로, GRP와 마찬가지로 광고 스케줄에 대한 총 노출량을 나타낸다. 그러나 GRP가 총 노출량을 표적 청중 크기에 대한 백분율로 표시하는 데 비해 GI는 실제 노출 횟수로 표시한다.

GI를 산출하기 위해서는 스케줄에 포함된 각각의 매체 비히클에 노출되는 사람들의 수에 집행 횟수를 곱해 개별 비히클의 GI를 산출한 후 모든 비히클의 GI를 합산한다. 개별 매체 비히클의 GI는 개별 비히클의 단순 노출률에 표적 청중 수를 곱해 산출한다. GI의 수식과 산출 과정은 다음과 같다.

$$GI = \sum_{i=1}^{n}(R_i \times \text{표적청중수}) \times I_i$$

R_i = i번째 비히클의 단순 노출률
I_i = i번째 비히클의 집행 횟수
n = 매체 비히클 수

표 17-2. GI의 산출 과정

매체 비히클	시청률	노출 인수	집행 횟수	개별 비히클의 GI
A	20	200만*0.2=40만	8	40만*8=320만
B	15	200만*0.15=30만	4	30만*4=120만
C	10	200만*0.1=20만	10	20만*10=200만
D	10	200만*0.1=20만	8	20만*8=160만
GI				800만명

(표적 청중수: 200만명)

③ 도달률

일정 광고 캠페인 기간 동안, 혹은 통상적으로 4주 동안 캠페인에 사용된 매체 비히클에 최소한 한 번 이상 노출된 표적 청중의 백분율을 도달률 Reach이라고 한다. 도달률은 전체 표적 청중 가운데 광고 비히클에 한 번 이상 노출된 사람들만을 단순히 고려하기 때문에 개별 청중의 노출 횟수와 상관없이 단 한 번만 계산에 넣는다.

도달률을 이해하기 위해 네 개의 텔레비전 프로그램에 광고를 집행한 후 표적 청중 10명을 표집해 각 프로그램의 시청 여부를 조사했다고 가정하자. 아래 표 17-3에서 보는 바와 같이 각각의 표본 시청자는 광고가 집행된 네 개의 프로그램에 다른 패턴으로 노출되었다. 첫 번째 사람은 A와 C 두 프로그램을 시청했으며 두 번째 사람은 A, B, D 세 프로그램을 시청했다. 전체적으로 광고 스케줄에 포함된 네 개의 프로그램을 한 번 이상 시청한 사람들은 8명이다. 즉 전체 10명 중 8명이 광고가 집행된 프로그램을 시청했으므로 메시지가 도달될 가능성이 있었던 사람은 80%이다. 따라서 이 매체 믹스의 도달률은 80이다.

표적 청중이 광고 프로그램에 노출된 횟수는 총 15회이다. 이를 표적 청중 수 10명에 대한 백분율로 나타내면 150이다. 따라서 이 스케줄의 GRP는

표 17-3. 도달률 예 1

표본	프로그램				노출 횟수
	A	B	C	D	
1	×	–	×	–	2
2	×	×	–	×	3
3	–	–	–	–	0
4	–	×	–	–	1
5	–	×	×	–	2
6	–	–	×	×	2
7	–	–	–	–	0
8	×	–	×	×	3
9	–	–	–	×	1
10	×	–	–	–	1
시청률	40	30	40	40	GI=15 GRP=150 도달률=80

(x : 노출)

150이다. 이 예에서 보는 것과 마찬가지로 도달률은 각 사람들의 복수 노출을 고려하지 않는 데 비해 GRP는 각 사람의 노출 횟수를 모두 계산에 포함한다. 따라서 도달률은 최대치가 100인 데 비해 GRP는 크기의 한계가 없다. 또한 동일한 GRP라고 할지라도 노출 빈도에 따라 도달률이 달라진다. 예를 들어, 표 17-3과 17-4에 제시된 스케줄의 GRP는 모두 150이다. 그러나 전자의 도달률은 50으로 후자보다 30% 낮다.

도달률은 실제로는 캠페인 기간 동안 광고 메시지를 볼 기회(opportunity to see: OTS)를 가지는 표적 청중의 비율을 의미한다. 이것은 도달률이 광고 캠페인에 사용된 각 매체 비히클의 노출률(시청률, 열독률, 청취율 등)을 바탕으로 산출되기 때문이다. 시청률이나 열독률은 텔레비전 프로그램을 보거나 특정한 신문을 읽은 수용자의 비율을 의미한다. 그러나 이 사람들이 모

표 17-4. 도달률 예 2

표본	프로그램				노출 횟수
	A	B	C	D	
1	×	–	×	×	3
2	×	×	–	×	3
3	–	–	–	–	0
4	–	×	–	–	0
5	×	×	×	×	4
6	–	–	–	–	0
7	–	–	–	–	0
8	×	–	×	×	3
9	–	×	–	×	2
10	–	–	–	–	0
시청률	40	40	30	40	GI=15 GRP=150 도달률=50

(x : 노출)

두 해당 매체에 집행된 광고에 노출되는 것은 아니다. 따라서 각 매체 비히클의 단순 노출률, 시청률, 열독률, 청취율 등은 단지 광고에 노출될 수 있는 기회를 가진 청중 크기의 최대 잠재치라고 할 수 있다.

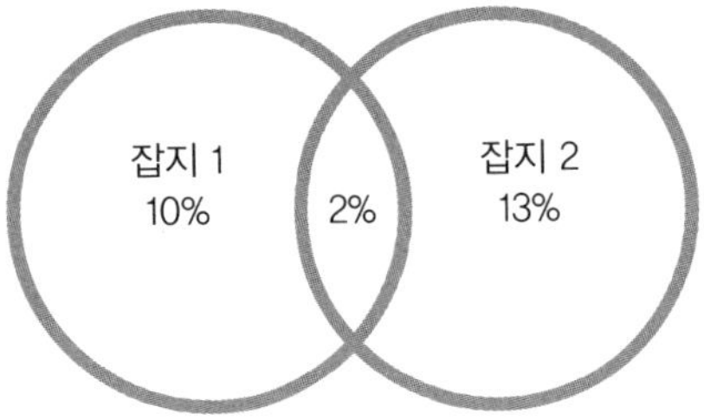

(잡지 열독률 1 : 10, 잡지 열독률 2 : 13, 중복률 : 2)

그림 17-1.
도달률의 산출

매체 믹스의 도달률 개념은 시청률이나 열독률과 같은 개별 매체 비히클의 단순 노출률을 바탕으로 설명될 수 있다. 예를 들어, 그림 17-1에 제시된 바와 같이 열독률이 각각 10%, 13%인 두 개의 잡지에 광고를 집행했다고 가정해보자. 이때 이 매체 스케줄의 도달률은 전체 표적 청중 중에 두 잡지에 한 번이라도 노출된 사람들의 비율이다. 따라서 도달률을 산출하기 위해서는 두 잡지의 열독률을 합한 다음 두 잡지의 중복률을 뺀다. 여기서 중복률이란 두 매체의 모두 노출된 사람들의 비율을 말한다. 따라서 이 스케줄의 도달률은 10+13-2=21이 된다.

④ 빈도

광고 캠페인 기간, 혹은 통상적으로 4주간 동안 광고 스케줄에 노출된 표적 청중의 평균 노출 횟수를 빈도frequency라고 한다. 광고 캠페인 기간 동안 각각의 표적 청중이 광고 비히클에 노출될 횟수는 0번에서 최대 집행 횟수까지 각각 다르다. 빈도는 매체 비히클에 표적 청중이 평균적으로 노출되는 횟수가 어느 정도인지를 전체적으로 가늠하는 개념이다.

앞에서 제시한 예에서 본 바와 같이 각 표본의 노출 횟수는 2회에서 4회까지 각각 다르다(표 17-4 참조). 10명의 표본 중 5명은 한 번도 노출되지 않는 반면, 5명은 2회에서 4회까지 노출되었다. 빈도는 바로 캠페인에 노출된 5명이 광고에 평균 몇 회 노출되었는지를 나타낸다. 따라서 빈도는 광고 캠페인에 노출된 총 횟수를 노출 인수로 나눠서 산출할 수 있다. 바꾸어 말하면 빈도는 총 노출량 GRP를 도달률로 나눈 것이다. 빈도의 산출 공식은 다음과 같다.

$$빈도 = \frac{GRP}{도달률}$$

⑤ 노출 분포

사람들이 광고에 노출되는 횟수는 커뮤니케이션 효과에 영향을 미친다. 일반적으로 노출 횟수가 많을수록 광고 효과는 커질 것이라고 예상할 수 있다. 그렇다면 각각의 노출 횟수만큼 노출되는 청중의 비율은 얼마나 될까? 도달률이나 평균 빈도는 전체적인 노출 효과만을 보여줄 뿐 이러한 질문에 답할 구체적인 매체 노출 패턴을 알려주지 않는다.

노출 분포exposure distribution는 특정한 광고 캠페인에서 가능한 각각의 노출 횟수(0, 1, 2, …… x)만큼 노출된 청중의 비율을 보여주는 빈도 분포표이다. 예를 들면, 표 17-5에서 볼 수 있듯이 표적 청중이 광고 매체에 노출될 수 있는 기회는 0회에서 4회이다. 각각의 기회에 노출된 사람들의 비율을 계산해보면 아래와 같은 노출 분포도를 만들 수 있다. 표에서 확인할 수 있듯이 캠페인에 한 번만 노출된 사람은 없으며, 2회 노출된 사람은 10%, 3회 노출된 사람은 30%, 4회 노출된 사람은 10%이다(표 17-5 참조).

앞에서 설명한 바와 같이 노출 분포는 노출 횟수에 따라 커뮤니케이션의 질이 다를 것이라는 전제로 노출 분포 패턴을 구체적으로 보여주기 때문에 단순한 매체 노출 효과의 차원을 넘어서 커뮤니케이션 효과를 고려한 매체 계획에 유용하게 사용될 수 있다. 매체 계획자가 이 캠페인의 경우 2회 이하의 노출은 최소한의 인지 효과조차 발휘할 수 없다고 판단한다면, 메시지가 도달한 사람들은 50%지만, 커뮤니케이션 효과를 기대할 수 있다고

표 17-5. 노출 분포도의 예

노출 횟수	노출 분포(%)
0	50
1	0
2	10
3	30
4	10
합계	100

판단되는 청중은 40%인 것이다.

⑥ 유효 빈도

광고가 소기의 목적을 달성하기 위해서는 충분한 횟수의 노출이 필요하다. 반복적인 노출은 소비자가 제품명과 제품의 의미를 학습하고 제품을 망각하지 않도록 도와준다. 그러면 어느 정도의 반복 노출이 필요할까? 광고 노출의 횟수에 따라 커뮤니케이션의 질은 다르다. 1회의 노출과 2회, 3회의 노출이 가지는 커뮤니케이션 효과는 다를 것이다.

크루그먼Herbert Krugman이라는 학자는 광고 노출의 질과 관련해 삼타 이론the three-hit theory을 제시했다(Krugman, 1972). 이 이론에 의하면 광고가 소기의 목적을 달성하기 위해서는 세 단계의 노출이 필요하다. 첫 번째 단계의 광고 노출은 '무엇인가what is it?' 라는 호기심curiosity 반응을 이끌어낸다. 두 번째 단계의 노출은 '무슨 내용인가what of it?'라는 메시지의 내용에 대한 인지적recognition 반응을 이끌어낸다. 세 번째는 광고가 소비자 자신의 필요와 관련성이 있는지를 판단하는 결정decision 단계이다. 크루그먼은 커뮤니케이션 효과가 발생하려면 이렇듯 세 단계의 노출 과정을 거쳐야 하며 너무 적은 횟수의 광고 노출은 의미가 없고 과도한 횟수의 노출 또한 그 효과를 떨어뜨린다고 주장한다. 일반적으로는 노출의 횟수가 많아질수록 커뮤니케이션 효과가 정비례해 커질 것으로 기대하지만 어느 정도의 노출 이후에는 더 커지지 않거나, 오히려 줄어든다는 것이다. 이렇듯 광고 메시지의 효과적인 커뮤니케이션 능력이 어떤 수준의 빈도나 시간을 넘어서 정체되거나 떨어지는 현상을 광고 마모 현상advertising wearout이라고 한다. 마모 현상이 발생하는 빈도 수준 이상의 노출은 낭비적이며 광고 효과에 오히려 부정적인 영향을 미칠 수 있다.

그렇다면 광고의 노출 횟수는 어느 정도가 적정한 것일까? 이 문제에 대한 대답을 얻기 위해 네이플즈Michael Naples는 광고 반복 노출 효과에 관한 연구 결과들을 검토한 결과 다음과 같은 결론을 제시하고 있다(Naples, 1978).

- 한 구매 주기 동안 1회의 광고 노출은 효과가 거의 없다.
- 한 구매 주기 내에 2회의 광고 노출이 효과적인 역치 수준이다.
- 한 구매 주기 내에서 3회 노출 이후부터 빈도가 증가할수록 효과는 증가하나, 체감적으로 증가한다.
- 브랜드에 따라 적정한 노출 빈도는 다르다. 특정한 브랜드에서 얻은 경험을 다른 브랜드에 일반화시킬 수 없다. 특정한 브랜드에 적합한 빈도를 찾기 위해서는 각 브랜드를 위한 맞춤 연구가 필요하다.

이상을 결론적으로 요약하면, 광고 커뮤니케이션 효과가 발생하는 인지역을 통과하려면 최소한의 노출이 있어야 한다. 인지역을 통과한 이후에는 광고 효과가 체감적으로 증가하지만 어느 정도의 노출 수준이 지나면 더 이상의 효과가 발생하지 않거나 감소한다.

따라서 너무 적은 노출은 효과가 없으며 너무 많은 노출은 오히려 광고 노출의 낭비를 초래한다. 이러한 노출 빈도의 실무적 함의를 토대로 유효 빈도라는 개념이 개발되었다. 유효 빈도는 커뮤니케이션 효과가 유지될 것으로 추정되는 빈도 구간으로, 구체적으로는 인지역을 통과하는 노출 횟수에서부터 커뮤니케이션 효과가 가장 높아지는 노출 횟수까지의 구간을 가리킨다.

그러나 모든 캠페인에 적용될 수 있는 일률적인 유효 빈도 구간을 정하기는 불가능하다. 다양한 변수들이 최소 및 최대 빈도 수준을 결정하는 데 영향을 미치기 때문이다. 표적 청중의 인구 통계 및 심리적 특성, 광고물의 크리에이티브 특성, 경쟁 광고의 수 등과 같은 변수에 따라 유효 빈도 구간이 다르리라 추론할 수 있다. 예를 들어 광고 메시지가 매우 단순해 쉽게 이해되는 경우에는 낮은 노출 빈도로도 커뮤니케이션 효과가 생길 수 있다. 또한 메시지에 대한 이해가 빠르기 때문에 마모 효과도 빨리 발생할 수 있다.

그림 17-2.
광고 마모 효과 곡선

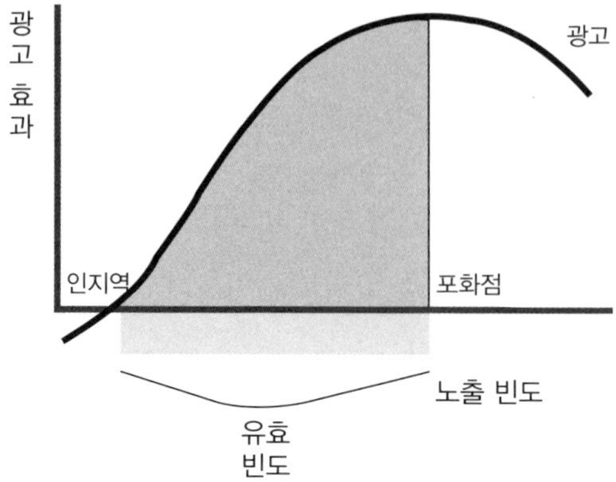

반대로 메시지가 복잡하고 이해에 시간이 걸리는 경우에는 커뮤니케이션 효과가 발생하는 데 더 많은 빈도수가 필요하다. 따라서 유효 빈도 구간은 일률적으로 정해지는 것이 아니라 각각의 광고 캠페인의 특성, 즉 광고 메시지의 내용, 크리에이티브의 수준, 경쟁 브랜드의 광고 집행 강도와 같은 요인을 고려해 결정되어야 한다.

표 17-6. 유효 도달률 예

노출 분포도

노출 횟수	백분률
0	46.9
1	19.5
2	16.8
3	8.3
4	3.1
5	1.7
6	2.0
7	0.2
8	0.2
9	0.5
10	0.3
11	0.6
합계	100.0
도달률	53.1
유효 도달률	16.1

⑦ 유효 도달률

유효 도달률은 커뮤니케이션 효과가 발생할 것이라고 기대되는 표적 청중의 백분율이다. 유효 빈도에서 설명한 바와 같이 노출의 횟수에 따라 경험하는 커뮤니케이션의 질이 다르다는 점을 전제로, 유효 도달률은 표적 청중 가운데 커뮤니케이션 효과가 발생할 것으로 기대되는 사람들의 비율이다. 즉 유효 빈도 구간에 노출된 표적 청중의 비율을 말한다.

예를 들어 표 17-6에 제시된 노출 분포도에서 매체 계획자가 유효 빈도 구간을 3회 이상이라고 정했다고 가정하자. 이때 유효 도달률은 노출 횟수 3회 이상 11회까지 노출된 사람들의 비율의 합인 16.1이다. 이것은 광고에 노출될 수 있는 사람들은 표적 청중의 53.1%이지만, 최소한의 커뮤니케이션 효과가 발생할 수 있는 표적 청중의 비율은 16.1%라는 것을 의미한다.

(3) 매체 경비 효율성 측정

매체 선택은 단순히 매체의 노출 효과에 의해서만 결정되지 않는다. 매체 계획은 책정된 광고 예산의 범위에서 이루어져야 하기 때문에 최적의 노출 효과를 만들어내는 선택으로 예산의 낭비를 줄이는 것도 매우 중요하다. 따라서 매체를 선택할 때 노출 효과와 더불어 매체의 경비 효율성을 고려해야 한다. 매체 비히클의 경비 효율성을 측정하는 개념에는 CPM과 CPRP가 있다.

① CPM

CPM(Cost Per Thousand)은 매체에 노출되는 표적 청중 1,000명당 광고 경비를 나타내는 것으로, 같은 매체 종류에 속하는 비히클들을 비교할 때 사용된다. 매체 비히클들의 요금을 단순히 비교해 경비 효율성을 비교하는 것은 별 의미가 없다. 그 이유는 각 비히클들에 노출되는 청중 크기가 다르기 때문이다. CPM은 광고 요금을 동일한 청중 크기(1,000명)로 표준화한 요금이다. 동일한 청중 크기에 대한 광고 요금을 사용함으로써 서로 다른 매체 비히클들의 광고 요금의 효율성을 직접 비교할 수 있다.

CPM이 높다는 것은 그만큼 다른 매체 비히클에 비해 효율성이 낮다는 것을 의미한다. 그럼에도 불구하고 높은 CPM을 가진 매체가 광고 시장에서 받아들여지고 있다면, 그 매체에 노출 효과 이외의 다른 광고 매체적 장점이 있기 때문이다. 예컨대 표적 청중의 구성 분포나 구매력, 매체의 명성과 호의적인 기사 환경 등과 같은 광고 효과를 높힐 수 있는 요인들이다. 따라서 CPM은 광고 매체의 상대적 가치를 알려주는 지표라고 할 수 있다.

우리나라에서 실시한 CPM 연구에 의하면, 표 17-7에서 보는 바와 같이 4대 매체 중 CPM이 가장 높은 매체는 신문이었으며, 그 다음으로 텔레비전과 잡지의 순이었고 라디오가 가장 낮았다(이혜갑, 1997).

표 17-7. 4대 매체 CPM 비교(단위: 원)

신문(5단 37cm)		잡지(1면)		텔레비전(15초)		라디오(20초)	
구분	CPM	구분	CPM	구분	CPM	구분	CPM
일간지	11,897	시사월간	3,180	SA	2,433	SA	677
경제지	19,138	주간	2,671	A	2,343	A	941
스포츠지	4,332	여성	2,477	B	2,128	B	577
		오락,전문	943	C	2,102	C	299
		학생,교양	425				
전체 평균	12,289		2,077		2,235		710

출처: 이혜갑 (1997).

CPM은 아래의 수식에서 볼 수 있듯 1회 광고 요금을 도달 청중수로 나눈 다음 1,000명을 곱해서 산출한다.

인쇄 매체 CPM 공식

$$CPM = \frac{\text{1회 광고 요금}}{\text{도달 독자수}(= \text{표적 청중수} \times \text{열독률})} \times 1{,}000$$

방송 매체 CPM 공식

$$CPM = \frac{\text{1회 광고 요금}}{\text{도달 시청자수}(= \text{표적 청중수} \times \text{시청률 혹은 청취율})} \times 1{,}000$$

예를 들어, 어떤 신문의 1회 광고 요금이 1,000만원이고 표적 청중의 열독률을 20%라고 가정해보자. 전체 표적 청중의 수가 100만명이라고 할 때 이 신문의 CPM은 다음과 같다.

$$CPM = \frac{1,000\text{만원}}{100\text{만명} \times 0.2} \times 1,000 = 50,000\text{원}$$

따라서 이 신문에 광고를 집행할 때 1,000명의 표적 청중에게 광고 메시지를 전달하는 데 드는 비용은 50,000원이라고 할 수 있다.

② CPRP

CPRP(Cost Per Rating Points)는 CPM과 마찬가지로 매체 비히클의 광고 요금 효율성을 비교하는 개념이지만, CPM과는 다르게 도달인 수에 대비한 요금이 아니라 시청률이나 청취율, 혹은 열독률 1% 달성하는 데 드는 비용이다. CPRP도 CPM과 마찬가지로 동일한 매체군에 속하는 매체 비히클들을 비교하는 데 사용한다. 다른 매체군에 속하는 비히클들은 노출의 질이 달라 노출 효과를 직접적으로 비교하는 것이 무의미하기 때문이다. CPRP의 수식은 아래와 같다.

인쇄 매체 CPRP 공식

$$CPRP = \frac{1\text{회 광고 요금}}{\text{열독률(신문이나 잡지)}} \times 1,000$$

방송 매체 CPRP 공식

$$CPRP = \frac{1\text{회 광고 요금}}{\text{프로그램 시청률 혹은 청취율}} \times 1,000$$

어떤 텔레비전 프로그램의 광고 요금이 1,000만원이고 시청률이 10%라고 할 때, 이 프로그램의 CPRP는 다음과 같다.

$$CPM = \frac{1,000\text{만원}}{10} = 100\text{만원}$$

즉 이 프로그램에 광고를 집행할 때 1%의 시청자에게 광고 메시지를 전달하는 비용은 100만원이다.

요약

- 매체 믹스에 포함될 매체 비히클을 선택할 때는 각 매체 비히클의 기사 환경, 광고 혼잡도와 같은 질적 요인과 수용자 크기와 같은 양적 요인을 고려해야 한다.
- 매체 비히클들의 수용자 크기를 이용해 후보 매체 믹스들의 수용자 크기를 예측 비교하고 매체 목표를 가장 최적으로 달성하는 비히클 믹스를 선택해야 한다.
- 매체 비히클 믹스를 평가하는 양적 기준은 노출 효과와 경비 효율성이다.

토의문제

1. 특정한 브랜드를 위한 광고를 집행한다고 가정하고, 광고를 집행할 매체 종류를 선택하고 각각의 종류를 선택한 이유를 토론해보자.
2. 위에서 선택한 매체 종류에서 후보 매체 비히클들을 선택한 후 각 매체 비히클의 혼잡도를 조사해 광고 효과에 대해 토론해보자.
3. 위에서 선택한 매체 비히클의 기사 환경은 광고 제품에 호의적인지 토론해보자.
4. 비호의적인 기사 환경으로 광고 효과가 감소된 예를 조사해보자.
5. 기사 환경과 제품의 특성이 조화를 이뤄 광고 효과가 높아진 예를 조사해보자.
6. 특정 브랜드의 광고를 집행한다고 가정하고, 일정액의 예산하에 수립할 수 있는 매체 비히클 믹스들을 작성해보자.
7. 매체 수용자 자료를 수집해 위에서 수립된 매체 믹스의 노출 효과와 경비 효율성을 산출해보자.

7부

광고 효과의 평가

18장

광고 조사

광고를 기획하고 집행하는 과정에서 많은 질문과 의사 결정을 통해 선택이 이루어진다. 기획 과정에서 고려해야 할 사항은 표적 집단과 광고 목표, 전달할 메시지와 매체 선택 등 수없이 많다. 이러한 질문에 대한 답을 얻고 광고 의사 결정에 도움을 받기 위해 수행하는 광고 조사는 광고 전략 수립 과정상 필수적이다.
광고 기획과 집행 과정상 이루어지는 조사에는 전략 조사와 효과 조사가 있다. 전략 조사는 광고의 기획 단계에서 의사 결정에 필요한 정보를 수집하기 위한 조사이다. 효과 조사에는 광고를 집행하기 전 광고 컨셉트나 광고물의 효과를 사전에 측정하는 사전 조사와 광고 캠페인이 완료된 후 목표를 달성했는지를 알아보기 위해 수행하는 사후 조사가 있다.
전략 조사에 대해서는 11장의 광고 기획 분석에서 이미 다루었으므로, 18장에서는 광고 효과 조사에 초점을 맞추어 조사의 종류와 방법에 대해 살펴보겠다.

1. 광고 효과 조사

광고 효과 조사는 광고 메시지 효과를 평가하기 위해 수행되는 조사로서 메시지 조사message research, 카피 조사copy research 혹은 카피 테스트copy test 라고도 부른다. 그렇다고 광고 카피의 효과 측정만이 광고 효과 조사에 포함되는 것은 아니다. 광고물 전체에 대한 커뮤니케이션 효과를 비롯해 광고물의 모든 크리에이티브 요소에 대한 효과 측정이 메시지 조사에 포함된다.

광고 효과 조사는 조사 대상에 따라 두 가지 종류로 설명될 수 있다. 첫 번째는 개별 광고물의 커뮤니케이션 효과 조사이다. 이는 집행될 예정인 후보 광고물이나 이미 집행된 개별 광고물의 커뮤니케이션 효과와 관련한 조사이다. 제작된 광고안 중에서 실제로 집행할 광고물을 선택하거나 광고 내용을 수정·보완하기 위해 실시한다. 두 번째는 광고 캠페인의 커뮤니케이션 효과와 관련한 조사이다. 광고 캠페인이 완료된 후에 표적 소비자의 커뮤니케이션 반응을 조사함으로써 광고 캠페인 목표의 달성 여부를 판단하기 위해 실시한다.

광고 효과 조사는 광고 집행 과정상 조사가 실시되는 시점에 따라 사전 조사와 사후 조사로 구분된다(그림 18-1 참조).

(1) 사전 조사

사전 조사는 광고 캠페인에 사용하기 위해 제작된 후보 광고물의 커뮤니케이션 효과를 측정하는 조사이다. 사전 조사는 후보 광고안 중에서 가장 효과가 높을 가능성이 있는 광고물을 가려내거나 광고물의 내용을 수정·보완하기 위해 광고 개발 단계에서 실시된다. 광고가 집행되기 전에 광고물에 대한 소비자들의 반응을 조사해 커뮤니케이션 효과가 떨어지는 광고물을 제거하거나 부정적인 반응을 일으킬 수 있는 내용을 발견해 수정하는 것이다. 이렇게 함으로써 광고 커뮤니케이션 효과를 높일 수 있을 뿐 아니라, 광고 비용의 손실이나 낭비의 위험을 사전에 줄일 수 있다.

광고물을 개발하는 단계에서 광고 효과를 조사하는 방법은 매체에 따라 다르다. 이는 수용자들이 매체에 노출되는 방식이 다르기 때문이다. 텔레비전과 라디오와 같은 방송 매체를 위한 조사에서는 조사 대상자에게 광고를 노출시킨 다음 광고 노출 시에 떠오르는 인지적 반응을 수집하기도 하며, 실험을 통해 광고 노출 전후에 인지도나 태도와 같은 커뮤니케이션 효과와 관련한 동일한 질문에 대한 응답을 수집해 그 변화를 분석하기도 한다.

신문이나 잡지와 같은 인쇄 매체의 광고는 개발 단계에서 후보 광고물을 제작하고 포커스 그룹 인터뷰와 같은 소규모 집단 면담을 통해 가장 효과가 클 가능성이 있는 광고물을 가려내거나, 내용상의 문제점이나 개선점들을 파악한다.

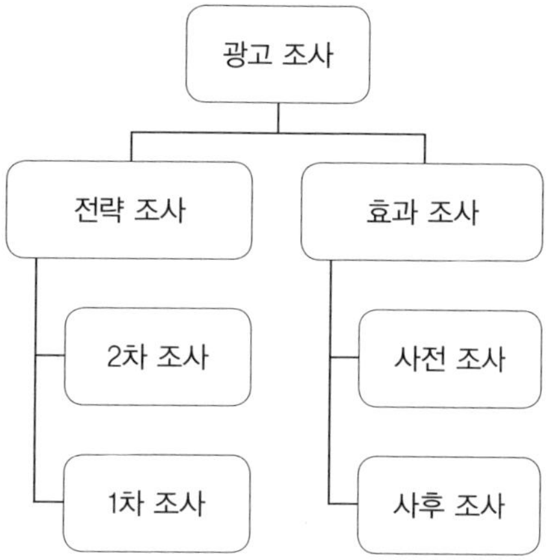

그림 18-1.
광고 과정상 조사의 종류

(2) 사후 조사

사후 조사는 광고 캠페인이 끝난 이후 캠페인의 효과를 측정하기 위해 실시하는 조사이다. 사후 조사에서 발견된 사항들은 미래의 광고 기획에 유용한 지침을 제공한다. 사후 조사에는 광고 캠페인 전체에 대한 효과 조사와 캠페인에 사용된 개별 광고물에 대한 효과 조사가 있다.

광고 캠페인은 표적 소비자가 제품에 대해 가지는 인지도나 태도, 구매의도와 같은 커뮤니케이션 효과를 목표로 삼기 때문에, 사후 조사는 표적 소비자들의 반응을 통계적으로 추론할 수 있는 표본을 통한 설문 조사 방법을 사용한다. 설문 조사를 통해 광고 인지도, 제품 인지도, 제품에 대한 호의도, 제품 구매 의도율 등을 파악하고 캠페인 이전의 수치와 비교하거나 광고 캠페인 목표치와 비교해 캠페인의 성공 여부를 판단한다.

한편 광고 캠페인에 사용된 개별 광고물의 효과를 조사하는 방법은 매체에 따라 다르다. 인쇄 매체의 경우에는 표적 소비자 집단을 표본으로 삼아 광고물 전체는 물론 광고문에 포함된 각각의 제작 요소에 대한 표본의 반응을 조사할 수 있다. 미국의 인쇄 광고 효과 조사 회사인 스타치Starch & Inra사는 개별 광고물에 대한 효과 조사 의뢰를 받아서 약 200명 정도의 표본을 추출해 광고물을 본 적이 있는지, 헤드라인을 읽었는지, 비주얼을 기억하는지, 바디 카피를 어느 정도 읽었는지 등을 조사해 광고물의 인지도를 분석한다.

방송 매체의 경우에는 광고가 집행된 이후에 광고 인지도와 회상도를 조사하는 방법을 채택할 수 있다. 광고가 집행된 직후나 다음날 설문 조사 방식을 이용해 광고 인지도와 회상도를 조사해 광고 효과를 분석한다. 사전 조사와 사후 조사의 내용과 방법은 표 18-1에 제시되어 있다.

표 18-1. 사전 조사와 사후 조사의 내용과 방법

항목	사전 조사	사후 조사
조사 시기	광고 캠페인 집행 전	광고 캠페인 집행 후
조사 목적	효과적인 광고물 선택 광고물 내용 수정	광고 캠페인 효과 측정
조사 내용	제작된 광고물 효과 사전 조사 ● 인쇄광고물 사전 조사 ● 텔레비전 광고 스토리보드 사전 조사 ● 라디오 광고 사전 조사	커뮤니케이션 효과 조사 ● 인지도 • 보조 회상(재인) • 비보조 회상 ● 태도 • 광고 태도 • 제품 태도 ● 구매 의도 판매 효과 조사
조사 방법	포커스 그룹 면접 ● 포트폴리오 테스트 ● 스토리보드 테스트 극장 조사 ● 제작된 영상 광고물에 대한 표적 청중 반응 조사 생리적 각성 측정 ● 갈바노미터 ● 동공 측정계	커뮤니케이션 효과 ● 설문 조사 판매 효과 ● 매출액 변화 ● 주문 및 문의 변화

2. 광고 효과 측정 변수

광고 메시지의 효과를 측정하기 위해 여러 가지 변수들이 사용된다. 광고주나 광고 기획자들은 메시지 효과 조사에서 어떤 변수가 가장 광고 효과를 잘 예측할 수 있는지에 대한 질문을 던져왔다. 미국의 광고연구재단 Advertising Research Foundation은 텔레비전 광고의 판매 효과를 가장 잘 예측할 수 있는 척도를 알아내기 위해 35개의 척도를 비교 분석했으나 단정적인 결론을 이끌어내지 못했다. 이 연구의 결론은 모든 상황에서 광고 효과를 가장 잘 예측할 수 있는 단 하나의 척도는 존재하지 않는다는 것이다. 개별적인 광고 캠페인은 광고 목표, 시장 상황, 광고 메시지의 성격, 경쟁 상황이 모두 다르기 때문에 일률적으로 광고 효과 척도를 적용할 수 없다. 따라서 광고 효과 측정 변수는 각각의 광고 캠페인이나 광고물이 목표로 하는 커뮤니케이션 효과에 따라 결정되어야 할 것이다.

(1) 커뮤니케이션 효과 조사

커뮤니케이션 효과 조사는 광고 캠페인의 성공 여부를 평가하는 조사 방법이다. 광고 캠페인의 성공 여부를 평가하기 위해 캠페인이 완료된 후 조사를 실시한다. 따라서 이 조사의 방법과 내용은 개별 캠페인이 기획 단계에서 설정한 커뮤니케이션 목표에 따라 결정된다. 집행된 광고 캠페인은 의도한 메시지를 전달했는가? 광고 제품명에 대한 인지도는 얼마나 증가했는가? 표적 소비자들에게 전달하려고 했던 제품 혜택에 대한 인지도는 얼마나 증가했는가? 제품에 대한 호의도는 얼마나 증가했는가? 제품을 구매하고자 하는 의도는 얼마나 증가했는가? 등과 같이 제품 인지도, 제품에 대한 태도, 제품 구매 의도에 대한 조사 내용들이 캠페인의 커뮤니케이션 목표에 따라 포함되는 것이다.

① 인지도 조사

소비자들은 광고에 노출된 후 겪는 다양한 인지적 경험은 그들에게 심적 잔상을 남긴다. 광고물의 효과를 측정하는 방법 중 하나는 소비자가 광고에 대해 무엇을 기억하는지를 조사하는 것이다.

광고에 대한 소비자의 기억을 중심으로 한 인지도 조사는 재인recognition 조사와 회상recall 조사로 나뉜다. 재인은 회상에 비해 낮은 단계의 기억으로서 피상적인 수준의 인지 측정 척도로, 소비자가 특정한 광고물을 보거나 들어본 적이 있는지를 측정한다. 반면 회상은 상대적으로 높은 단계의 인지 척도로서 광고물과 제품을 연상해 기억하는지와 관련한 척도이다.

회상 조사는 기억 단서의 제공 여부에 따라 비보조 회상과 보조 회상으로 구분된다. 비보조 회상은 광고물이나 제품명과 같은 기억 단서를 전혀 제시하지 않고 광고의 내용을 기억하게 하는 방법이다. 비보조 회상에서 응답자가 조사 대상 제품이나 광고물에 대해 처음으로 응답하는 비율을 최초 상기도top-of-mind awareness라고 부른다. 보조 회상은 기억 단서로 광고물을 보여주거나 제품명을 알려주고 광고 내용을 회상하도록 하는 방법이다.

다음은 소비자들을 대상으로 인지도 조사를 할 때 사용되는 조사 문항의 예이다.

- 귀하는 캔커피 광고를 본 적이 있습니까? 본 적이 있다면 생각나는 캔커피 광고는 어떤 것들이 있습니까?
- XX (조사 대상 제품명) 캔커피 광고를 본 적이 있습니까?
- (조사 대상 광고물을 보여주면서) 귀하는 이 광고를 본 적이 있습니까?
- (광고물을 감추고) 이 광고는 그 제품에 대해 무슨 말을 했습니까?
  광고에서 무슨 장면이 생각나십니까?
  광고가 전달하려고 한 메시지는 무엇입니까?

위의 예에서 첫 번째 문항은 비보조 회상 문항으로, 응답자에게 제품을 회상할 수 있는 보조 수단을 제시하지 않고 있다. 이 문항에 대한 응답을 분석해 브랜드들의 최초 상기도를 알 수 있다. 두 번째 문항은 보조 회상 조사로, 제품명을 기억 단서로 제시하고 있다. 세 번째 문항은 광고물에 대한 재인 조사이다. 광고물을 보여주고 광고를 본 적이 있는지를 물어본다. 네 번째 문항은 광고와 제품명을 연상해서 회상할 수 있는지를 알아본다.

a. 인쇄 광고 인지도 조사

미국의 스타치 사는 특정 잡지의 한 호에 게재된 광고물에 대한 소비자 반응을 평가해 보고하고 있다. 스타치 조사Starch Readership Reports의 표본은 면접 시작 전에 그 잡지의 일부를 보거나 읽었던 독자 100명에서 200명 정도로 이루어진다. 면접자는 해당 잡지의 각 광고물을 응답자에게 보여주면서 다음과 같이 세 가지 주요 척도에 대해 질문한다.

- 재인noted : 해당 광고물을 본 적이 있다고 기억하는 독자의 비율
- 연상associated : 광고물을 본 적이 있는 것은 물론 광고 브랜드나 광고주를 연상해 기억하는 독자의 비율
- 열독read most : 광고의 카피 부분을 절반 이상 읽은 독자의 비율

이러한 세 가지 척도 중 재인 독자noted reader는 단순히 광고물을 알아차리는 수준의 재인을 측정하는 것이며 연상 독자associated reader는 광고물의 내용에 대한 회상을 측정하는 것이다.

b. 방송 광고 인지도 조사

방송 광고의 인지 효과를 측정하기 위해서는 광고가 집행된 후에 표적 청중이 광고물을 기억하는지를 조사한다. 예를 들어 미국의 버크Burke 조사 회

사는 새로운 광고가 처음 집행된 다음날 표본에 추출된 청중에게 전화 면접을 실시한다. 표본은 광고가 집행된 프로그램을 시청하고 광고 집행 시점에 텔레비전 수상기 앞에 있었던 사람들로 이루어진다. 면접자는 브랜드나 제품에 대한 단서를 제시하면서 조사 대상 광고를 봤는지 물어보고 봤다면 그 광고물에 대해 회상하는 바를 말하도록 요청한다. 이러한 조사를 바탕으로 버크 사는 회상 점수claimed-recall scores와 연상 점수related-recall scores를 보고한다. 회상 점수는 광고를 보았다고 회상하는 응답자의 비율이며 연상 점수는 구체적으로 광고의 내용을 정확하게 설명하는 응답자의 비율을 가리킨다. 이러한 조사 방법은 집행 다음날 실시된다고 해서 데이 애프터 리콜 조사day-after-recall test라고 부른다.

② 태도 변화 조사

태도 변화 조사는 광고물의 설득력을 조사하는 방법이다. 태도 변화 조사는 광고물에 대한 노출 시점을 중심으로 사전 조사와 사후 조사로 이루어진다. 이 조사는 먼저 광고물을 보여주기 전에 조사 대상이 되는 광고 제품을 얼마나 좋아하는지, 광고 제품을 구매할 의도가 있는지 등에 대한 질문에 응답하도록 한다. 그리고 조사 대상 광고물을 소비자들에게 보여준 다음 다시 같은 문항을 질문한다. 광고 노출 이전과 이후에 제품에 대한 태도나 구매 의도가 얼마나 변했는지를 분석해 광고물의 설득 효과를 측정한다. 이 조사가 타당성 있게 이루어지기 위해서는 표본에 추출된 소비자가 광고물에 대한 효과 조사가 진행되고 있다는 것을 알지 못하도록 해야 한다.

③ 매출 효과 조사

제품 판매는 광고의 궁극적 목표지만, 광고의 판매 효과를 측정하기는 매우 어렵다. 소비자의 제품 구매에는 광고 이외에 많은 마케팅 요인들이 영향을 미치기 때문이다. 따라서 제품 구매에 영향을 주는 요인들을 걸러내고 광고의 판매 효과만을 측정하기란 방법론적으로 거의 불가능한 것으로 간주되어 왔다. 그러나 최근 소비자 구매 패턴을 추적하는 방법이 발전됨에 따라 텔레비전 광고가 제품 판매에 주는 영향을 평가하는 것이 가능하게 되었다. 이러한 방법을 뒤에 설명할 싱글 소스 데이터 방법이라고 부른다.

3. 광고 효과 조사 방법

광고 조사는 조사의 목적에 따라 다양한 연구 방법을 사용한다. 개별 조사는 광고주와 광고 대행사가 가지고 있는 질문에 대한 해답을 제공할 수 있는 방법을 사용해야 한다. 소비자의 제품 구매 행동이나 인지도나 태도를 측정하는 데 사용할 수 있는 설문 조사에서부터 광고물의 효과를 사전적으로 측정하기 위해 포커스 그룹 면접, 실험 연구 등이 사용될 수 있으며, 생리 반응 검사가 동원되기도 한다.

(1) 사전 조사 방법

사전 조사 방법은 주로 광고 컨셉트나 제작된 광고안에 대한 표적 청중의 반응을 평가하기 위해 채택된다. 후보 광고물에 대한 청중의 반응을 평가하기 위해 포커스 그룹 면접, 극장 조사, 생리적 각성 측정이 사용된다.

① 포커스 그룹 면접

포커스 그룹 면접focus group interview은 광고 전략 계획 단계나 광고 제작 단계에서 사용하는 조사 방법이다. 이 방법은 광고 표적 청중에 해당하는 소수의 사람들(그룹당 약 8~12명)을 대상으로 조사 주제에 대해 훈련받은 사회자가 심층적으로 토론을 유도하는 형식을 취한다. 광고 전략 계획 단계에서는 광고 컨셉트에 대한 표적 소비자의 반응을 조사할 때 사용하며, 광고 제작 단계에서는 후보 인쇄 광고물이나 텔레비전 광고 혹은 스토리보드를 사전에 평가하기 위해 사용한다.

포커스 그룹 면접법은 대규모 조사에 비해 비용이 적게 들고 조사를 집행하고 결과를 도출하는 시간이 짧다는 장점이 있다. 그러나 면접 참여자의 수가 적고 무작위로 표본이 추출되지 않기 때문에 이들의 의견이 전체 표적 청중의 의견을 대표할 수 없다는 위험이 따른다. 또한 면접 사회자의 역량에 따라, 혹은 피면접자 중 소수가 의견을 주도해 토론의 결과가 달라질 수도 있다. 그럼에도 불구하고 조사의 용이성이나 시간 절약과 같은 장점 때문에 광고 사전 조사에서 많이 사용되고 있다.

② 극장 조사

텔레비전 광고와 같은 영상 광고물에 대한 표적 청중의 반응을 광고 집행 전에 미리 평가해 광고안을 선택하거나 광고 내용을 수정할 때 사용하는 방법이다. 표적 청중에 해당하는 응답자들을 극장과 같이 영상물을 보여줄 수 있는 한 장소에 모이게 한 후 후보 광고물을 보여주고 광고 노출 전과 후의 소비자 반응을 조사한다. 응답자들은 공통의 광고 컨셉트를 바탕으로 다양하게 편집된 방송 광고물들을 평가하게 된다.

③ 생리적 각성 측정

광고 연구자들은 광고물에 대한 소비자의 감정적 반응을 측정하기 위해 다양한 기기들을 사용해왔다. 이러한 측정 기기에는 갈바노미터(검류계), 동공 측정계 등이 있다. 자율 신경계는 신경, 신경절, 심장, 평활근, 분비선으로 구성되어 있는데 사람들이 통제하지 못한다는 점을 이용해 피험자들이 광고에 노출될 때 발생하는 자율 신경계의 변화로 발생하는 생리적 변화를 측정해 광고물에 의한 각성의 정도를 분석하는 것이다.

a. 피부 반응 측정

갈바노미터galvanometer는 피부 반응을 측정하는 계측 기계이다. 소비자가 광고물의 특정 요인에 자극을 받으면 자율 신경계가 활성화되며 손바닥과 손가락에 있는 땀 분비선에 생리적 반응이 온다. 이때 갈바노비터라는 기계를 사용해 손가락의 땀 분비량을 측정함으로써 광고물에 대한 감정적 반응의 정도와 빈도를 측정할 수 있다.

b. 동공 측정계

동공 측정계pupillometer는 소비자들이 텔레비전 광고나 인쇄 광고물을 볼 때 확장되는 동공의 크기를 측정하는 기구이다. 광고물에 대한 각성의 정도에 따라 달라지는 동공의 크기를 통해 광고물에 대한 응답자의 반응을 측정할 수 있다. 조사 대상자의 머리를 동공 측정계에 고정시키고 광고물을 노출시킨 다음 지속적인 동공 반응의 변화를 측정한다. 동공이 확장되거나 수축되는 정도는 광고에 대한 흥미나 주목의 정도를 의미한다.

(2) 사후 조사 방법

사후 조사 방법은 특정한 광고물이 집행된 이후 광고 효과를 측정하거나 완료된 광고 캠페인의 효과를 측정하기 위해 사용한다. 사후 조사 방법에는 목적에 따라 설문 조사, 매출 조사, 싱글 소스 데이터 등이 있다.

① 설문 조사

설문 조사는 표적 청중에 해당하는 응답자들을 무작위로 표본 추출해 체계적으로 설계된 설문지를 사용해 반응을 조사하는 방법이다. 설문 조사는 주로 이미 집행된 광고 캠페인의 커뮤니케이션 효과를 조사하기 위해 사용된다. 설문 조사를 통한 사후 조사에는 집행된 광고물에 대한 조사와 광고 제품에 대한 조사 내용이 포함된다. 광고물에 대한 조사 내용에는 광고 재인, 비보조 광고 회상도, 보조 광고 회상도, 광고에 대한 태도 등의 항목이 있다. 광고 제품에 대한 조사에는 비보조 제품 회상도, 보조 제품 회상도, 광고 제품에 대한 태도, 구매 의도, 제품 이미지, 제품 연상 내용 등이 있다.

② 싱글 소스 데이터

싱글 소스 데이터는 텔레비전 광고의 구매 효과 조사 방법으로 한 사람의 소비자로부터 광고 노출 데이터와 제품 구매 데이터를 모두 수집해 광고 노출이 제품 구매에 미치는 영향을 조사한다. 이 방법은 텔레비전 미터 기술과 통일 상품 코드universal product code 스캔 기술로 수집한 소비자의 제품 구매 데이터와 텔레비전 시청 데이터를 통합한다. 텔레비전 시청률 조사에 참여하고 있는 패널 가구의 텔레비전 수상기에 부착된 미터기를 통해 패널 가구가 시청한 광고 목록을 수집한다. 그리고 이들이 스캐너가 갖추어진 매장에서 구입하는 제품 목록을 수집한다. 이렇게 패널 가구에서 수집된 두 가지 데이터를 통합해 교차 분석함으로써 패널 가구가 특정한 제품의 텔레비전 광고를 시청한 이후에 조사 대상 제품을 구매했는지를 분석할 수 있다.

③ 매출 변화 분석

광고 캠페인의 목적이 표적 소비자의 구매를 유발하는 것이라면 매출량의 변화 분석은 캠페인의 효과를 측정하는 좋은 방법이다. 광고 캠페인 전과 후의 매출과 관련한 지표의 변화를 비교 분석한다. 매출과 관련한 지표에는 매출액, 매출량, 시장 점유율 등이 있다. 또한 광고 캠페인 전후의 제품 문의의 횟수를 비교함으로써 캠페인의 구매 의도 유발 효과를 분석할 수 있다. 그러나 제품 매출에는 광고 이외에도 여러 가지 요인들이 영향을 주기 때문에 매출 변화를 광고 캠페인의 효과 분석 변수로 사용하는 데는 주의가 필요하다. 대부분의 광고 캠페인은 커뮤니케이션 효과를 목표로 삼는다. 광고 캠페인의 목표가 소비자의 구매 행동을 유발하는 것이 아닌 예외적인 경우에 매출이나 제품 문의 횟수가 조사 분석의 대상이 될 수 있다.

요약

- 광고 효과 조사는 조사 시기에 따라 사전 조사와 사후 조사로 나뉜다.
- 사전 조사는 효과적인 광고물을 선택하고 후보 광고물의 내용을 수정하기 위해 실시한다.
- 사후 조사는 광고 캠페인의 효과를 평가하기 위해 실시한다.
- 광고 효과 조사 변수에는 인지도, 태도 변화, 매출 효과 등이 있다.
- 광고 효과 사전 조사 방법에는 포커스 그룹 면접, 극장 조사, 생리적 각성 측정 등이 있다.
- 광고 효과 사후 조사 방법에는 설문 조사, 싱글 소스 데이터, 매출 지표 조사 등이 있다.

토의문제

1. 광고 조사의 종류에는 어떤 것들이 있는지 토론해보자.
2. 사전 카피 조사를 수행하는 목적이 무엇인지 토론해보자.
3. 사후 조사에 포함될 수 있는 내용에 대해 논의해보자.
4. 최근에 집행된 광고 캠페인을 선택해 광고 효과 조사를 위한 설문 조사 내용을 작성해보자.
5. 특정한 인쇄 광고물을 선택하고 포커스 그룹 면접법을 이용해 광고물에 대한 표적 소비자 반응을 조사해보자.

참고문헌

국내 문헌

김광수 · 김아중(2008). 『감정커뮤니케이션』. 한나래 출판사.

김무곤(2003). 「공격적 정치광고가 후보자 이미지에 미치는 영향: 목표 후보와 광고주 후보에 대한 수용자의 평가를 중심으로」. 『광고연구』. 58호. pp. 85-108.

김영석(2005). 『커뮤니케이션』. 나남출판.

김희진 · 이혜갑 · 조정식(2007). 『광고 매체기획론』. 학현사.

세버린, 탠카드(1988). 『매스커뮤니케이션 개론』. 김홍규 외 옮김. 나남출판.

송환웅 · 여준상(2009). 「유명인 광고모델 중복출연이 소비자태도에 미치는 영향: 적합성의 조절효과」. 『광고학연구』. 20권. 6호. pp. 205-221.

신인섭(1986). 『한국광고사』. 나남.

양윤(2008). 『소비자 심리학』. 학지사.

이혜갑.(1991). 「우리나라 어린이 텔레비전 광고의 문제」. 『방송연구』. 33. 267-290.

_____(1997). 「4대 매체 광고요금 효율성비교 연구」. 『광고학연구』. 제 8권 1호. 171-194.

이혜갑 외(1997). 『멀티미디어 광고의 이해와 활용』. 한국광고단체연합회.

이혜갑(2001). 『케이블 텔레비전의 광고 매체 가치 평가 연구』. 한국케이블TV 방송협회.

_____(2001). 「텔레비전 광고의 음악 사용 실태에 대한 내용분석 연구」. 『광고학연구』. 제 12권 2호.

61-85.

_____(2003). 「광고집행 특성에 따른 텔레비전 광고 경쟁 혼잡도의 차이에 관한 연구」. 『광고학연구』. 제14권 4호. 197-216.

이혜갑 · 류경민(2008). 「텔레비전 프로그램 사이 광고시청률의 순서 효과에 관한 연구」. 『사회과학논총』. 제 19호. 31-65.

이혜갑 · 최민화(2006). 「매체의 혼잡도에 관한 연구」. 『광고연구』. 71호. 113-129.

하봉준 · 한희정(2011). 『공익광고 종합 발전방안 연구』. 한국방송광고공사.

한국광고업협회(2001). 『광고시장 개방 백서』. 사단법인 한국광고업협회.

한국광고학회(1995). 『한국의 광고』. 한국광고학회.

한국마케팅학회(2002). 「한국마케팅학회의 마케팅 정의」. 『마케팅연구』. 제17권 제2호. 5-6.

외국 문헌

Aaker, David A. and Myers, John G. (1987). *Advertising Management*. 3rd edition. Prentice Hall.

Abhishek, K. Gurnani and Ashish, R. Talati. "The World's Most Trusted Article on Puffery: Non-Actionable Puffery or Misleading?" American Bar Association (http://www.americanbar.org/content/dam/aba/administrative/litigation/materials/2012_food_supplements_2nd_annual_cle_wrkshp/2012_aba_panel3_the_worlds_most_trusted.authcheckdam.pdf)

Al, Ries and Trout, Jack (1981). *Positioning: The Battle for Your Mind*. McGraw-Hill.

Albion, Mark S. (1983). *Advertising's Hidden Effects: Manufacturers' Advertising and Retail Pricing*. Auburn House.

Assael, Henry (1992). *Consumer Behavior & Marketing Action*. 4th edition. PWS-KENT.

Baker, Michael. J. and Churchill Jr., Gilber A. (1977). "The Impact of Physically Attractive Models on Advertising Evaluations." *Journal of Marketing Research*. Vol. 14. November. pp. 538-555.

Barnouw, Erik (1977). *The Sponsor: Notes on a Modern Potentates*. Oxford University Press.

Barry, Thomas E. and Howard, Daniel J. (1990). A Review and Critique of the Hierarchy of Effects in Advertising. *International Journal of Advertising*. Vol. 9. No. 2. pp. 121-135.

Bartra, Rajeev, Myers, John G. and David A. Aaker (1996). *Advertising Management*. 4th edition. Prentice Hall.

Bovee, Courtland L. and Arens, William F. (1992). *Contemporary Advertising*. 4th edition. Irwin.

Bruner II, Gordon C. (1990). "Music, Mood, and Marketing." *Journal of Marketing*. Vol 54. No. 4. pp. 94-104.

Colley, Russel (1961). *Defining Advertising Goals For Measured Advertising Results*. Association of National Advertisers.

Davis, Joel J. (1997). *Advertising Research: Theory and Practice*. Prentice Hall.

Grewal, Dhruv et al. (1997). "Comparative Versus Noncomparative Advertising: A Meta-Analysis." *Journal of Marketing* 61 (Oct.). pp. 1-15.

Fishbein, Martin (1963). "An Investigation of the Relationships Between Beliefs About an Object and the Attitude Toward That Object." *Human Relations* 16. pp. 233-240.

Engel, James, F., Blackwwell, Roger D. and Paul W. Miniard (1993). *Consumer Behavior*. 7th edition. Dryden.

Felton, George (1994). *Advertising Concept and Copy*. Prentice Hall.

Festinger, Leon (1957). *A Theory of Cognitive Dissonance*. Stanford University Press.

Festinger, Leon and Maccoby, Nathan (1964). "On Resistance to Persuasive Communication." *Journal of Abnormal and Social Psychology*. Vol. 68, November. pp. 359-366.

Fishbein, Martin (1963). "An Investigation of the Relationships Between Beliefs About an Object and the Attitude Toward That Object." *Human Relations* 16. pp. 233-240.

Foote, Cone & Belding (1979). *How Advertising Works: An FCB Strategy Palnning Model*. Foote, Cone & Belding Communications Inc.

Ford, Peter (1999). Europe Puts Mute On Kid Ads: The EU Is Launching A Study of Children's TV Ads. *Christian Science Monitor*. December 16. 1: Frith and Mueller (2003)에서 재인용.

Fox, Stephen (1984). *The Mirror Makers: A History of American Advertising and Its Creator*. Vintage Books.

Foxall, Gordon R. and Goldsmith, Ronald E. (1994). *Consumer Psychology for Marketing*. Routledge.

Frith, Katherine Toland and Mueller, Barbara (2003). *Advertising and Societies: Global Issues*. Lang.

Galotti, Kathleen M. (2002). *Cognitive Psychology*. 3rd edition. Thompson/Wadsworth.

Garramone, Gina, M. (1984). "Voter responses to negative political ads." *Journalism Quarterly*. Vol. 61. No. 2. pp. 250-259.

Goldsmith, Ronald E., Lafferty, Barbara A. and Stephen J. Newell (2000). "The Impact of Corporate Credibility and Celebrity Credibility on Consumer Reaction to Advertisements and Brands." *Journal of Advertising*. Vol. 24. No. 3. pp. 43-54.

Gorn, Gerald J. (1982). "The Effects of Music in Advertising on Choice Behavior: A Classical Conditioning Approach." Journal of Marketing. 46. pp. 94-101.

Gorn, Gerald J.. Goldberg, Marvin. E.. Chattopadhyay, Amitava, and Litvack, David. (1991). "Music and Information in Commercials: Their Effects with an Elderly Sample." *Journal of Advertising Research*. Vol. 31. No. 5. pp. 23-32.

Gorn, Gerald J. and Weinberg, Charles B. (1984). "The Impact of Comparative Advertising on Perception and Attitude: Some Positive Findings." *Journal of Consumer Research*. Vol. 11. No. 2. pp. 719-727.

Gundlach, Gregory T. and Wilkie, William L. (2009). "The American Marketing Association's New Definition of Marketing: Perspective and Commentary on the 2007 Revision." *Journal of Publis Policy & Marketing*. Vol. 28 (2). pp. 259-264.

Haefner, James E., Rotzoll, Kim B., and Sandage, Charles H. (1986). *Advertising in Contemporary Society*. South-Western Publishing Co.

Hanh, H. and Hwang, S. (1999). "Effects of Tempo and Familiarity of Background Music on Message Processing in TV Advertising: A Resource Matching Perspective." *Psychology and Marketing*. 16. 8. pp. 659-675.

Heider, Fritz. (1946). "Attitudes and Cognitive Organization." *Journal of Psychology*. pp. 107-112.

Harrell, G. (1986). *Consumer Behavior*. Harcourt Brace Jovanovich.

Hill, Jennifer Ann (2011). Endangered Childhoods: How Consumerism Is Impacting Child and Youth Identity, *Media, Culture & Society*. Vol. 33. No. 3. pp. 347-362.

Helson, Harry (1964) *Adaptation-level Theory: an Experemental and Systematic Approach to Behavior*. Harper & Row.

Hovland, Carl I., Lumsdaine, Arthur A., and Fred D. Sheffield (1949). *Experiments on Mass Communication*. Princeton University Press.

Huhmann, Bruce A. and Timothy P. Brotherton (1997). "A content Analysis of Guilt Appeals in Popular Magazine Advertisements." *Journal of Advertising*. Vol. 26. No. 2. pp. 35-45.

International Advertising Association (1977). *Controversy Advertising*. Hastings House.

James, Karen E. and Paul J. Hensel (1991). "Negative Advertising: The Malicious Strain of Comaprative Advertising." *Journal of Advertising*. Vol. 20. No.2. pp. 53-50.

Jefkins, Frank (1985). *Advertising*. McDonald and Evans.

Jewler, A. Jerome (1995). *Creative Strategy in Advertising*. 2nd edition. Wadsworth Publishing Co.

Kahle, Lynn R. and Homer, Pamela M. (1985). "Physical Attractiveness of the Celebrity Endorser: A Social Adaptation Perspective." *Journal of Consumer Research*. Vol. 11. pp. 954-961.

Katz, Helen (1995). *The Media Handbook*, NTC Business Books.

Kotler, Philip (1997). *Marketing Management: Analysis, Planning, Implementation, and Control*. Prentice Hall.

Krugman, Dean M. et al. (1993). *Advertising: Its Role in Modern Marketing*. The Dryden Press.

Krugman, Herbert E. (1965). "The Impact of Television Advertising Learning Without Involvement." *Public Opinion Quarterly*. 29. pp. 349-356.

_____ (1972). "Why Three Exposures May Be Enough." *Journal of Advertising Research*. Vol. 12. No.6. pp. 11-14.

Leckenby, John D. and Wedding, Nugent (1982). *Advertising Management: Criteria, Analysis and Decision Making*, Grid Publishing Inc.

Li, Cong (2010). "Primacy Effect or Recency Effect? A Long0term Memory Test of Super Bowl Commercials." *Journal of Consumer Behavior*. Jan. pp. 32-44.

Lieberman, David A. (2004). *Learning and Memory: An Integrative Approach*. Thompson/ Wadsworth.

Lutz, Richard J., MacKenzie, Schott B. and George E. Belch (1983). "Attitude Toward the Ad As a Mediator of Advertising Effectiveness: Determinants and Consequences." *Advances in Consumer Research*. Vol. 10. pp. 532-539.

McLuhan, Marshall (1964). *Understanding Media*. Routledge.

Maslow, Abraham H. (1954). *Motivation and Personality*. Harper & Row.

Moriarty, Sandra E. (1986). *Creative Advertising: Theory and Practice*. Prentice-Hall.

Mowen, J. C., Brown, S. W. and Schulman, M. (1979). "Theoretical and Empirical Extensions of Endorser Effectiveness." *AMA Educators Conference Proceedings* (eds). Neil Beckwith. Chicago: American Marketing Association,

Naples, Michael (1978). *Effective Frequency: The Relationship Between Frequency and Advertising Effectiveness*. Association of National Advertisers.

Nocholas, Ind (1993). *Great Advertising Campaigns*. NTC Business Books.

Ohanian, Roobina (1990). "Construction and Validation of a Scale to Measure Celebrity Endorsers' Perceived Expertise, Trustworthiness, and Attractiveness." *Journal of Advertising*. Vol. 19. No. 3. pp. 39-52.

Ohanian, Roobina and Isabella Cunningham C. M. (1987). "Application of Primacy-Recency in Comparative Advertising." *Current Issues and Research In Advertising*. Vol. 10. No. 1. pp. 99-121.

Parente, Donald (2000). *Advertising Campaign Strategy: A Guide to Marketing Communication Plans*. 2nd edition. Dryden.

Peckham, James O. (1969). "Can We Relate Advertising Dollars to Market Share Objectives" in Malcolm A. McGiven (Ed.). *How Much to Spend for Advertising*. New York Association of National Advertisers. 24.

Petty, Richard E., Cacioppo, John T, Schumann, David (1983). "Central and peripheral routes to advertising effectiveness: The moderating role of involvement." *Journal of consumer research*, Vol. 10. No. 2. pp. 135 146.

Plummer, Joseph T. (1974). "The Concept and Application of Life Style Segmentation." *Journal of Marketing*, 38, pp. 33-37. In Assael, Henry (1992), *Consumer Behavior & Marketing Action*. 4th edition. PWS-KENT Publishing Co.

Ratchford, Briant T. (1987). "New Insights About the FCB Grid." *Journal of Advertising Research*. Vol. 27. No. 4, pp. 24-38.

Richmond, David and Hartman, Timothy P. (1982). "Sex Appeal in Advertising." *Journal of Advertising Research*. Vol. 22. No. 5. pp. 53-61.

Ries, Al and Trout, Jack (1986). *Positioning: The Battle for Your Mind*. McGraw-Hill Book Co.

Rogers, Ronald W. (1975). "A Protection Motivation Theory of Fear Appeals and Attitude Change." *Journal of Psychology*, Vol. 91. p. 99.

_____ (1983). *Cognitive and Physiological Processes in Fear Appeals and Attitude Change: A Revised Theory of Protection Motivation, in Social Psychophysiology*, John Cacioppo and Richard Petty (Eds). New York: Guilford Press. pp. 153-156.

Runyon, Kenneth E. (1984). *Advertising*. Charles E. Merrill, 1984.

Russell I. Haley (1963). "Benefit Segmentation: A Decision Oriented Research Tool." *Journal of Marketing*. July. pp. 30-35.

Schultz, Don E., Stanley I. Tannenbaum, and Robert F. Lauterborn (1993). Integrated Marketing Communications: Putting It Together & Maaking It Work. NTC Business Books. 문영숙·이혜갑·김광수 옮김(1994). 『통합적 마케팅 커뮤니케이션』. 범우사.

Severn, Jessica, Belch, George E. and Machael A. Belch (1990). "The Effects of Sexual and Non-sexual Advertising Appeals and Information Level on Cognitive Processing and Communication Effectiveness." *Journal of Advertising*, Vol. 19. Nol. 1. pp. 14-22.

Sewall, Murphy A. and Sarel, Dan. (1986). "Characteristics of Radio Commercials and Their Recall Effectiveness." *Journal of Marketing*. Vol. 50. No. 1. pp. 52-60.

Shannon, Claude (1948). "A Mathematical Theory of Communication." *Bell System Technical Journal* 27.

Shimp, Terence A. (2003). *Advertising, Promotion & Supplemntal Aspects of Integrated Marketing Communications*. 6th edition. Thompson/South-Western.

Shimp, Terence A. and Andrews, J. Craig (2013). *Advertising, Promotion, and Other Aspects of Integrated Marketing communications*. 9th edition. South-Western.

Steadman, Major (1969). "How Sexy Illustrations Affect Brand Recall." *Journal of Advertising Research*. Vol. 9. No. 1. pp. 15-18.

Stout. Patricia and Leckenby, John D. (1988). "Let the Music Play: Music as a Nonverbal Element in Television Commercials." Hecker S. & Stewart W. (Eds.). *Nonverbal Communication in Advertising*. Lexington. MA.

Till, Brian D. and Busler, Michael. (2000). "The Match-Up Hypothesis: Physical Attractiveness, Expertise, and the Role of Fit on Brand Attitude, Purchase Intent and Brand Beliefs." *Journal of Advertising*. Vol. 24. No.3. pp. 1-13.

Tripp, Carolyn, Jensen, Thomas D. and Carlson, Les. (1994). "The Effects of Multiple Product Endorsements by Celebrities on Consumer Attitude and Intentions." *Journal of Consumer Research*. Vol. 20. No. 4. pp. 535-547.

Weaver, Warren and Shannon, Claude E. (1963). *The Mathematical Theory of Communication*. University of Illinois Press.

Weinberger, Marc G. and Charles S. Gulas (1992). "The Impact of Humor in Advertising: A Review." *Journal of Advertising*. Vol. 21. No. 4. Dec. pp. 35-59.

Wells, William, Burnett, John and Sandra Moriaty (1992). *Advertising Principles and Practice*. 2nd edition. Prentice Hall.

Wells, William D. and Gubar, George (1966). "Life Cycle Concept in Marketing Research." *Journal of Marketing Research*. 3. pp. 355-363: In Assael, Henry(1992). *Consumer Behavior & Marketing Action*. 4th edition. PWS-Kent.477.

Wright, Peter (1980). "Message-Evoked Thoughts: Persuasion Research Using Thought Verbalization." *Journal of Consumer Research*. Vol. 7. September. pp. 225-254.

Zajonc, Robert, B. (1960). "The Concepts of Balance, Congruity and Dissonance." *Public Opinion Quarterly*. 24.

웹사이트

삼양라면 (http://www.samyangfood.co.kr

한국광고총연합회 (http://www.ad.co.kr)

한국 ABC협회 (http://www.kabc.or.kr)

한국리서치 (http://www.hrc.co.kr/)

한국광고주협회 (http://www.kaa.or.kr)

Advertising Age (http://adage.com)

American Marketing Association (http://www.ama.org/)

P&G (http://www.pg.com)

○ 찾아보기 ○

[ㄴ]

[ㄷ]

[ㅅ]

[ㅊ]

[ㅋ]

2016 세종도서 학술부문 우수도서

광고의 이해

펴낸날 초판 1쇄 2016년 2월 19일
2쇄 2018년 7월 31일
지은이 이혜갑
펴낸이 권은미
펴낸곳 이화여자대학교출판문화원
주소 서울특별시 서대문구 이화여대길 52(우 03760)
등록 1954년 7월 6일 제9-61호
전화 02) 3277-2965(편집), 02) 362-6076(마케팅)
팩스 02) 312-4312
전자우편 press@ewha.ac.kr
홈페이지 www.ewhapress.com
책임편집 양지하
찍은곳 (주)현문자현

ISBN 979-11-5890-143-1 93300
값 26,000원

이 도서의 국립중앙도서관 출판예정도서목록(CIP)은 서지정보유통지원시스템 홈페이지(http://seoji.nl.go.kr)와
국가자료공동목록시스템(http://www.nl.go.kr/kolisnet)에서 이용하실 수 있습니다. (CIP제어번호 : CIP2016003364)